# LES INVASIONS BARBARES ET LE PEUPLEMENT DE L'EUROPE
## INTRODUCTION À L'INTELLIGENCE DES DERNIERS TRAITÉS DE PAIX.

FERDINAND LOT

ALICIA EDITIONS

# TABLE DES MATIÈRES

*Avertissement de l'auteur* ............... 7

## ARABES ET MAURES

### Partie I
### ARABES ET MAURES EN ESPAGNE

### Partie I
### CONQUÊTE ET RECONQUÊTE

A. — DE L'ARRIVÉE DES MUSULMANS À LA PRISE DE TOLÈDE (711-1085). ... 17
1. La conquête musulmane. ... 19
2. Fondation du Khalifat. ... 21
3. Apogée du Khalifat. ... 23
4. Cordoue. Splendeur et danger. ... 25
5. Décadence et fin du Khalifat (961-1031). ... 28
6. L'État chrétien du Nord : Asturies et Leon. ... 30
7. La Navarre. ... 33
8. Les rois de Castille. Ferdinand Ier et Alfonse VI. ... 34

B. — De la prise de Tolède (1085) à la fin de la Reconquista (1492). ... 37
9. Arrivée des Almoravides. Arrêt de la Castille. ... 38
10. Entrée en scène de l'Aragon. Union avec la Catalogne. ... 41
11. Prétentions de la Castille. ... 43
12. Naissance du Portugal. ... 44
13. Nouvelle invasion africaine : les Almohades. ... 46
14. Retour de fortune pour les Chrétiens. ... 49
15. Reprise de la « reconquista ». ... 51
16. Arrêt de la « reconquista ». Dernières invasions africaines. ... 55
17. Achèvement de la « reconquista ». Prise de Grenade. ... 57
18. Sens et effets de la reconquista. ... 59

## Partie II
### MUSULMANS ET CHRÉTIENS. RAPPORTS MUTUELS ET INFLUENCES RÉCIPROQUES

| | |
|---|---|
| A. — Rapports d'ordre religieux | 63 |
| B. — Influences ethniques. | 70 |
| C. — Influences économiques | 74 |
| D. — Influences artistiques. | 81 |
| E. — Influences linguistiques. | 85 |
| F. — Influences littéraires. | 91 |
| G. — Influences philosophiques. | 94 |
| H. — Influences scientifiques. | 96 |

## Partie II
### LES SARRASINS EN FRANCE

| | |
|---|---|
| A. — En Septimanie. | 101 |
| B. — En Provence. | 106 |
| C. — Une influence artistique. | 109 |
| D. — Un prétendu exemple d'influence scientifique. | 112 |

## Partie III
### LES SARRASINS EN SICILE ET EN ITALIE CONTINENTALE

| | |
|---|---|
| A. — En Sicile. | 117 |
| B. — Dans les autres îles. | 125 |
| C. — Les Sarrasins en Italie | 128 |
| Conclusion | 137 |

# LES SCANDINAVES

| | |
|---|---|
| 1. La Scandinavie avant l'expansion des Scandinaves | 145 |
| 2. Les invasions scandinaves, dans l'Empire Franc. | 152 |
| 3. Établissement des Normands en France. | 165 |
| 4. Les Scandinaves en Espagne et au Maroc. | 182 |
| 5. Les Scandinaves dans les Îles britanniques. | 186 |
| 6. Les influences scandinaves sur les Îles britanniques. | 200 |
| 7. Découverte de l'Islande, du Groenland, du Vinland. | 211 |
| Conclusion | 214 |

# LES SLAVES

Introduction : Étendue actuelle du domaine slave. Origine des Slaves. Leur apparition dans l'histoire. ... 223
1. Les Slaves du Sud et les populations balkaniques. ... 232
2. Les Slavo-Bulgares. ... 238
3. Les Serbes. ... 246
4. Les Monténégro. ... 252
5. Les Croates. ... 255
6. La Bosnie et l'Herzégovine. ... 261
7. Les Slovènes. ... 266
8. En Illyrie (Mésie supérieure, Dacie, Pannonie, Dalmatie) ... 270
9. Les Albanais. ... 278

## UNE ÉNIGME ET UN MIRACLE HISTORIQUE : LE PEUPLE ROUMAIN.

1. Le problème de son origine jusqu'au XVIIIe siècle ... 285
2. Histoire des Roumains depuis le XVIIIe siècle. ... 295

## LES SLAVES OCCIDENTAUX ET LES BALTES.

Extension des Slaves vers la Germanie. ... 307
3. Les Polabes ou Wendes. ... 309
4. Les Tchèques et Moraves. Les Slovaques. ... 313
5. Les Polonais et les Baltes. ... 329

# AVERTISSEMENT DE L'AUTEUR

Par sa nature et son aspect même ce deuxième ouvrage (en deux volumes) est très différent du premier[1]. Il n'en saurait être autrement.

Le premier ouvrage est consacré uniquement aux invasions des Germains continentaux et à leur installation sur le sol romain. Il présente donc une évidente unité. Son intérêt principal c'est de montrer comment deux mondes, originairement différents et hostiles, le monde romain et le monde germanique, se sont rapprochés, puis ont fini par fusionner, si bien que de cette fusion sont nés de grands États, tels que la France, l'Italie, l'Espagne. Quand il n'y a pas eu fusion ethnique — tel est le cas de l'Allemagne et de l'Angleterre — il y a eu tout de même une influence profonde du monde romain sur ces pays germaniques dont la naissance est contemporaine des autres États.

Enfin le bouleversement opéré par les invasions germaniques s'avère finalement moins grand qu'on ne pourrait croire. En Italie, en Espagne, en Afrique, la race et la langue germanique n'ont laissé que de faibles traces. Il en va de même dans la grande majorité de la Gaule. Et les gains du germanisme à l'Ouest du Rhin (environ 90.000 kilomètres carrés sur 639.000 de la Gaule) et en Grande-Bretagne, sont plus que compensés par ses pertes à l'Est. De ce côté la race et la langue germaniques reculent, dès le V$^e$ siècle, de la Vistule à l'Elbe et même en deçà de ce dernier fleuve. Il leur faudra de longs siècles pour récupérer le terrain perdu, et pas entièrement.

Le sujet qu'il nous faut traiter maintenant est d'une complexité infiniment plus grande. D'abord il est disparate et s'étend sur une aire immense : nous devons entraîner le lecteur éperdu, des extrémités occidentales de l'Europe, de l'Espagne, jusqu'aux abords de la Sibérie ; il devra, à la suite des pirates Scandinaves entrer dans les fleuves et les villes riveraines des Pays-Bas, de la Grande Bretagne, de l'Irlande, de la France, de l'Espagne, visitées par les terribles pirates. Il aura le spectacle de la marée slave inondant l'Europe centrale et la péninsule des Balkans au VIIe siècle. Il se fatiguera à compter les morceaux cassés du mystérieux monde finnois. Du centre de l'Asie, des confins de la grande muraille de Chine, il verra accourir, de siècle en siècle, vague après vague, les hordes invincibles des populations turques et mongoles [2].

En outre, l'étude, passionnante pour l'historien et le psychologue, du rapprochement et de l'union de types humains différents, n'est pas possible dans toutes les parties de cet ouvrage. Sans doute il y a eu fusion entre Romains et Goths d'Espagne, d'une part, Arabes et Maures, de l'autre, mais très partielle, et c'est moins cette fusion que l'antagonisme, portant surtout sur deux concepts religieux, qui constitue l'intérêt du sujet. Pour les Scandinaves, au contraire, Danois et Norvégiens, leur absorption par les indigènes est rapide et complète, tant en France qu'en Angleterre, en Écosse, en Irlande. Par contre le monde slave, le monde finnois (les Hongrois), le monde turco-mongol ne se rapprochent nullement des populations antérieures : les nouveaux-venus les détruisent et, autant qu'il est en leur pouvoir, se substituent à elles.

C'est ce qui explique que l'Europe orientale, centrale même, a son visage entièrement renouvelé. Des vieilles populations, civilisées ou barbares, illyriennes et pannoniennes, daces, thraces, sarmatiques, etc., que subsiste-t-il ? L'historien a peine à en recueillir quelques survivances. Par contre, du chaos surgissent des nations nouvelles : Bulgarie, Serbie, Croatie, Hongrie, Bohême et Moravie, Pologne, Lithuanie, Russie, etc. Mais il n'en est pas qui conserve à travers les siècles son individualité. Du XIIIe au XVIe siècle ces nations sont absorbées par des dominations puissantes : empire des Habsbourg, empire des Tsars, empire des Turcs ottomans.

Ont-elles conservé sous un joug qui a duré plusieurs siècles un véritable sentiment national ? Le problème devait être posé, car la nationalité virtuelle est à la base de la nouvelle constitution de l'Europe, telle qu'elle résulte des traités de paix qui s'échelonnent de 1919 à 1923. Pour le résoudre point n'était nécessaire de faire l'histoire détaillée de chacun de ces pays, entreprise excédant et les forces d'un seul homme et la patience du lecteur. Il était suffisant d'indiquer, et rapidement, les étapes de la perte de l'indépendance et de marquer le progrès des efforts tentés, au cours du XIX$^e$ siècle et au début du XX$^e$, dans la voie de la rénovation d'un sentiment national, même s'il était impuissant à se traduire sous la forme d'État autonome.

L'année 1913 marquait donc le terme naturel d'un essai qui vise surtout à former une introduction à l'étude des derniers traités de paix. Mais l'intelligence de ces traités est-elle vraiment possible, si on ne les voit pas reliés au passé dans l'ouvrage même qui tente d'exposer ce passé ? Où trouver, en langue française du moins, un mémento traitant, sinon de la totalité, du moins des plus importants d'entre eux ? Sans doute, chacun de nous, est à même de posséder la connaissance d'un, de deux, de trois traités. Mais, s'il ne peut avoir un coup d'œil d'ensemble, la tendance générale, l'esprit des traités, ne seront pas véritablement saisis. De ces traités nous n'avons retenu naturellement que ce qui intéresse notre dessein : la nationalité.

Ces traités, à leur tour, sont en rapport intime avec les résultats de la Grande Guerre et des luttes qui l'ont suivie jusqu'en 1921 et 1922. Il était donc utile de rappeler, au moins succinctement, les vicissitudes de la Guerre.

Nous nous sommes donc laissé entraîner à ajouter à ce deuxième ouvrage une rallonge qui n'entrait pas tout d'abord dans notre plan. Son insuffisance même peut donner au lecteur le désir de trouver mieux et nous lui en offrons, dans la mesure, la possibilité, en le renvoyant à quelques bons ouvrages.

La bibliographie a été le tourment de l'auteur.

Il ne pouvait songer à lire l'ensemble des travaux consacrés aux sujets qu'il embrassait. Il lui eût fallu, même en négligeant les recherches de détail, qui sont en nombre incommensurable, étudier plusieurs milliers d'ouvrages rédigés dans toutes les langues de l'Europe et une partie de celles de l'Asie. Une existence de plusieurs siècles n'eût pas suffi. Force était de se contenter des travaux fondamentaux écrits dans les langues les plus accessibles à un Occidental.

Toutefois l'auteur ne se dissimule pas que sa bibliographie est de valeur fort inégale. Il s'est efforcé, en tête de chaque subdivision, de renvoyer aux travaux essentiels en toute langue, mais, en bien des occasions, il a été impossible que des œuvres de valeur ne lui aient pas échappé. Le lecteur s'en apercevra très vite. Cependant que ce lecteur ne soit pas trop sévère. Ces méprises ou ces lacunes n'entament pas le fond et c'est souvent à dessein que nous avons laissé en blanc le bas des pages. Sauf pour les problèmes d'origine, il était inutile au dessein de cet ouvrage qu'il s'encombrât d'un trop long bagage de citations. Est-il besoin d'accumuler de la bibliographie pour rappeler au lecteur que Constantinople a été prise par les Turcs en 1453 ?

Ce qu'on pourrait craindre c'est que le choix des ouvrages cités — puisque le choix s'impose — soit partial. On s'est efforcé d'éviter cet écueil en renvoyant souvent à des livres en langue étrangère, aussi bien qu'en français, sans oublier cependant que ces derniers doivent être signalés particulièrement comme plus accessibles au lecteur de langue française auquel nous nous adressons plus spécialement. Autant que possible nous avons écarté les brochures et ouvrages de circonstance, nés au cours de la guerre ou pendant les pourparlers ayant précédé les traités, ne retenant que ceux qui fournissent un renseignement utile.

Enfin l'auteur n'a pas cru devoir s'abstenir de porter, chemin faisant, des jugements, parfois sévères, sur les hommes et les choses. Distinguer le bien du mal, séparer le faux du vrai, est le premier devoir de l'historien.

*Paris, $I^{er}$ mars 1937.*
Ferdinand Lot.

---

1. F. Lot, *Les invasions germaniques*, 1935.
2. Nous avons renoncé à parler de l'établissement des Scots en Grande-Bretagne et des Bretons sur le continent. Ces établissements sont intimement unis à l'histoire de l'Écosse, de l'Angleterre, de la France, Pour le lecteur curieux de quelque détail on se permettra de renvoyer aux pages consacrées par nous à ce sujet au tome premier de l'*Histoire générale de l'Europe*, publiée sous la direction de Gustave Glotz (1935).

# ARABES ET MAURES

# PARTIE I
# ARABES ET MAURES EN ESPAGNE

# PARTIE I
# CONQUÊTE ET RECONQUÊTE

## A. — DE L'ARRIVÉE DES MUSULMANS À LA PRISE DE TOLÈDE (711-1085).

Par sa situation même l'Espagne semble de tous les pays de l'Europe continentale devoir être celui qui échappe aux invasions. Son histoire apporte un démenti complet à cette supposition.

Sans remonter aux temps préhistoriques ou protohistoriques qui ont vu la péninsule envahie par des populations étrangères [1] — car il n'est nullement probable qu'Ibères, Tartesses et autres fussent autochtones, tout le monde sait qu'elle a été conquise, en tout ou en partie, par les Sémites de Carthage [2], par les Celtes [3], enfin par les Romains auxquels elle emprunta langue et civilisation avec une ardeur extrême [4].

Il est vrai que, une fois réduite en « province » romaine [5], l'Espagne ne vit plus d'envahisseur au cours d'une longue période de plus de cinq siècles, si ce n'est, au IIIe siècle, des bandes franques et autres venues de Gaule, bandes rapidement dissipées [6].

Mais, dès le commencement du Ve siècle, elle subit le contre-coup de l'invasion de la Gaule par les Alains, les Suèves, les Vandales Silinges et Asdinges. Elle devint leur proie en 409. Les Visigoths, il est vrai, utilisés par Rome, refoulèrent en partie ces Barbares (416). Les Vandales passèrent en Afrique (429). Mais les Visigoths prirent leur place et s'installèrent définitivement dans la péninsule [7].

Le rapprochement entre les nouveaux venus et les Hispano-Romains fut lent, retardé par une différence de confession religieuse.

Toutefois il s'effectua et la fusion entre les deux races s'achevait [8] quand un miracle historique— l'histoire est une succession de miracles — vint changer pour cinq cents ans le cours des destinées politiques de la péninsule.

La pénétration en Espagne de populations sorties de l'Afrique, de la Gaule, de l'Italie, même de la Germanie, n'a rien d'un phénomène insolite. L'événement de l'année 711 offre, au contraire, un spectacle déconcertant, absurde.

---

1. La bibliographie du sujet est dans Ballesteros y Beretta, *Historia de España y su influencia en la historia universal* (Barcelone, t. I, 1919), dans P. Aguado Bleye, *Manual de historia de españa*, 5ᵉ éd.(Bilbao. 1927 t. I), enfin dans la récente (1936) et splendide *Historia de españa* de R.Menendez Pidal, t. I.
2. Aguado Bleye, t. I, p. 85.
3. Sur les invasions celtiques en Espagne voir d'Arbois de Jubainville dans *Revue celtique*, t. XIV et XV. Elles se placeraient vers le Vᵉ siècle avant notre ère. Cf. R. Menendez Pidal, *op. cit.*
4. Strabon trouve l'Espagne déjà toute romanisée, bien que, au témoignage de Cicéron et de Tacite, la langue ibérique ne fût pas encore éteinte.
5. Un mode de supputation chronologique particulier à la péninsule est l'ère d'Espagne qui commence au 1ᵉʳ janvier de l'an 716 de Rome. Elle a été usitée en Castille et en Aragon jusqu'aux XIVᵉ et XVᵉ siècles. Pour ramener à l'ère chrétienne un texte daté d'après cette ère il faut donc retrancher 38 du chiffre de l'ère d'Espagne. Voir A. Goy, *Manuel de diplomatique*, p. 91-94.
6. Ludwig Schmidt, Allgemeine Gesch. d. german. Voelker, p. 215.
7. *Id.*, p. 55, 124.
8. *Histoire du Moyen Age*, sous la direction de G. Glotz, t. I, p. 245.

# 1
# LA CONQUÊTE MUSULMANE.

À l'autre bout du monde méditerranéen affleure la partie septentrionale d'une contrée peu connue des Anciens, l'Arabie. Quel rapport concevable entre ce pays et l'Espagne ? Aucun, si ce n'est sous forme de transactions commerciales et indirectes, par l'Égypte ou la Syrie. Si l'on eût prédit, seulement vingt ans avant l'événement, à un Espagnol que son pays tomberait, et pour un grand nombre de siècles, au pouvoir des Arabes, il eût accueilli cette prophétie avec la même incrédulité qu'un Français de 1936 auquel on assurerait que, en 1950, la France cessera d'exister et sera occupée définitivement par le Japon ou le Mexique.

Ce fut seulement à partir de l'année 670, quand les Arabes, prirent pied dans l'Afrique proconsulaire (Sud de la Tunisie) qu'un esprit perspicace aurait pu ressentir une appréhension pour l'avenir. Encore eût-elle été fort exagérée. Les Arabes rencontraient une résistances farouche chez les Berbères africains et rien n'était moins certain que leur succès [1].

Mais cette résistance fut brisée et, avec la reddition de Carthage en 698, tout souvenir de l'autorité byzantine disparut. Toutefois l'Espagne eût pu échapper à la conquête, tout au moins ne la subir que plus tard, au moment où ses forces eussent pu se reconstituer, sans l'initiative conquérante du gouverneur du Maghreb, Mouça. Il était au courant des dissensions qui affaiblissaient la royauté visigothique minée par une aristocratie intraitable. Peut-être même fut-il sollicité par les descendants du roi Witiza écartés du trône par le nouveau roi, Rodrigue. Toutefois Mouça ne dirigea pas en personne la première expédition. Il laissa ce soin à un Berbère islamisé, Tarik. Avec une armée qui ne dépassait pas l'effectif de douze mille hommes Tarik écrasa l'armée visigothique près du lac de la Janda, le 19 juillet 711. Le roi Rodrigue avait péri dans l'action et emporta avec lui les destinées de l'État romano-gothique d'Espagne. Tarik s'empara de Tolède, Mouça de Séville l'année suivante. Deux années suffirent aux Arabes et Maures pour faire la conquête de l'Espagne et, dès 718, les Musulmans passent les Pyrénées à l'Est [2].

Toutefois cette rapide conquête manquait de stabilité. Non pas qu'on saisisse une résistance des vaincus, si l'on excepte une poignée d'hommes réfugiés dans les Asturies, sous la conduite de Pelayo. Mais les conquérants, Arabes et Berbères ou Maures, avaient importé en Espagne les haines farouches qui les divisaient en Afrique. Une conspiration contre les Arabes fut découverte dès 729. En 741 éclata une terrible insurrection berbère. Elle fut noyée dans le sang, mais ces excès laissèrent des rancunes inexpiables.

---

1. Voir Ch. André Julien, *Histoire de l'Afrique du Nord* (1931), p. 328 ; — E. F. Gautier, *Les siècles obscurs du Maghreb* (1925), p. 221.
2. *Histoire du Moyen Age*, t. I, p. 242 (simple coup d'œil). Outre les histoires générales de l'Espagne, dont les plus appréciées à l'heure actuelle sont celles de R. Altamira, *Historia de españa* (4 vol.) ; Aguado Bleye, *Manual de historia de españa*, t. I, 5$^e$ éd. (Bilbao, 1925) ; A. Ballesteros y Beretta, *Historia de españa*, t. I et II (Barcelone, 1919), etc. voir R. Dozy, *Histoire des Musulmans d'Espagne jusqu'à la conquête de l'Andalousie par les Almohades* (Leyde, 1861, 4 vol. E. Lévi-Provençal en publie une nouvelle édition depuis 1931) ; A. Gonzalez Palencia, *Historia de la españa musulmana* (3$^e$ éd., 1932, in-12). Bibliographie dans Louis John Paetow, *Guide to the study of medieval history* (Berkeley, 1917), p. 317-323 (pour l'Espagne chrétienne) ; dans *Cambridge Medieval history*, t. III, p. 631-635 (pour l'Espagne musulmane et chrétienne).

2

# FONDATION DU KHALIFAT.

La domination de l'Islam se serait sans doute effritée en Espagne au cours du VIII<sup>e</sup> siècle, sans l'arrivée d'Abd-er-Rhaman, le seul Ommeyade échappé au massacre général ordonné par les Abbassides. Après avoir tenté vainement de fonder un établissement au Maghreb, il passa en Espagne (septembre 755). Il profita habilement des divisions qui séparaient Berbères et Arabes et parmi ceux-ci les clans des Kaisites et des Yemenides, pour asseoir son autorité. Il choisit Cordoue comme capitale et fonda la dynastie ommeyade, dite des Khalifes [1] de Cordoue, qui dura près de trois siècles.

Nous n'avons pas à raconter, même sommairement, l'histoire de l'Espagne musulmane et chrétienne. Malgré l'éclat jeté par le Khalifat de Cordoue l'Espagne musulmane n'a jamais été un État bien ordonné et calme. C'est qu'elle n'a pas d'institutions. Tout repose sur la volonté du maître. Il en va de même dans les États chrétiens, mais ici la monarchie, leur seule force organique, a des principes de succession. Si imparfaits soient-ils, ils existent. Dans l'État musulman rien de pareil : il n'y a pas d'ordre régulier de succession au trône. Le maître a quantité de femmes, d'innombrables enfants. De son vivant il désigne pour successeur son fils préféré, mais ce choix n'est pas souvent respecté et il n'est guère de succession qui ne s'ouvre dans un désordre sanglant.

1. Ce titre ne fut pas pris officiellement avant le X$^e$ siècle. Jusque-là le chef de l'État n'a que le titre d'*émir*.

# 3
# APOGÉE DU KHALIFAT.

N éanmoins il y eut quelques grands règnes. Ainsi celui d'Abd-er-Rhaman II (820-852), célèbre par son goût pour les arts, les lettres et les sciences. On vante la douceur, l'urbanité de ce souverain. Mais c'est le règne d'Abd-er-Rhaman III (913-961) qui voit l'apogée du Khalifat. C'est le plus actif, le plus intéressant de tous. Il réussit à remettre sous son autorité les petites principautés musulmanes qui tendaient déjà à se constituer, notamment à Tolède, toujours en état d'insubordination depuis le milieu du siècle précédent. Il fit trembler les pauvres royaumes chrétiens qui s'étaient formés dans le Nord, Asturies-Leon et Navarre. Il étendit même sa domination sur le Maghreb, le Maroc actuel. Cette grandeur politique s'accompagna de prospérité matérielle. Agriculture, industrie et commerce fleurirent comme nulle part ailleurs en Occident. La capitale Cordoue éblouit les voyageurs et sa renommée se répand jusqu'au centre de l'Europe [1].

Le khalife de Cordoue, seul des princes de l'Europe, avec l'empereur byzantin, dispose de ressources financières régulières et abondantes. L'ensemble des impôts (5.480.000 dinars) et produits du domaine et des marchés (765.000 dinars) s'éleva à 6.245.000 dinars ou pièces d'or [2], valant, au poids du métal, chacune une douzaine de francs, soit un peu plus de 83 millions [3], somme à multiplier par le pouvoir de l'argent à cet époque, qu'on peut vaguement estimer dix fois plus considérable qu'en 1913-1914, soit 830 millions de francs, somme à multiplier, à son tour, par la dévaluation actuelle, qu'on laisse au lecteur le plaisir d'estimer.

Avec un pareil budget, le Khalife peut non seulement mener une vie fastueuse, être un grand bâtisseur de mosquées, de palais, un généreux dispensateur d'aumônes, mais il met de l'argent de côté. Enfin il entretient une armée soldée de mercenaires. Ces soldats sont des esclaves, vrais mamelouks, d'origine slave au $X^e$ siècle. Leur effectif ne dépasse pas 5.000 hommes. Le gros de l'armée est formé par les Musulmans libres constituant le *djond*. La fleur en fut d'abord l'aristocratie arabe des « Syriens » descendants des compagnons d'Abd-er-Rhaman $I^{er}$. Elle avait obtenu des bénéfices militaires comme prix de ses services, mais bientôt il fallut lui donner une solde à elle aussi. Enfin, au début de chaque expédition, on enrôlait des volontaires à prix d'argent. Dès la fin du $IX^e$ siècle l'émir dispense du service armé les habitants de Cordoue et ne recrute plus, avec les mamelouks, que des « volontaires ». L'effectif total de l'armée n'a sans doute jamais dépassé 20.000 hommes [4].

---

1. Voir l'exposé de E. Lévi-Provençal, *L'Espagne musulmane au $X^e$ siècle* (Paris, 1932), p. 155-194. Les pages 196 à 236 sont spécialement consacrées à Cordoue.
2. Ce renseignement unique nous a été transmis dans le *Bayan* d'Ibn Adhari, traduction Fagnan, t. II, p. 382. Cet auteur a vécu au $XIII^e$ siècle, mais dans sa compilation il reproduit textuellement des documents très anciens. Celui-ci doit provenir d'un employé du divan d'Abd-er-Rhaman III. Lévi-Provençal (p. 77-78.) estime que *tribut* doit s'entendre seulement des sommes versées par les tributaires au sens strict du mot et utilise des renseignements fournis, au $x^e$ siècle, par Ibn-Hawkal : de 913 à 981 le total des sommes encaissées aurait été de 20 millions de dinars d'or. Comme recettes en trente-neuf ans, c'est fort peu. Il s'agit plutôt d'un trésor, d'une réserve constituée pendant cette période.
3. Le dinar d'or pesant 4 gr. 25.
4. Le meilleur exposé d'ensemble des institutions militaires de l'Espagne musulmane est celui de Lévi-Provençal, *op. cit.*, p. 125 à 156 ; cf. p. 29-31.

# 4
# CORDOUE. SPLENDEUR ET DANGER.

La splendeur de l'Espagne musulmane est comme résumée en celle de sa capitale, Cordoue [1].

Au X<sup>e</sup> siècle elle aurait renfermé, tant dans la cité (*medina*) que dans ses 21 faubourgs (*rabadh*) 113.000 maisons, 600 mosquées, 900 hammans (bains publics), 50 hôpitaux, 80 écoles publiques. Elle aurait eu, pense-t-on, une population d'un demi-million d'habitants. En tout cela elle eut égalé ou dépassé Bagdad et Constantinople.

La description de l'Alcazar d'été, construit à cinq milles au-dessous de Cordoue, est celle d'un palais des *Mille et Une Nuits*. Abd-er-Rhaman III, qui le bâtit pour une favorite, l'appela galammant *Az-Zahrat* « la fleur ». Le maître y était servi par 13.000 (!) serviteurs et 6.000 (!) servantes.

La renommée de ces merveilles se répandit dans le monde franc et germain. La religieuse saxonne Roswitha, appelle, au X<sup>e</sup> siècle, Cordoue la « perle du monde ». L'abbé lorrain de Gorze, Jean, envoyé par le roi d'Allemagne Otton I<sup>er</sup> à Abd-er-Rhaman, en 955, nous a laissé un récit de son voyage et de sa réception auprès du Khalife. Il lui fallut plus de deux ans pour obtenir audience. Le jour venu, le religieux traversa la ville, puis le palais (l'Alcazar) au milieu d'une haie de soldats. Les salles du palais étaient ornées de tentures de soie. Après avoir passé au milieu d'une double file de gardes du corps de toutes races et de toutes couleurs, magnifiquement vêtus et armés, l'abbé

Jean, dans son pauvre costume monacal, parvint dans une petite pièce où il trouva sur un lit de repos, les jambes croisées, le Khalife, comme « un dieu dans son sanctuaire ». Abd-er-Rhaman lui fit un accueil gracieux et le renvoya chargé de présents pour son maître [2].

Naturellement les évaluations de la grandeur, de la population et de la richesse de Cordoue sont de la plus folle exagération. À l'heure actuelle Cordoue — la ville du moins — est plus étendue que l'antique cité musulmane et ne compte cependant que 73.000 habitants. Et il ne faut pas se faire d'illusion sur la densité de la population des faubourgs. On sait que, sur la rive gauche du Guadalquivir, ils étaient peu peuplés.

Il n'en demeure pas moins que si Cordoue a eu 100.000 habitants ou même moins, elle était de beaucoup la plus grande ville de l'Occident, à une époque où nulle cité, en France, en Allemagne, en Italie, n'atteignait 20.000 habitants.

Perle de l'Espagne, Cordoue en fut aussi le fléau, la cause principale de la décadence du Khalifat. La situation de la ville, au milieu de la fertile Bétique, séduisit tout de suite les premiers gouverneurs de l'Espagne musulmane [3]. L'Espagne, très compartimentée, n'ayant pas de centre naturel, ce choix n'était pas inconsidéré à un moment où le pays tout entier était au pouvoir des envahisseurs. En outre, Cordoue était à portée du Maghreb, d'où l'Islam tirait ses ressources en hommes.

Mais lorsque les Chrétiens du Nord se ressaisirent et étendirent leur territoire, la situation de Cordoue s'avéra détestable au point de vue stratégique. Elle est séparée du Douro, où commence la frontière des Chrétiens dès le milieu du VIIIe siècle, par un espace de 450 kilomètres, la partie la plus pauvre, presque désertique de l'Espagne. L'armée d'expédition, réunie en été [4] et concentrée sous Cordoue, arrive donc épuisée par la chaleur et la distance, diminuée par les maladies et les désertions, en vue de l'armée léonaise ou castillane. Ses succès, quand elle en remporte, sont sans lendemain, l'offensive ne pouvant être poursuivie à fond. L'année suivante, c'est à recommencer. Plus avisés en cela, les rois visigoths, après avoir balancé entre Barcelone et Séville, avaient élu pour résidence et pour capitale Tolède, ville secondaire, dans un pays très pauvre, au climat rude, mais située au centre géographique de la péninsule [5]. Les Khalifes ne purent jamais se résoudre à renoncer à la vie facile et voluptueuse de l'Andalousie. D'ailleurs, dès le milieu du IX<sup>e</sup> siècle, Tolède, sous ses gouverneurs musulmans, fut à peu près constamment en état de révolte contre Cordoue [6].

---

1. Lévi-Provençal (p. 196-226) nous donne tout ce qu'on en peut savoir à cette époque.
2. Vita Iohannis dans Monumenta Germaniae, Scriptores, t. IV, p. 371, § 119.
3. Dès 719, donc bien avant la fondation du Khalifat ommeyade (755). Voir Lévi-Provençal, p. 202.
4. Il n'y a pas de service d'intendance. Il faut attendre la récolte dont vivra l'armée sur place. Voir Lévi-Provençal, p. 139. Sur les voies utilisées par les Arabes, *Hist. du Moyen Age* sous la direction de G. Glotz, t. I, p. 741.
5. *Histoire du Moyen Age* sous la direction de G. Glotz, t. I, p. 172.
6. Menendez Pidal, *Origines del español*, p. 435, 456.

# 5
# DÉCADENCE ET FIN DU KHALIFAT
## (961-1031).

Sous le règne d'Hakem II (961-975), prince lettré, pacifique, tolérant, l'État se soutient en vertu de la vitesse acquise. Mais, déjà sous Hescham II (976-1006), il se serait effondré, si ce souverain n'avait, dès l'enfance, trouvé un appui incomparable en la personne de son premier ministre ou *hadjib,* Ibn-Abi-Amir ou Moafery, plus connu sous son surnom d'*Almanzor* (Victorieux). Il réorganisa l'armée, supprima la division sociale en clans et tribus, engagea des mercenaires berbères. La légende veut qu'il ait conduit cinquante expéditions contre les chrétiens du Nord. Il soumit la Castille et enleva au roi de Leon, Salamanque, Astorga, Leon même. Il pilla Barcelone (4 juillet 985) dont le comte, Borel, reçut une vaine promesse de secours du roi Hugues Capet (988)[1]. Ce qui frappa surtout l'imagination ce fut son expédition contre la Galice. En 997, le 11 août, il s'empara de Compostelle, exploit qui eut un douloureux retentissement dans l'ensemble de la chrétienté[2], ce lieu étant devenu le but de pèlerinage le plus célèbre de l'Occident, après Rome, depuis qu'une légende, née au IXe siècle, prétendait qu'il renfermait le corps de saint Jacques (fils de Zébédée)[3]. L'existence du royaume chrétien de Leon était fortement compromise. Heureusement pour les Chrétiens Almanzor fut appelé en Afrique pour réprimer une révolte du Maghreb (998).

Pendant ce temps les Chrétiens du Nord s'étaient ressaisis. Almanzor résolut d'en finir. Il attaqua près du Douro, à Calatanazor (province de Soria), dont le nom est arabe, non loin de Médina Cœli (*Medina-es-Salam* « ville du Salut ») fondée pour servir de boulevard à l'Islam, au siècle précédent. Il ne put vaincre. Sa fin est entourée de légendes : désespéré, il se serait suicidé (1002) [4].

En sa personne finit le Khalifat. Les forces de dissolution mal comprimées depuis un demi-siècle, se déchaînèrent. Après trente années de luttes furieuses, de vaines tentatives pour maintenir ou restaurer l'unité, le Khalifat s'en alla en morceaux [5]. Il y eut jusqu'à 23 petits royaumes ou *taifas* (« tribu » en arabe), dont les plus importants furent Cordoue, Séville, Malaga, Grenade, Almeria, Dénia, Tolède, Badajoz, Saragosse. L'importance de Cordoue passa à Séville qui absorba même, au XIIe siècle, une dizaine d'autres *taifas*.

À partir de ce moment le jeu est mené par les petits royaumes chrétiens du Nord.

---

1. Lettres de Gerbert, éd. J. Havet, p. 67 et 102-103.
2. Le nom du vainqueur passa en France, mais comme un nom commun donné au chef des Sarrazins, c'est l'*aumaçour* de la *Chanson de Roland* et autres chansons de geste. Voir J.Bédier, *Les légendes épiques*, t. IV, p. 383-384.
3. Sur ce pèlerinage il suffit de renvoyer à Bédier, t. I, p. 362 et suiv. On sait que ce savant attribue la naissance des chansons de gestes françaises du cycle de Guillaume d'Orange aux légendes recueillies par les pèlerins et les jongleurs dans les sanctuaires de France et d'Espagne rencontrés sur les voies menant à Saint-Jacques de Compostelle.
4. Sur la fin d'Almanzor voir, par exemple, Aguado Bleye, *Manual de historia de españa*, 5e éd. (Bilbao, 1927), p. 190, 192.
5. Les petits rois des *taifas* se qualifièrent de *hadjib*, comme s'ils étaient les lieutenants, les représentants d'un Khalifat poursuivant une existence idéale. Voir Lévi-Provençal, p. 66. Voir aussi A. Prieto y Vives, *Los reges de taifas* (Madrid, 1926).

# 6
# L'ÉTAT CHRÉTIEN DU NORD : ASTURIES ET LEON.

La principauté constituée par Pelayo (Pelage), en 718 était peu étendue. Elle ne comprenait que les Asturies avec une capitale misérable, Cangas de Onis. Pelayo et ses premiers successeurs durent sans doute leur salut à la rivalité furieuse qui éclata entre Arabes et Berbères. Alfonse I$^{er}$(739-757) en profita pour refouler au sud du Douro, les Berbères dont les établissements étaient clairsemés en cette région. En même temps il affermit son autorité sur la Galice à l'Ouest, l'Alava à l'Est, annexes très indociles du royaume asturien.

L'avènement d'Abd-er-Rhaman I$^{er}$ arrêta ce retour de fortune. Dans la seconde partie du VIII$^e$ siècle les rois chrétiens se montrent très souples vis-à-vis du puissant Khalifat de Cordoue. Certains épousent des princesses musulmanes.

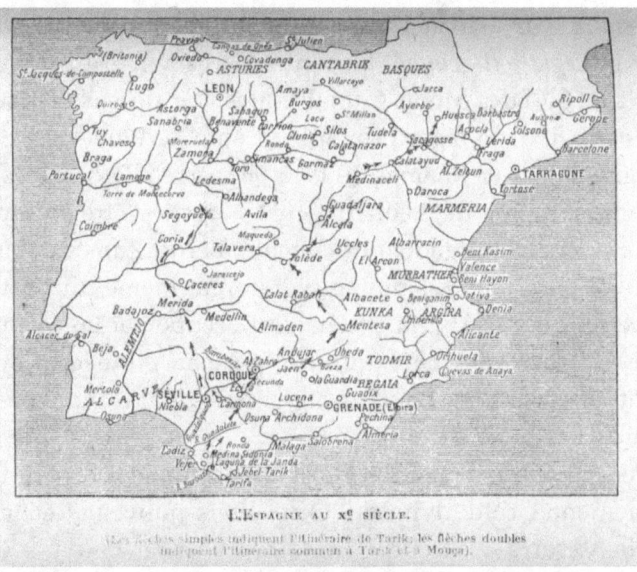

Carte 1. L'Espagne au Xe siècle. Les flèches simples indiquent l'itinéraire de Tarik; les flèches doubles indiquent l'itinéraire commun à Tarik et à Mouça.

Au IXe siècle, les émirs reprennent l'offensive. Chaque été le royaume asturien est attaqué. En dépit de la vaillance de plusieurs des rois chrétiens, tel Alfonse II (mort en 842), la situation du royaume chrétien, dont la capitale est transportée à Oviedo, fût devenue précaire sans la constitution par les Francs d'une « marche » au Nord-Est de l'Espagne, sans la formation du petit royaume de Navarre, et surtout sans les troubles qui naissaient à chaque succession de Khalife. Ordoño Ier (850-865) et plus encore Alfonse III (866-910) profitèrent de la rébellion de Tolède pour affermir leur autorité dans le Nord de la péninsule. Ce dernier surtout obtint des succès remarquables au prix de luttes incessantes. Il étendit son pouvoir sur le Nord du Portugal et recula la frontière de la Castille et du Leon. À lui revient le mérite d'avoir repeuplé la région, transformée en désert, comprise entre la Cordillère cantabrique et le Douro. Il y attira les chrétiens du Sud, les Mozarabes. Il releva des villes antiques. Il bâtit des forts d'arrêt : Zamora, Toro, Burgos, Simancas, Osma. Il se saisit de la sorte du commandement des antiques voies romaines allant de Braga à Lisbonne, de Merida à Astorga et Saragosse. Avec lui finit la période « asturienne ».

Son successeur Garcia I$^{er}$ abandonne Oviedo pour Leon, l'ancien camp de la *Legio VII gemina*. Le centre de gravité s'est déplacé. Il est désormais au Sud des Monts Cantabriques. Par-dessus le désert central le roi chrétien fixe son regard sur Tolède, sur Cordoue [1].

Le règne d'Abd-er-Rhaman III (913-961) arrêta les progrès des chrétiens. Ramire II, roi de Leon (931-951), après s'être avancé jusqu'à Madrid, alors une bourgade, fut vaincu et perdit Zamora. Ramire III et Bermude IV perdirent Salamanque, Astorga, même, un instant, Leon (984). À la fin du siècle l'État chrétien est occupé par les Musulmans. À Bermude II (mort en 999), qui n'a pas su protéger Compostelle, succèdent des enfants. La dynastie issue de Pelayo s'éteint en la personne de Bermude III, en 1037 [2].

Heureusement pour les Chrétiens du Nord que leur sort n'était plus lié uniquement à cette dynastie. Deux États nouveaux étaient nés, la Castille, la Navarre.

À l'Est du Leon, la *Bardulia*, qui formait une marche couverte de forteresses (*castillos*) changea son nom pour celui de Castille dans la seconde moitié du IX$^e$ siècle. Les comtes qui défendaient le pays se rendirent à peu près autonomes avec Fernand Gonzalez (923-970) et Garci Fernandez (970-995), célèbres par leur vaillance [3], leurs luttes contre contre les Musulmans (heureuses ou malheureuses), contre leur souverain aussi, le roi de Leon. Cette dynastie comtale s'éteignit en 1028.

---

1. L'ouvrage fondamental sur cette période est celui de L. Barrau-Dihigo. *Recherches sur l'histoire politique du royaume asturien : 718-910* (Paris, 1921),
2. Bref aperçu dans *Histoire du Moyen Age* de Glotz, t. I, p. 744-746.
3. Ils auraient été l'objet d'épopées en langue vulgaire, aujourd'hui perdues, mais qu'on peut reconstituer dans les grandes lignes, s'il en faut croire R. Menendez Pidal, *L'Épopée castillane*, trad. Mérimée (1910), 44 ; et *Poesia juglaresca* (Madrid, 1924). Cf. Gaston Paris dans *Journal des Savants*, mai 1898.

# 7
# LA NAVARRE.

L'hégémonie revient alors à un petit royaume longtemps obscur et faible, celui de Navarre. Les *Navarri* sont des Basques établis entre le cours supérieur de l'Èbre, les Pyrénées, le golfe de Gascogne. Leurs chefs reconnurent l'autorité des Musulmans lors de la conquête de l'Espagne. Ils furent certainement alliés des Khalifes contre les Francs auxquels ils infligèrent de sanglantes défaites, le 15 août 778, à Roncevaux, et aussi en 824. Mais, à partir du milieu du ix$^e$ siècle, la lutte des Navarrais contre l'Islam est incessante. Le pays est dévasté, Pampelune, le chef-lieu, emporté, les chefs tués ou emmenés à Cordoue en captivité. Après Sanche-Garcia I$^{er}$ (905-925), le premier souverain dont on sache quelque chose, ses successeurs se montrent soumis au Khalife. Les rois navarrais du X$^e$ siècle sortent de leur isolement et se mêlent aux affaires de la Castille et du Leon.

Le plus célèbre des souverains navarrais, Sanche-Garcia III, surnommé le Grand (env. 1000 à 1035), mit à profit la décadence de Cordoue et aussi l'affaiblissement de la dynastie qui régnait à Leon, pour s'emparer du Guipuscoa, de l'Alava, du Ribagorze, de la Navarre d'outre-les-monts. Quand il apprit l'assassinat du dernier comte de Castille dont il avait épousé la sœur il mit la main sur le pays.

# 8
# LES ROIS DE CASTILLE.
# FERDINAND IER ET ALFONSE VI.

À sa mort (1035) son aîné Garcia eut la Navarre agrandie. La Castille échut à son deuxième fils, Ferdinand, qui, ne voulant pas sembler inférieur à son frère, prit le titre de roi. Il avait épousé la sœur de Bermude III, roi de Leon. Il l'attaqua à Tamara. Bermude périt dans l'action et, l'année suivante, Ferdinand se fit couronner roi de Leon (1038).

Un autre fils de Sanche le Grand, Ramire, se qualifia roi du comté d'Aragon, qui tirait son nom du torrent, affluent de l'Èbre. Pendant un siècle, le nouveau royaume, avec une bourgade pyrénéenne, Jaca, comme capitale, mena une existence effacée, jusqu'au moment où Alfonse le Batailleur put transporter son chef-lieu à Saragosse (1118) [1].

Ferdinand I<sup>er</sup> étendit son pouvoir vers le Portugal : il s'empara de Viseu, de Lamego, de Coïmbre (1063-64). Il osa faire une expédition, une « algarade », jusqu'aux abords de Séville et de Valence. Il imposa tribut à quelques émirs musulmans de *taifas*. Ce précurseur mourut le 27 décembre 1065. Son fils, Alfonse VI, après plusieurs années de dévastations et de blocus, réussit un coup de maître : la prise de l'ancienne capitale de l'Espagne visigothique, Tolède (25 mai 1085) [2]. L'année suivante il tenta d'enlever Saragosse, boulevard de l'Islam dans le Nord de l'Espagne.

1. Aguado Bleye, *Manual*, t. I, p. 262.
2. Les circonstances qui ont précédé le siège et la prise de Tolède sont mal connues. Une lumière nouvelle a été projetée sur cet événement capital par la publication de la *Dahira* de Ben Bassan, écrite en 1110, éditée par Lévi-Provençal dans *Hesperis*, t. XII (Paris, 1931), p. 33-49, analysée, d'après le texte arabe, par Menendez Pidal, *Historia y epopea* (Madrid, 1934), p. 239-262.

## B. — DE LA PRISE DE TOLÈDE (1085) À LA FIN DE LA RECONQUISTA (1492).

9

# ARRIVÉE DES ALMORAVIDES.
# ARRÊT DE LA CASTILLE.

La prise de Tolède fut un coup de tonnerre pour les émirs, les « rois de *taïfas* ». Ils comprirent que la domination musulmane était menacée. Ils firent taire un instant leurs divisions. Malgré tout ils n'étaient plus de taille à lutter contre les royaumes chrétiens du Nord. Ils s'avisèrent alors d'un expédient désespéré, l'appel aux Musulmans d'Afrique, aux *Almoravides*.

La secte des Almoravides [1] est un des produits de ces réveils, de ces *revivals* religieux, périodiques dans le monde musulman dont ils raniment le fanatisme qui couve toujours sous la cendre. L'instigateur est un Berbère du Sous, de la région déjà saharienne, comprise en l'Atlas et l'Anti-Atlas, Abdallah-Ibn-Yacine, qui fanatisa des dévoués ou *mrabatin*, d'où *Al-mrabatin* dont les Chrétiens firent *Almoravides* [2].

L'agitation se répandit comme une traînée de poudre. Les dévoués soumirent de gré ou de force le Sénégal, le Sahara et le Soudan occidental, enfin la Maurétanie ou Maghreb. Le plus fougueux des *mrabatin*, Youssouf-Ibn-Techoufin, y fonda la ville de Marrakech (1070). Youssouf, malgré son âge —il était presque octogénaire — accepta l'invitation des rois de taïfas (Séville, Badajoz, Cordoue, Grenade) et débarqua à Algeziras. Le roi Alfonse VI leva le siège de Saragosse et alla au devant de Youssouf. La rencontre eut lieu à l'autre extrémité de l'Espagne, à Zallaca, non loin de Badajoz. La défaite des chrétiens fut complète (23 octobre 1086).

Rappelé en Afrique par des troubles, Youssouf ne put poursuivre ses avantages. Au reste, pour lui, l'Espagne n'était qu'un prolongement du Maghreb où il se tint jusqu'à sa mort, survenue à Marrakech en 1106 : il était près de la centième année. Il avait laissé ses lieutenants procéder (1090 à 1097) à la soumission des émirs de Séville, Cordoue, Denia, Xativa, enfin reprendre Valence à doña Ximena, la veuve du Cid (1102). Épouvantés, les émirs « andalous » [3] avaient tenté, mais trop tard, de s'allier avec les rois chrétiens contre les hordes africaines.

En dépit du désastre de Zallaca Alfonse VI ne perdit pas courage. Il fit appel, non au roi de France, Philippe I$^{er}$ — c'eût été peine perdue — mais aux princes français de Bourgogne, à Henri arrière petit-fils du roi Robert II, à Raymond, comte d'Amous en Bourgogne comtale (appelée plus tard Franche-Comté). Ils devinrent ses gendres : Henri épousa Thérèse et eut le comté de Porto, Raymond épousa l'héritière du trône, Urraca. Le duc de Bourgogne lui-même, Eudes (1078-1102), passa les Pyrénées pour se porter à l'aide des chrétiens. Avec ces secours [4] Alfonse put enlever, sur le cours inférieur du Tage, Santarem et Lisbonne (1093). Son vassal, Rodrigue Diaz, surnommé le Cid (« Seigneur » en arabe : *sidi*) [5] s'empara de Valence (1092), mais échoua devant Xativa et mourut en 1099 [6].

Succès éphémères. Temin, frère d'Ali, fils et successeur de Youssouf, présenta la bataille à Ucclès (à l'Est de Tolède). Alfonse VI, accablé par l'âge, ne put combattre. Son fils unique Sanche, âgé de onze ans, périt dans l'action (29 mai 1108) [7]. Alfonse mourut un an après, à Tolède. Cette ville avait sauvé l'État par sa belle résistance, mais la fortune du royaume de Leon et Castille subit un temps d'arrêt.

---

1. Sur les Almoravides voir R. Dozy, *op. cit.* et E. Saavedra dans *Boletin d. real Academia de historia*, t. LXIX, 1916 ; Asin G. Palancia, *op. cit.* On trouvera l'essentiel dans L. Halphen, *L'Essor de l'Europe*, p. 58-60, 213-216.
2. De *mrabatin* dérive aussi « marabout ».
3. Les écrivains arabes appellent *andalous* l'ensemble des Musulmans d'Espagne.
4. Les travaux consacrés aux expéditions de croisade des Français en Espagne sont cités et utilisés par Halphen, op. cit., p. 59 et 214 et Calmette, *Le Monde féodal*, p. 422. Les historiens espagnols estiment que les Français ont tendance à s'en exagérer l'importance, ainsi Menendez Pidal, *La España del Cid* (chap. III et XVIII).
5. Ce surnom lui fut donné au cours de la période où, banni de Castille, il se mit au service de l'émir de Saragosse.
6. L'ouvrage fondamental sur cette période est celui de R. Menendez Pidal, *La España del Cid* (Madrid, 1929, 2 vol.).

7. Sanche était fils d'une mère musulmane, son vainqueur d'une mère chrétienne. Ces petits traits sont à relever : ils montrent déjà le mélange des races.

## 10
# ENTRÉE EN SCÈNE DE L'ARAGON. UNION AVEC LA CATALOGNE.

C'est l'obscur et chétif petit royaume d'Aragon qui passe au premier rang. À l'Est et au Sud il était surveillé par de puissantes forteresses musulmanes. La seconde moitié du XIe siècle fut employé à les réduire avec l'aide de Catalans et d'aventuriers normands et français. Barbastro fut pris en 1064, repris par les Musulmans. Huesca fut enlevée, après la victoire des princes Pierre et Alfonse à Alcoraz (18 novembre 1096) : leur père Sanche, avait été tué d'une flèche deux ans auparavant. Huesca appartenait à Mostaïm, émir de Saragosse, qui fit alliance avec Alfonse VI de Leon ; celui-ci lui envoya le secours de Garcia Ordoñez, comte de Najera, qui fut fait prisonnier par les Aragonais. Ce sont là des traits qui montrent le peu de solidarité qui existait entre princes chrétiens, comme entre princes musulmans [1].

L'union entre Leon-Castille et Aragon faillit s'opérer cependant. Privé de son fils unique, Alfonse VI avait marié sa fille Urraca, veuve de Raymond de Bourgogne, à Alfonse Ier d'Aragon. Mais le caractère intraitable d'Urraca rendit vaine cette combinaison. Urrara entendit régner seule, sous le nom du fils qu'elle avait eu de Raymond, Alfonse Raimondez. Alfonse dut se contenter de l'Aragon auquel il joignit momentanément la Navarre.

Alfonse Ier le « Batailleur » réussit un coup de maître, la prise de Saragosse, capitale naturelle de la vallée de l'Èbre. Il s'en empara grâce à un habile chantage pratiqué sur l'émir qui redoutait d'être dépossédé par l'Almoravide. L'Aragonais l'aida contre les Africains, puis exigea la remise de la ville (1118). Il en fit la capitale de l'Aragon. Il osa conduire alors une grande « algarade » qui l'amena jusqu'à Malaga, au delà de la Sierra Nevada.

Sa fin n'en fut pas moins aussi triste que celle de son homonyme de Castille. Il assiégeait Fraga (au Sud-Ouest de Lérida) quand il fut pris à revers par une coalition d'émirs « andalous ». Vaincu, il mourut peu après (7 septembre 1134).

N'ayant pas de fils il avait légué par testament son royaume aux ordres religieux des Templiers et Hospitaliers. Les Aragonais n'en tinrent aucun compte. Ils tirèrent du cloître un frère du défunt, Ramire, et le mirent sur le trône. Quant aux Navarrais ils prirent pour roi Garcia Ramirez, descendant de Sanche le Grand. Ramire II, incapable de gouverner, menacé par la Castille et la Navarre, sauva l'indépendance de l'Aragon en fiançant la fille qu'il avait eue d'Agnès de Poitou, Petronille, avec Raymond-Bérenger IV, comte de Barcelone (traité de Barbastro, 11 août 1137), puis il rentra au cloître.

Cette union marque un tournant de l'histoire d'Espagne. Navarre et Aragon, que la géographie et l'histoire semblaient devoir unir, vont se tourner le dos. Alors que la première, aux siècles suivants, sous une dynastie d'origine française, regardera du côté de la France, l'Aragon se laissera entraîner dans l'orbite de la Catalogne et de sa politique méditerranéenne.

---

1. Dozy, Recherches sur l'histoire et la littérature de l'Espagne pendant le moyen âge (3$^e$ éd., Leyde, 1881), t. II, p. 266-269.

11
# PRÉTENTIONS DE LA CASTILLE.

La double royauté Leon-Castille reprit de l'éclat sous le règne d'Alfonse VII [1] (1136-1157), fils d'Urraca et de Raymond de Bourgogne. Il réussit à imposer sa suzeraineté non seulement à quelques émirs musulmans, mais à l'Aragon et à la Navarre, même aux comtes de Barcelone et de Portugal. Il prit alors (1135) le titre ambitieux et fort prématuré d'empereur d'Espagne [2]. Son prestige fut tel que le roi de France Louis VII, se rendant en pèlerinage à Saint-Jacques de Compostelle, s'arrêta à Burgos et obtint la main de la fille de l'« empereur », Constance (1154) qu'il devait perdre six ans plus tard [3]. Alfonse VII reprit la tradition des grandes algarades. Une le mena jusqu'à Cadix. Cette grandeur factice fut éphémère. Le roi ayant eu deux fils, Castille et Leon se séparèrent et entrèrent même en conflit pour plus d'un demi-siècle.

---

1. Alfonse VIII si l'on compte Alfonse d'Aragon.
2. Menendez Pidal, *La España del Cid*,-1$^{re}$ p., chap. II, p. 52.
3. Cet épisode a été étudié par Miret y Sans dans le *Moyen Age*, année 1912.

12

# NAISSANCE DU PORTUGAL.

Un petit royaume se détacha du Leon. On a dit que, depuis le XI$^e$ siècle, les rois chrétiens d'Espagne faisaient appel aux chevaliers de France. Un Bourguignon, Henri, frère des ducs Hugues et Eudes, épousa Thérèse, fille naturelle d'Alfonse VI de Leon. Il reçut, vers 1097, un comté, à l'embouchure du Douro, celui de Porto, origine du Portugal (*Portus Calle*) ; il s'étendait sur le pays situé entre le Minho et le Douro. Outre Porto, il comprenait Braga, Coïmbre, Viseu, Lamego [1].

Tout de suite le comté manifesta des sentiments d'indépendance vis-à-vis du Leon. Ses souverains s'appliquèrent à se donner de l'air vers le Sud, aux dépens des Musulmans. Alfonse Henriquez remporta sur eux une éclatante victoire à Ourique (1139), s'empara de Santarem, de Lisbonne (1147). Dès mars 1139 il avait pris le titre de *rex Porlugalensium*. En 1143 il se déclare vassal du Saint-Siège, sans rejeter la suzeraineté du roi de Castille Alfonse VII, qui se déclare empereur d'Espagne. En 1179 enfin il sera pleinement indépendant. À la fin de sa vie, passant le Tage, il s'empara d'Évora, de Beja (1165). Son fils Sanche enlève (1189) à l'Islam le Sud-Ouest de la péninsule qui a retenu le nom arabe d'Algarve (*Al-Gharb* « Ouest »). Alphonse II (1211-1223) et Sanche II (1223-1246) achèvent le Portugal grâce à la vaillance des ordres militaires de Palmela et d'Avis.

Leon et Castille s'uniront (1230). Les couronnes de Castille et d'Aragon se rapprocheront. Tournant le dos au reste de l'Espagne, le

Portugal, tout atlantique, marchera vers des destinées particulières, constituant son propre empire colonial. Sa langue, variété du galicien, se haussera à la littérature, au XIVe siècle, et rivalisera avec le castillan dans le monde [2].

---

1. C. Roma de Bocage et N. Goyri, Estudios de historia patria ; origendo contado de Portugal (1887) ; —P. Merea, A concessâo da terra portugalense a D. Henrique (dans Anuario d'historia del derecho español, année 1925).
2. Il n'y a pas en français de bonne histoire du Portugal. En portugais A. Herculano, *Historia de Portugal desde ó comenco da monarchia ate ó fin de reinado de Alfonso III* (1279), Lisbonne, 4e éd., 1868, 4 vol. ; F. de Almeida, *Historia da Portugal*, t. I (jusqu'à 1385), Coimbre, 1922 ; H.da Gomes Barros, *Historia da administraçâs publica em Portugal nos seculos 12 a 15*, Lisbonne, 1885-97,2 vol. ; Prestage dans *Cambridge medieval history*, t. VIII, chap.XVI.

13

# NOUVELLE INVASION AFRICAINE : LES ALMOHADES.

Malgré des vicissitudes fâcheuses dans l'histoire des États chrétiens au XIIe siècle, il était évident qu'ils tenaient le bon bout et que l'Islam était tout juste capable de maintenir ses positions. La décadence politique des Almoravides avait été rapide et la vogue de sa doctrine religieuse — un étroit rigorisme — en baisse [1].

L'empire almoravide ne put tenir devant le succès d'une nouvelle secte islamique, celle des Almohades. L'instigateur, Mohammed Ibn Toumert, était, comme le fondateur de la secte almoravide, un Berbère du Sous, mais il ne se contenta pas de pratiquer l'ascétisme, il alla étudier à Bagdad et s'initia à des doctrines ou interprétations du Qoran inconnues ou proscrites en Occident. Il lui sembla que le principe de l'unité divine était mis en danger et il se crut chargé par la divinité de le sauver. Il se considéra comme un *madhi*, un messie, et ses disciples furent des « unitariens », *almouahid* d'où Almohades. Quand il revint enseigner le retour à la foi dans les écoles du Maghreb, il fut persécuté. Mais sa prédication eut un succès prodigieux chez les Berbères de l'Atlas. En 1122 il prêcha la guerre sainte contre les Almoravides, mais il échoua devant Marrakech et mourut vers 1128 [2]. Le mouvement eût avorté, comme tant d'autres de ce genre, si Ibn Toumert n'avait formé un disciple enthousiaste en la personne d'Abd-el-Moumin, de Tlemcen. Celui-ci se proclama Khalife du mahdi et réussit en vingt ans à abattre la domination almoravide et à se rendre maître de l'Afrique du Nord tout entière, de l'Atlantique au golfe de Gabès.

C'est alors qu'il songea à rétablir la pureté de la foi en Espagne.aux dépens des Almoravides. La conquête de l'Espagne musulmane fut l'œuvre de ses lieutenants. Commencée par la prise de Séville (en janvier 1147), de Cordoue, de Jaén, elle s'acheva, au cours des années suivantes, par celles de Malaga, Murcie, Grenade, Almeria (1157). Quant à Valence elle résista longtemps encore.

Le remplacement des Almoravides par les Almohades, en dépit de l'ardeur fanatique [3] des nouveaux venus, des Maures [4], n'eut pas pour l'ensemble des États chrétiens des conséquences aussi funestes qu'on eût pu croire. Leur situation s'était trop affermie depuis la prise de Tolède, de Saragosse, la constitution du Portugal, pour pouvoir être renversée brusquement. Il faut faire exception pour le royaume central dont les progrès furent arrêtés net. Encore faut-il attribuer ce recul à la séparation de la Castille et du Leon en deux royaumes, déchirés par des dissensions internes depuis 1157. À la fin du siècle, la Castille éprouva un désastre, à la bataille d'Alarcos (Almagro, près Ciudad Real) le 18 juin 1195 : son armée fut écrasée par le Khalife almohade Abou-Yakoûb. Ce malheur était dû à la présomption du roi Alfonse VIII qui n'avait pas attendu les secours des autres rois chrétiens, La Castille fut sauvée de la destruction par l'intervention de Pierre II, roi d'Aragon (1196-1203), et aussi par la longue trêve que lui accorda le vainqueur, inquiet de troubles dans ce Maghreb, dont l'Espagne n'est qu'une annexe aux yeux des Almohades, comme de leurs prédécesseurs.

---

1. F. Codera, Decadencia y desaparicida de los Almoravides de españa. (Saragosse, 1899).
2. Voir l'essentiel dans Halphen, *Essor de l'Europe*, p. 219-226. Sur l'histoire africaine des Almohades voir Ch. A. Julien, *Histoire de l'Afrique du Nord* (Paris, 1931), p. 388-417. Sur la doctrine Ign. Goldziher, dans *Zeitschrift der deutschen morgenländischen Gesellschaft*, t. XLI (1887) p. 30-140 ; *Mohammed Ibn Toumert et la théologie de l'Islam* préface à Luciani, *Livre de Mohammed Ibn Toumert* (Alger, 1906). Résumé de la doctrine almohade dans Julien, p. 391-392, 797. Une chronique inédite d'un compagnon d'Ibn-Toumert, El Baidah, vient d'être découverte par Lévi-Provençal dans un manuscrit de l'Escorial.
3. On saisit, depuis les Almoravides, une organisation militaire et religieuse à la fois, de musulmans fervents qui s'exercent en des sortes de couvents fortifiés (*ribal*), sis à la frontière, à la pratique de l'ascétisme et de la guerre sainte. Voir Lévi-Provençal, p.

138-139. Reproduction d'un *ribal* dans G. Marçais, *Manuel d'art musulman*, t. I, p. 47 et 50.
4. À partir de la seconde invasion des gens du Maghreb, les Musulmans d'Espagne sont tous considérés comme des Maures (*Moros*) par les chrétiens. L'élément arabe aristocratique achève de s'effacer.

## 14
# RETOUR DE FORTUNE POUR LES CHRÉTIENS.

Les autres États chrétiens, au contraire, marquèrent des progrès très sensibles. On a vu les premiers succès des Portugais. En 1184, près de Santarem, ils battirent et tuèrent le Khalife Abou-Yakoûb, puis s'emparèrent de l'Algarve.

L'Aragon puisa une force nouvelle dans son union avec la Catalogne. Raimond-Bérenger IV nettoya de Maures toute la région entre l'Èbre et les Pyrénées. Il enleva Tortose en 1148, et les dernières forteresses, telle Lerida et Fraga furent emportées de 1150 à 1154. Sous Alfonse II la *reconquista* fut poussée, vers le Sud, jusqu'à la vallée du Guadala-viar(1171), jusqu'à Xativa, jusqu'à Cuenca. Un instant le roi eut l'espoir de mettre la main sur Valence, de concert avec la Castille, espoir déçu. Du côté de la France, la couronne d'Aragon se dédommagea. Elle obtint du comte Gérard le Roussillon et étendit une suzeraineté, d'ailleurs illégale, sur le Béarn. et la Bigorre (1170, 1192).

Le Khalifat almohade était paralysé par les événements d'Afrique. Un Almoravide, réfugié dans les îles Baléares, avait opéré une descente à Bougie, pris Alger et Milianah, pendant qu'un aventurier s'emparait de la Tunisie actuelle (de 1185 à 1205). La victoire remportée à Alarcos sur la Castille en 1195, n'avait pu être exploitée : le Khalife avait conclu une paix de douze ans pour avoir les mains libres.

À l'expiration de cette longue trêve, Castille et Aragon se sentirent assez raffermis pour prendre l'offensive et recommencèrent les « algarades ». En 1212 enfin, de part et d'autre, on se prépara à une action décisive. Du côté chrétien il se constitua, sous l'impulsion de l'archevêque de Tolède, Rodrigue Ximenès de la Rada, une ligue formée par la Castille, l'Aragon, la Navarre, le Portugal même, mais non par le Leon, qui se refusa à marcher. On fit appel aussi aux gens du Nord, aux Français notamment des provinces de Narbonne, de Bordeaux, de Nantes. On demanda au pape Innocent III de prêcher la croisade. L'armée chrétienne, rassemblée à Tolède, en mai 1212, était hétérogène et indisciplinée. Mais l'armée adverse, appelée à la « guerre sainte » (*al djihad*) par le Khalife Mohammed En-Nacer, ne l'était pas moins, masse confuse de Maures de toutes les régions et de Nègres.

La rencontre eut lieu le 16 juillet 1212 sur les plateaux (*navas*) au Nord de la Sierra Morena, à *Las Navas de Tolosa*. L'armée chrétienne était affaiblie par son indiscipline et les désertions. Elle triompha néanmoins d'un adversaire dont le moral semble avoir été profondément atteint [1].

Les résultats immédiats de la bataille, en dehors d'un gros butin, furent insignifiants. La mort de Pierre II d'Aragon, tué sous Muret par Simon de Montfort, le 12 septembre 1214, celle d'Alfonse VIII de Castille un an après (le 6 octobre 1214) n'eussent guère permis d'exploiter ce grand succès. Cependant c'est à bon droit que la date du 16 juillet 1212 est estimée comme marquant un tournant de l'histoire d'Espagne. À partir de ce moment il fut évident que l'offensive de l'Afrique était brisée en ce pays et que l'Islam ne pourrait plus que se tenir sur une position défensive.

En Afrique l'empire almohade entra aussitôt dans une irrémédiable décadence, jusqu'à sa disparition avec la prise de Marrakech par les Mérinides, des Sahariens, en septembre 1269 [2].

---

1. La bataille de Las Navas de Tolosa eut un grand retentissement dans la chrétienté, notamment en France. Nous possédons des lettres écrites à cette occasion par Blanche de Castille, l'archevêque de Narbonne, etc. (*Recueil des historiens de France*, t. XIX, p. 250-256). Les sources espagnoles donnent un récit pittoresque, mais d'une grande exagération, notamment sur les effectifs engagés. Voir les histoires d'Espagne d'Altamira, p. 365 ; d'Aguado Bleye, p. 274-276 ; de Ballesteros, p. 270 ; — Halphen, *Essor de l'Europe*, p. 225-226 ; — J. Calmette, *Le Monde féodal*, p. 372 et 422 ; enfin la monographie de A. Huich, *Estudio sobre la campaña de las Navas de Tolosa* (Valence, 1916), avec plans.
2. Julien, p. 407-409 ;— Georges Marçais, *Les Arabes en Berbérie du XI$^e$ au XIV$^e$ siècle* (Constantine, 1913), p. 345.

## 15
# REPRISE DE LA
# « RECONQUISTA ».

A) *Ferdinand III de Castille.* — La reprise de la *reconquista* fut retardée d'un quart de siècle par les minorités et les troubles qui agitèrent Castille, Leon, Aragon. Ferdinand III [1] prit le gouvernement de la Castille en 1217 par la cession que lui fit sa mère, la reine régente Bérengère. Elle avait eu ce fils d'Alfonse IX, roi de Leon (1188-1230) dont elle avait dû se séparer, en 1204, pour cause de parenté, sur l'injonction du pape Innocent III. L'empire almohade d'Afrique était si affaibli que l'un des prétendants au Khalifat, Al-Mamoûne, sollicita et obtint du jeune roi de Castille l'envoi d'une armée chrétienne pour se rendre maître de Marrakech. Toutefois ce ne fut qu'après la mort de son père, Alfonse IX (1230), et l'union définitive des royaumes de Leon et de Castille que Ferdinand entreprit la conquête méthodique de l'Andalousie [2].

Un coup de main hardi lui livra, en 1236, Cordoue, au reste déchue depuis la disparition du Khalifat, deux siècles auparavant. Il ramena à Compostelle les cloches enlevées par Almanzor en 997 et fit de la mosquée une cathédrale.

En 1241 le wali de Murcie, Alieante et Carthagène offrit sa soumission. En 1246 Ferdinand s'en prit à Jaén : l'émir de Grenade, Aben-Ahmar, dont cette place dépendait, offrit sa vassalité.

Maître du Nord de l'Andalousie, le roi de Castille et Leon, résolut de s'emparer de Séville, qui s'était élevée au premier rang des villes musulmanes d'Espagne. L'entreprise était difficile et réclamait des troupes nombreuses : vassal de la Castille, l'émir de Grenade fournit son contingent pour le siège. Une flotte, formée en Galice et en Asturie, remonta le Guadalquivir pour compléter le blocus. Après une résistance d'une année la ville se rendit (23 novembre 1248). Le roi retarda son entrée jusqu'au 22 décembre, jour anniversaire de la translation de saint Isidore. On attira dans la ville des artisans chrétiens et il y eut des distributions de terres dans la région. La population musulmane reçut la permission ou de partir après avoir vendu ses biens ou de demeurer. Aben-Ahmar, fidèle vassal, aurait été fait chevalier par le roi qui lui constitua un blason [3]. Par milliers les Musulmans, soit Maures, soit Espagnols, se dirigèrent vers Grenade ou les Algarves.

Ferdinand songea-t-il vraiment à porter la guerre sainte en Afrique ? Toujours est-il qu'une flotte castillane battit une flotte marocaine et que le roi obtint la liberté du culte chrétien à Marrakech même, culte qui se prolongea jusqu'au XIVe siècle.

Ferdinand III mourut dans la force de l'âge, à cinquante-cinq ans, le 30 mai 1252. Il fut enseveli à Séville dans une robe de soie de travail musulman. Il laissa un souvenir inoubliable dans la mémoire des Castillans [4]. L'émir de Grenade prit le deuil et la légende veut que, chaque année, cent chevaliers maures, allassent porter des cierges sur son tombeau en la cathédrale de Séville.

b) *Jacques Ier d'Aragon* [5]. — Non moins fameux fut le règne du contemporain du roi Ferdinand, le roi d'Aragon, si différent par sa vie privée et son caractère, Jacques Ier (en castillan Jayme, en catalan Jaume) surnommé justement le Conquérant.

À la mort de son père, qui s'était fait tuer d'une manière absurde à Muret, l'enfant Jacques, tombé au pouvoir des vainqueurs, fut relâché sur les injonctions de la papauté : à la fin de sa vie Pierre II avait mis son royaume sous la vassalité du Saint-Siège. La minorité de Jacques fut extrêmement orageuse. En 1229 enfin, âgé de vingt-quatre ans, il entreprit la conquête des Iles Baléares, pour complaire aux Catalans et en dépit des Aragonais. Il n'avait que trente-trois « naves » et douze galères. Il s'empara sans difficulté de Palma et de Majorque, de Minorque en 1232, d'Iviça en 1235.

Mais son coup de maître fut la prise de Valence. Un Almohade, Abdallah, chassé par ses sujets, vint implorer le secours du roi d'Aragon, offrant de lui faire hommage. Jacques feignit d'entrer dans ses vues, puis résolut de s'emparer de Valence pour son propre compte. Le wali dupé fit vainement appel à ses coreligionnaires d'Afrique. Cependant la conquête fut difficile. Aragonais, Catalans mêmes, refusaient de marcher. Ce fut après un long blocus que Valence se rendit, le 28 septembre 1238. Les conditions faites à la population musulmane furent honorables : liberté de partir avec les biens meubles ou de rester avec des garanties pour ses biens et l'exercice de sa religion.

L'alcade de Xativa offrit alors sa vassalité, mais fut dépossédé. En 1245 Denia se rendit. Enfin, en 1266, Jacques mit la main sur Murcie, vassale de la Castille depuis 1241, et la garda sous la suzeraineté fictive de la Castille. Ici, la population conserva ses lois, ses juges, ses mosquées.

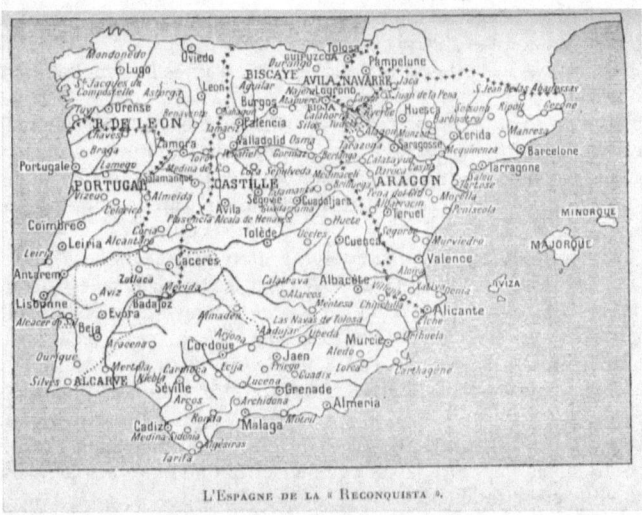

Carte 2. L'Espagne des « Reconquista »

Partout, aux Baléares, à Valence, à Murcie le roi distribua des terres en fief, surtout aux Catalans. Les mœurs, la langue de la Catalogne, très proches de celles du Midi de la France, furent introduites dans le « royaume de Valence ».

Grisé par ces succès, Jacques songea à la délivrance de la Terre Sainte. En 1269, le 4 septembre, il s'embarqua sur une flotte montée par des Catalans et des Castillans. Elle fut dispersée par une tempête. Quelques années plus tard des navires catalans vont détruire une flottille musulmane dans le port de Ceuta.

L'infatigable vieillard mourut à Valence le 27 juillet 1276. C'est, avec Charles d'Anjou, la plus forte personnalité politique du temps, depuis la mort de l'empereur Frédéric II. Mais déjà la couronne d'Aragon (Aragon, Catalogne [6], Majorque, Valence) se détourne de l'Espagne. Son ambition se porte bien au delà, vers la Sicile, vers l'Italie du Sud et nous n'avons pas à retracer sa fortune. La puissance vraiment et purement espagnole c'est la Castille dont le vieux royaume de Leon n'est plus qu'une annexe.

---

1. Sur ce personnage célèbre, cousin germain de saint Louis, sanctifié comme lui et plus heureux dans ses guerres contre l'« infidèle », voir la bibliographie d'Aguado Bleye, p. 278.
2. Cependant, dès 1225, Ferdinand avec son père avait soumis la région entre le Tage et la Sierra Morena, actuellement appelée *Estramadure*, terme qui s'appliquait d'abord aux régions reconquises au sud de Douro ou Duero.
3. E. Wishaw, *Arabie Spain* (Londres, 1912), p. 346, d'après la compilation fort peu sûre de Conde (t. III, p. 38).
4. Il fut considéré comme un saint. La papauté ratifia le sentiment populaire espagnol en le canonisant en 1671. Ce nom ne s'est répandu en France qu'au XIXe siècle. Ce fut l'un des prénoms du duc de Berry, du comte de Chambord et celui du fils aîné du roi Louis-Philippe. Une église de Paris est dédiée au saint « conquistador » ou plutôt « reconquistador », castillan.
5. Outre les histoires d'Espagne (Ballesteros, t. III, p. 171-188) et de Catalogne par Balaguer (1885, et Rovera i Virgili (1922-1928) voir les monographies suivantes : Ch. de Tourtoulon, *Jaeme I le Conquérant, roi d'Aragon* (Montpellier, 1863, 2 vol.) ; — Swift, *The life and times of James the first, the conqueror, King of Aragon* (Oxford, 1894) ; Lecoy de la Marche, *Relations politiques de la France avec le royaume de Majorque* (Paris, 1892, 2 vol.). Brefs exposés dans Aguado Bleye, (p. 235), Halphen, p. 501 ; Guinard, *loc. cit.*, p. 347-349.
6. Au traité de Corbeil (11 mai 1258) le roi d'Aragon, moyennant renonciation à ses prétentions sur la Provence, avait obtenu du roi de France sa pleine indépendance en Roussillon et en Catalogne.

16

# ARRÊT DE LA « RECONQUISTA ». DERNIÈRES INVASIONS AFRICAINES.

L'achèvement de la *reconquista* eût été un jeu si le successeur de Ferdinand II, Alfonse X le Savant (*el Sabio*) n'avait été un personnage d'esprit chimérique, de volonté débile. Il eut bien quelques velléités d'action et rêva de croisades en Afrique. Le seul résultat positif fut la prise de Cadix, repaire de pirates ; encore dut-il avoir recours à l'aide de son vassal, le roi maure de Grenade.

La fin du règne fut lamentable. Le roi eut à lutter contre son second fils Sanche, qui s'était acquis de la popularité en repoussant une bande africaine qui ravageait l'Andalousie. Père et fils offrirent le spectacle le plus honteux : le fils rechercha l'alliance du roi maure de Grenade, le père sollicita le Khalife marocain Ben-Youssouf et lui engagea la couronne royale. Le Marocain passa la mer, mais n'obtint aucun résultat sérieux.

Alfonse X mourut à Séville en avril 1284 et fut enseveli à côté de son père. Sanche IV mourut en 1295, laissant un fds mineur auquel succédèrent d'autres mineurs.

Cependant les rois de Castille ne perdirent jamais de vue la *reconquista*. Ferdinand IV (1295-1312) assiégea Algeziras et prit Gibraltar, qui fut reperdu. À lui revient l'honneur d'avoir infligé le dernier coup à une tentative d'invasion marocaine, celle des Mérinides du sultan Aboul-Hassan, accourus au secours de Grenade. Les derniers Africains furent battus au *rio Salado*, près de Tarifa, le 30 octobre 1340, et expulsés d'Espagne.

Alfonse XI (1312-1350) entra dans Algeziras (25 mars 1344), mais ne put récupérer Gibraltar. La *reconquista* fut alors interrompue pour un très long temps [1]. L'histoire de la Castille au XIV<sup>e</sup> siècle est celle de compétitions de princes se déchirant férocement. Ce sont ces divisions internes, sans compter la rivalité de la Castille avec l'Aragon et le Portugal, qui expliquent l'arrêt pour un très long temps de la *reconquista*, en même temps que la longévité (1238-1492) et la prospérité paradoxales du royaume maure de Grenade, qui connut cependant, lui aussi, bien des révolutions [2].

---

1. Aguado Bleye, t. I, p. 297-301, t. II, p. 12-13, bibliographie, p. 24 ; — Altamira, p. 568 et suiv. ; — Ch. A. Julien, *Histoire de l'Afrique du Nord*, p. 448.
2. Sur ses destinées voir les travaux cités par Aguado Bleye, p. 330 ; Ballesteros y Beretta, t. III, p. 127-144 ; L. Halphen, *La fin du Moyen Age*, t. II, p. 90-92. Voir surtout V. Balaguer, *Las guerras de Grenada* (Madrid, 1898).

17

# ACHÈVEMENT DE LA « RECONQUISTA ». PRISE DE GRENADE.

Le dernier épisode, la conquête de Grenade, fut plus longue et plus malaisée qu'on eût pu croire. Elle ne demanda pas moins de dix années. Il s'en faut que, au début, les chrétiens aient eu le dessus. Le roi d'Aragon Ferdinand, auquel son mariage avec Isabelle avait valu la Castille (1474), se fit battre à Loja et s'enfuit jusqu'à Cordoue (1482). Le succès final des rois catholiques fut dû aux compétitions au trône de Grenade entre Abou-Abdallah (Boabdil) et son frère Zagal. Ferdinand joua entre eux un jeu habile avant de pousser l'affaire à fond. Après la soumission de Zagal, le siège de Grenade fut entrepris en avril 1491. Boabdil se rendit le 25 novembre. Les rois catholiques Ferdinand et Isabelle firent leur entrée à l'Alhambra le 2 janvier 1492.

La capitulation assurait aux Musulmans la propriété de leurs biens, la sauvegarde de leurs personnes, le libre exercice de leur culte. Ces engagements ne résistèrent pas longtemps au zèle du clergé espagnol. La population se souleva. La pragmatique du 11 février 1502 laissa le choix aux *Mudejares* (Espagnols musulmans) [1] du royaume de Gastille et Leon ou de quitter le pays, ce qu'ils firent en majorité, ou de se convertir. Les renégats furent appelés *Morisques*. Demeurés, malgré tout, suspects, ils furent expulsés d'Espagne un siècle plus tard (1609).

Après huit siècles de luttes la *reconquista* était achevée [2].

1. Selon Dozy (*Glossaire*, p. 321-322) l'étymologie doit être cherchée dans le participe *moudedjan*, d'un verbe arabe signifiant « demeurer ». Les *Mudejares* seraient « ceux qui restent ».
2. Ballesteros y Beretta, t. III, p. 671-689.

18

# SENS ET EFFETS DE LA RECONQUISTA.

Cette *reconquista* ne fut pas le résultat de plans savants, mûrement délibérés et exécutés dans un véritable esprit de suite. Quand on entre dans le détail de l'histoire de ces temps on rencontre à chaque pas des faits qui semblent contredire les desseins profonds qu'on a longtemps imaginés. Que de trahisons de princes chrétiens envers princes chrétiens, comme, d'ailleurs, de princes musulmans envers princes musulmans ! Que de défaillances des deux côtés, d'appels à l' « infidèle » contre un rival ou un parent !

Cependant ce serait commettre un grossier contre-sens historique que de nier dans les rapports entre Chrétiens et Musulmans, à travers les siècles, un antagonisme fondamental, irréductible. Les compromissions ont été fréquentes de part et d'autre et c'était inévitable. Mais le sens du courant est clair à qui ne se laisse pas égarer par des remous de surface.

Quelle que soit la grandeur d'une lutte de huit siècles, terminée par un triomphe, il n'en demeure pas moins que l'œuvre de la *reconquista* a pesé d'un poids très lourd sur les destinées de l'Espagne. Elle a tendu à l'excès son attitude de combat perpétuel contre l'« Infidèle ». Elle a identifié sa nationalité à une forme de religion agressive et intolérante. Sa culture, son humanité, en ont pâti. Il était impossible qu'il en fût autrement, à moins que l'Espagne se résignât à être absorbée par l'Afrique. Aussi peut-on comprendre qu'un historien espagnol ait considéré que les Arabes, en dépit de leur apport artistique et philosophique, représentent une malédiction pour le développement de son pays dont ils ont dévié la destinée pour tant de siècles [1].

---

1. Claudio Sânchez Albornoz, *L'Espagne et l'Islam* (dans *Revue historique*, t. 169, janv. 1932, p. 327-339).

# PARTIE II
# MUSULMANS ET CHRÉTIENS. RAPPORTS MUTUELS ET INFLUENCES RÉCIPROQUES

## A. — RAPPORTS D'ORDRE RELIGIEUX

On ne peut parler d'« influence ». L'Islamisme et le Christianisme sont imperméables l'un à l'autre. Tout au moins pour la dogmatique, car certaines pratiques de la vie ascétique peuvent s'imiter et le langage de la mystique s'emprunter [1].

Ce qui surprend, au contraire, c'est leur méconnaissance réciproque. Les chrétiens se sont toujours refusé à connaître l'Islam, ce qui leur était si facile! Vivant pendant un grand nombre de siècles au milieu de Musulmans, ils ont préféré répandre sur leur religion les fables les plus insensées. De leur côté les Musulmans n'ont jamais daigné faire un effort pour comprendre le christianisme dont les adeptes étaient pour eux des « polythéistes » [2]. On est en présence d'un parti-pris obstiné, peut-être d'un instinct vital.

Cependant il ne faudrait pas se représenter dans le courant de l'existence Chrétiens et Musulmans dans une attitude méfiante, hostile, tendue. Rien ne serait plus faux.

### 1. Prédominance musulmane.

La conquête des années 711 et suivantes n'a pas été vue de mauvais œil par l'ensemble des populations de l'Espagne. Les Juifs, atrocement persécutés par le roi et surtout le clergé visigothique, ont fait fête aux envahisseurs. Plus d'un aristocrate visigoth s'est résigné vite, moyennant une capitulation lui laissant une large indépendance [3]. De même certaines villes. Quant à la plèbe elle montra la même passivité au regard des événements que dans les siècles précédents

Au reste, en Espagne, comme en Syrie, comme en Égypte, les premiers gouverneurs et souverains arabes menèrent cette politique de prudence, de modération, de souplesse qui devait assurer lentement, mais avec une sûreté implacable, le triomphe de leur autorité et de leur foi.

Pendant bien longtemps, un siècle peut-être, Arabes et Berbères ne constituèrent dans la péninsule qu'une faible minorité. Leur domination ne fut tout d'abord ni agressive ni oppressive. Le wali ou le Khalife laissa aux chrétiens leur statut personnel, leurs lois, leurs juges ou comtes.

Les églises demeurèrent debout. À Cordoue, quand le nombre des Musulmans augmenta, on prit par convention aux Chrétiens la moitié de la cathédrale, ainsi qu'avaient fait à Damas les premiers Khalifes [4]. Et le maître respecta la convention : quand, en 784, Abd-er-Rhaman Ier eut besoin de l'autre moitié de la cathédrale, il la racheta moyennant une indemnité colossale, s'il est vrai qu'elle fut de 100.000 dinars d'or.

Le souverain protège l'épiscopat. Il a soin de réunir les conciles. Parfois il se sert d'un prélat espagnol comme ambassadeur auprès d'une puissance chrétienne. On a donc pu dire que, dans cette période, l'« influence de l'Islam fut alors attractive et non coercitive [5] ».

Cependant il ne faudrait pas se représenter l'Espagne musulmane comme un paradis pour les Chrétiens. Si le maître protège l'épiscopat, il le domine : il nomme les évêques et cela est grave.

S'il est humain avec ses sujets chrétiens et juifs, il les tient dans une situation inférieure. Il les assujettit au paiement de la capitation personnelle, en plus de l'impôt foncier, le *Kharadj*, dû par tout propriétaire.

Il les exclut du service militaire, ce qui les dégrade moralement. Il peut utiliser leurs talents pour des emplois de cour ou d'administration locale, mais il leur refuse l'accès aux charges essentielles de l'État [6], à moins qu'ils n'abjurent leur foi.

Entre Musulmans et Chrétiens la partie n'est donc pas égale. Le prosélytisme est interdit aux Chrétiens. De même le retour à leur ancienne foi s'ils l'ont abjurée. Tout chrétien ayant passé à l'Islam ne peut y revenir sous peine de mort. Ce crime est considéré comme le plus grave de tous et est inexpiable. Le Khalife lui-même ne peut faire grâce.

Dans les rapports entre les deux confessions religieuses, il y eut des crises. La plus connue et la plus tragique se produisit au milieu du IXe siècle. On vit alors un groupe de chrétiens, pris d'une fureur sacrée, insulter à l'Islam à Cordoue même et périr en martyrs.

La renommée de leurs exploits arriva à la connaissance de deux moines de l'abbaye de Saint-Germain-des-Prés qui parcouraient l'Espagne en quête de reliques. En l'année 858 ils se procurèrent les restes de trois de ces martyrs, Georges, Aurèle, Nathalie et les ramenèrent en France, au village d'Esmont (près Montereau) où les religieux avaient dû se réfugier par crainte des Normands. Les reliques de l'un de ces martyrs, portées au village de Villeneuve-sur-Seine, appartenant à l'abbaye, lui firent donner le surnom, qui est resté, de Villeneuve-Saint-Georges.

Le zèle inconsidéré de ces martyrs effraya les évêques. Ils se réunirent en concile à Cordoue, en 852, à l'instigation d'Abd-er-Rhaman II, qui ne laissait procéder à ces exécutions qu'à regret. Les Pères du concile interdirent aux Chrétiens d'aller inutilement au devant de la mort. Mais n'était-ce pas jeter indirectement le blâme sur d'autres martyrs, les premiers chrétiens qui avaient insulté aux idoles ?

Le parti des exaltés rencontra l'approbation du primat d'Espagne, le métropolitain de Tolède, Euloge. Déjà suspect pour avoir recueilli et instruit dans la foi chrétienne une jeune fille, Leocritia, née de parents musulmans, il proféra des imprécations contre le Prophète devant le cadi. Étonné, le juge fit conduire l'évêque au palais de l'émir. Là, Euloge recommença. Un des dignitaires, pris de pitié, le supplia de se rétracter, lui promettant le secret : « Des maniaques ou des idiots agissent ainsi, mais vous, un homme sensé, comment pouvez-vous les imiter ? » Rien n'y fît. La loi de l'Islam étant sur ce point intangible, le primat eut la tête tranchée, le 11 mars 859. Leocritia fut également suppliciée. Les restes de ces martyrs furent recueillis vingt ans plus tard par Alfonse III roi des Asturies [7].

Ces exécutions effrayèrent et la folie du martyre s'éteignit [8].

Au contraire la crainte, l'intérêt, l'ambition, enfin cette fascination qu'exerce la force sur la majorité des hommes, tout poussa les Espagnols à embrasser l'Islam. Les apostasies furent nombreuses, rapides dans les villes, même dans les campagnes. Il est possible que le clergé hispano-gothique ait négligé l'instruction religieuse des classes inférieures de la société qui ne purent opposer grande résistance au prosélytisme musulman. Les conversions eussent été plus nombreuses encore si les émirs n'avaient redouté pour leurs revenus une augmentation trop brusque de leurs sujets musulmans ; ceux-ci, en effet, étaient exempts de taxes, telle la capitation (*djawâli*) que devaient Chrétiens et Juifs.

On peut supposer que, à partir du IXe siècle environ, le nombre des chrétiens est inférieur à celui des musulmans de toute race (Arabes, Syriens, Berbères, Espagnols) dans les villes du Sud, Cordoue, Séville, Malaga, Murcie, Valence, etc. À Tolède, seulement l'élément chrétien, avec ses six églises, paraît balancer l'élément musulman.

Tout changea avec l'arrivée des Berbères, Almoravides, puis Almohades. Les premiers persécutèrent franchement les chrétiens du Sud. Ceux de Valence en 1102, de Malaga en 1106, doivent prendre la fuite. À Grenade les églises sont détruites. Le Khalife Ali déporte des milliers de chrétiens en Afrique où ils sont maltraités ou même suppliciés. En 1125, au cours d'une algarade menée en territoire ennemi, le roi d'Aragon ramena d'Andalousie 15.000 victimes du fanatisme musulman [9]. Les Almohades font de même. Les Juifs ne furent pas mieux traités. Le plus illustre des philosophes juifs écrivant en arabe, Maimonide, devra quitter Cordoue à la fin du XIIe siècle et s'enfuir jusqu'en Égypte [10].

La conversion à l'Islam, de gré ou de force, d'une partie considérable, prépondérante peut-être, de la population indigène du Sud et du Centre de l'Espagne est un fait de grande conséquence, non seulement religieuse, mais psychologique et sociale. Devenir musulman ce n'est pas uniquement changer de religion, c'est adopter un droit privé, un droit public, des usages, un nom [11], un habillement nouveaux. C'est un renouvellement total de l'individu, qui ne laisse rien subsister et l'arrache à son milieu.

C'est enfin l'adoption d'une langue nouvelle, c'est-à-dire d'une âme nouvelle. Partout l'arabe s'impose en raison de l'obligation où sont les fidèles de consulter constamment le Qoran et dans le texte original, car le livre saint ne peut être traduit sans profanation : il représente la parole même de Dieu, qui s'exprime en arabe.

## 2. *Prédominance chrétienne.*

On ne saisit de longtemps aucune action, en sens inverse, du christianisme sur l'islamisme. Pas plus en ces temps que maintenant, le Musulman adulte ne se convertit sincèrement au christianisme ou à tout autre confession religieuse. Quant aux motifs d'intérêt et d'ambition qui exercèrent une si grande action sur les chrétiens du Midi, ils ne pouvaient jouer en faveur des États du Nord, si longtemps chétifs, pauvres, constamment menacés dans leur existence.

L'Espagne chrétienne ne s'est étendue sur la moitié de la péninsule qu'à partir de la prise de Tolède (1085) et de Saragosse (1118). Mais ce n'est qu'à partir des règnes de Ferdinand III de Castille et de Jacques I$^{er}$ d'Aragon que le problème de la conversion des Musulmans établis en masse dense se posa, à partir de la prise de Cordoue (1236) et de Valence (1238). Les capitulations offertes par ces rois aux populations musulmanes des villes semblaient honorables. Elles furent observées par le Castillan, encore mieux par l'Aragonais, au XIII$^e$ siècle [12]. Par la suite les restrictions à l'exercice de la vie musulmane se firent de plus en plus sévères. On a vu que la convention qui fut conclue avec Grenade, en décembre 1491, fut violée peu après.

Les Maures de l'Albacète, de l'Apujarra, etc., se soulevèrent et Ferdinand dut réprimer l'insurrection (1501). Une décision du 11 février 1502 leur donna le choix entre l'abjuration et le départ de l'Espagne. En Castille ils feignirent d'abjurer L'Islam tout en le pratiquant en cachette. En Aragon, son vrai royaume, Ferdinand se montra moins dur et obtient des conversions nombreuses, fort peu sincères, des *Moriscos* ou « Nouveaux chrétiens ». En 1525 on inflige aux *Moriscos* mille vexations dans leur vie privée. En 1566 la Junte de Madrid leur interdit l'usage de l'arabe, le port du costume musulman. Il s'ensuivit un soulèvement accompagné d'interminables guérillas.

En 1609 enfin, Philippe III se décida à les expulser d'Espagne. Les Morisques du royaume de Valence durent se présenter dans les ports (Valence, Alicante, Dénia, etc.) pour être embarqués pour l'Afrique. L'expulsion de ceux de Castille, de la Manche, de l'Estramadure est du 28 décembre 1609. L'exode des Morisques d'Andalousie et Aragon de 1610, de ceux de Catalogne de 1611, de Murcie de 1614. On a évalué approximativement à un demi-million le nombre des expulsés. Ils comptaient parmi les meilleurs éléments de la vie économique de l'Espagne [13].

Un autre élément de la population, installé très anciennement, dès l'Empire romain, en Espagne, les Juifs avait été précédemment l'objet de mesures violentes, après avoir joui, surtout en Aragon, d'un régime de large tolérance. Les grands massacres commencèrent en 1391. Saint Vincent Ferrier s'appliqua à convertir ceux qui échappèrent à la mort, mais ces « nouveaux chrétiens », *Marranos* ou *conversos* demeurèrent suspects. Après de nouvelles persécutions (1449, 1467, 1470, 1473, etc.) Ferdinand et Isabelle se décidèrent à une expulsion totale (1492). Les exilés se rendirent en Tunisie et en Turquie (à Salonique surtout) et y gardèrent l'usage du castillan [14].

C'est pour combattre l'obstination des Juifs et des Musulmans à conserver leur foi et pour surveiller les mal convertis que les rois catholiques introduisirent en Espagne une institution célèbre qui, jusqu'alors, n'y avait pas jeté de racines, l'Inquisition (1480) [15]. Dès mars 1487, le zèle du grand inquisiteur Torquemada amenait à l'*autodafe* de Tolède 1.200 obstinés. Le registre des rapports adressés par les Inquisiteurs à la *Suprema* de Madrid, prouve que, au cours du XVIe siècle, leur zèle ne faiblit pas [16].

Et cependant il ne parvint pas à extirper l'Islam. Son résultat fut de faire exécrer le christianisme par les populations mauresques. En désespoir de cause on dut procéder à l' « opération chirurgicale » de 1609 [17].

---

1. Il ne peut être question même d'esquisser ce sujet délicat dans le cadre étroit de cet exposé succinct. Le P. Acin Palacios a des idées nouvelles sur ce point. L. Massignon croit à l'originalité foncière de la mystique arabe dans son *Essai sur les origines techniques de la mystique musulmane* (1914-1922) et surtout dans *La Passion d'Al-Hallaj* (Paris, 1914-1921).
2. On sait que, de leur côté, les chrétiens, surtout en France, croyaient, ou feignaient de croire, que les « Sarrazins » étaient des adorateurs des idoles Mahomet et Tervagant. Ce dernier est une énigme que G. Ribera (cité par L. Massignon, *Essai... mystique musulmane*, p. 112, note 4) interprète comme la traduction du surnom du saint personnage du Qoran, supérieur au prophète, qui, selon les mystiques, est immortel et parcourt incessamment la terre (Terre-Vagant). *Se non è vero...*
3. On a conservé la capitulation accordée au prince visigoth Teodemir. Elle est analysée dans Lévi-Provençal, p. 33.
4. Simonet, *Historia...*, p. 806.
5. Expression de Lévi-Provençal, p. 32-33. Sur la condition des chrétiens du Sud après la conquête voir Simonet, p. 165-242.

6. Excepté celle, très importante, de garde des livres des recettes et des dépenses (*Kalib-az-zimâm*), qui peut être chrétien ou juif. Voir Lévi-Provençal p. 69.
7. Dozy, Histoire des Musulmans d'Espagne, t. II, p. 161-174 ; — Simonet, Historia de los Mozárabes, p. 357-486.
8. Cependant relevons le martyre de sainte Argentea en 927. D'une manière générale, En Nacer (Abd-er-Rhaman III) et son successeur furent tolérants envers Chrétiens et Juifs (voir Lévi-Provençal, p. 35 ; Dozy, t. II, p. 103). Il n'en fut pas de même des Almohades (voir Simonet, p. 745-758).
9. Menendez Pidal, *Origenes del español*, p. 442.
10. Guinard, *loc. cit.*, p. 320, 325.
11. Les Espagnols convertis abandonnent leur nom romain ou gothique pour un nom arabe. Ils s'appellent Mouça, Omar, Djafar, Suleiman, Yousouf, etc. Les évêques eux-mêmes ont parfois des noms doubles, dont l'un est arabe. Voir Lévi-Provençal, p. 36.
12. Guinard, *loc. cit.*, p. 358-360. Sur les conventions antérieures, avec Tudele, par exemple, en 1115, voir Ballesteros, t. II, p. 724. D'une façon générale l'Aragon fut plus tolérant. Les Juifs notamment y furent protégés (*ibid.*, p. 721, 723).

   Plus d'un roi, tel Alfonse X *el sábio* fut très tolérant envers Mudejares et Juifs. Voir Ballesteros y Beretta, t. III, p. 453 et p. 619 (riche bibliographie du sujet.)
13. Angel Gonzalez Palencia, *Historia de la españa musulmana*, 3$^e$ éd., p. 118-121.
14. La connaissance de vieilles et belles chansons populaires, perdues en Espagne, nous a été conservée par les Juifs de Salonique.
15. Voir Henry Charles Lea, *Histoire de l'Inquisition au Moyen Age*, trad. par Salomon Reinach (Paris, 1900-02, 3 vol.), t. II, p. 193-228.
16. Il faut lire l'exposé pénétrant de Charles V. Langlois dans son petit livre, *L'Inquisition* (Paris, 1902), p. 99-141 (extr. de la *Grande Revue*, novembre 1901).
17. L'expulsion ne fut sans doute pas totale : les paysans *moriscos* cultivant les terres seigneuriales furent dissimulés ou protégés par leurs maîtres, alors que la mesure frappa les paysans de *realengo* résidant sur le domaine royal.

## B. — INFLUENCES ETHNIQUES.

L'apport de sang opéré en Espagne par les Arabes et les Maures est un problème délicat. Il ne faut ni exagérer ni minimiser l'influence ethnique de la Conquête.

Une chose certaine c'est que l'apport arabe se réduit à peu de choses. C'est avec des Berbères que Tarik, Maure lui-même, donna le coup de grâce en 711 à la monarchie visigothique. Il est vrai que Mouça et les gouverneurs (*walis*) qui lui succédèrent furent des Arabes, ainsi que le fondateur de l'empire de Cordoue, Abd-er-Rhaman, le dernier des Ommeyades. Il est certain qu'il y eut un peuplement arabe en Espagne, puisque les immigrés y apportèrent leur division en tribus et clans et leurs haines traditionnelles (*Yemenites* contre *Kaisiles*) [1]. Mais, en dehors des familles établies à la frontière du Nord et pourvues de bénéfices militaires, et d'un établissement agricole important dans le Levante, ces Arabes s'installèrent dans les cités, surtout celles du Midi. Leur civilisation fut essentiellement urbaine [2]. Jusqu'à la dissolution du Khalifat ils occupèrent, mais pas exclusivement, les hautes charges de l'État. Ils constituaient une aristocratie raffinée, révérée, mais certainement de moins en moins nombreuse, en vertu de cette loi biologique qui veut l'extinction des vieilles familles urbaines. Passé la disparition du Khalifat (1031) ils achèvent de céder la place à un élément plus rude, plus vivace, l'élément berbère, maure comme on disait.

Le peuplement berbère a certainement été plus important et cela dès le début. Sans les Maures les Arabes n'auraient pas eu les forces suffisantes pour effectuer la conquête.

Après la victoire il y eut un mouvement d'émigration des Maures du Maghreb vers l'Espagne qui leur apparaissait comme un pays de cocagne. Ils se répandirent partout dans la péninsule, jusqu'aux Pyrénées et jusqu'au Douro et au delà. Mais, ainsi qu'on a remarqué, leur séjour préféré fut la montagne : la vie pastorale leur convenait mieux que la plaine cultivable ou la vigne.

Un afflux se produisit à la fin du X$^e$ siècle, à l'appel du *hadjib* Al-Manzor, qui gouvernait l'Espagne sous des Khalifes indolents. Mais il faut remarquer que ces Maures étaient des mercenaires ou des volontaires participant à des razzias contre les Chrétiens. Or les mercenaires fondent vite et les volontaires, la campagne terminée, rentraient en Afrique.

Les nouvelles vagues qui firent prédominer en Espagne l'élément berbère, au point que les Musulmans sont désormais *los Moros*, vinrent du Maroc actuel avec les dynasties des Almoravides et des Almohades.

Pour estimer la valeur de l'apport berbère, il conviendrait de distinguer le Nord et le Midi de la péninsule. Il semble que cet apport ait été fort léger en Galice, Asturies, Alava, Navarre, Leon, Vieille-Castille, Catalogne. Dans cette dernière région les Francs ont commencé à refouler les Musulmans dès 785, deux tiers de siècle après la conquête. Galice, Asturies, Alava, Navarre ont dû payer tribut au début, mais sont restés indemnes de colonisation étrangère. Dès le milieu du VIII$^e$ siècle et au IX$^e$ siècle les Berbères ont été expulsés du Leon et de la Vieille-Castille, enfin du Nord du Portugal [3]. Seul l'Aragon a reçu un peuplement musulman en nombre appréciable en raison de son rôle de boulevard de l'Islam. Une ligne de forteresses, Calahorra, Tudèle, Saragosse, Mequinenza, Tortosa, sur l'Èbre, puis, en sentinelle avancée, Huesca, Barbastro, Lerida, Tarragone enfin, défendait la région que les sources arabes appellent *At-thagr-al-â la* « la frontière supérieure ». La conquête définitive par les Chrétiens s'opéra seulement au XII$^e$ siècle. Il resta longtemps encore en Aragon, jusqu'au XVI$^e$ siècle, des populations parlant arabe, appelées par les Espagnols *Tagariens* [4]. Au XIV$^e$ siècle encore, les rois d'Aragon traduisent leurs édits en arabe pour une partie de leurs sujets.

Mais c'est évidemment au Sud du Tage que s'installa la grande majorité des Maures, surtout dans les régions montagneuses. On a pu repérer quelques points de colonisation grâce à des noms de lieu qui rappellent les Nafsa, Miknasa, Madjila, Zanata, tribus berbères de l'Afrique du Nord, grâce aussi à des renseignements fournis par les géographes et historiens arabes. Il y avait des Maures non seulement entre Grenade et la mer, dans la Sierra de los Gazules, mais au Centre, dans la Sierra d'Almaden et jusque dans la Sierra de Guadarrama, au Nord de Madrid [5].

L'influence berbère sur l'ethnographie de l'Espagne est donc indéniable, mais qui osera en apprécier la valeur ?

En tous cas elle est beaucoup plus forte que celle des Arabes et surtout des Goths qui n'ont pu renouveler leur fond, étant coupés de Germanie dès leur entrée dans la péninsule en 413. Il est vrai que, de 1609 à 1614, les Moresques furent expulsés d'Espagne et ils étaient au nombre de plusieurs centaines de mille, cinq cent mille, dit-on. Mais il en resta certainement sur les terres seigneuriales, sinon sur les domaines du roi et de l'Église.

Au surplus, l'apport mauresque, quelle qu'en soit la masse, a-t-il pu modifier profondément le type physique et la psychologie des populations espagnoles ? N'aurait-il pas contribué seulement à accentuer leur caractère foncier ?

Il ne faut pas perdre de vue que, anthropologiquement, l'Espagnol est très peu « Européen », beaucoup moins que le Celte, le Germain, le Slave, le Balte. Si haut que l'on remonte, on ne trouve pas, il est vrai, d'unité raciale en Espagne. Mais, à l'exception des Celtes du Centre, de nouveaux venus [6], les autres populations ne sont pas arrivées de l'Europe centrale. Le fonds semble dériver d'une population blanche de l'Afrique septentrionale [7]. Le contraste entre le Maure d'Afrique et l'Espagnol n'est donc peut-être pas aussi saisissant qu'on pourrait croire.

Et puis l'Espagne a une force d'assimilation prodigieuse. Des Celtes qui ont dominé le Centre et le Nord [8], il ne semble rien subsister. À plus forte raison des Romains, des Goths, des Suèves. Il serait donc naturel que les apports arabes et maures eussent été, eux aussi, digérés, assimilés.

En effet, à l'heure actuelle, l'Espagne présente une unité anthropologique saisissante. La majorité est caractérisée par une taille petite (1 m. 61 à 1 m. 62), une tête très allongée, très dolichocéphale (74 à 75), une chevelure, bouclée ou frisée, noire, l'œil très foncé, la peau basanée, le nez droit ou aquilin. Malgré l'existence, le long des côtes atlantiques et méditerranéennes, d'une importante variété, qui se distingue par une taille au-dessus de la moyenne (1 m. 66) et une tête moins allongée (79 à 80 d'indice) [9], l'Espagne est bien plus homogène ethniquement que la France ou l'Italie.

En sens inverse il y a eu un certain apport de sang espagnol dans l'Afrique du Nord, car parmi les Mores qui, même avant l'expulsion de 1609, abandonnèrent l'Espagne pour échapper aux persécutions des rois catholiques ou simplement pour fuir le contact odieux du chrétien, il a dû se trouver nombre de descendants d'Espagnols sincèrement musulmans [10]. Mais ce courant s'est perdu dans les sables du Maghreb et de l'Ifriqya (Tunisie).

---

1. Lévi-Provençal, p. 20-22, 27.
2. Voir plus bas, p. 111.
3. Barrau-Dihigo, *Recherches sur l'histoire politique du royaume asturien : 718-910* (Paris, 1929), p. 170, 212-267.
4. Dozy et Engelmann, *Glossaire*..., p. 32.
5. Lévi-Provençal, p. 25-27.
6. Sur les Celtes d'Espagne, voir d'Arbois de Jubainville dans la *Revue Celtique*, t. XIV et XV ; — Déchelette, *Manuel d'antiquités préhistoriques*, p. 43.
7. Liste des savants qui professent cette théorie dans Ballesteros y Beretta, t. I, p. 32.
8. Que des noms de lieu en *-dunum*, tels Verdû, Besalù (Catalogne), Berdun (Aragon), etc. ; surtout en *-briga* ; on n'en compte pas moins de 25 dans toutes les parties de la péninsule, surtout en Estramadure. Voir G. Dottin, *Manuel pour servir à l'étude de l'antiquité celtique* (1906), p. 321-333. — R. Menendez Pidal, *Historia de españa*, t. I (1936), p. 410.
9. J. Deniker, *Les races européennes* (*Bulletin de la société d'anthropologie de Paris*, 1897) ; — Ripley, *The races of Europe*, p. 273-276 (avec cartes).
10. Selon un texte rapporté par Simonet (Mozarabes, p. 788), en 1311, sur les 200.000 (sic) Musulmans de Grenade il n'y avait pas 500 Moros de race. En immense majorité ils étaient des Espagnols convertis. Ils parlaient arabe, mais un arabe inondé de termes castillans. Voir Menendez Pidal, *Origenes del español*, p. 449.

## C. — INFLUENCES ÉCONOMIQUES

(¹)

L'*Agriculture*. — On a beaucoup exagéré les influences arabes dans le domaine agricole. Après comme avant la conquête l'Espagne reste un pays essentiellement agricole, pays de culture de céréales, d'arbres fruitiers, de potagers dans les riches parties :1a Bétique (Andalousie), le pays de Valence, etc., d'élevage un peu partout.

Les nouveaux venus ont-ils apporté des innovations, des perfectionnements dans les procédés de culture ? On l'affirme. Les systèmes d'irrigation pratiqués aujourd'hui sur les côtes méditerranéennes auraient été apportés par les Arabes. On peut invoquer à l'appui les noms espagnols de cette technique : *alberca* « bassin » (*al-birka*), *azud* « barrage » (*as-sudd*), *algibe* « citerne » (*al-djoub*), *noria* « noria » (*nâoura*), *acena* « roue hydraulique » (*as-sûnya*), *arcadùz* « tuyau de terre cuite » (*al-kâdouz*), *atanor* « tuyau de fontaine » (*al-tanour*), *alcubilla* « chambre des tuyaux » diminutif d'*al-koubba*. Cette nomenclature est impressionnante, mais pour l'olive et l'huile les noms arabes ont supplanté les mots latins : *aceituna* (*az-zaitouna*), *aceite* (*azzait*) et l'olivier sauvage *acebuche* vient de *az-zaboudj* ². Et cependant oléiculture et fabrication de l'huile remontent en Espagne à la plus haute antiquité. Comme les procédés d'irrigation en Espagne sont très différents de ceux usités dans l'Afrique du Nord et l'Égypte, il n'y a aucune raison de ne pas les croire très antiques en ce pays.

Ce qui est vraiment nouveau c'est l'introduction des cultures du riz et de la canne à sucre. Il est certain aussi que les palmeraies d'Elche sont d'importation africaine. De même la culture du coton dans la région de Séville, la sériciculture dans la province de Jaén.

Quant à la viticulture, on eût pu croire que la prohibition du vin par le Qoran lui porterait un coup sérieux. Il n'en fut rien : les Khalifes, presque tous, fermèrent les yeux, sinon la bouche, devant les vins d'Espagne.

On doit admettre une extension de la culture florale, en raison du goût prononcé des Arabes et des Maures pour les fleurs et plantes aromatiques. Il est bien probable qu'ils introduisirent des espèces nouvelles [3].

Quant au régime d'exploitation des terres il n'y a aucune raison de penser que les nouveaux maîtres du sol y aient changé quoi que ce soit : après comme avant ce fut surtout le colonat partiaire. Le sort des paysans ne fut ni aggravé ni atténué. Tout au plus ceux d'entre eux qui passèrent à l'Islam furent-ils déchargés de la capitation [4].

*Les mines*. — La mise en valeur des grandes richesses minières de l'Espagne remonte à la période proto-historique. On sait également que la valeur du sous-sol de la péninsule fut un des plus puissants attraits pour les conquérants, les Carthaginois, les Romains. On croit à un ralentissement dans l'extraction des métaux sous la domination visigothique, sans qu'on en voie bien les raisons. En tous cas l'exploitation reprit de plus belle sous les Khalifes.

Du fer on en trouvait partout et surtout près de Cordoue et de Séville. On extrayait de l'argent, du cuivre, du cinabre en Andalousie, de l'étain dans l'Algarve portugaise et en Galice, du plomb près de Cabra. On cherchait l'or dans le sable des rivières pyrénéennes (Lerida, Sègre) et du Tage. Le célèbre gisement de mercure, exploité par les Romains, situé à 125 kilomètres au Nord de Cordoue, a gardé le nom arabe signifiant « la mine » : *Almaden*.

L'alun était fourni par la région de Niebla. On trouvait de la terre à savon à Madjâm, près de Tolède, de la galène près de Tortosa et de Baza.

On exploitait les carrières de marbre de la Sierra Morena, le marbre blanc de la Sierra de los Filabres (à 60 kilomètres-Nord d'Almeria), les onyx rouges et jaunes de Grenade.

L'Espagne abondait en pierres précieuses : cristal de roche et lapis lazuli de Lorca, hyacinthes de Malaga, pseudo-rubis d'Almeria, pierre d'aimant de Murcie, hématites des montagnes de Cordoue, pierres judaïques d'Alpuente, marcassites d'Ubeda [5].

*Industrie.* — L'industrie, surtout l'industrie de luxe, joue un grand rôle dans la vie économique. Les industries textiles continuaient naturellement l'époque précédente. Mais, parmi elles, les étoffes de soie constituent un apport de l'Orient et un enrichissement : le centre principal en fut Cordoue, puis Almeria. Les tapis de laine, les tapisseries, les vêtements de soie représentent également une nouveauté, tandis que l'industrie de la pelleterie (à Saragosse) remonte évidemment très haut.

Même les industries antiques furent rénovées par la perfection du travail. Dans la préparation du cuir pour les chaussures la réputation de Cordoue persiste encore inconsciemment dans le mot français « cordonnier », anciennement « cordouanier ». On invente aussi la préparation de cuirs artistiques frappés et repoussés.

La céramique et la verrerie s'enrichirent de procédés nouveaux : cubes de verre polychromes, carreaux de faïence vernissée pour le revêtement des parquets et des murs. À Valence et à Majorque, d'où le nom de *majoliques*, on fabriquait des plats célèbres à reflets métalliques. Tolède est renommée pour ses armes damasquinées.

Il faut retenir deux grandes choses : la découverte, au IXe siècle, du procédé de fabrication du cristal par le Cordouan Abbas Ibn Firnâs, l'introduction de la fabrication du papier qui se concentre à Xativa [6].

L'orfèvrerie fut célèbre par la beauté du travail (la ciselure). Elle fournit des bijoux aux particuliers, des objets de parure et d'utilité au culte (lampes de mosquée), au commerce des monnaies (dinars et dirhems) d'une rare perfection.

La valeur du travail industriel de l'Espagne musulmane explique qu'on n'y importe à peu près rien de l'étranger. C'est elle, au contraire, qui fait concurrence à Byzance et à l'Orient [7].

Les États chrétiens du Nord pauvres, arriérés, sont incapables de lutter contre les produits de l'Espagne musulmane, même de les imiter. Ils les achètent, quand ils peuvent. Ils attirent chez eux des artisans du Sud. Même quand Tolède, Cordoue, Séville, Valence tomberont au pouvoir des rois chrétiens, le beau travail sera toujours exécuté par des artisans maures ou des chrétiens arabisés (*mozarabes*). C'est également au monde musulman du Sud que seront empruntés l'organisation corporative des artisans, les règlements régissant industrie, commerce et marchés [8]. Après la *reconquista* les artistes et artisans du Midi seront surtout des Musulmans demeurés sous l'autorité des rois chrétiens les *Mudejares* [9].

*Le commerce*. — Que le commerce ait repris de l'activité, en dehors des périodes de troubles, fréquentes, il est vrai, on n'en saurait douter. L'existence d'un nombre de villes, considérable pour l'époque, en est une preuve assurée. L'unité de domination, presque constante, entre l'Espagne et le Maghreb contribuait à accroître les échanges et aussi l'unité de culture avec le monde méditerranéen, alors musulman sur ses rives méridionales et orientales, ainsi que dans les îles (Baléares, Sicile, Sardaigne).

Les routes romaines subsistaient. Un traité géographique arabe de l'année 934 en compte quatorze principales ayant presque toutes Cordoue comme point de départ : 1° Cordoue à Séville et Ecija ; 2° Cordoue à Saragosse, Tudèle et Lérida ;3° Cordoue à Tolède et Guadalajara ; 4° Cordoue à Mequinenza et Zamora ; 5° Cordoue à Coria, Merida, Beja, etc. Vers l'Est la capitale était reliée à Valence et Tortosa par Murcie et vers le Sud à Malaga, Medina-Sidonia, Gibraltar.

Les ports du Sud, de Malaga à Gibraltar, commerçaient avec les ports marocains de Tanger, de Ceuta. Mais le grand port d'Espagne, du IX$^e$ au XII$^e$ siècle, aussi célèbre que Pise ou Gênes, un instant, fut Almeria, en même temps ville d'industrie [10].

*Contraste avec le monde chrétien*. — Il n'est pas douteux que le renouveau d'activité économique de l'Espagne ne soit dû à l'organisation d'une domination nouvelle dirigée par des princes actifs, fastueux, amis du luxe, ayant le goût des belles constructions tant religieuses que civiles. Et puis la civilisation arabe est essentiellement une civilisation urbaine, alors que les États chrétiens du Nord de l'Espagne vivent repliés longtemps en des bourgades misérables, Cangas de Onis pour l'Asturie, Jâca pour l'Aragon. Quand ils s'installent à Leon, à Burgos, à Porto, ces cités sont d'une étendue exiguë, forteresses plutôt que villes de commerce et d'industrie [11].

*Causes de la prospérité matérielle de l'Espagne musulmane*. Les instigateurs de la civilisation musulmane sont évidemment les Arabes. Encore faut-il s'entendre sur leur rôle.

Constituant une minorité aristocratique, qu'ils fussent établis dans leurs bénéfices militaires à la campagne ou qu'ils demeurassent en ville, il est trop évident qu'ils ne cultivaient pas la terre de leurs bras et pas davantage n'exerçaient de métier manuel, du moins pour la plupart.

La culture et l'industrie furent abandonnées aux indigènes et à eux seuls, ou à peu près, pendant plusieurs générations. Il ne faut pas perdre de vue, sous peine de s'égarer, que la civilisation arabe d'Espagne ne fut pas bâtie sur table rase [12]. *Elle reposa sur la civilisation antérieure.* Les artistes et artisans qui introduisirent un style nouveau dans l'architecture civile et militaire, et dans les arts dits mineurs, furent, à coup sûr, appelés du dehors, du Maghreb, de l'Égypte, de la Syrie. Mais la main-d'œuvre dut être longtemps fournie par les Espagnols, qui à leur tour devinrent des maîtres. Le commerce, après comme avant, demeura surtout l'apanage des Juifs et des Chrétiens. Quant à l'agriculture, on a dit que les procédés d'exploitation, ainsi que la condition des personnes, ne changèrent pas. Des cultures nouvelles seules furent introduites.

Et puis la civilisation matérielle de l'Espagne musulmane ne se constitua pas du jour au lendemain. Si les documents le permettaient on pourrait suivre une évolution. Un indice que l'économique demeura longtemps arriérée au Sud, comme au Nord, c'est l'absence de monnaie au VIII$^e$ siècle : les pièces servant aux échanges venaient du dehors et on doit descendre jusqu'au règne d'Abd-er-Rhaman II (820-852) pour qu'on batte monnaie en Espagne musulmane ; encore la frappe fut-elle peu abondante [13]. Il faut arriver jusqu'au principat d'Abd-er-Rhaman III (912-961) et de ses successeurs immédiats pour être assuré que le Khalifat connaît une grosse prospérité. Dans le premier siècle de son existence son éclat n'a pas dû être éblouissant [14].

La civilisation dite arabe n'a pas été arrêtée par la dissolution du Khalifat (1031). La beauté et la grandeur des édifices bâtis sous les Almoravides, et, plus encore, sous les Almohades, suffiraient à elles seules, même s'il n'y avait pas le témoignage des géographes arabes contemporains, à attester la continuation de la prospérité matérielle.

Que cette prospérité soit due en grande partie aux goûts fastueux des Khalifes, des walis, des rois de taïfast, de l'aristocratie musulmane, la chose n'est pas douteuse.

Mais la principale raison c'est que, avant comme après l'année 711, la Bétique, la région de Valence, le Levante, les côtes méditerranéennes étaient les parties les plus riches de l'Espagne. Si l'on voulait simplifier le problème on le réduirait à une question de latitude et l'on dirait : les États musulmans ont été plus prospères et plus brillants que les États chrétiens tout simplement parce qu'ils occupaient la partie méridionale de la péninsule, plus favorisée par la nature que les parties septentrionales.

Ce jugement, trop peu nuancé évidemment, nous semble cependant renfermer une vérité essentielle. S'étonner qu'Oviedo ou Leon ou Burgos ou Pampelune n'aient pas eu la fortune de Cordoue ou de Séville c'est s'exposer à commettre un non-sens — et ce non-sens on le commet généralement.

---

1. Bibliographie du sujet dans les histoires d'Espagne et dans *Cambridge medieval history*, t. V (1929), p. 912-922. Exposé général dans Ballesteros y Beretta, *Hist. de España*, t. II, p. 75-153 (pour la période ommeyade), p. 389-478 (pour les XIII$^e$ et XIV$^e$ siècles).
2. Voir E. Lévi-Provençal, *L'Espagne musulmane au X$^e$ siècle* (1932), p. 166, note 3. Jean Brunhes, *L'irrigation dans la péninsule ibérique et le Nord de l'Afrique* (1904).
3. *Id.*, p. 168-170. La vie agricole nous est connue par le *Calendrier de Cordoue* de l'année 961, dent le texte arabe a été publié avec une ancienne traduction latine par R. Dozy, à Leyde, en 1873.
4. Lévi-Provençal, p. 161.
5. Lévi-Provençal, p. 175-178.
6. Id., p. 182-185. Le papier a été inventé en Chine par Tsai Lun en l'an 105 de notre ère (F. Hirth, *ChinesischeStudien*, t. I, 1890, p. 266). Le secret de la fabrication fut révélé en 751 aux Musulmans de Samarkande par des Chinois faits prisonniers. Les Arabes substituèrent aux plantes le chiffon réduit en bouillie. Dès 794 on fabrique du papier à Bagdad. La découverte gagna le monde musulman, mais lentement. En Espagne on connaît le papier dès le IX$^e$ siècle, mais la première fabrique, à Xativa (San Felipe in Valencia) n'est pas antérieure au milieu du XII$^e$ siècle. Voir B. Bretholz, *Latein. Palaeographie*, 2$^e$ éd., p. 16 (dans le *Grundriss* d'Aloys Meister). Sur les plus anciens débris (IV$^e$ s.) de textes sur papier, trouvés dans le Turkestan oriental voir J. von Wiener dans *Sitzungsberichte* de l'Académie de Vienne, t. 168, 1911.
7. Lévi-Provençal, p. 184-185.
8. Ballesteros, t. II, p. 516, 723 ; t. III, p. 453-458.
9. Id., p. 583 et 721.
10. Lévi-Provençal, p. 185-194.
11. Sanchez Albornoz, *Estampas de la vida en León* (3$^e$ éd., 1934).
12. C'est ce que les arabisants, notamment Dozy, ne remarquent pas assez. Par réaction F. J. Simonet rabaisse trop l'influence musulmane dans son *Historia de los Mozarabes*. Il déclare (p. 642) que la nature a refusé aux Arabes les dons philosophiques et scientifiques.

13. E. Lévi-Provençal, p. 75, note 2.
14. En Sicile également la civilisation arabe ne débute que dans la seconde moitié du X$^e$ siècle pour s'épanouir au XI$^e$ siècle. Voir *Cambridge medieval history*, t. II, p. 388-389). De même, en Égypte, l'art et la poésie ne commencent à fleurir que sous les Fatimites, donc après 969-973. Voir G. Marçais dans *Histoire du Moyen Age* sous la direction de Glotz, t. III, p. 435.

## D. — INFLUENCES ARTISTIQUES.

L'Espagne a été une terre d'élection pour l'art dit arabe [1]. Malheureusement quantité de monuments ont péri, surtout dans le Nord et le Centre [2].

Il subsiste à Saragosse l'*Aljaferia*, palais transformé aujourd'hui en caserne, à Tolède la *Puerta del sol*. Mais le Sud a conservé des mosquées.

La mosquée, très différente de l'église chrétienne, dérive en partie de la *domus* romaine. On rencontre d'abord le *patio* (l'*atrium* antique), entouré de portiques, formant un carré avec, au milieu, une fontaine pour les ablutions. Le temple lui-même, où n'est célébré aucun mystère, est destiné à contenir l'assemblée des fidèles venus pour prier en commun avec un cérémonial rituel. Il se compose de plusieurs nefs soutenues par une forêt de colonnes. Au milieu une coupole, imitée de l'architecture byzantine. Au fond une niche ornée, le *mihrab*, indique la direction de la Mecque. Devant et à droite, le *mimbar*, tribune pour les prières ou les harangues. Mihrab et mimbar sont entourés d'une grille, de manière à former une enceinte réservée, sorte de chœur, appelé *maksourah*, où se tient le souverain. Toute mosquée est flanquée d'une ou deux tours, dites *alminaris* « minarets », d'où le crieur, le *muezzin*, annonce la prière.

La mosquée de Cordoue, la plus grande du monde musulman, fut commencée par Abd-er-Rhaman Ier qui, en 785, jeta bas, moyennant une grosse indemnité, l'église de Saint-Vincent, bâtie elle-même sur les fondations d'un temple de Janus. Les voûtes sont soutenues par douze cents colonnes antiques, avec chapiteaux également antiques, surmontés d'arcs doubles en fer à cheval. L'ensemble produit l'impression d'une palmeraie de pierre [3]. La mosquée a dû sa conservation à sa transformation, d'ailleurs maladroite, en église chrétienne, lorsque Ferdinand III se rendit maître de Cordoue en 1236. Près de là le Guadalquivir est franchi par un vieux pont romain refait par les Arabes.

Mais les plus beaux édifices conservés datent de la période des Almohades, donc de la fin du XIIe siècle et du premier tiers du XIIIe siècle.

Le fondateur de la secte et son premier disciple étaient des rigoristes détestant les arts et les lettres. Tout changea sous le climat de l'Espagne où les Khalifes almohades s'entourèrent d'artistes, de poètes, de musiciens.

La mosquée, jadis célèbre, de Séville a été construite en 1171. La *Giralda*, qui subsiste encore, est une tour imposante de cent mètres de haut. L'*Alcazar*, à la fois palais et forteresse, est de la même époque.

Quant aux édifices de Grenade, les plus célèbres de l'Espagne pour les touristes, ils sont d'une époque postérieure : ils datent, tel l'*Alhambra*, du XIVe siècle [4]. Ils représentent l'automne exquis d'un art concentré sur un coin de l'Espagne, étouffé ailleurs par un art tout nouveau, le gothique.

Pendant bien des siècles le monde chrétien d'Espagne n'a rien à opposer que de rude et de modeste à ces merveilles. L'architecture religieuse du Nord continue d'abord celle, très simple, de la période visigothique [5]. Mais, depuis la fin du IXe siècle approximativement, une influence étrangère se manifeste nettement dans l'architecture des églises du Leon, de la Castille, même de la Catalogne alors franque. Son caractère le plus évident est l'arc outrepassé, auquel il faut joindre l'ornementation, notamment les chapiteaux ; enfin parfois dans l'emploi de la coupole (vieille église de Salamanque, Saint-Isidore de Leon, San Millan de Cordoue). Il n'est pas douteux que cette mode est due aux Mozarabes, chrétiens du Sud et du Centre, religieux et artisans réfugiés en masse dans les États du Nord, lorsque des souverains, tels Alfonse II et Alfonse III, entreprirent le repeuplement (la *población*) de la vallée du Douro, transformée en désert, au cours du VIIIe siècle. De même la peinture et l'ornementation des manuscrits subirent l'influence de l'art dit arabe, ainsi que les arts mineurs [6].

Toutefois ces imitations indéniables ne doivent pas faire perdre de vue le fait capital que l'église n'a pas la même destination que la mosquée, et que, par suite, sa structure fondamentale demeure différente. Des ressemblances de détail ne peuvent voiler la dissemblance d'essence, de principe [7].

Aussi, quand l'art reprendra son essor dans l'Espagne chrétienne, ce n'est pas du côté du monde oriental qu'il se tournera, mais dans une toute autre direction [8]. Les moines français, Clunisiens, puis Cisterciens, introduisent à la fin du XIe et au XIIe siècle des modèles empruntés à la France du Midi et à la Bourgogne. Puis la vogue ira au style gothique. Les belles cathédrales de Lugo, de León, de Burgos, de Tolède sont toutes françaises d'inspiration et de facture. Lugo, commencée en 1177, dans un style de transition, imite Narbonne. Burgos (1230), Tolède imitent Bourges. León, la plus belle église gothique de l'Espagne (terminée en 1303), s'inspire de Chartres, de Saint-Denis, de Beauvais. De même la statuaire aux portes des cathédrales trahit l'influence française, notamment de Chartres [9].

Mais pour l'architecture civile et militaire, il n'est pas de motif qui s'oppose à l'imitation et elle s'avère dans le palais de Carracedo en Leon, dans les remparts d'Avila.

Pour les arts mineurs, à plus forte raison, il n'y a pas de difficulté qui empêche les artisans du Nord de s'inspirer des procédés des artisans du Midi musulman, au service de princes plus fastueux et plus artistes que ceux du Nord. Et quand, à partir de 1236, les rois de Castille s'installent en Andalousie, les ouvriers musulmans, les *Mudejares*, passent naturellement à leur service, en conservant leur technique. Ce sont eux qui fabriquent les couronnes royales, les calices, les croix. La mode des beaux tissus orientaux se poursuit. Le conquérant, saint Ferdinand, est enseveli à Séville dans un vêtement d'apparat, une robe de soie de facture orientale. Puis le style arabe se combinera avec l'art gothique et produira ce composé étrange, mais savoureux, le style *mudejar* [10].

---

1. En réalité il n'y a pas d'art arabe. On est convenu d'appeler de ce nom un art extrêmement composite, confluent de formules venues de Byzance, de Perse, d'Égypte,

propagé par l'extension même de la conquête arabe et dont les premiers auteurs n'étaient ni musulmans ni arabes. Voir à ce sujet H. Gluck et E. Diez, *Die Kunst des Islams* (Berlin, 1925) et plus spécialement H. Terrasse, *L'Art hispano-mauresque des origines au XIII$^e$ siècle* (Paris, 1932, in-4), publication magnifique avec un texte capital.

2. Voir le *Manuel d'art musulman, L'architecture (Tunisie, Algérie, Maroc, Espagne)* par Georges Marçais (Paris, 1926, 2 vol.) ; — K. A. G. Creswell, *Early Muslim architecture*, t. I (Oxford, 1932, in-folio).
3. Outre les descriptions de Lévi-Provençal, Marçais et de bien d'autres voir E. Ch. Schmidt, *Cordoue, Grenade* (coll. des *Villes d'art célèbres*); surtout Terrasse, p. 1-56 (Cordoue et Medinet-az-Zahra).
4. Sur l'art à Grenade voir Ballesteros y Beretta, t. III, p. 853-860. Voir aussi Schmidt, *Cordoue et Grenade* (Coll. des *Villes d'art célèbres*). Sut l'Alhambra voir G. Marçais, *Manuel d'art musulman*, t. II, p. 534 et 561.
5. V. Lampérez, *Historia de la arquitectura cristiana española en la Edad Media* (Madrid, 1908-1909, 2 vol.) ; — *Arquitectura civil española* (Madrid, 1923, 2 vol.).
6. Gomez Moreno, *Iglesias mozarabes, aries españols de los siglos IX a XI* (Madrid, 1919). J. Puig y Cadafalch, *Le premier art roman* (Paris, 1928, in-4°), p. 11-40.
7. Voir à ce propos les observations de H. Terrasse (p. 433) qui, après avoir marqué les points de contact, définit « les zones où ils (les arts mozarabe et ommeyade) sont restés obstinément fermés l'un à l'autre ».
8. Le changement de direction est même antérieur aux influences externes. Pour Puig y Gadafalch (p. 6, 41) l'influence mozarabe est terminée vers le milieu du X$^e$ siècle. Alors commence le premier art roman jusqu'aux alentours de 1070.
9. G. E. Street, *Some account of gothic architecture in Spain* (Londres, 1914, 2 vol.) ; — Enlart dans André Michel, *Histoire de l'Art*, t. II, 1$^{re}$ partie, p. 105-114 ; t. III, 1$^{re}$ partie, p. 548-551 ; — enfin et surtout Elie Lambert, *L'art gothique en Espagne aux XII$^e$ et XIII$^e$ siècles* (Paris, 1931, in-4°).
10. *Manuel d'art arabe, Arts plastiques et industriels*, 2$^e$ éd. par Gaston Migeon (Paris, 1927, 2 vol.). Dans ce manuel, l'Espagne musulmane et chrétienne occupe les p. 251-258 pour la sculpture décorative et la mosaïque, p. 344-346 pour les ivoires (période du Khalifat), p. 366-367 (Espagne chrétienne) ; au t. II, les p. 241-273 pour la céramique, p. 398 pour les tapis. On ne signale rien pour la peinture des manuscrits, l'orfèvrerie du cuivre, les cristaux et roches taillées.

# E. — INFLUENCES LINGUISTIQUES.

Les conversions à l'Islam entraînent nécessairement la connaissance de l'arabe. Le musulman doit savoir lire le Qoran, tout au moins en comprendre la récitation. Le livre sacré ne saurait être traduit en aucune autre langue que l'idiome sacré où Allah s'est entretenu avec Mahomet : Dieu s'exprima en arabe.

Comme, d'ailleurs, les rapports avec les autorités et les relations d'affaire se font dans la langue officielle et aussi commerciale, il ne faut pas s'étonner que la connaissance de l'idiome sémitique se soit répandue rapidement, malgré les difficultés de tout genre qu'il présente aux Européens maniant une langue dérivée du latin [1].

À ces nécessités pratiques, se joint aussi l'attrait exercé par la littérature arabe, notamment la poésie dont les productions surpassaient infiniment tout ce que pouvait offrir, sinon la poésie latine païenne, suspecte au chrétien et d'ailleurs presque incompréhensible au vulgaire, du moins la poésie rythmique en langue « romane ». Un témoignage impressionnant de cette fascination exercée par l'arabe nous est donné, dès le milieu du ixe siècle, par Alvar. Dans son *Indiculus luminosus* il s'exprime en ces termes :

« Mes coreligionnaires aiment à lire les poèmes et les romans des Arabes. Ils étudient les écrits des théologiens et des philosophes musulmans, non pour les réfuter, mais pour se former une diction arabe correcte et élégante. Où trouver aujourd'hui un laïc qui lise les commentaires latins sur les Saintes Écritures ? Qui d'entre eux étudie les Évangiles, les Prophètes, les Apôtres ? Hélas, tous les jeunes chrétiens qui se font remarquer par leurs talents ne connaissent que la langue et la littérature arabes. Ils s'en forment, à grands frais, d'immenses bibliothèques et proclament partout que cette littérature est admirable. Parlez-leur, au contraire, de livres chrétiens, ils vous répondront avec mépris que ces livres-là sont indignes de leur attention. Quelle douleur ! Les Chrétiens ont oublié jusqu'à leur langue et sur mille d'entre nous vous en trouverez à peine un qui sache écrire convenablement une lettre à un ami. Mais, s'il s'agit d'écrire en arabe, vous trouverez une foule de personnes qui s'expriment dans cette langue avec la plus grande élégance et vous verrez qu'elles composent des poèmes préférables, sous le point de vue de l'art, à ceux des Arabes eux-mêmes [2] ».

Les traditions littéraires latines étaient obnubilées. Le même Alvar dans sa *Vita Eulogii* (1-9) nous apprend que les œuvres de Virgile et d'Horace, apportées de Navarre par le primat chrétien d'Espagne Euloge, en 848, furent une révélation pour les cercles lettrés chrétiens de Cordoue [3].

On remarquera que Alvar déplore l'ignorance grandissante de la langue latine chez les lettrés laïcs, mais n'incrimine pas le clergé. Cependant, même chez celui-ci, l'arabe finit par supplanter la langue latine. En 1039 les clercs vivant sous l'autorité musulmane, incapables de comprendre les actes des conciles espagnols, les font traduire en arabe.

Cependant le triomphe de l'arabe dans le Sud et le Centre de la péninsule ne s'opéra pas en un jour. Il est probable qu'il ne s'acheva que sous les Almoravides et les Almohades. Aux VIIIe, IXe, Xe siècle même, la population chrétienne devait être encore bilingue.

Qui plus est, les grands personnages, le Khalife lui-même, semblent avoir eu connaissance de l'idiome roman vulgaire de l'Andalousie. Abd-er-Rhaman III l'aurait su fort bien, et, s'il en faut croire une anecdote rapportée à la fois par Ibn Adhari (*Bayan*, II, 376-377) et Al-Makkari (*Annales*, II, 417-418), par suite tirée sans doute d'une source contemporaine, il aurait été capable de compléter instantanément en langue romane (espagnole) et en respectant le rythme une pièce satirique improvisée en arabe [4].

On trouvera dans les ouvrages de Simonet [5] et de Menendez Pidal [6] un nombre impressionnant de témoignages en faveur de la conservation de la langue romane chez les Mozarabes et même en faveur du bilinguisme chez les Musulmans [7].

Mais ces textes ne dépassent guère, la période du Khalifat (1031). À partir du milieu du Xe siècle environ on sent chez les Mozarabes une prostration [8] favorable à leur arabisation. Elle s'accentua fortement sous la domination des Almoravides et des Almohades, qui n'hésitaient pas à fermer les églises et à expulser les populations chrétiennes du Sud de l'Espagne. Aussi, quand les rois de Leon, de Castille, d'Aragon refouleront Arabes et Maures, ils trouveront, du XIe au XIIIe siècle, des populations, même chrétiennes, gagnées à la langue et à la culture arabes. Leur tâche sera de romaniser à nouveau une Espagne détachée de son passé hispano-gothique et arabisée.

Le refoulement de l'idiome sémitique s'opérera du Nord au Sud par trois voies parallèles :

Au Centre par le léonais-castillan qui pénétrera en Vieille-Castille au Xe siècle, en Nouvelle-Castille au XIe-XII[e] siècle, en Andalousie au XIIIe [9].

À l'Ouest le galicien-portugais refoulera l'arabe du Douro au Tage (XIe XIIe s.), du Tage à l'Algarve au XIIIe [10].

À l'Est le catalan, différent du castillan et plus proche du provençal, s'avancera, au XIIIe siècle, de Barcelone à Valence et à Alicante et s'installera aux îles Baléares [11].

C'est sans doute cette triple conquête linguistique, qui explique qu'entre l'Espagne du Nord et l'Espagne du Sud il n'existe pas de ces différences tranchées qu'on trouve entre les dialectes du Nord et du Midi en France, en Italie, en Allemagne, en Angleterre. Les parlers du Sud sont, en Espagne, une importation relativement récente. Le castillan, par exemple, n'a pas eu à subir en Nouvelle-Castille, en Andalousie la concurrence d'un patois roman préexistant. C'est comme si en France, les gens du Nord expulsant, par hypothèse des étrangers maîtres du Midi, avaient importé en Provence le patois bourguignon et lyonnais, en Auvergne le berrichon ou l'orléanais, en Guyenne le poitevin ou l'angevin. Le contraste entre les parlers populaires du Nord et du Midi de la France eût été beaucoup moins accusé.

Ce ne fut que lentement que l'arabe recula devant les langues romanes du Nord. À Tolède même, reconquise dès 1085, l'arabe demeura très usité comme langue de science et comme langue d'affaires deux siècles plus tard [12].

Les progrès du roman eussent été plus lents encore si les Musulmans, tant Espagnols que Maures, ne pouvant supporter le contact des Chrétiens, n'avaient émigré au XIIIe siècle, en quantité considérable, à Grenade ou en Afrique, laissant ainsi le champ libre aux Chrétiens et à leurs idiomes.

Il va sans dire que dans le royaume de Grenade, conquis seulement en 1491, si des infiltrations espagnoles furent inévitables, l'arabe ne put s'éteindre avant une période avancée du XVIe siècle. A cette époque Maures et Juifs d'Espagne ne le parlaient plus, puisque les premiers, réfugiés en Tunisie, ont parlé castillan jusqu'au XVIIe siècle et que les Juifs de Salonique le parlent encore aujourd'hui.

Naturellement les deux langues s'influencèrent.

L'influence de l'arabe sur le *vocabulaire* espagnol est éclatante et frappe tout de suite le moins familier avec la géographie et la langue du pays.

D'abord les nouveaux venus ont débaptisé des lieux antiques. S'ils ont conservé les noms de fleuve, comme l'Èbre, le Douro, le Tage, si des villes comme Cordoue, Séville, Tolède, Malaga, Carthagène, Valence, Saragosse, etc., ont gardé leurs appellations anciennes, le Bétis est devenu le Guadalquivir, c'est-à-dire la « Rivière grande » (*Oued-el-Kebir*) ; l'Anas n'a conservé son nom qu'en le faisant précéder de Oued : *Guadiana*.

Des centres nouveaux s'appellent *Médina* « ville » et se reconnaissent aujourd'hui dans Medina-Cœli (*Medina-es-salem* « ville du salut »), *Medina-Sidonia*, etc. *Ayub* (Château d'A.), Calatagud est *Khalat*, Guadalajara est *Wadi-in-hidjar*, Murcie est *Medinet Murcija*, Alcantara sur le Tage est *El-Kantara* « le pont ». Les *Alcala* rappellent le nom des collines fortifiées (*Kalaat*). Almaden est *Al-Madin* « la mine ».*Almeria* est un port nouveau, Valladolid déforme un nom musulman (peut-être *Belad Waled*). *Algeziras* « l'île », porte le même nom qu'Alger. Les « Colonnes d'Hercule » ont cédé leur appellation d'origine phénicienne (*Melkart*) à Gibraltar qui immortalise le conquérant maure de l'Espagne : *Djebel-Tarik*, « mont Tarik ». L'extrémité Sud-ouest de la péninsule, l'Algarve, maintient son nom arabe : *al-Gharbh* « l'Occident ».

Les emprunts, du castillan notamment, au vocabulaire arabe sont très nombreux. On peut distinguer des termes :

1° d'administration, justice, police : *alcade, alguazil, almotacenes*, etc. ;

2° d'impôts : *alcabadas, garramas* ;

3° de botanique, chimie, astronomie, arts et métiers — en très grand nombre [13].

De leur côté les Chrétiens vivant sous la domination musulmane, les Mozarabes (*mosta'rib* « arabisés »), avant de perdre la langue romane, introduisirent dans l'arabe d'Espagne quantité de mots [14].

Toutefois il importe de remarquer que ces influences sont limitées au vocabulaire. Pour la grammaire (morphologie, syntaxe, composition, stylistique) les deux langues demeurèrent imperméables l'une à l'autre, leur structure, indoeuropéenne d'un côté, sémitique de l'autre, étant antagoniste.

---

1. Les Maures d'Espagne ont certainement usé du berbère, mais nul écrivain n'a daigné recueillir par écrit cet idiome méprisé, qualifié « langue de l'ouest » (Maghreb) en arabe, *al-djarbiya*, d'où l'espagnol *algarabia* et le français *charabia*. Voir Lévi-Provençal, p. 191, note 2.
2. Publié dans Florez, *España sagrada*, t. XI, p. 274 ; traduit par Dozy, *Hist. des Musulmans d'Espagne* (Leyde, 1861, t. II; p. 103).
3. Les écrits latins composés en Espagne, rares et médiocres, ne dépassent pas la seconde moitié du IXe siècle. Voir Aguado Bleye, p. 198 ; Manitius *Gesch. d. latein. literatur des mittel allers*, t. I (1911), p. 421. S'il en fallait croire Simonet (p. 711-731) le XIe siècle aurait connu une floraison littéraire en langue latine et arabe chez les Mozarabes. Il exagère beaucoup : il s'agit de copies de manuscrits plutôt que d'œuvres originales. Sur le contenu des bibliothèques chrétiennes d'Espagne voir le P. Jules Tailhan (dans Cahier et Martin, *Nouveaux Mélanges d'archéologie*, t. IV, p. 217-346) et Ballesteros, t. II, p. 582 et 605.
4. Lévi-Provençal, p. 51 et note 2.
5. *Glossar.*, p. Xl-XXVI.
6. *Origenes del español* (Madrid, 1926), p. 437. Voir aussi l'introduction de J. Ribeira à son édition, avec traduction, de l'*Historia de los jueces de Côrdoba* d'Aljoxani (Madrid, 1914).
7. En se fondant sur quelques mots cités dans les textes arabes Menendez Pidal (*op. cit.*, p. 453-456) s'est efforcé de reconstituer le « roman » des Mozarabes de Cordoue, de Valence, de Tolède. Il a même cru, non sans quelque témérité, tenter une carte dialectale de l'Espagne vers 950 (p. 516-517)
8. Menendez Pidal, p. 440.
9. G. Baist dans le *Grundriss der roman. Philologie* de Groeber 2e éd. t. I, p. 878. Cependant le roman des Mozarabes de Tolède ne sera supplanté par le castillan qu'au cours du XIIIe siècle. Voir Menendez Pidal, *Origenes del español*, p. 530. Sur la prédominance du dialecte castillan qui deviendra la langue espagnole — sur le léonais, *ibid.*, p. 537-542.
10. J. Cornu, *ibid.*, p. 916.

11. Le catalan s'est avancé au Sud jusqu'à Alicante et Orihuela. Il s'étend au Nord des Pyrénées orientales en Roussillon et en Cerdagne, mais non en Fenouilledès. A partir du col de Puymorens il suit la crête des Pyrénées jusqu'à la Maladetta, mais laisse au gascon le Val d'Aran. Ensuite il se replie et rejoint l'Ebre en côtoyant, à l'Ouest, le torrent de Ribagorzana. Chose étrange, l'aragonais s'est éteint dans les derniers siècles, remplacé par le castillan, non par le catalan. Il différait très sensiblement du catalan dès le XIVe siècle. Voir A. Morel-Fatio et J. Saroïhandy dans le *Grundriss* de Groeber, 2e éd. t. I, p. 344-877 ; — R. Menendez Pidal, *Origenes del español* (Madrid, 1926), p. 490-497.
12. Angel Gonzalez Palencia a publié sous le titre *Los Mozarabes de Toledo en los siglos XII y XIII* un magnifique ouvrage en 4 vol. in-4 (Madrid, 1926-1930) où il édite, avec traduction, 1151 contrats (achats-ventes, donations, échanges, prêts, etc.) des années 1081 à 1391, conclus à Tolède et rédigés en langue arabe. Remarquer cependant que, pour le XIVe siècle, il n'y a que 6 actes. L'arabe s'éteignit à Tolède au cours de ce siècle. Voir l'importante préface, au t. IV, p. 129.
13. Relevé dans Dozy et Engelmann. *Glossaire des mots espagnols et portugais dérivés de l'arabe* (Leyde-Paris, 1869) ; — Eguibar y Yanguas, *Glosario etimologico de las palabras españoles de oregen oriental* (Grenade, 1886).
14. Francisco Javier Simonet, *Glosario de voces ibéricas y latinas usada-entre los Mozarabes, precedido de un estudio sobre el dialecto hispano-mozarabe* (Madrid 1889). Le même a consacré aux chrétiens vivant sous l'autorité musulmane un énorme travail, *Historia de los Mozarabes de España* (Madrid, 1897-1903) 976 pages.

# F. — INFLUENCES LITTÉRAIRES.

D'influence chrétienne sur la littérature arabe il ne saurait être question, pas plus en Espagne qu'ailleurs.

L'inverse, au contraire, serait à présumer. La littérature d'Espagne en langue arabe a été très florissante [1] et le Ve siècle de l'hégire (XIe siècle) passe pour être l'apogée de la poésie arabe, surtout en ce pays [2].

En fait il n'en est rien. D'abord les monuments littéraires dans les langues vulgaires de l'Espagne, leonais-castillan, galicien-portugais, catalan, sont très tardifs (XIIIe siècle). Le plus ancien, le poème du Cid (*Cantar de mio Cid*) [3] composé un demi-siècle environ après la mort du héros, s'apparente [4] aux chansons de geste françaises, si bien qu'on a voulu voir dans ce poème et d'autres similaires, connus sous une forme refaite [5], une imitation des épopées françaises [6].

La poésie didactique ou hagiographique castillane du XIIIe siècle, *Dispute de l'Alma y del cuerpo*, *Vida de Santa Maria Egipciaqua*, *Libro dels tres reyes de Oriente*, *Libro de Apollonio*, est traduite d'œuvres similaires françaises [7].

La lyrique castillane (*Razon de amor*) imite les Provençaux. La poésie lyrique est cultivée surtout en galicien-portugal, si bien que c'est en ce dialecte que sont écrites les *Cantigas de Santa Maria* attribuées au roi de Castille Alfonse X. Le chef-d'œuvre est le recueil du roi Denis de Portugal (1279-1325) et on y perçoit encore un reflet des modèles franco-provençaux [8].

Si les Chrétiens ont imité des œuvres littéraires arabes il faut avouer que ces compositions ont péri entièrement [9].

Après une période d'imitation, la littérature castillane se dégage des modèles étrangers et, à partir du XV$^e$ siècle, donne des fruits d'une bonne saveur de terroir.

*L'Histoire.* — L'histoire, ou plutôt la consignation par écrit des événements, a beaucoup intéressé les Musulmans en toutes les régions occupées par eux. Il y aurait eu douze cents (sic) historiens arabes [10]. Ces historiens sont, en réalité, si l'on excepte Ibn Khaldoun, au XIV$^e$ siècle [11], de simples annalistes ou des compilateurs d'annales antérieures. Ces compilations sont, du reste, infiniment précieuses, en raison de la manière quasi servile avec laquelle elles reproduisent mot pour mot les plus anciennes annales presque toutes disparues. C'est ainsi que l'on peut reconstituer l'histoire de l'Espagne musulmane de la période ommeyade (755-1031) en ayant recours à des compilations souvent très postérieures, ainsi le *Moctabis* d'Ibn Hayyân (mort en 1075), le *Bayan l'Mogrib* d'Ibn Adhari (XIII$^e$ siècle), le *Kâmil* d'Ibn Al Athir (mort en 1234), le *Mogrib* d'Ibn Said (mort en 1274 ou 1286), l'*Encyclopédie* de Nowaïri (mort en 1332), l'*Ilâm* d'Ibn Al-Khatib (mort en 1374), le *Kitab al-Ibar* d'Ibn Khaldoun (mort en 1406), les Analectes d'Al-Makkari (mort en 1632).

Seulement l'utilisation de ces textes demande des précautions : il faut étudier leur filiation avant de reconstituer les œuvres, aujourd'hui perdues, dont ils s'inspirent, —travail délicat dont les meilleurs arabisants, tels Conde, Gayangos, même Dozy, n'ont eu longtemps aucune idée, faute d'avoir été formés à la méthode historique [12].

Parmi les « historiens arabes » de Cordoue, bon nombre sont des Espagnols écrivant en arabe et portant un nom arabe, tels Ibn Al-Koutiya, Ibn Hayyân, Ibn Hazam, Ibn Pascual [13].

Seulement — et c'est la chose qui nous intéresse ici — ces annales ont-elles été connues du monde chrétien du Nord et ont-elles influencé leur production historique ?

Il ne semble pas. Quant à la supposition inverse il n'y a pas lieu de s'y arrêter. Les maigres et sèches annales de Leon, de Castille, de Navarre [14] n'avaient rien qui pût intéresser les historiens de langue arabe.

On a relevé l'envoi à Abd-er-Rhaman III d'exemplaires de la composition d'Orose [15] *Historiarum libri VII*. Mais ce texte, arrêté à l'année 417, est dirigé contre l'interprétation de l'histoire du monde des païens de l'Antiquité : à ce titre il pouvait instruire et édifier le Khalife.

---

1. Reynold A. Nicholson, *A literary history of the Arabs* (2$^e$ éd.), Cambridge, 1930) donne de la p. 405 à la p. 442 un rapide aperçu de cette littérature en Espagne. Cf. K. Brockelmann, *Geschichte der arab. Literatur* (Weimar, 1898, 2 vol.) L'*Histoire de la littérature arabe* de Clément Huart (Paris, 1905), suite de courtes monographies, est illisible. Voir Gonzalez Palencia, H*istoria de la literatura arabiga y española* (1930).
2. On pourra s'en faire une idée en consultant le vieux livre de Ad. F. von Schack, traduit de l'allemand en espagnol, *Poesia y arte de los Arabes en españa y en Sicilia* (Séville, 1881, 3 vol.). Un spécimen intéressant est étudié par Aug. Cour, *Un poète arabe d'Andalousie, Ibn Zaïdoun* (thèse de la Faculté des lettres d'Alger, 1920). Cet auteur, né à Cordoue, d'une illustre famille arabe, mourut à Séville en 1071. Aug. Cour donne la traduction de quelques-uns de ses poèmes.
3. La seule édition qui compte aujourd'hui est celle de Menendez Pidal (1911) en 3 vol. Cf. du même, *La España del Cid* (Madrid, 1929, 2 vol.), ouvrage capital.
4. Mais jusqu'à un certain point seulement. En effet le poème est plutôt une biographie romancée qu'une épopée. Son auteur vivait certainement dans les parages de Medina-Celi, non loin de l'Aragon.
5. Menendez Pidal (L'épopée castillane, tr. de Mérimée) a reconstitué des épopées du XI$^e$, du X$^e$ siècle même : *Cantar del rey Fernando, Cantar del Cerco de Zamora, Gesta de los Infantes de Lara*, en se fondant sur la *Crónica general* du XIII$^e$ siècle. Il est permis d'éprouver quelques doutes sur leur existence.
6. Tel était l'avis notamment de Gaston Paris, *La légende des infants de Lara* (dans *Journal des Savants*, juin 1898).
7. Il suffit de renvoyer à une histoire de la littérature espagnole, ainsi celle de Fitz-Gerald, traduite en français, p. 18, 21-26, 46, etc.
8. Alfred Jeanroy, *Les Origines de la poésie lyrique en France*, 2$^e$ édition.
9. Il n'y a pas lieu de faire entrer en ligne de compte les romances dites moresques qui eurent une vogue persistante du XVI$^e$ au XIX$^e$ siècle. Elles ne doivent rien aux Arabes. Ce sont des compositions artificielles de lettrés imitant les belles romances espagnoles des XIV$^e$ et XV$^e$ siècles.
10. Liste des catalogues des manuscrits historiques arabes d'Espagne dans Aguado Bleye, *Manual de historia de españa*, t. I, p. 173.
11. Voir les pages que lui a consacrées Georges Marçais dans son livre, *Les Arabes en Berbérie du XI$^e$ au XIV$^e$ siècle* (1913).
12. C'est l'emploi d'une critique rigoureuse qui donne une valeur exceptionnelle aux *Recherches sur l'histoire du royaume asturien : 718-910* de Barrau-Dihigo (1921).
13. Remarque de Simonet, *op. cit.*, p. 344, 642-643.
14. B. Sanchez Alonso, *Fuentes de la historia española* (Madrid, 1919). Plus spécialement pour notre période voir Barrau-Dihigo, p. 1-54. Ce dernier a cru trouver des indices d'utilisation d'annales carolingiennes par les compilateurs arabes (voir son mémoire dans *Mélange d'histoire du Moyen Age offerts à M. Ferdinand Lot* (1925), p. 169-179). Ils me semblent des plus douteux.
15. Simonet. p. 344, 642-643 ; Aguado Bleye, p. 200.

# G. — INFLUENCES PHILOSOPHIQUES.

Par contre la philosophie dite arabe a exercé, quoique tardivement, une action considérable sur le monde chrétien. C'est en Espagne qu'ont été composés nombre des grands traités de philosophie rédigés en arabe [1]. Les plus grands noms sont ceux d'Ibn Badja (Avempace), de Saragosse, qui écrivit le *Règne du solitaire,* utopie de république idéale ; Ibn Tofaïl, auteur du *Fils vivant du vigilant*, qui professe une sorte de platonisme altéré ; Ibn Rochd (Averroès), de Cordoue (mort au Maroc en 1198), aristotélicien passionné et panthéiste [2].

Ces philosophes, tout en écrivant en arabe, ne sont pas nécessairement arabes : cette langue est alors le véhicule de la pensée du monde oriental, comme le latin du monde romano-germanique.

Les philosophes juifs, eux aussi, écrivent en arabe, ainsi David de Tolède, Moïse-ben-Ezra, Moïse-ben-Maimnon ou Maimonide, de Cordoue, le plus célèbre d'entre eux, qui mourut en 1205 : c'est un adversaire du Néo-platonisme.

Il convient de remarquer que ce mouvement tient presque en entier dans le XIIe siècle. Dès le début du XIIIe il est écrasé, anéanti par les rigoristes de l'Islam. Et puis ce n'est pas en Espagne qu'il a exercé son action et agité le monde chrétien, c'est en France, à l'Université de Paris, sous le règne de saint Louis, qu'Avicenne et surtout Averroès, traduits en latin, ont troublé l'esprit des étudiants en philosophie et en théologie. Il y eut des Averroïstes, dont Siger de Brabant fut la figure la plus connue, au grand scandale de la papauté et de l'épiscopat parisien qui firent tout pour extirper la doctrine pernicieuse [3].

Le clergé chrétien d'Espagne a eu un rôle capital dans la transmission de la pensée grecque et arabe au monde latin. L'Europe ne connaissait plus de l'œuvre d'Aristote que ce qu'en avait conservé, sous forme latine, Boèce, au VIe siècle, et ce n'était qu'une partie d'une œuvre immense. Au contraire, les philosophes de Syrie, d'Égypte, du Maghreb, usant de l'arabe comme langue littéraire, avaient connu l'encyclopédie aristotélicienne tout entière, ou presque, et l'avaient traduite de grec en arabe. Au XIIe siècle, l'archevêque de Tolède, Raymond (1127-1151) organisa une équipe de traducteurs mozarabes, juifs, etc., qui firent passer d'arabe en latin les écrits du Stagirite [4]. La connaissance d'Aristote au complet devait provoquer, au XIIIe siècle, notamment à Paris, cette fermentation de l'esprit philosophique qui est une des caractéristiques de ce siècle.

Ainsi la connaissance de l'arabe par le clergé chrétien d'Espagne devait avoir, à longue échéance, une influence capitale sur l'évolution intellectuelle de l'Espagne et encore plus de la France, de l'Italie, des Pays-Bas, de l'Allemagne, de l'Angleterre, de l'Écosse, des pays Scandinaves [5].

En Espagne même il faut signaler que, dans les parties originales de ses traités philosophiques, l'archidiacre de Ségovie, Domingo Gonzalve (Gundisalvus) subit l'influence du philosophe Avicebron (Aben-Gabirol) et d'Alfarabi [6].

---

1. Sur les premiers philosophes musulmans d'Espagne au Xe siècle, voir Ballesteros (t. II, p. 119) et G. Palencia, p. 149-150 ; — Bonilla, *Hist. de la filosofía española*, t. I (1908).
2. Sur les philosophes prétendus arabes voir M. Horten dans F. Ueberweg, *Grundriss der Geschichte der Philosophie*, 11e éd., refondue par B. Geyer, t. II (Berlin, 1928), p. 287-325. Cf. sur les philosophes juifs, p. 325-342.
3. Sur Siger de Brabant et son influence on consultera L. Halphen, *L'Essor de l'Europe*, p. 325, 557-560.
4. Sur l'école de traduction de Tolède, voir les travaux cités par Aguado Bleye, t. I, p. 366. Tolède avait mauvaise réputation auprès des clercs rigoristes étrangers : c'était l'école de la magie. « On étudie à Paris les arts libéraux, à Bologne les codes, à Salerne la médecine, à Tolède les arts diaboliques » dit à la fin du XIIe siècle le moine français Hélinand.
5. Halphen (p. 326-327) esquisse l'orientation nouvelle de la pensée.
6. Aguado Bleye, p. 367-368.

## H. — INFLUENCES SCIENTIFIQUES.

Il n'a jamais existé de science arabe. Les Arabes étaient des Barbares, non moins incapables de s'élever à l'abstraction scientifique qu'aux spéculations philosophiques. Mais leur langue, devenue par leurs conquêtes, la langue commune usitée des abords de l'Inde au Maghreb atlantique, a servi de véhicule aux savants syriens, persans, égyptiens, maghrébins, espagnols. Les connaissances de ces savants n'ont, du reste, rien d'original. Ce sont des traductions d'encyclopédies et manuels grecs de l'Antiquité, surtout d'Aristote. Comme en Occident l'accès à ces sources était devenu impossible avec la perte presque totale de l'usage du grec, dès les IVe et Ve siècles, alors qu'en Orient on savait encore cette langue, grâce aux relations avec Byzance, les traductions en arabe des traités de mathématiques, astronomie, géométrie, botanique, médecine, chimie de l'Antiquité hellénique fournissent un matériel de renseignements beaucoup plus abondant que dans le monde romano-germanique de l'Occident, réduit à un petit nombre d'abrégés exécutés au VIe siècle [1].

Cordoue, centre d'attraction artistique et philosophique, appela nécessairement des savants de langue arabe tirés de tout le monde musulman [2]. Ces savants formèrent en Espagne des maîtres, soit dans les classes conquérantes, soit — plutôt — parmi les Espagnols, islamisés ou non.

Toutefois l'éclat scientifique du Sud n'a pas éclipsé subitement le

Nord chrétien. Des indices montrent que, même à l'apogée du Khalifat, au Xe siècle, plus d'une œuvre antique était encore inconnue de l'Espagne savante. C'est ainsi que Abd-er-Rhaman III ayant reçu en cadeau de l'empereur byzantin Romanos, un exemplaire de la *Botanique* de Dioscoride, pria le souverain de lui envoyer un traducteur qui formât des disciples connaissant le grec. A la même époque on apporte d'Orient des œuvres inconnues d'Aristote, dont la *Morale à Nicomaque*.

Ce n'est que peu à peu que le bagage des traductions arabes des écrits antiques se grossit. Au XIIe siècle il était assez considérable pour que l'école des traducteurs de Tolède conçût le projet de mettre ce trésor à la portée des Chrétiens ignorant l'arabe en les traduisant en latin. Outre les écrits proprement philosophiques, l'équipe s'intéressa aux écrits scientifiques. Parmi eux se distingue un italien, Gérard de Crémone (1114-1187) auquel on attribue la mise en latin de plus de soixante-dix ouvrages de philosophie, géométrie, astrologie, médecine, physique, alchimie et géomancie, entre autres la *Géométrie* d'Euclide, l'*Almageste* [3] de Ptolémée, les traités médicaux de Galien, le *Canon* d'Avicenne [4].

Enfin l'influence pratique la plus incontestable fut celle des médecins et des astrologues apportant de Syrie et de Perse les recettes et les superstitions qui séduisaient le public chrétien aussi bien que musulman [5].

---

1. M. Roger, *L'enseignement des lettres d'Ausone à Alcuin* (Paris, 1905) ; De Wulff, *Histoire de la philosophie médiévale* (5e éd., 1924, t. I) ; — E. Sandys, *A History of classical scholarship* (2e éd., t. I, 1906) ;— Fr. Ueberweg, *Grundriss der Geschichte der Philosophie*. 11e éd. (Berlin, 1928, t. II).
2. La mosquée de Cordoue était le centre d'une véritable université juridique théologique, et philosophique, selon G. Marçais dans *Histoire du Moyen Age* de G. Glotz, t. III (1936), p. 411.
3. Mot hybride, formé du grec *megistos* « le très grand » et de l'article arabe *al*, usité au Moyen Age comme titre de l'œuvre mathématique de ce savant.
4. Aguado Bleye, t. I, p. 368, d'après A. Bonilla, *Historia de la filosofia*, t. I, p. 360 et suiv.
5. Parmi les médecins ou chirurgiens célèbres on vante Abou l'Kasim, de Zahra, Avenzoar de Séville, Aboumeron, etc. Sur les médecins célèbres et leurs dynasties voir Ballesteros y Beretta, t. II, p. 116-117. L'astrologie ne fut plus tolérée officiellement dans l'Espagne musulmane à partir du XIIIe s.

# PARTIE II
# LES SARRASINS EN FRANCE

## A. — EN SEPTIMANIE.

(¹)

L'Espagne visigothique n'était pas bornée au Nord-Est par les Pyrénées. De leur domination passée en Gaule les rois avaient conservé un lambeau du Midi de ce pays, la Septimanie ². Se substituant à la monarchie visigothique, les gouverneurs ou *walis* d'Espagne étaient amenés, comme naturellement à étendre leur pouvoir jusqu'au Bas-Rhône et aux Cévennes.

En l'année 718 ³ Al-Horr mène une algarade jusqu'à Nîmes. Son successeur Al-Samah s'empare de la capitale de la région, Narbonne, et y établit une forte garnison après avoir massacré la population mâle et réduit en esclavage femmes et enfants. Il voulait s'emparer de Toulouse, mais dans une rencontre avec le duc d'Aquitaine, le 9 juin 721, il fut vaincu et tué ⁴. Cependant, en 725, Carcassonne et Nîmes durent se rendre à Anbasa, mais obtinrent des capitulations leur laissant une certaine liberté. Les troubles qui agitèrent l'Espagne arrêtèrent ensuite la conquête, tout en n'empêchant pas les Musulmans de dévaster le Rouergue, le Velay, la Provence et de pousser jusqu'à Autun, qui fut brûlé le 22 août 725 ⁵.

En 732 un nouveau gouverneur, Abd-er-Rhaman, se résolut à abattre la puissance du duc d'Aquitaine et marcha avec des forces si considérables qu'Eudes perdit Bordeaux et fut vaincu au confluent de la Garonne et de la Dordogne. Il fit appel à son rival le duc des Francs, Charles Martel. Celui-ci avait, du reste, le devoir de protéger le sanctuaire le plus renommé de la Gaule, Saint-Martin de Tours [6]. Attiré par la renommée de ses richesses, Abd-er-Rhaman, suivant la voie romaine de Bordeaux à Tours par Poitiers, s'avançait sur Tours. La rencontre eut lieu près de Poitiers, en octobre 732. Elle fut désastreuse pour les Musulmans, Berbères et Arabes. Abd-er-Rhaman périt dans l'action et son armée s'enfuit en Narbonaise [7].

Écartés de l'Aquitaine, les Musulmans se rejetèrent sur la Provence. Ils étaient, du reste, sollicités par un duc, Mauront, ennemi de Charles et des Francs. Il livra Arles au gouverneur de Narbonne, Youçouf, ce qui n'empêcha pas le pillage de la Provence (734-735).

La Méditerranée menaçait d'être musulmane sur les côtes gauloises, aussi bien qu'espagnoles. Charles Martel, avant de pouvoir atteindre l'Islam en Provence, dut procéder à la soumission des révoltés en Bourgogne (733). Trois ans après il arrive et établit des comtes à Arles et Marseille. Une révolte de Mauront, qui livre Avignon aux « Sarrasins », nécessite une nouvelle campagne de Charles qui, aidé de son demi-frère Hildebrand, reprend Avignon. Il commence alors le siège de Narbonne. Le gouverneur d'Espagne, Okba, envoie au secours de la place une flotte et une armée. Celle-ci est écrasée par les Francs sur le bord de la mer, à l'embouchure de la Berre. Néanmoins Charles se rend compte qu'il n'emportera pas Narbonne et sans doute ne rencontre-t-il pas auprès de l'aristocratie « gothique » du pays le concours indispensable. Après avoir exigé des otages des Goths, incendié les arènes de Nîmes, détruit Maguelonne, il reprend le chemin du Nord, laissant le pays en pleine anarchie (737). Il fallut deux nouvelles expéditions pour réduire Mauront en Provence et ses alliés arabes. Dans la première le roi des Lombards, Liutprend, dut venir en aide aux Francs (738-739).

Le duc d'Aquitaine, Gaifier, tenta à son tour de s'emparer de Narbonne, mais échoua (751). L'année suivante vit le retour des Francs. Pépin, maire du palais, se fit ouvrir par les Goths les portes de Nîmes, d'Agde, de Maguelonne, de Béziers. En 759 enfin Narbonne lui fut livrée par la population « gothique », moyennant la conservation de ses lois [8]. La garnison musulmane périt massacrée [9]. On ne sait à quelle date exactement Carcassonne et Elne tombèrent aux mains des Francs.

Ceux-ci, prenant l'offensive, passèrent les Pyrénées et occupèrent Gerone (785).

Une vive réaction fut alors menée par le Khalife Hescham Ier en 793. Il savait Charlemagne au loin, au cœur de l'Europe, guerroyant contre les Avars. Son fils Louis le Pieux était en Italie avec les contingents de l'Aquitaine. L'armée musulmane, sous les ordres d'Abd-el-Melek, reprit Gerone, puis, après avoir brûlé les faubourgs de Narbonne, se dirigea sur Carcassonne. Au passage de l'Orbieu elle se heurta aux forces que Guillaume, comte de Toulouse, cousin du roi, avait pu rassembler. Elle écrasa l'armée franque et Guillaume prit la fuite [10]. Toutefois l'élan des Sarrasins était brisé. Ils rentrèrent en Espagne et jamais plus ne repassèrent les Pyrénées [11].

Au contraire les Francs commencèrent une offensive qui ne s'arrêta plus. En 795, ils prennent Vich et Cardona. En 801 enfin c'est le succès décisif avec la prise de Barcelone [12]. Après quelques flottements (prise puis abandon de Tortose, échec devant Huesca), la « marche d'Espagne » ou comté de Barcelone, vulgairement appelée Catalogne [13], est constituée dans les limites qu'elle conservera jusqu'au XIIIe siècle. C'est l'avant-poste des Francs, car les Catalans sont considérés comme tels par Castillans [14] et Arabes et le pays relève juridiquement de la France jusqu'au traité de Corbeil (mai 1258). En fait il en était détaché du moment que son comte Raymond-Bérenger IV avait été fiancé à l'héritière du royaume d'Aragon. On a dit que si l'Aragon donne le titre royal, c'est la Catalogne qui fait la force de la « couronne » de ce nom.

La domination musulmane en Septimanie a trop peu duré pour avoir laissé des traces : en cette région, elle n'est rappelée ni par des noms de lieu, ni par des noms de personne, ni par un seul mot passé dans lès parlers locaux, ni par un monument, même à Narbonne où ils demeurèrent quarante ans.

Elle a eu cependant un résultat, mais indirect, l'appel d'Espagnols pour repeupler le pays. Les dévastations avaient été tellement effroyables qu'il était transformé en désert, surtout au Sud de Narbonne.

Les rois Francs se préoccupèrent de le repeupler. Ils firent appel aux *Hispani*, aux *Hosiolienses (sic)*, leur offrant de grands avantages d'ordre économique, politique et judiciaire. Le *praeceptum de Hispanis* de Charlemagne de 812, les deux *Constitutio de Hispanis* de Louis le Pieux de 815 et 816, le *praeceptum* de Charles le Chauve de 844, annoncent par certains traits les futures *cartas de población* léonaises et castillanes [15]. Quantité de diplômes royaux conférant des faveurs à des fidèles, montrent qu'il y eut de vrais entrepreneurs de défrichement et de remise en valeur des terres.

Ces défricheurs attirés du Sud des Pyrénées y apportèrent avec leur labeur leur dialecte roman, ancêtre du catalan actuel. Ce dialecte est proche parent des parlers du Midi de la France, mais, au lieu de les rejoindre par un dégradé insensible, ainsi qu'on s'y attendrait [16], il tranche sur eux dès qu'on dépasse le Roussillon [17]. Nous tenons la preuve que cette dernière contrée a été à peu près entièrement repeuplée, alors que, plus au Nord, les immigrés ont été peu nombreux et se sont fondus de bonne heure dans la population antérieure.

---

1. Il y a un siècle, Reinaud a consacré aux *Invasions des Sarrazins en France*, etc. (Paris, 1836) un livre consciencieux et complet, déparé malheureusement par une critique insuffisante des sources. On doit se reporter à une note d'Aug. Molinier et H. Zotenberg ajoutée à la nouvelle édition (de la maison Privât) de l'*Histoire générale de Languedoc* de dom Vaissète, t. II, p. 549-558. Voir aussi Fr. Godera, *Narbona, Gerona y Barcelona bajo la domination musulmana* dans Institut d'estudios catalans, Anuari, an 1909-10, p. 178-202.
2. Voir *Histoire du Moyen Age* publiée sous la direction de G. Glotz, t. I, p. 193, 208-209, 240.
3. Les expéditions antérieures sont fabuleuses, Voir *Hist. de Languedoc*, t. II, p. 556.
4. Cette défaite laissa chez les Musulmans une impression profonde, très disproportionnée à l'événement (*ibid.*, p. 556, note 1).
5. Chaume (*Les Origines du duché de Bourgogne*, t. I, p. 59-61) met en 731 l'incendie d'Autun, d'après le *Chronicon Besuense*, qui place en cette année l'incendie du monastère de Bèze en Dijonnais.
6. Il est probable que Charles, pris de court, n'eut le temps de lever des contingents que dans l'Ouest, en Poitou, Touraine, Anjou, etc. conformément au principe franc du recrutement local.
7. Sur cet événement, capital, quoi qu'on ait voulu dire, il suffira de renvoyer à Ganshof (dans *Histoire du Moyen Age* de G. Glotz, t. I, p. 398), qui cite les plus importants travaux qu'il a inspirés.
8. La loi des Visigoths (*Liber judiciorum*), composée à l'instigation du roi Recesvinth au milieu du VII$^e$ siècle, est toute romaine de contenu. Voir *Histoire du Moyen Age* sous la direction de G. Glotz, t. I, p. 233-239.
9. Ganshof, *ibid.*, p. 414.
10. Sources et ouvrages sur l'événement cités par Ganshof (*loc. cit*, p. 450), et Bédier, *Les légendes épiques*, t. I, p. 143-146.
11. C'est donc à bon droit que les chansons de geste françaises, quelle qu'en soit l'origine, ont célébré la défaite du marquis Guillaume « au Courb nés » comme un exploit rival de celui de Roland à Roncevaux. Sur le cycle de Guillaume voir le tome I des *Légendes épiques* de Bédier.
12. En 803 selon L. Auzias, *Les sièges de Barcelone, de Tortosa et d'Huesca* (dans *Annales du Midi*, année 1936).

13. Le mot *Gothalania* (Catalogne) ne se rencontre pas à l'époque carolingienne dans les textes, mais c'était l'expression vulgaire. Naturellement les Catalans sont Goths comme les Français sont Francs. Le nom du peuple dominant, une minorité encore plus infime en Espagne qu'en France, a été adopté par les indigènes.
14. Dans le poème du Cid les Catalans sont dits « les Francs ». De même dans les annales en langue arabe. Cf. *Hist. gén. du Moyen Age*, t. I, p. 245-246.
15. *Capitularia*, éd. Boretius et Krause, t. I, p. 169, 261-264 ; t. II, p. 258. Le droit d'*aprisio* des immigrés tenait plus du bail héréditaire que de la propriété. Voir Emile Cauvet, *Etude hist. sur l'établissement des Espagnols dans la Septimanie* (dans *Bulletin de la commission archéol. de Narbonne*. t. I, 1876-77) ; Imbart de la Tour, *Les colonies agricoles... à l'époque carol*, (dans *Mélanges Paul Fabre*, 1902) ; Georges Melchior, *Les Etablissements des Espagnols dans les Pyrénées méditerranéennes* (thèse de droit de Montpellier, 1919).
16. Dans un même système linguistique, à moins d'accident historique, tel qu'une destruction de population, on passe insensiblement d'un parler local à un autre, sans qu'on puisse jamais savoir où se fait une coupure. A s'en tenir aux « patois » on cheminerait de Liège au fond de l'Italie en usant successivement des variétés du wallon, du picard, du lorrain, du bourguignon, du lyonnais, du savoyard, du piémontais, du génois, du toscan, du roman, du napolitain, sans jamais sentir à quel moment il y a changement de langue. Le contraste ne s'accuse qu'avec l'emploi des langues littéraires qui ont toujours un caractère artificiel.
17. Voir A. Morel Fatio dans le *Grundriss der romanischen Philologie* de G. Groeber, 2$^e$ éd., t. II.

## B. — EN PROVENCE.

(¹)

Les côtes méditerranéennes eurent à souffrir, au IXᵉ siècle, des pirateries, non seulement des Normands, mais des Maures d'Espagne. Ceux-ci remontent le Rhône jusqu'à Arles en 842, 850, 869, pillant la contrée et rançonnant les grands personnages. Ces entreprises étaient le prélude des descentes des Barbaresques qui désolèrent les côtes méditerranéennes depuis le XVIᵉ siècle jusqu'à la prise d'Alger par la France en 1830, mais elles étaient sans lendemain.

Soudain, vers la fin de ce siècle ², il se forma, autour de Saint-Tropez, un établissement durable, véritable repaire d'où s'élancèrent, pendant plus de trois quarts de siècle, des bandes dévastatrices qui mirent à feu et à sang la Provence et interceptèrent les communications entre la Gaule et l'Italie par les Alpes. S'il en faut croire Luitprand, son origine fut toute fortuite. La tempête jeta sur les côtes une poignée de pirates qui, renforcés par des auxiliaires venus, comme eux, d'Espagne, se fortifièrent dans la région dite *Fraxinetum* ³. Peu avant 896 la ville d'Apt a reçu la visite des terribles Sarrasins. Fréjus est ruinée. Vers 925 l'archevêque d'Arles se réfugie à Reims. Le monastère de Saint-Victor, alors hors de Marseille, est détruit. Les habitants du diocèse de Valence s'enfuient. De même, à l'autre extrémité de la Provence, l'archevêque d'Embrun.

Les Sarrasins passent les Alpes, détruisent le monastère de la Novalèse (près de Suze) dont les religieux s'enfuient à Turin (début du Xe siècle).

Le passage des Alpes devient de plus en plus dangereux. Pèlerins et voyageurs sont rançonnés ou massacrés. En 939, les Sarrasins s'enhardissent jusqu'à pénétrer en Alemannie, dans la Suisse actuelle, jusqu'à Saint-Gall, jusque dans les Grisons.

L'absence de flotte au service des rois de Provence rend impossible le blocus de la côte et la surveillance de la mer d'où venaient des renforts aux brigands. Il faut faire appel aux flottes byzantines en 931, en 942. En cette dernière année la flotte envoyée par Romain Lecapène, coopérant avec les forces de terre du comte Hugues de Vienne, fût sans doute parvenue à avoir raison des pirates, quand Hugues s'avisa que les Sarrasins pourraient l'aider dans sa lutte contre son compétiteur au trône d'Italie, Bérenger d'Ivrée. Il employa les Maures à intercepter à son rival les défilés des Alpes.

L'occasion perdue ne se retrouva plus et les dévastations recommencèrent pendant trente années. Elles furent épouvantables. Le pays compris entre le Rhône et les Alpes fut ruiné. Alors que le roi de Provence et Bourgogne Conrad le Pacifique (937-993) montrait la plus complète incapacité, le Khalife Abd-er-Rhaman III soutenait les Sarrasins, malgré les représentations d'Otton le Grand. Un incident amena la décision finale. En 972, le célèbre abbé de Cluny, Mayeul, fut capturé au retour d'un voyage en Italie, au passage du Grand-Saint-Bernard. Il fut relâché moyennant une forte rançon. Cet incident émut l'opinion. Le comte de Provence, Guillaume, réussit à capturer la bande qui opérait dans les Alpes. Son frère, Roubaud, aidé d'Arduin, comte de Turin, fit mieux encore : il enleva et détruisit le repaire de *Fraxinetum* (fin 972 ou 973). On ne sait trop le détail des luttes qui achevèrent de nettoyer les régions infestées par les pirates. Toujours est-il qu'ils disparurent, soit qu'ils eussent été massacrés, soit qu'ils se fussent convertis au christianisme [4].

Aucune trace n'est demeurée de leur séjour, bien long cependant, en Provence, sinon la dénomination de Monts des Maures et peut-être des légendes locales [5]. C'est que leur établissement ne fut pas une vraie conquête suivie d'un peuplement. Ce fut une vaste entreprise de brigandage qui rappelle celles des Grandes Compagnies au cours de la Guerre de Cent Ans. Ces pillages et ces coups de force peuvent produire des maux affreux, ils ne laissent pas de trace durable.

---

1. Sans s'embarrasser de travaux périmés, il suffît d'avoir recours aux deux ouvrages de René Poupardin, *Le royaume de Provence sous les Carolingiens* (1901), p. 243-273, et *Le Royaume de Bourgogne* (1907), p. 87-107.
2. La date précise de 889, admise d'habitude, n'est pas prouvée (Poupardin, *Provence*, p. 250).
3. Par ce mot il ne faut pas entendre seulement la Garde-Freinet, à 22 kil. au Nord-Ouest de Saint-Tropez, ou plutôt la hauteur (à 450 m.) fortifiée, Miramas, qui domine ce village et d'où la vue s'étend à une immense distance, mais toute la région à partir du golfe de Grimaud. Les pirates avaient, en effet, sur la côte également un refuge inexpugnable. Voir Poupardin, *Provence*, p. 252 ; *Bourgogne*, p. 87, et aussi G. de Manteyer, *La Provence du I$^{er}$ au XII$^e$ siècle* (1908), p. 238.
4. On est très mal informé sur la fin des Sarrasins en Provence. G. de Manteyer (p. 243-245) abaisse de dix années la capture de saint Mayeul, mais pour des raisons peu convaincantes. Il est certain que Mayeul était à Ravenne le 25 mai 972. Sa capture par les Sarrasins étant d'un 11 juillet et sa mise en liberté d'un 15 août, selon la *Vita Maioli* par Syrus, l'année 972 ne fait pas difficulté, non plus que l'extermination des brigands à la fin de la même année ou l'année suivante. Voir Poupardin, *Bourgogne*, p. 99, note 3.
5. On a cru à la persistance dans les Alpes de Sarrasins convertis, mais il n'existe aucun texte à l'appui. Quant aux expressions telles que « mur sarrasin », « tour sarrasine », etc., elles se rencontrent dans la France entière et il est reconnu qu'elles s'appliquent à n'importe quel monument antique. Les brigands de *Fraxinetum* n'avaient pas d'établissement fixe dans les Alpes. Ils passaient l'hiver sur la Méditerranée et l'été seulement allaient surprendre les voyageurs aux cols menant de France en Italie. Voir Poupardin, p. 110-112, et aussi J. Roman, *Les prétendus monuments sarrazins des Hautes-Alpes* (dans *Bulletin soc. d'études des Hautes-Alpes*, 1903, p. 175-198).

## C. — UNE INFLUENCE ARTISTIQUE.

Les « Sarrasins » sont passés en France comme un torrent dévastateur sans rien laisser derrière eux que des ruines. Mais, un ou deux siècles après que le dernier Maure eut quitté la France, l'influence de l'art arabe de l'Espagne se manifesta sur l'architecture du Sud-Ouest et du Centre de la France.

Cette influence est demeurée longtemps inaperçue. Elle ne porte en effet que sur l'ornementation, alors que sur les principes mêmes de l'art roman l'architecture musulmane, qui ignore la voûte, par exemple, ne saurait exercer aucune action. Mais on a remarqué [1] que, au chevet de l'église de Notre-Dame du Port à Clermont, on rencontre des modillons à copeaux entre lesquels sont creusées de petites cupules en forme de fleur épanouie à huit pétales ; au-dessous des modillons est une ceinture de mosaïques, étoiles noires à huit rayons enfermées dans des cercles blancs. Or ce décor, imité dans toute l'Auvergne, se trouve dans la mosquée de Cordoue. La façade polychrome de Notre-Dame au Puy en Velay évoque vaguement l'Orient, et cette sensation se précise, au cloître, à regarder les claveaux des arcades, alternativement noirs et blancs, comme à Cordoue (où ils sont rouges et blancs). Mis en garde, on retrouve quantité d'autres détails qui rappellent l'art arabe [2]. Enfin, un peu partout, au Centre et à l'Ouest, on rencontre l'arc polylobé [3], le chapiteau cubique, le modillon à copeaux et bien d'autres traits qui ramènent à l'Espagne musulmane.

Les causes de cette influence ont été aisément décelées. Les Français du XIe siècle connaissaient bien l'Espagne et par les croisades qu'ils y menaient et par leurs pèlerinages à Saint-Jacques de Compostelle, dont les routes passaient par le Puy et Clermont [4]. Chemin faisant [5] ils auront admiré l'architecture d'outre-monts et lui auront pris ce qui était compatible avec la structure de l'église chrétienne — et cela sans scrupule aucun, car nos ancêtres, comme on l'a fait justement observer [6], n'associaient pas les belles formes, ainsi qu'on fait aujourd'hui, à une religion ou à une race déterminée.

Seulement ces croisés et ces pèlerins ne pénétraient pas profondément dans l'Espagne musulmane ; ils la côtoyaient. Pour s'expliquer les emprunts à l'art musulman, on doit supposer qu'il se sont opérés par l'intermédiaire des artistes mozarabes qui ne cessaient de venir du Sud de la péninsule pour s'employer dans les royaumes chrétiens du Nord.

Enfin, l'influence de l'art oriental dans la décoration a pu et dû se produire par l'étude des décorations des tapis, étoffes, coffrets d'ivoire sculptés, et aussi par l'examen des miniatures de manuscrits [7]. Il est même avéré aujourd'hui que le tympan du portail de Moissac, du XIIe siècle, représentant le Christ de majesté entouré des quatre animaux et des vingt-quatre vieillards couronnés, assis sur des trônes, tenant d'une main une coupe, de l'autre une viole, s'inspire d'une peinture d'un manuscrit du traité, composé en 784, par Beatus de Liebana (Asturie) sur l'Apocalypse [8].

« Voilà ce que l'Espagne arabe a donné à l'art roman de la France. Ce ne sont, on le voit, que quelques ornements. Les Arabes, qui ne voûtaient pas leurs mosquées, n'avaient pas grand'chose à apprendre à nos architectes du XIIe siècle, déjà si savants. Mais les Arabes avaient le génie du décor et ils savaient mettre dans leurs gracieuses fantaisies un charme irrésistible. La France leur emprunta quelques-unes de leurs lignes sinueuses [9]. »

---

1. Voir Mâle dans la *Revue de l'art ancien et moderne*, 1911 et la *Revue des Deux Mondes*, du 15 nov. 1923, études recueillies dans *Art et artistes au Moyen-âge* (1927), p. 30-39 et p. 39-88.
2. Une étude considérable a été consacrée à la cathédrale du Puy par Ahmad Fikry, *L'Art roman du Puy et les influences islamiques* (Paris, 1934, in-4, 340 p., 61 pl., 335 fig.). Lire le c.-r. consacré à cet ouvrage par Louis Bréhier dans *Journal des Savants* (janvier 1936, p. 5-19). On peut reprocher à l'auteur d'avoir attribué aux Arabes ce qui est plutôt dû aux Mozarabes et de n'avoir pas examiné si des motifs ou des techniques ne dérivent pas d'une même origine pour l'art roman et l'art arabe.

3. Il est curieux qu'on ne rencontre pas ou fort peu l'arc outrepassé (en fer à cheval), caractéristique la plus saillante de l'art dit arabe. A défaut de monuments directement contemplés, la vue des manuscrits du *Beatus* en fournissait cependant des exemples abondants.
4. Bédier, *Les légendes épiques*, t. I. Dès le $X^e$ siècle, Godeschalc, évêque du Puy, se rend en pèlerinage à Saint-Jacques de Compostelle (en 951). Il commande des copies de manuscrits aux *scriptoria* du monastère (mozarabe) de Albelda en Navarre (près du chemin de Saint-Jacques) et de Ripoli en Catalogne (en 958). Voir Puig y Cadafalch, *L'Art roman*, p. 34. Cf. Simonet, *op. cit.*
5. Il ne s'agit pas, en effet, d'une influence gagnant de proche en proche. La Gascogne échappe à l'art arabe et la Catalogne renonce à s'en inspirer dès la fin du $X^e$ siècle.
6. Mâle, *Art et artistes*, p. 46-47.
7. Puig y Cadafalch, p. 36-41.
8. Mâle, *L'Art religieux au $XII^e$ siècle* (1922), p. 4 et 378.
9. Mâle, *Art et artistes*, p. 88.

## D. — UN PRÉTENDU EXEMPLE D'INFLUENCE SCIENTIFIQUE.

Le célèbre Gerbert, archevêque de Reims, puis de Ravenne, pape sous le nom de Silvestre II (2 avril 999-12 mai 1003), devrait sa culture, notamment en mathématiques, aux écoles arabes d'Espagne. Mais il est reconnu aujourd'hui qu'il n'a jamais été à Cordoue ou dans une ville quelconque de l'Espagne musulmane. C'est à l'évêché de Vich, dans la Marche d'Espagne, que Gerbert compléta l'instruction rudimentaire acquise à Aurillac.

On a dit [1] qu'il est significatif qu'il se rendit, pour apprendre les mathématiques, dans la seule province du royaume en contact avec les Musulmans. Il est possible, en effet, que l'église de Vich ait connu les œuvres des mathématiciens écrivant en arabe, bien que la pratique de cette langue ait été peu répandue en Catalogne. Gerbert serait donc indirectement, sinon directement, l'élève de la science dite arabe.

S'il en était ainsi, il faut reconnaître que cette science aurait été en Espagne peu avancée, car il n'y a rien de neuf ni d'original dans les œuvres mathématiques du savant religieux. S'il connaît les neuf chiffres dits arabes [2], ceux-ci ne servent pour lui, comme pour les abacistes, qu'à marquer les jetons sur l'abaque. Le zéro lui fait défaut. Il ignore donc, en réalité, l'arithmétique de « position », connue dans l'Inde dès le VIII$^e$ siècle, transmise au mathématicien Al-Kharismi [3], écrivant en Asie centrale, au milieu du IX$^e$ siècle, et dont l'œuvre n'a été traduite en latin que vers 1130 par l'Anglais Adelard de Bath. En arithmétique Gerbert ne semble donc connaître que les traditions antiques transmises, par Boèce, et, au surplus, ses scholies portent sur les oeuvres de cet auteur. Enfin il ne faut pas oublier que les textes des œuvres mathématiques de Gerbert n'ont été connus que sous une forme interpolée jusqu'à l'apparition de l'édition critique due au savant russe Nicolas Boubnov [4]. La « géométrie » non plus n'offre rien d'original. Quant aux connaissances de Gerbert en musique, ce qu'on en sait n'incite pas à croire qu'elles dépassaient l'enseignement de Macrobe et de Boèce [5]. Gerbert n'a eu aucune idée de l'enrichissement qu'eut apporté à son faible savoir une traduction des œuvres arabes d'Al-Kindi (mort en 874), qui utilisa en ses sept traités l'ensemble des écrits grecs sur la théorie musicale et introduisit une cinquième corde dans le luth, de manière à atteindre la double octave sans recourir au changement. Pas davantage il n'a connu le *Kitâb almoûsîkî* d'Al Fârâbi (mort en 950), qui dépasse les Grecs par ses connaissances mathématiques et physiques et fait des additions à la gamme [6].

La renommée de Gerbert semble due à son enseignement — il apprenait à exécuter rapidement sur l'abaque des opérations compliquées —et aussi à son mérite d'exécutant musical [7]. Jusqu'à nouvel ordre il ne faut accepter qu'avec scepticisme l'influence « arabe » [8] sur son savoir, au reste très surfait, d'autant plus qu'à l'époque où Gerbert étudia à Vich (967-970) c'est à peine si la connaissance des travaux des grands mathématiciens, astronomes et médecins de Bagdad et de l'Orient commençait à se répandre dans l'Espagne musulmane [9].

---

1. Julien Havet dans l'introduction (p. VII) à sa belle édition des lettres de Gerbert (1889) contre Weissenborn et Nagl.
2. F. Woepke a prouvé que la numération avec chiffres est venue de l'Inde (*Journal asiatique*, 1863, t. I).
3. Voir J. Tannery et J. Molk, d'après H. Schubert, *Notion de nombre naturel dans l'Encyclopédie des Mathématiques pures et appliquées*, édition française, t. I (Paris-Leipzig, 1908), p. 1-21. Voir aussi *Encyclopédie de l'Islam*, t. II, p. 965 ; t. IV, p. 425.
4. *Gerberti opera mathemalica* (Berolini, 1899).
5. F. Picavet a utilisé les nombreux travaux consacrés à l'œuvre scientifique de Gerbert dans son livre de vulgarisation, *Gerbert, un pape philosophe d'après l'histoire et d'après la légende* (Paris, 1897). Voir p. 84 et suiv., p. 186.
6. Sur la musique dite arabe il suffît de renvoyer à l'article de H. G. Farmer dans l'*Encyclopédie de l'Islam*, t. III, p. 801-807, au mot *Mñsîkï*. L'auteur y a joint une immense bibliographie.
7. La réputation scientifique de Gerbert, doit beaucoup à l'admiration éperdue de son élève, le moine Richer dont il fut le maître à l'école épiscopale de Reims. Il est

étrange qu'on ait accepté son assertion absurde (*Historiae*, 1. III, c. 44 et 49) que, avant Gerbert les mathématiques, l'astronomie et la musique étaient ignorées en France et en Italie. La vérité c'est que l'Aquitain Gerbert trouva commode d'achever son instruction dans un pays qui était le prolongement du royaume, la Catalogne, et qui conservait des traditions scientifiques carolingiennes oblitérées dans le centre de la France.

8. Le seul indice en faveur de cette hypothèse est une lettre à Lupitus de Barcelone où Gerbert demande « librum de astrologia translatum ». Ce ne peut être qu'un livre traduit de l'arabe, affirme-t-on (Havet, p. 19, note 3 ; Boubnov, p. 102, n. 14). Peut-être. Mais il faut remarquer que Gerbert possédait l'*Astrologia* de Boèce en 8 vols, (perdue) puisqu'il l'envoie à l'archevêque d'Adalbéron (Havet, p. 6 ; Boubnov, p. 100) et il ne pouvait ignorer que Boèce n'avait fait que traduire Ptolémée. Le « liber translatus » peut être tout simplement un manuscrit de l'*Astrologia* de Boèce.

9. On oublie trop que les connaissances scientifiques, comme théologiques, n'ont vraiment commencé à être florissantes qu'à partir des règnes de Abder-Rhaman III (912-961) et encore plus d'Al-Hakam (961-976).

# PARTIE III
# LES SARRASINS EN SICILE ET EN ITALIE CONTINENTALE

## A. — EN SICILE.

(¹)

### 1. Conquête et installation des Sarrasins.

Un tiers de siècle seulement après la mort de Mahomet des flottes musulmanes commencent à Ravager les côtes de la Sicile. En 664 le Khalife Moawiya envoie dans ce but une expédition navale qui part des côtes de Syrie ou plutôt de la Pentapole africaine (Barka). Ce n'est encore qu'un épisode de la piraterie, fléau de la Méditerranée depuis toujours.

Mais lorsque l'Islam s'installe définitivement en Ifriqiya (Tunisie), en 698, il devient évident que la Sicile, toute proche, sera une tentation irrésistible pour les maîtres de l'Afrique. De fait les côtes de Sicile furent infestées pendant la majeure partie du siècle. Il y eut même une tentative pour enlever Syracuse (en 740) : la ville dût se racheter. Les convulsions qui ébranlèrent l'Afrique du Nord, hérésies, luttes des Berbères et des Arabes, détournèrent les esprits d'une conquête immédiate de la grande île.

La Sicile était toujours sous l'autorité de l'Empire romain d'Orient. Un incident attira l'orage sur l'île. Le « turmarque » Euphemios se révolta contre Michel II et se posa en prétendant à l'Empire. Ses forces étaient insuffisantes. Il fit appel aux Arabes [2]. L'Ifriqiya était alors au pouvoir de la dynastie des Aghlabites qui, sous la suzeraineté lointaine et fictive du Khalife de Bagdad, jouissaient d'une pleine indépendance [3]. L'émir, Ziyâdat Allah, venait de mater péniblement une insurrection dangereuse. Il saisit l'occasion d'utiliser des troupes sans emploi. Il y eut aussi une poussée religieuse, car la direction de l'expédition fut confiée à un cadi de la ville sainte de Kairouan, connue par la science théologique de ses docteurs et le fanatisme de sa population (827).

Ce fut le début de la conquête. Elle dura longtemps, deux tiers de siècle, interrompue à maintes reprises, mais sans que le dessein d'occuper la Sicile fût jamais délaissé. En voici quelques étapes [4] :

Partie de Sousse (en Tunisie) l'expédition débarqua à Mazara, à la pointe occidentale de la Sicile. Elle était forte de onze mille hommes. La mort ayant débarrassé les envahisseurs d'Euphemios, ils entreprirent la conquête pour leur propre compte. Le début fut peu heureux. Les Musulmans ne purent enlever Syracuse et furent rejetés sur Mazara. L'entreprise eût tourné au désastre si des secours importants n'étaient venus d'Espagne, puis d'Afrique. Palerme fut emportée en 831. Puis la guerre traîna. Messine succomba une dizaine d'années après. En 859 ce fut le tour de la forteresse de Castrogiovanni, au centre de l'île, qui semblait inexpugnable. Mais Syracuse résista jusqu'au 21 mai 878 et la conquête s'acheva avec la prise et la destruction de Taormina en 902.

Les forces de défense n'avaient pu que reculer pas à pas. Constantinople, menacée de toutes parts, était hors d'état d'envoyer des renforts suffisants à la grande île. Au contraire les émirs Aghlabites, Ibrâhîm Ier, Abbâs Ibn Al-Fadhl, Ibrâhîm II, vinrent prendre en personne la direction des opérations. Ce dernier les mena comme une guerre sainte dans le but d'expier les crimes de sa vie : il succomba dans l'Italie du Sud, à Cosenza, au lendemain de la conquête de l'île (902) [5].

La substitution aux Aghlabites d'une nouvelle dynastie, celle des Fatimites (909), aurait pu couper la Sicile musulmane de l'Ifriqiya, les nouveaux maîtres étant des chiites, des hérétiques. Il en eût sans doute été ainsi, si la haine indestructible qui séparait Arabes et Berbères partout où ils vivaient côte à côte n'avait poussé ces derniers à livrer le gouverneur de Sicile, l'Arabe Amir Ahmed, au mahdi Obeyd Allâh, fondateur de la dynastie (916). La Sicile reçut depuis lors ses gouverneurs des souverains Fatimites. Seulement, à partir du milieu du Xe siècle, ces gouverneurs durent être pris dans la famille des Banu Abi l'Husein et ils jouirent d'une large autonomie. L'accord régna avec le souverain de Kairouan, surtout quand il s'agit de lutter contre le chrétien. C'est ainsi que, en 965, leurs efforts combinés détruisirent sous Messine une flotte byzantine qui tentait de débarquer des troupes.

Cette indépendance des Banu Abi l'Hussein s'accentua naturellement lorsque la dynastie Fatimite déplaça le centre de son pouvoir et passa d'Ifriqiya en Égypte, de Kairouan au Caire (973). La Sicile connut une ère de tranquillité et de prospérité [6]. Elle dura peu. Sous le gouvernement ou plutôt le règne de Djafar (998-1019) l'opposition entre Arabes et Berbères reprit avec virulence [7] et aboutit à l'expulsion des Berbères.

Ceux-ci constituaient le meilleur de la force armée. Il fallut les remplacer par des mercenaires dont l'entretien coûteux exigea la levée de lourdes taxes. La population chrétienne, qui les supportait tout particulièrement, commença à s'agiter. À partir de 1035 tout est confusion en Sicile. Le souverain musulman, Amir Ahmed, fait appel à l'empereur de Constantinople, les rebelles à une dynastie nouvelle d'Afrique, les Zirides [8]. En 1038 le meilleur général de l'Empire byzantin, Georges Maniakès, entreprend la conquête de la Sicile. Messine est occupée. Ces succès demeurent sans lendemain, Maniakès ne s'entendant pas avec ses troupes dont les meilleurs éléments étaient formés de mercenaires Scandinaves et russes. L'empereur Michel IV se défie de lui et le rappelle. Tous les gains de Byzance sont perdus (1042). Les Zirides musulmans n'ont pas un meilleur succès et sont expulsés par la population. L'unité de pouvoir ne peut se rétablir. Trois émirs rivaux sont établis, l'un à Mazara et Trapani, l'autre à Girgenti et Castrogiovanno, le troisième à Syracuse.

Ce dernier, en danger, appela à l'aide les Normands français qui procédaient alors à la conquête de l'Italie du Sud (1060).

### 2. Conquête des Normands.

La prise de Messine fournit à Roger une base d'opération, mais la faiblesse des effectifs dont il disposait, ses querelles avec son frère,

Robert Guiscard, enfin les secours envoyés d'Afrique aux Musulmans de Sicile, retardèrent considérablement la conquête normande. Ce fut seulement en janvier 1072 que Palerme ouvrit ses portes aux Normands qui prirent aussi Mazara et Catane. Le territoire conquis fut alors divisé entre les deux frères. Réduit ensuite à ses seules forces, Roger mit vingt ans à achever la conquête : Syracuse ne fut emportée qu'en 1085 et le dernier épisode fut la reddition de Butera (1091) [9].

### 3. *Survivances arabes en Sicile.*

La domination politique arabe en Sicile était terminée. La vie arabe continua. Roger I (mort en 1101 ), son fils Roger II qui échangea son titre de comte pour celui de roi en 1130, leurs successeurs, Guillaume I et Guillaume II, respectèrent les conventions conclues avec les Musulmans. Ils leur laissèrent leurs usages, leurs lois, leur langue, l'exercice de leur religion. Ils prirent des Arabes dans leur armée. Ils conservèrent aux villes, presque toutes islamisées, leurs institutions municipales et corporatives. Ils ouvrirent aux Musulmans l'accès aux plus hautes charges de la Cour [10] et admirent leurs savants et leurs lettrés dans leur intimité [11]. Vis-à-vis de ses sujets musulmans le roi normand de Sicile apparaissait comme une sorte d'émir chrétien [12]. Les poètes chantèrent les louanges du plus remarquable des Normands, Roger II, et il fut composé de ces productions un recueil, malheureusement perdu. Le célèbre géographe arabe Édrisi, familier de ce prince, nous a laissé de sa personne un portrait et a vanté la prospérité de la Sicile sous sa domination. C'est à son instigation qu'il commença en 1139 sa *Géographie* qu'il n'acheva qu'en 1154 [13]. Cette prospérité matérielle, et aussi la culture intellectuelle arabe, se poursuivirent longtemps [14], jusque sous les Hohenstaufen, Henri VI et Frédéric II, héritiers des Normands [15].

On serait tenté d'instituer une comparaison entre l'habile politique des Normands et celle des rois de Castille et d'Aragon. Mais les mettre en antagonisme serait un non-sens. Les rois chrétiens d'Espagne avaient à reconquérir leur pays sur des intrus. En Sicile c'étaient les Normands qui étaient des intrus, au début, des aventuriers indésirables. Ils eurent, du moins, le bon sens de se concilier les populations et pas seulement les musulmanes, mais aussi les chrétiennes, divisées en Siciliens latins de rite et de langue romane et Siciliens grecs de rite et de langue.

Ces chrétiens avaient vécu d'une vie obscure [16] pendant plus de deux siècles, sous l'autorité des gouverneurs aghlabites, puis fatimites. Leur statut juridique et social avait été celui de toute population chrétienne soumise à l'Islam, c'est dire qu'ils payaient de plus lourds impôts et étaient généralement écartés des fonctions publiques. La pratique de leur religion était autorisée, à condition qu'elle s'exerçât sous des formes discrètes [17]. Le petit nombre des martyrs siciliens, au cours de cette période, témoigne de la tolérance relative du pouvoir [18]. Au X$^e$ siècle la culture grecque s'obscurcit chez les chrétiens de Sicile. C'est que les religieux byzantins et une partie de la population parlant grec passent en Calabre et en Pouille et font refleurir cette culture en ces régions [19].

La prépondérance islamique est tellement éclatante du IX$^e$ au XI$^e$ siècle que la Sicile paraît être devenue une île arabe [20]. On s'attendrait donc à rencontrer sur son sol des monuments aussi beaux que ceux qu'on admire en Espagne, au Maghreb, en Tunisie. On est déçu. Il ne nous est rien resté comme architecture, religieuse ou civile, de cette période. L'influence de l'art arabe ne se manifeste que dans les demeures des rois normands à Palerme, leur capitale : la *Cuba*, la *Ziza*, la *Cubola*. Les archéologues y reconnaissent, ainsi que dans quelques églises chrétiennes (Palerme, Cefalù) des éléments constructifs et ornementaux empruntés à l'art arabe, mais, chose déconcertante, plutôt à celui de l'Égypte qu'à celui de l'Ifriqiya et du Maghreb [21]. Par contre on ne trouve jamais l'arc outrepassé, caractéristique de l'architecture arabe, mais l'arc en tiers-point du Nord [22].

### *4. Disparition des influences arabes.*

Au reste, par la suite, l'architecture de la Sicile, comme celle de l'Espagne, se libérera entièrement des influences orientales et se tournera vers des directions tout autres [23].

Il en fut de même de la littérature. La Sicile fut une terre d'élection pour les poètes arabes et leur production se continua au XII$^e$ et même au XIII$^e$ siècle [24]. Quoi de plus naturel que d'imaginer une influence sur la poésie naissante de l'Italie !

La réalité fut tout autre. Les premiers poètes italiens, à la cour de Frédéric II, furent les imitateurs des troubadours provençaux [25].

Enfin, pour la transmission de la pensée antique, le secours de l'arabe fut ici inutile. De nombreux clercs byzantins, les « basiliens », rassemblèrent des manuscrits et les traduisirent en latin directement du grec [26].

Vu le rôle important que jouent toujours, dans l'île, les mathématiciens, astrologues, médecins, ingénieurs, etc., et à la cour même, qui semble sarrasine aux yeux des princes chrétiens [27], on s'attendrait à une longue persistance de l'arabe. Il n'en fut rien. Il recule, et dans la seconde moitié du XIIIe siècle, sa décadence se précipite, même dans les villes [28].

Cet effondrement peut être dû, mais pour une faible partie, à un exode des classes supérieures en Afrique et en Égypte. Il faut faire aussi une large part à l'influence du clergé latin, qui s'employa à la conversion de gré ou de force des infidèles [29]. Enfin il est plus que probable que, en dépit de leur prépondérance politique, les Arabes ne constituaient qu'une minorité dans l'ensemble de la population sicilienne [30]. Celle-ci était formée de paysans parlant soit le grec, soit surtout le latin vulgaire [31]. Ces derniers l'emportèrent, mais le dialecte sicilien est une langue romane dont le vocabulaire a été enrichi de termes empruntés au grec et surtout à l'arabe (env. 200 mots) [32].

Ainsi la Sicile, qui semblait destinée à s'islamiser et à s'arabiser, comme la Syrie, l'Égypte, l'Afrique du Nord, redevint chrétienne de foi et romane de langue, grâce à l'ambitieuse fantaisie d'aventuriers venus de Normandie, d'une région dont les habitants, indigènes ou arabes, ne connaissaient sans doute même pas l'existence.

---

1. Le livre fondamental demeure, malgré sa date, celui de Michele Amari, *Storia dei musulmani di Sicilia* (Florence, 1854-1868) en 3 vol. Une nouvelle édition est publiée par G. A. Nallino (Catane, 1933). Résumé dans l'*Encyclopédie de l'Islam*, t. IV, p. 414.
2. La thèse de F. Gabotto (*Eufemio*, etc., Turin, 1890) qu'il existait un mouvement autonomiste en Sicile est une rêverie.
3. G. Marçais dans *Histoire du Moyen Age*, t. III (1936), p. 415, 418, 432 ; — Gh. André Julien, *Histoire de l'Afrique du Nord* (Paris, 1931), p. 354.
4. Amari, t. I, p. 258-309 et 329-432.
5. *Id.*, t. II, p. 45-95.
6. Amari, t. II, p. 428-458 ; — G. Marçais, *loc. cit.*, p. 427 ; — Ch. André Julien, *Hist. de l'Afrique du Nord*, p. 355-368.
7. Amari, t. II, p. 31, 37.
8. *Id.*, p. 355-365.

9. Amari, t. II, p. 379-394 ; — Vasiliev, *Hist. de l'empire byzantin*, t. I, p. 436 ; —. F. Chalandon, *Hist. de la domination normande en Italie et en Sicile* ; 1009-1194 (Paris, 1907, 2 vol.) ; — résumé par l'auteur en anglais dans *Cambridge medieval history*, t. V, p. 167-207, avec riche bibliographie, p. 855-859 ; — Lothar von Heinemann, *Gesch. d. Normannen in Unteritalien u. Sicilien* (1894), p. 190-228 ; — A. von Schack, *Gesch. d. Normannen in Sicilien* (Stuttgart, 1889. 2 vol.) ; — A. Palomes, *La storia di li Nurmanni'n Sicilia* (Palerme, 1883-1887, 4 vol.). Voir le jugement d'ensemble de Ch. H. Haskins, *The Normans in european history* (Boston et New-York, 1915), p. 218-250.
10. La charge de l'amiralat persista, mais dépouillée de son caractère militaire. Voir Erich Caspar, *Roger II (1101-1154) und die Gründung der normannisch. sicilischen Monarchie* (Innsbrück, 1904), p. 300 ; sur la *doana*, p. 314-316.
11. On trouvera le détail au tome III d'Amari et dans les ouvrages cités de Ghalandon, Caspar.
12. Amari (t. III, p. 365) qualifie Roger II et l'empereur Frédéric II de sultans baptisés.
13. Erich Caspar, p. 444-458. Palerme passe alors pour être, avec Constantinople, la plus belle cité de la Méditerranée. La description d'Ibn Djobaïr est traduite par Amari, *Biblioteca arabo-sicula* (Turin, 1888), t. I, p. 155.
14. Mais la culture musulmane accuse une décadence, du moins selon Amari, t. III, p. 713-768.
15. Il faudrait tout un livre pour étudier l'influence musulmane exercée, dit-on, sur Frédéric II. Quelques indications dans Amari, p. 709-712.
16. Les renseignements sûr leur compte sont pauvres. Les écrits chrétiens (ils sont en grec) disparaissent avec le $X^e$ siècle. Voir Amari, t. II, p. 213.
17. Pour le $IX^e$ siècle voir Amari, t. I, p. 464-520 ; pour les $X^e$ et $XI^e$ siècles, t. II, p. 395-415. On n'a pu se procurer Lancia de Balo, *Storia della chiesa di Sicilia nei dieci primi secoli del christianesimo* (Palerme, 1880-1884, 2 vol.).
18. Observation d'Amari, t. I, p. 486-487. Le supplice de saint Procope, évêque de Taormina, après la prise de cette ville, en 907 (t. II, p. 84), est le fait le l'émir aghlabite Ibrahim II, un fou redouté même des siens.
19. Voir Pierre Batiffol, *L'abbaye de Rossano* (1891), p. VII-IX.
20. Un auteur arabe du $XI^e$ siècle prétend que l'île a passé tout entière à l'Islam (dans Amari, t. II, p. 411). C'est une grosse exagération.
21. Georges Marçais, *Manuel d'art musulman, L'Architecture*, t. I (Paris, 1926), p. 180-202.
22. Remarque de G. Marçais, p. 192.
23. Influence byzantine, puis influence française. Voir Ch. Diehl, *Palerme et Syracuse* (1907).
24. Amari, t. II, p. 517-543 ; t. III, p. 738-768 ; —Ad. F. von Schack, trad. de l'allemand en espagnol, *Poesia y arte de los Arabes en españa y en Sicilia* (Séville, 1881, 3 vol. in-24), t. II, p. 129-178.
25. Sur ce sujet souvent traité, voir Giulio Bertoni, *I trovatori d'Italia* (Modène, 1915), p. 25.
26. Haskins, *The Normans*, p. 237 ; *The Renaissance of the twelfth century* (Cambridge, 1927), p. 291, 300 ; — *Sicilian translalors* dans *Harvard studies in classical philology*, t. XXI et XXIII (1910 et 1912).
27. Amari, t. III, p. 711-712.
28. Amari (t. III, p. 868-872) remarque que les noms arabes disparaissent des chartes et des inscriptions funéraires. La dernière charte arabo-latine, pour l'église de Girgenti est de 1242 (p. 876, n. 4).
29. Au point que l'Islam disparut de l'île au cours du $XIII^e$ siècle (Amari p. 870).
30. À la suite d'une grande révolte (1246) Frédéric II en fit transférer une masse en Italie, à Lucera (Amari, p. 620). Il est à remarquer que les déportés comprenaient bien l'italien, selon le pape Grégoire IV et l'empereur Frédéric II (ibid., p. 867, note 1). Si diminuée qu'ait été cette population arabe elle ne disparut pas entièrement. Elle a

dû exercer une certaine action sur l'anthropologie sicilienne. Voir Amari, t. III, p. 866 et note 2.
31. N. Maccarone, *La Vita del lalino in Sicilia fino al età normanna* (Florence, 1915).
32. Amari, t. III, p. 880-886. Voir surtout G. de Gregorio et C. F. Seybold, *Glossario delle voce siciliane di origine araba* dans *Studi glottologici italiani*, t. III (Palerme, 1903), p. 225-251 ; — Giulio Bertoni, *Italia dialettale* (1916)' p. 15-16. Dialectalement la Pouille et la Calabre méridionales forment une unité avec le parler italien de Sicile (*ibid.*, p. 151).

## B. — DANS LES AUTRES ÎLES.

### 1. *Malte et Pantellaria.*

Détruites en Sicile, la race et la langue arabes ont eu une meilleure fortune dans les petites îles situées entre la grande île et la côte africaine.

Occupée par des garnisons vandales (en 454), puis ostro-gothiques (en 494), Malte revint à l'Empire, c'est-à-dire à Constantinople, en 533. Les Sarrasins d'Afrique l'auraient conquise en 870 seulement selon l'opinion courante. Cette date est certainement beaucoup trop basse. Dès le VIIIe, ou même le VIIe siècle, les pirates musulmans n'ont pas pu ne pas opérer des débarquements dans cette île qui s'offre comme une proie aux corsaires. Après leur conquête de la Sicile, les Normands mirent la main sur elle (1091). Au cours du XIIIe siècle seulement, l'Islam disparut [1]. Mais la population christianisée a gardé l'usage de l'arabe (dialecte maugrébin). Le fond ethnique semble bien aussi sarrasin, mais une immigration italienne importante a dû modifier le type [2].

La petite île africaine de Pantellaria, à 76 kilomètres seulement du Cap Bon, fut occupée par Roger II en 1123. Elle demeura longtemps toute sarrasine. En 1231, dans un traité avec l'émir de Tunis, Frédéric II offre des garanties aux habitants musulmans de cette île [3]. Le christianisme ne triompha que vers la fin du XIIIe siècle. Aujourd'hui encore, l'île, bien qu'appartenant à l'Italie, est arabe de race et de langue [4].

## 2. *En Corse et en Sardaigne* [5].

Ces deux îles sont associées jusqu'au XIIIe siècle dans leurs vicissitudes historiques.

En 456 Genséric y établit des garnisons vandales. Après la ruine de l'État vandale d'Afrique Justinien les réunit à l'Empire romain (534). Au VIIIe siècle, les Lombards d'Italie y établissent leur autorité, dont hérite Charlemagne, en 774, après la chute du royaume de Pavie. La Corse est placée sous le gouvernement du marquis franc de Toscane. C'est à lui qu'incombe la défense des deux îles.

Depuis le début du VIIIe siècle elles sont infestées par les corsaires sarrasins d'Afrique et d'Espagne, ainsi la Sardaigne dès 713. Les deux îles ont à subir les attaques réitérées des Musulmans, en 806, 807, 809, 813, 814. Les fils de Charlemagne, Pépin, puis Charles, s'emploient à chasser les pirates. Faute d'une bonne flotte, leurs succès sont sans lendemain. En 828 cependant le marquis Boniface peut rassembler quelques navires ; il débarque près de Carthage et ravage la contrée. Mais en 846 le marquis Adalbert doit abandonner une partie de la Corse aux envahisseurs. Au siècle suivant la Corse et la Sardaigne revoient les Sarrasins, ainsi en 934 et 935.

Cependant la première de ces îles ne fut pas l'objet d'une occupation permanente de la part des Musulmans. Elle relevait du royaume d'Italie. Un des compétiteurs à ce trône, Adalbert, fils de Bérenger II, se réfugie en Corse, après le triomphe d'Otton Ier de Germanie (962). Puis l'île tombe un instant au pouvoir d'Otton II.

Au contraire la Sardaigne fut conquise par un Musulman d'Espagne, Moudjâhid, gouverneur de Denia, dont dépendaient les îles Baléares. En même temps Sarrasins d'Espagne et d'Afrique inquiétaient les ports de Gênes et de Pise (1004). Ces deux villes s'allièrent et nettoyèrent la Sardaigne, et aussi la Corse, des pirates (1016).

Pise et Gênes se disputèrent ensuite les deux îles, mais elles eurent la sagesse de faire taire leurs rivalités pour pousser à fond leurs avantages contre les Sarrasins. Ainsi, en 1087, elles réussissent ce coup d'audace de porter la guerre en Afrique et de s'emparer de Mahdiya (en Tunisie), la capitale bâtie par le premier des Fatimites, le mahdi Obeyd-Allah, de 915 à 920 [6]. Pise réussit même à s'emparer un instant des îles Baléares (1113-1115). C'en était fait de la piraterie sarrasine [7].

L'occupation de la Corse et de la Sardaigne par les Musulmans fut trop intermittente pour avoir laissé des traces durables [8]. Aucun monument ne rappelle leur souvenir et les dialectes romans des deux îles n'ont pas d'éléments arabes appréciables dans leur vocabulaire [9].

---

1. Dans la seconde moitié du XIIe siècle Malte était toute musulmane, au dire des contemporains. Voir Amari, t. III, p. 536.
2. Sur Malte voir *Encyclopedia italiana*, t. XXII, p. 34-48.
3. Traité analysé par Amari, t. III, p. 626.
4. Sur Pantellaria voir *Encyclopedia italiana*, t. XXVI, p. 210.
5. A. Ambrosi, *Histoire des Corses* (Bastia, 1914) ; — Colonna de Cesari Rocca et L. Villat, *Histoire de Corse* (Paris, 1916) ; — Amari, *op. cit*, passim. L'article sur la Sardaigne n'a pas encore paru dans l'*Encyclopedia italiana*.
6. Amari, t. II, p. 139 ; Gay, p. 369.
7. Sur ces événements voir Chalandon, *op. cit*. La destinée ultérieure des deux îles n'intéresse pas notre sujet. Se fondant sur la fausse donation de Constantin, fabriquée à Rome, dans le dernier tiers du VIIIe siècle, la papauté, avec Grégoire VII, Urbain II, etc. revendiqua sur elles un domaine éminent. En 1297 Boniface VIII en investira Jacques II d'Aragon.
8. Colonna de Cesari Rocca et L. Villat, *Histoire de Corse* (1916), p. 37.
9. Le sarde, encore vivant, diffère tellement de l'italien continental que certains linguistes voient en lui une langue romane particulière. Mais l'isolement, et nullement une influence étrangère, explique cette particularité. Sur le sarde et ses trois dialectes voir d'Ovidio et Meyer-Lübke dans le *Grundriss der roman. Philologie* de Grœber, 2e éd., t. I, p. 551 et 696.

# C. — LES SARRASINS EN ITALIE

(¹)

### 1. Établissements dans l'Italie méridionale.

Comme en Sicile l'occasion du débarquement des Musulmans sur la terre ferme fut provoquée par un appel des chrétiens.

La ville de Naples, pressée par l'ambition du duc de Bénévent, Sicard, avait dû se résoudre à lui payer tribut. Les Napolitains n'avaient accepté qu'en frémissant le traité imposé en 836. Un recours à l'empereur franc Louis le Pieux, tenté auparavant, était demeuré sans effet. Le duc de Naples André appela à l'aide les Sarrasins de Sicile qui firent reculer le Lombard (837). Une autre expédition par mer livra aux Musulmans Brindisi. Ils l'évacuèrent ensuite, mais après l'avoir incendiée.

Les Sarrasins poursuivent leurs avantages dans leur propre intérêt. Ils s'avancent en Apulia (la Pouille), prennent Tarente que les Vénitiens tentent vainement de délivrer par mer. Puis ils s'emparent d'Ancône. Venise se sent décidément menacée et arme, mais sa flotte est battue (842).

La mort de Sicard (839) avait favorisé ces grands succès. Après lui le grand État lombard qui s'étendait sur l'Italie méridionale s'était cassé en deux principautés, Bénévent et Salerne, que se disputaient avec acharnement des compétiteurs. Le recours à la force sarrasine pour accabler ses rivaux fut pour ces princes une tentation fatale. Pressé par Siconulf de Salerme, Radelchis de Bénévent, appela les Musulmans à son aide. Pando, gastald (comte) de Bari, les introduisit dans la ville. Mais les Sarrasins furent battus et rejetés dans Bari (841). Radelchis fut incapable de rentrer en possession de ce port qui, entre les mains des Sarrasins, constituera pour eux pendant trente années une base d'attaque formidable. Radelchis dut même ouvrir à ses terribles auxiliaires les portes de sa capitale, Bénévent. Le vrai maître fut alors le chef des Sarrasins, Massar (842).

Aux Sarrasins de Sicile Siconulf eut alors l'idée d'opposer les Sarrasins d'Espagne et de Provence et aussi ceux qui avaient capturé l'île de Crète (en 826). Il put ainsi enlever le Bénéventin à son rival, mais non emporter la capitale.

Cependant le couronnement de Louis, fils de l'empereur Lothaire, comme roi d'Italie, le 15 juin 844, semblait pouvoir redonner à ce pays un commandement qui lui faisait si cruellement défaut. Mais les efforts du jeune roi se heurtèrent à l'anarchie et surtout la royauté carolingienne payait cher la négligence presque continuelle dont elle avait fait preuve à l'égard de la marine. La Méditerranée était un lac musulman et nulle flotte chrétienne ne pouvait, en Occident, s'opposer aux pirateries et aux débarquements incessants des Sarrasins.

Le champ de leur activité se porta sur la côte tyrrhénienne. Le duc de Naples Serge unit, pour résister aux pirates, Naples, Gaëte, Amalfi, Sorrente, mais il ne put empêcher leur installation à l'île d'Ischia et au cap Sorrente. En 846 une catastrophe frappa de stupeur et de douleur le monde chrétien. Une flotte de soixante-treize navires, partie d'Afrique, s'empara d'Ostie, à l'embouchure du Tibre, puis, remontant le fleuve, elle apparut devant Rome le 26 août. Les Sarrasins n'avaient pas assez de forces pour s'emparer de la ville, mais ils pillèrent la basilique de Saint-Pierre et celle de Saint-Paul, demeurées hors les murs, et profanèrent les tombeaux des Apôtres. Ils ne se retirèrent, gorgés de butin, que lorsque la campagne romaine dévastée ne fut plus en état de les alimenter. Ils allèrent ensuite assiéger Gaëte. Les tentatives des Francs ou des Lombards de Bénévent pour chasser l'ennemi n'aboutirent qu'à des défaites. Cependant Gaëte tint ferme et une tempête engloutit la majeure partie de la flotte sarrasine.

Si bas que fût tombé l'Empire carolingien, il était impossible que son chef nominal, Lothaire, ne réagît pas. D'accord avec son fils Louis, roi d'Italie, il décida [2], non seulement de fortifier la rive droite du Tibre où était située la basilique Saint-Pierre [3], mais de diriger une expédition contre les Sarrasins du Bénéventin. L'armée, composée de Francs, de Bourguignons, de Provençaux, devait se réunir à Pavie le 25 janvier, puis se diriger sur Larino où la rejoindrait une escadre formée par les Vénitiens et les habitants de l'État pontifical, les Ravennates. En même temps l'évêque d'Arezzo, le marquis de Spolète, le duc de Naples devaient s'entremettre entre les princes Bénéventins et les réconcilier. Le succès couronna l'entreprise. Bénévent fut enlevé et la garnison sarrasine avec son chef, Massar, exterminée. Radelchis et Siconulf se partagèrent l'Italie méridionale et s'engagèrent à ne plus faire appel aux infidèles [4] (mai 847) [5].

Restait Bari d'où les Sarrasins continuaient à diriger des expéditions. A la demande des abbés du Mont-Cassin et de Saint-Vincent de Volturne, Louis II, associé à l'empire en 850, accourut et mit en fuite les Musulmans, mais il ne put ou ne voulut donner l'assaut à Bari (852).

Cependant les côtes de la mer tyrrhénienne ne cessaient d'être visitées par les pirates : ils prennent et brûlent Luni, puis remontent le Rhône jusqu'à Arles (849). En cette même année ils veulent renouveler le coup qui leur a si bien réussi trois ans auparavant. Une flotte réunie en Sardaigne se présente devant Ostie, mais l'embouchure du fleuve a été fortifiée et une flotte napolitaine dispute le passage. La tempête disperse l'escadre sarrasine.

Cependant le maître de Bari, Mofareg, se consolidait dans la place où il construisait une mosquée. Il se posait en prince indépendant de l'émir de Sicile et se décernait le titre, alors très rare, de sultan. Les dissensions entre les princes lombards et les villes ne permettaient d'opposer à ses entreprises aucune action concertée. Le Sarrasin en profita pour se livrer à d'effroyables dévastations et entasser sur ses navires des milliers de prisonniers qu'il envoya vendre en Afrique. La chronique du Mont-Cassin affirme qu'il se plaisait à mettre à mort cinq cents hommes par jour. Une résistance tentée par deux gastaldes lombards n'aboutit qu'à une sanglante défaite. Le sultan s'empara du célèbre monastère du Mont-Cassin et s'amusa à boire aux calices et à se faire encenser.

Ce fut seulement en 866 et 867 que l'empereur put venir au secours de l'Italie méridionale. Il réussit à rejeter l'ennemi dans Bari et Tarente, mais, faute de navires, le blocus de ces places était inefficace. Une escadre byzantine, qui apparut en 869, repartit pour l'Orient. Les assiégés, montés sur des chevaux enlevés aux Francs, dévastèrent plus que jamais la contrée jusqu'au Monte-Gargano. Néanmoins l'empereur Louis, quoique malade, continua l'entreprise. Il s'assura de secours fournis par les Slaves de Dalmatie et de Serbie, et obtint de Byzance l'envoi d'une escadre. Une armée venue au secours de Bari fut vaincue le jour de Noël de l'année 870. Le 2 février suivant, après un siège de quatre années, Bari était emporté [6].

Ce succès même inquiéta les princes et les villes de l'Italie du Sud, qui craignaient que l'empereur n'en profitât pour les assujettir. Le 13 août ils le firent prisonnier par trahison ; ils ne le relâchèrent que contre l'abandon du butin fait à la prise de Bari et le serment de ne pas tirer vengeance de leur félonie (17 septembre).

Pendant ce temps une nouvelle armée sarrasine, venue de Sicile sous le commandement de l'émir Abbâs-Ibn-Fadal, apparaissait devant Salerne, puis dévastait la campagne de Naples, Capoue, le Bénéventin. Mais elle fut rejetée par Adelchis de Bénévent, Lambert de Spolète et les Capouans. Cependant Salerne allait succomber si l'empereur, une fois de plus, n'était accouru à son secours. Il tomba malade au sortir de Rome, mais ses généraux remportèrent la victoire sur le Volturne, près de Capoue, et délivrèrent la ville (été de 872). La mort prématurée de Louis II, en juillet 875, anéantit les résultats de ses efforts. Son successeur sur le trône impérial, son oncle Charles le Chauve, sacré le 25 décembre 875, appelé au secours de Rome par le pape Jean VIII, passa les Alpes, mais dut rebrousser chemin et mourut sans avoir rien pu faire. Le pape dut acheter une tranquillité précaire en payant tribut aux Musulmans [7].

L'Adriatique était infestée par les pirates sarrasins de Crète. A Venise incomba le soin de leur tenir tête. Quant à l'Italie du Sud le prince de Bénévent était incapable de la protéger.

C'est alors que le rôle de défenseur est repris par Byzance gouvernée par une nouvelle dynastie, dite « macédonienne ». Basile Ier envoie une flotte de cent quarante vaisseaux qui remporte sur la côte de Sicile une grande victoire navale. En 880 les troupes byzantines nettoient la Calabre des Sarrasins et prennent Tarente. Déjà (décembre

876) les habitants de Bari avaient reconnu l'autorité d'un gouverneur grec.

Il semble que le Sud de l'Italie ait joui d'une très relative tranquillité jusqu'en 902. En cette année, on l'a vu, l'émir Ibrahim II débarqua en Calabre, mais mourut devant Cosenza.

Cependant les Sarrasins conservaient en Italie des points d'appui. Au Nord de Bénévent, à Sepino, au Sud de Pœstum, surtout un camp fortifié sur la rive droite du Garigliano et aussi sur les ruines de l'abbaye de Farfa en Sabine (898). De là ils pouvaient constamment menacer Rome.

Détruire ces repaires fut la préoccupation du pape Jean X. On a supposé que c'est dans ce dessein qu'il donna la couronne impériale à Bérenger de Frioul (décembre 915), mais le soi-disant empereur regagna l'Italie du Nord. Le repaire de Farfa fut détruit par les Romains et le marquis Alberic de Spolète. Mais il fallut liguer toute l'Italie centrale et méridionale pour venir à bout des Sarrasins du Garigliano. Jean X réussit à unir les princes lombards de Bénévent, Salerne et Capoue, les villes de Naples, de Gaëte, l'État romain, les marquis de Spolète et de Toscane, enfin à gagner l'appui du stratège commandant la flotte byzantine. Après deux mois d'investissement le camp des Sarrasins fut emporté et ses défenseurs exterminés. Le souverain pontife se vanta d'avoir payé de sa personne dans l'assaut (août 916) [8]. Cet exploit, dû à une coalition temporaire que seul le prestige du Saint-Siège, pouvait nouer, écarta de Rome et de la Campanie la menace sarrasine.

## 2. *Luttes contre les Allemands, les Byzantins, les Normands. Disparition des Sarrasins d'Italie.*

Elle ne délivra pas les côtes des pirateries, ni des tentatives d'établissement dans l'extrême Sud. En 934 et 935 Gênes sera pillée et occupée un instant par les troupes du Fatimite Abou l'Qâsem [9]. En 965 une flotte byzantine sera détruite au large de Messine. Plus tard encore, en 1004, Pise sera insultée.

Les Sarrasins ne cesseront de disputer la Pouille et la Calabre aux Byzantins, aux Allemands aussi, car les Ottoniens voudront, à l'exemple des Carolingiens, faire sentir leur autorité sur ces régions. En 982 Otton II, après s'être emparé de Tarente, marcha contre l'armée sarrasine réunie par l'émir de Sicile Abou 1'Qâsem, qui avait proclamé la guerre sainte. La rencontre eut lieu près de la côte, peut-être vers Stiló ou Cotrone. Une charge de la cavalerie allemande enfonça le centre ennemi et l'émir fut tué. Les ailes rétablirent la situation et l'empereur, vaincu, ne dut son salut qu'à un navire byzantin qui le recueillit (13 juillet). Otton fut rappelé vers le Nord de l'Italie. Il projetait une revanche quand il mourut (7 décembre 983) [10].

Les troubles qui agitèrent la minorité d'Otton et la brièveté de son règne (il mourut le 23 janvier 1002) ne permirent plus d'intervention allemande. Les villes italiennes et Byzance durent se tirer d'affaire par leurs propres moyens. En 1002 Bari, assiégé par le caïd sicilien Sâfi, fut défendu par un général byzantin et délivré par une flotte vénitienne. En 1006 ce fut Pise qui infligea une défaite navale sous Reggio aux Sarrasins [11].

L'arrivée des aventuriers normands, à partir de l'année 1016, devait changer du tout au tout la face des choses. C'est à eux qu'était réservé l'avenir. Au milieu du siècle Robert Guiscard était maître de la Calabre et de la Pouille [12]. Dix ans après son frère Roger entreprenait la conquête de la Sicile. C'en était fait de l'Islam en Italie.

### 3. Les influences.

Les influences musulmanes sur l'Italie continentale sont quasi nulles. Les Sarrasins n'ont pu se maintenir longtemps ni à Bari ni sur le Garigliano. Les quelques milliers d'hommes qui s'y étaient retranchés furent massacrés lorsque les places furent emportées en 871 et 916. Les côtes tyrrhéniennes ou adriatiques furent constamment ravagées au cours de deux siècles, mais elles ne virent aucun établissement permanent.

Seules la Pouille et la Calabre furent occupées à maintes reprises [13], mais non d'une manière permanente. On peut faire exception seulement pour Reggio, à la pointe de l'Italie, sorte d'annexe de l'État sicilien [14].

Aussi le monde arabe n'a-t-il laissé rien de son art du moins d'une manière directe [15].

Pour la langue on ne saisit qu'un apport insignifiant de vocabulaire dans les dialectes de l'Italie du Sud [16].

L'apport ethnique est insignifiant. Les Musulmans déportés par

Frédéric II à Lucera et à Girofalco [17], ont eu autant d'influence qu'un camp de concentration.

L'empreinte qui a marqué l'art de l'Italie du Sud est celle de Byzance [18]. Et la seule langue qui ait longtemps résisté à l'italien, du moins en Calabre et en Pouille, c'est le grec médiéval [19]. On a vu que cette culture byzantine de l'Italie du Sud a été apportée au IX$^e$ siècle en grande partie par des religieux grecs de Sicile fuyant l'oppression arabe.

---

1. Récit commode d'après les sources par Georg Lokys, *Die Kämpfe der Araber mit den Karolingern bis zum Tode Ludwigs II* (Heidelberg, 1906), p. 22-93. Sur l'histoire interne des principautés lombardes et leurs rapports avec l'empire franc voir R. Poupardin dans le *Moyen Age*, année 1906, p. 1-26 et p. 245-274 ; année 1907, p. 1-25 ; — Jules Gay, *L'Italie méridionale et l'empire byzantin ; 867-1071* (Paris, 1904) ; — L. M. Hartmann, *Geschichte Italiens im Mittelalter*, t. III (1908) et t. IV, part. 1 (1915) jusqu'à la fin des Ottons.
2. *Capitularia*, éd. Krause, t. II, p. 65.
3. La construction des remparts entourant Saint-Pierre ne commença que sous le pontificat de Léon IV (consacré le 10 avril 847), d'où le nom de « Cité Léonine » donné à cette partie de la Rome d'outre-Tibre. Sur ces événements voir Ph. Lauer dans *Mélanges de l'École fr. de Rome*, t. XIX, p. 321.
4. Gay, p. 62. — Lokys (p. 68) met à tort la prise de Bénévent en 852.
5. R. Poupardin abaisse d'un an les événements (dans le *Moyen Age*, 1906, p. 22).
6. Gay, p. 94-97 ; — Lokys, p. 81-84.
7. Gay, p. 119 ; — Lokys, p. 91.
8. L. Duchesne, *Les premiers temps de l'État pontifical* (1898), p. 166-168 ; — Lokys, p. 92 ; — Gay, p. 161-163 ; la monographie de Fedele, *La battaglia del Garigliano* (dans *Archivio della societa romana di storia patria*, t. XXII, 1899).
9. Amari, t. II, p. 180 ; — Julien, *Hist. Afrique du Nord*, p. 364.
10. Gay, op. cit., p. 336-339 ; — Amari (t. II, p. 321-329) confronte les sources arabes et latines. Voir aussi K. Uhlirz, *Jahrbücher des deutschen Reiches unter Otto II*, t. I (1902), p. 260.
11. Gay, p. 368-370.
12. Chalandon dans *Cambridge med. hist.*, t. V, p. 171-175.
13. G. B. Moscato, *Cronaca dei Musulmani in Calabria* (San-Lucido, 1902).
14. Et cependant Reggio fut, avec Rossano, le refuge de la langue et de la culture byzantine dans l'Italie du Sud. Voir Gay, p. 592 ; — Batiffol, *L'abbaye de Rossano* (1891).
15. En effet une influence de l'Orient se manifeste dans les arcatures entrelacées des cloîtres des cathédrales de Salerne et d'Amalfi. Mais ces édifices sont des imitations de l'art sicilien, exécutées à une époque (XIII$^e$ siècle) où les Sarrasins avaient disparu depuis deux ou trois siècles du sol italien. De même le campanile d'Amalfi, comme celui de la célèbre Martorana de Palerme. Voir Emile Bertaux, *L'Art dans l'Italie méridionale de la fin de l'Empire romain à la conquête de Charles d'Anjou* (gr. in-4°, 1903), p. 619-620. Dans les reproductions de monuments des XI$^e$ et XII$^e$ siècles on ne saisit rien d'arabe. Cependant on voit un arc trilobé à l'ambon de Santa-Maria in Lago (Abruzzes) daté de 1159. Sur les monuments de Palerme où il y a une influence arabe voir Rivoira, *Architettura musulmana* (Milan, 1914), pi. 141 à 143 et 289.
16. Giulio Bertoni, *Italia dialettale* (Milan, 1916), p. 15-16.

17. Amari, t. III, p. 611-612, 661. Dès le XI$^e$ siècle il n'y a plus d'Arabes en Italie. Voir Gay, p. 590.
18. Ch. Diehl, *L'Art byzantin dans l'Italie méridionale* [1894].
19. G. Bertoni, *Italia dialettale*, p. 14. Sur les traces du peuplement grec en Calabre et en Pouille voir Meyer-Lübke, *Grammatica italiana*, trad. ital. (Turin, 1901), p. 4 à 9 et p. 256. Au X$^e$ siècle, en Pouille du moins, les prélats sont des Grecs, mais à partir de 1070 ils sont latins (Gay, p. 363, 550).

# CONCLUSION

Le contraste est prodigieux entre les invasions arabes et maures en Espagne et en Sicile et celles des autres peuples. Ailleurs, Germains, Slaves, Finnois, Turcs, etc., devront se soumettre à un long et pénible apprentissage pour acquérir des peuples vaincus par eux les précieux secrets de la civilisation antique ou s'élever d'un paganisme fruste à des concepts religieux supérieurs.

En Espagne et en Sicile les indigènes ont eu rapidement l'intuition qu'ils étaient dominés, non pas seulement par une forcée armée, mais par une civilisation plus raffinée, et nombre d'entre eux ont cru que le mérite en était dû à la nouvelle religion et qu'elle valait mieux que la foi de leurs pères.

De fait, pendant un grand nombre de siècles, cinq cents ans, la culture, sous toutes ses formes, économique, littéraire, philosophique et scientifique, artistique, de l'Espagne musulmane l'emporte infiniment sur celle de l'Espagne chrétienne. Celle-ci n'est que débitrice de celle-là.

Il ne faut pas s'étonner que des historiens, des artistes, des archéologues, des lettrés, aient tenu, tiennent encore en petite estime l'histoire de l'Espagne chrétienne au cours de cette période. De là à exalter le génie arabe aux dépens de l'Europe il n'y a qu'un pas, facile à franchir.

Mieux vaudrait essayer de raisonner et de comprendre.

Comment et pourquoi les conquérants musulmans ont-ils pu introduire une civilisation supérieure à celle de l'Espagne romano-gothique ? Il faut tenter de se l'expliquer. Il faut écarter du rôle civilisateur les Berbères de la première heure : ce sont des barbares que les Arabes utilisent en raison de leur vaillance, mais qu'ils méprisent et redoutent pour leur sauvagerie. Attribuer aux Maures des VIIIe et IXe siècles l'éclat du Khalifat serait aussi judicieux que de mettre la civilisation de la France du XXe siècle à l'actif des Kabyles servant dans l'armée française ou travaillant dans les usines de la région parisienne.

Les instigateurs de la culture musulmane sont incontestablement les Arabes.

Cela est surprenant.

Politiquement et économiquement d'abord. « Sorti des déserts *(sic)* de la Mecque et de Médine, l'Arabe ne s'est pas soucié un instant d'organiser son pays natal. Il ne s'est installé que dans les vieux centres millénaires de la civilisation orientale, la Syrie, la Mésopotamie, l'Égypte. Hors le domaine religieux, et encore n'y faudrait-il pas y regarder de trop près, c'est un prédateur incapable de créer. Il lui faut quelque chose de tout prêt, une organisation créée par d'autres. Cet animal ne construit pas sa coquille, il se loge dans celle d'autrui. Ce nomade essentiel *(sic)* n'a jamais eu de maison que celle des autres [1]. »

Dans ce sévère jugement il y a quelque chose d'incontestable. La prospérité des pays conquis par les Arabes s'explique tout naturellement — et en Europe comme en Orient, par le fait certain que ces pays avaient une belle culture *antérieure* à l'introduction de l'Islam. L'Espagne et la Sicile n'étaient pas des déserts ou des régions sauvages avant l'arrivée des Arabes, et si, en Espagne, les États chrétiens furent longtemps pauvres et arriérés c'est qu'ils étaient situés dans la partie de la péninsule la moins favorisée par la nature : c'est ce qu'on oublie trop.

Mais les Germains, eux aussi, se sont établis en des contrées de vieille civilisation et ils ne les ont nullement rénovées politiquement et économiquement. Mieux vaut ne pas parler des Slaves, Finnois et Tatars.

Il faut donc qu'il y ait dans le génie arabe quelque chose qui explique la conservation, puis le développement de la culture dans les régions où il a dominé.

Le secret de cette réussite n'est peut-être pas difficile à trouver. Ces fondateurs d'États sont tout le contraire de nomades, de Bédouins. Ils sont essentiellement des gens qui aiment la ville [2], qui ne conçoivent pas l'existence en dehors d'elle. Leur civilisation est toute urbaine. Le premier soin de toute dynastie nouvelle est de se constituer une capitale et cette ville nouvelle devient rapidement peuplée et florissante. Les exemples abondent : Damas et Bagdad en Orient, Kairouan en Ifriqiya, Fez et Marrakech au Maghreb, Cordoue en Espagne, Palerme en Sicile, Le Caire en Égypte.

Rien de semblable dans le monde romano-germanique. Les rois d'origine germanique n'arrivent pas à ranimer la vie urbaine. Même Charlemagne ne peut faire d'Aix-la-Chapelle autre chose qu'une ville d'eau.

Le seul historien de langue arabe qui mérite ce nom, Ibn Khaldoun, à la fin du XIV$^e$ siècle, a remarqué tout le premier, qu'une dynastie et sa capitale sont unies intimement. Elles vivent et meurent ensemble [3].

C'est dans cet attachement, comme organique, à la vie urbaine qu'est le secret de la formation et de l'éclat de la civilisation arabe, comme la politique de la steppe explique, en sens opposé, la misère artistique et spirituelle de ceux des États mongols et turcs qui l'ont pratiquée [4].

Jamais, si leurs chefs n'avaient été des citadins, les Arabes n'auraient apporté au monde une contribution brillante.

Étaient-ils, de nature, incapables de tout effort philosophique, scientifique, artistiques ? La condamnation portée contre leur race par certains arabisants d'Europe [5] paraît bien sévère. On ne peut leur refuser le génie religieux [6] : or les spéculations philosophiques et théologiques sont si intimement unies en cette période de l'histoire de l'humanité qu'on ne comprendrait pas qu'il leur fût impossible de passer des unes aux autres. Et l'observation vaut pour la science, alors inséparable de la philosophie.

Leurs aptitudes esthétiques sont prouvées d'une manière éclatante par leur poésie et leur goût de la musique. Et si leur sens esthétique ne se traduit pas sous la forme plastique de la sculpture et de la peinture il en faut accuser une proscription rituelle et non une incapacité foncière.

Mais ces considérations importent assez peu. Au moment où il sort d'Arabie, même s'il y a en lui des aptitudes à une haute culture, l'Arabe est encore un Barbare qui a tout à apprendre des peuples vaincus. Il lui faut reconnaître le mérite de l'avoir compris.

Non seulement il garde l'administration fiscale de Byzance, mais il appelle à son service, de tous les points de l'horizon, artisans, artistes, savants, lettrés. La cour de ses chefs, Khalifes ou simples émirs, devient assez vite un foyer de culture intense, culture philosophique et scientifique, culture matérielle et artistique. La comparaison avec la cour des princes chrétiens contemporains, d'origine germanique, slave ou finnoise, est tout à l'honneur du Musulman.

Seulement il faut reconnaître que les Arabes de race n'ont pris de longtemps à cette civilisation qui porte leur nom que la moindre part. Les philosophes et les savants qui écrivent en arabe sont en grande majorité, sinon en totalité, comme on a dit injustement, des Syriens, des Iraniens, des Égyptiens, des Maugrébins, des Espagnols, des Juifs, convertis, plus ou moins sincèrement, à l'Islam. Fort peu sont des Arabes de race.

De même les grands architectes qui ont édifié les mosquées et les palais ou alcazars, qui chantent encore aujourd'hui la gloire de l'Islam sur un immense espace allant des frontières de la Chine et de l'Inde jusqu'à l'Atlantique, sont des Byzantins, des Persans, des Africains, des Européens.De même les admirables artisans qui ont produit les merveilles des arts dits « mineurs ».

C'est que, en Espagne du moins, même en Sicile, les Arabes proprement dits étaient peu nombreux. Ils constituaient une aristocratie de grands seigneurs. Grands seigneurs terriens, dotés de vastes domaines, mais aimant surtout résider en ville.

Là seulement, ils goûtent vraiment les satisfactions de la culture matérielle. Là ils jouissent aussi de la béatitude qu'inspire l'esthétique sous ses formes artistiques ou littéraires. Là, une élite médite sur les problèmes de la philosophie et de la science.

Cette aristocratie arabe, —et en tête les Khalifes et aussi les rois de Taïfas, leur monnaie, — est pénétrée, comme voluptueusement, d'art et de littérature. Même leurs successeurs Maures, les Almoravides et les Almohades, plus rigoristes dans leur foi et leur conduite, se laissent gagner par l'ambiance « andalouse ». Eux aussi seront des dilettantes et des mécènes et cela plusieurs siècles avant les princes chrétiens.

C'est donc comme amateurs et comme mécènes, beaucoup plus que comme inventeurs, comme penseurs, comme artistes, que les Arabes, du moins en Espagne et en Sicile, ont pris leur part à cette grande civilisation qui porte leur nom. Et non sans raison, car si cette classe dominante des pays musulmans avait été dénuée du sens de l'art, cette civilisation composite n'eût pu naître : ses éléments seraient demeurés séparés, inféconds.

Mais, dans le domaine de la pensée, il faut bien avouer que la réputation de l'Arabe est usurpée :

« Cette science dite arabe qu'a-t-elle d'arabe en réalité ? La langue, rien que la langue. La conquête musulmane avait porté la langue de l'Hedjaz jusqu'au bout du monde. Il arriva pour l'arabe ce qui est arrivé pour le latin, lequel est devenu, en Occident, l'expression de sentiments et de pensées qui n'avaient rien à faire avec le vieux Latium. Averroès, Avicenne, Albaténi sont des Arabes comme Albert le Grand, Roger Bacon, François Bacon, Spinoza sont des Latins. Il y a aussi grand malentendu à mettre la science et la philosophie arabe au compte de l'Arabie qu'à mettre toute la littérature chrétienne latine, tous les scolastiques, toute la Renaissance, toute la science du XVIe et en partie du XVIIe siècle, au compte de la ville de Rome, parce que tout cela est écrit en latin. Ce qu'il y a de bien remarquable, en effet, c'est que, parmi les philosophes et les savants dits arabes, il n'y en a guère qu'un seul, Alkindi, qui soit d'origine arabe ; tous les autres sont des Persans, des Transoxiens, des Espagnols, des gens de Bokhara, de Samarkande, de Cordoue, de Séville. Non seulement ce ne sont pas des Arabes de sang, mais ils n'ont rien d'arabe d'esprit. Ils se servent de l'arabe, mais ils en sont gênés, comme les penseurs du moyen âge sont gênés par le latin et le brisent à leur usage. L'arabe, qui se prête si bien à la poésie et à une certaine éloquence, est un instrument incommode pour la métaphysique. Les philosophes et les savants arabes sont en général d'assez mauvais écrivains.

« Cette science n'est pas arabe. Est-elle du moins musulmane ? L'islamisme a-t-il offert à ces recherches rationnelles quelque secours tutélaire ? Oh ! en aucune façon ! Ce beau mouvement d'études est tout entier l'œuvre de parsis, de chrétiens, de juifs, de harraniens, d'ismaéliens, de musulmans intérieurement révoltés contre leur propre religion. Il n'a recueilli des musulmans orthodoxes que des malédictions...

« L'islamisme, en réalité, a donc toujours persécuté la science et la philosophie. Il a fini par les étouffer... Les libéraux qui défendent l'Islam ne le connaissent pas. L'Islam, c'est l'union indiscernable du spirituel et du temporel, c'est le règne d'un dogme, c'est la chaîne la plus lourde que l'humanité ait jamais portée. Dans la première moitié du moyen âge l'Islam a supporté la philosophie parce qu'il n'a pas pu l'empêcher, car il était sans cohésion, peu outillé pour la terreur... Mais quand l'Islam a disposé de masses ardemment croyantes, il a tout détruit... Ne lui faisons donc pas honneur de ce qu'il n'a pu supprimer. Faire honneur à l'Islam de la philosophie et de la science qu'il n'a pas tout d'abord anéanties, c'est comme si l'on faisait honneur aux théologiens des découvertes de la science moderne... On n'hérite pas des gens qu'on assassine ; on ne doit pas faire bénéficier les persécuteurs des choses qu'ils ont persécutées. C'est pourtant l'erreur que l'on commet par excès de générosité quand on attribue à l'influence de l'Islam un mouvement qui s'est produit malgré l'Islam, contre l'Islam et que l'Islam heureusement n'a pas pu empêcher [7]. »

---

1. E.-F. Gautier, *Siècles obscurs du Maghreb* (1927), p. 257-258.
2. Ibn Khaldoun (trad. de Slane, t. I, p. 28) en fait la remarque pour le Maghreb. Il signale que les Arabes n'y vécurent pas comme des nomades, sous la tente, mais dans les villes et il voit dans ce fait un besoin de sécurité. Signalé par E. Gautier (*Siècles obscurs*, p. 385) qui, cependant méconnaît le caractère urbain de la culture arabe.
3. Cité par Et. Gautier, *Siècles obscurs du Maghreb*, p. 90.
4. Voir plus loin les parties consacrées à ces peuples.
5. L'Espagnol Simonet par exemple.
6. Particulièrement le génie mystique. Voir le beau livre de Louis Massignon, *La Passion d'Al Hallâj* (Paris, 1914-1921). Il montre que la source de la mystique de ce Christ de l'Islam, martyrisé au début du X$^e$ siècle, n'a rien de persan : elle est purement coranique.
7. Ernest Renan, *L'Islamisme et la science*, conférence faite à la Sorbonne le 29 mars 1883, recueillie dans le volume *Discours et conférences* (Paris, 1887), p. 391 à 396. — En Espagne c'est à la fin du XII$^e$ siècle que la philosophie est pourchassée et ses adeptes réduits au silence ou obligés de s'enfuir. Au reste, c'est dans l'ensemble des pays musulmans que la pensée s'effondre à cette époque, au moment même où elle reprend vigueur dans les universités du monde chrétien.

# LES SCANDINAVES

## (DANOIS ET NORVÉGIENS)

# 1
# LA SCANDINAVIE AVANT L'EXPANSION DES SCANDINAVES

## A. — LA SCANDINAVIE PRÉHISTORIQUE ET ANTIQUE

La péninsule scandinave apparaît comme la citadelle de la race germanique [1]. Dès l'âge de pierre elle est peuplée, surtout en Suède. Cette population, que les fouilles montrent avoir été relativement dense, appartient-elle déjà à la race germanique ? On ne saurait l'affirmer, au moins pour le premier âge de pierre. Mais, dès le second âge de pierre, et, à coup sûr, dès l'âge du bronze (2000-900 avant J.-C.) les Germains sont là. Ils sont arrivés par mer, par la Baltique [2]. Leur métallurgie révèle en eux des commerçants. Comme l'étain n'existe pas en Scandinavie et que le cuivre est inconnu ou inexploitable, il faut nécessairement que le négoce ait procuré aux Scandinaves les métaux qui leur ont permis de fabriquer les objets de bronze remarquables qu'ils nous ont laissés. Ces objets (la barque dite solaire, la roue traînée par un cheval, etc.) révèlent, en outre, qu'ils pratiquaient alors le culte du soleil [3].

Il est fort possible qu'il y ait eu un moment, quinze ou vingt siècles avant notre ère, où la race germanique tout entière était concentrée dans la péninsule scandinave. Cette hypothèse permettrait de donner une solution à un problème troublant. Les Germains, serrés entre les Celtes et les Slaves, présentent même des analogies de mœurs et d'aspect, au moins extérieures, avec les premiers, font linguistiquement bande à part, tandis que les Celtes et les Italiotes ont constitué un même groupe linguistique avant la descente de ceux-ci de l'Europe centrale en Italie, alors que les Baltes et les Slaves sont demeurés mal différenciés jusqu'à une époque récente, voisine peut-être de l'ère chrétienne [4].

Réfugiés dans cette forteresse comme inexpugnable de la Scandinavie, les Germains ont gardé ou constitué un type ethnique très spécifique : taille élevée, tête étroite et longue (dolichocéphale), cheveux blonds, yeux bleus. Encore aujourd'hui le type germanique le plus pur se montre en Suède et en Danemark.

Cependant les Germains n'ont pas occupé seuls la péninsule scandinave. En Norvège, on trouve, à côté des blonds, une population blanche, brune et brachycéphale dont les traces sont encore visibles aujourd'hui sur la côte ouest, à Stavanger, où les trois quarts des habitants appartiennent encore à ce type [5].

Au Nord et même au Centre, une population jaune, de très petite taille, ultra-brachycéphale, parlant une langue finnoise, les Lapons ou Sames, s'est infiltrée, venue des côtes arctiques de la Sibérie [6]. Elle comptait à peine trente mille âmes tant en Suède qu'en Norvège, il y a un demi-siècle [7].

Dès l'âge de bronze une partie des Germains réfugiés, par hypothèse, en Scandinavie, est retournée sur les côtes de la Baltique. Vers l'an mil ( ?) ils s'emparent du cours inférieur de l'Elbe, dont le nom seul (*Albis* identique à l'Aube) rappelle qu'une population celtique a jadis vécu sur ses bords. Ils arrivent au cœur de l'Allemagne du Nord, dans le Harz. Vers le IVe siècle, ils expulsent du Nord-Ouest de l'Allemagne le grand peuple celte des Belges, qui franchit le Rhin, s'empare de la Gaule jusqu'à la Seine et la Marne et même de la Grande-Bretagne [8].

Les relations entre Germains continentaux et Germains de Scandinavie sont restées intimes. Parmi les forces dont dispose Arioviste quand il veut opérer la conquête de la Gaule figurent les *Charudes* et les *Eudoses*, qui venaient de remplacer les Cimbres dans la péninsule. Si ceux-ci sont des parents des Anglo-Saxons, les Charudes sont des Norvégiens. Ils forment l'avant-garde des aventuriers scandinaves qui, dix siècles plus tard, vont bouleverser l'Europe centrale et orientale [9].

## B. Découverte de la Scandinavie [10].

La péninsule scandinave semble être demeurée inconnue des Grecs avant le IV<sup>e</sup> siècle avant Jésus-Christ. Il est probable que l'Ile de Thulé dont parle le périple de Pythéas de Marseille (vers 330 avant J.-C.) est la Norvège plutôt que l'Islande ou les Shetland ou les Orcades, car les habitants sont dits cultiver les céréales [11].

En l'an 5 de notre ère, la flotte romaine qui contourne la péninsule cimbrique et arrive jusqu'à la Baltique, entrevoit forcément la pointe sud de la péninsule, la Scanie. À cette date la Scandinavie est encore considérée comme une île, car on s'imagine que le golfe de Bothnie communique avec l'Océan Arctique. La région même et son nom apparaissent vers l'an 43 de notre ère dans le *De situ orbis* du géographe Pomponius Mela : *Scandinavia*, et ce nom est en rapport avec la Scanie et le cap Skaghen.

Pline l'Ancien (*Hist. Nat.*, IV, 965) connaît également la Scandinavie où vivent les Hilleviones en 500 villages.

Au II<sup>e</sup> siècle, Ptolémée inscrit dans sa géographie le nom de plusieurs peuples qu'on peut identifier, ainsi les *Harudes* sont les Charudes d'Arioviste, les Hordhar norvégiens ; les *Gaules* sont les Goths.

Au VI<sup>e</sup> siècle, Procope connaît treize peuples, dont les Goths et, à l'est du lac Mélar, les Svears, c'est-à-dire les Suédois, dont le nom s'étendra à la péninsule orientale tout entière. Jusqu'à la fin du Moyen Age, la Suède se compose de deux parties, le Svealand, pays des Sveas, et le Gautaland, pays des Goths, entre les lacs Venner et Vetter et à l'est de celui-ci.

Il est très probable que Tacite (*Germania*, c. 44) décrit déjà les Suédois quand il parle des *Suiones* de l'Océan, qui ont une flotte et qui obéissent à un roi dont le pouvoir est absolu. Dès une époque reculée, Uppsala, au Nord du lac Mélar [12] était un centre religieux : on y voyait les images de Thor, d'Odhin, de Freya. La Suède apparaît donc comme le premier en date des États scandinaves.

Les Danois, plus proches des Goths et des Suédois que des Norvégiens, occupèrent longtemps la pointe sud, la Scanie (Schonen), dont, au II<sup>e</sup> siècle, ils expulsèrent les Hérules [13]. Cette région, patrie des Danois, est demeurée danoise jusqu'à l'année 1658, date à laquelle elle a été réunie à la Suède : encore aujourd'hui le fils aîné du roi de Suède est dit duc de Scanie.

Il est possible que les îles Seeland, Fionie, Laaland aient été occupées par les Danois dès le Ier siècle de notre ère. Là était le culte de la déesse Nerthus. Quant à la péninsule du Jutland, elle n'a été conquise jusqu'à l'Eider par les Danois que vers le Ve siècle de notre ère, après le départ des Jutes et des Angles pour la Grande Bretagne et celui des Varins pour l'Allemagne centrale [14].

Le nom des Danois *(Dani)* apparaît pour la première fois au VIe siècle dans Jordanès (III, 23).

Les Norvégiens n'ont été longtemps qu'une juxtaposition de tribus [15] sans cohésion. Il faut descendre très tard (jusqu'à l'an 872) pour les voir unis en un seul corps par le roi Harald Harfagri [16]. À partir de cette époque la partie occidentale de la péninsule prend le nom de *Noregr* « Chemin du Nord », et l'habitant celui de *Nordhmadhr* « Homme du Nord », par opposition à *Sudhermann* « Homme du Sud », c'est-à-dire Allemand.

Il est à remarquer que, de tous les Scandinaves, ce sont les ancêtres des Norvégiens qui, les premiers, prennent part aux attaques dirigées contre les Celtes et Rome par les Germains continentaux. C'est ainsi que les *Charudes* qui forment une des armées d'Arioviste, sont, comme on vient de le dire, les Charudes de Ptolémée, identiques aux Hordhar de Norvège. Les *Ruggi*, qui menacèrent, puis occupèrent au Ve siècle la province romaine de Vindelicie (Bavière actuelle) sont aussi des Norvégiens émigrés sur le continent [17].

### C. — Premières expéditions de piraterie.

Néanmoins, c'est la pointe sud-est de la péninsule de la Scandinavie, *vagina gentium,* comme dit Jordanès, qui a lancé sur le continent, à partir de la seconde moitié du IIe siècle de notre ère, ces hordes dont l'attaque marque le début de la dislocation du monde gréco-romain : Goths, Gépides, Hérules, Burgondes, peut-être aussi Lombards. Deux îles de la Baltique, Gotland et Bornholm (Burgun-dhar-holm) témoignent encore du passage de ces peuples de la presqu'île sur le continent.

Puis la Scandinavie s'arrête, comme épuisée. Alors que les Saxons écument la mer du Nord, la Manche, l'Atlantique, à partir surtout du IIIe siècle [18], il n'est jamais question de pirates scandinaves.

Mais, vers 528 [19], le royaume récent des Francs reçoit une première visite : « Sur ces entrefaites les Danois arrivent en Gaule sur une flotte par mer, avec leur roi Chochilaicus ; étant descendus à terre, ils ravagent un canton (pagus) du royaume de Thierry et font des captifs. Ayant chargé sur leurs vaisseaux les prisonniers et leur butin, ils veulent rentrer chez eux. Leur roi demeurant à terre jusqu'à ce que les vaisseaux eussent gagnés le large, se proposait de les rejoindre alors. Mais Thierry, auquel on avait annoncé que son État était la proie d'étrangers, dirigea son fils Thibert de ce côté avec des forces considérables et un grand appareil de guerre. Après avoir mis à mort le roi danois, Thibert écrasa sur mer la flotte ennemie et remit à terre le fruit de leurs rapines (Grégoire de Tours, *Historia Francorum* l. III, c. 3). Un texte postérieur, le *Liber historiae Francorum*, précise le pagus du débarquement des pirates : c'est le *pagus Hattuariensis*, habité par une peuplade franque, les *Hattuarii*, et situé en aval de Cologne, entre le cours inférieur du Rhin et le cours inférieur de la Meuse [20].

L'épisode est demeuré célèbre dans les fastes de l'épopée germanique. La défaite et la mort de *Hygelac* (Chochilaicus) sont racontées dans le beau poème anglo-saxon du Beowulf (vers 1202 et suiv.). Ce poème permet de rectifier une erreur de Grégoire de Tours. Le chef des Scandinaves n'est pas un roi danois (de Scanie), mais un roi des Goths de Suède ou Géatas [21]. C'est l'unique débarquement en Gaule de pirates venus de la Suède.

Dans un poème écrit, semble-t-il, vers 574, Fortunat loue le duc de Lupus, le plus grand personnage de l'Austrasie, d'avoir vaincu le Danois et le Saxon sur le fleuve Bordaae [22]. Ce cours d'eau traverserait le Wetterau (Hesse et Nassau). On ne sait trop ce que viendraient faire les Danois en cette région.

Après ce faux départ un grand silence se fait, qui dure plus de deux siècles. On n'entend plus parler de piraterie. Les rapports entre la Grande-Bretagne anglicisée et christianisée et le continent sont fréquents aux VIIe et VIIIe siècles. Ils s'opèrent sans qu'on signale jamais le moindre danger provenant d'entreprises de pirates scandinaves.

Brusquement, en 795, on apprend que le monastère anglais de Lindisfarme (Holy Island), près de la côte du Northumberland, a été pillé par les « Hommes du Nord », les Normands. Quatre ans après, en 799, deux îles, au large des côtes d'Aquitaine, Noirmoutier (Heri) et Ré ont le même sort.

C'est le signal d'une période de désastres de tous genres, de souffrances inouïes qui vont épuiser l'Europe occidentale, germanique, celtique, romane, musulmane, pendant plus de deux siècles.

Il n'est pas de fleuve qui ne soit sillonné par les barques des « Hommes du Nord », point d'église ou de monastère qui ne reçoive leur terrible visite, visite qui se termine par le pillage, le massacre et l'incendie.

En Grande-Bretagne et en Irlande la civilisation a reçu des atteintes très graves, presque mortelles. En Gaule même la culture antique a éprouvé des pertes considérables. Il n'est jusqu'au Khalifat musulman de Cordoue qui n'ait tremblé devant les Madjous, les hommes de Magog.

Un siècle après les premiers débarquements des Normands, l'Irlande entière, l'Écosse, la moitié de l'Angleterre sont tombées au pouvoir, ici des Danois, là des Norvégiens. En Germanie les îles de la Frise, et un instant, la Frise, sont la proie des Danois. En Gaule, la Bretagne armoricaine est une province scandinave de 918 à 936. En 911, le cours inférieur de la Seine et ensuite la région comprise entre l'embouchure de ce fleuve et la baie du Mont Saint-Michel, sont cédés à Rollon et à ses compagnons danois. Aujourd'hui encore le nom de Normandie demeure vivace. Quant à l'Angleterre, de 1014 à 1042, elle sera un royaume danois.

Les Suédois, eux, jettent leur dévolu sur l'Europe orientale. Au IXe siècle, ils s'imposent aux Slaves de l'Est et fondent l'état russe, tout d'abord purement scandinave [23.]

---

1. Montelius, *Urgeschichte Schwedens* (1906) ; *Temps préhistoriques en Suède*, trad. S. Reinach (1895) ; — Sophus Muller, *Europe préhistorique*, trad. Philipot ; *Nordische Altertümer*, 1897-1898.
2. *Grundriss der German. Philologie* de H. Paul, t. III, p. 830 ; — L. Schmidt, *Gesch. der deutschen Stämme*, t. I, p. 28.
3. Déchelette, *Archéologie celtique*, t. I, p. 84-88 ; et p. 408, 495, 542.
4. Cf. notre premier vol., *Les Invasions germaniques*, p. 13-20.
5. *La Norvège*, publiée à l'occasion de l'Exposition de Paris de 1900, p. 87 ; cf. *Revue d'Anthropologie*, t. II.
6. El. Reclus, *L'Europe scandinave*, p. 139. Il y avait encore 20.000 Lapons en Norvège en 1891. — Gjerset, *History of the Norwegian people*, p. 40.

7. *La Norvège*, p. 88 ; — El. Reclus, p. 145.
8. Voir notre premier volume, p. 21.
9. L. Schmidt, t. II p. 4, 18, 146.
10. Alex. Bugge, *Die Wikinger* (1896).
11. Selon Mueh et Hennig cités par L. Schmidt, t. I, p. 4. Ajouter C. Jullian. G. Broche maintient l'opinion ancienne que Thulé est l'Islande, *Pythéas le Massaliole* (1935), p. 145-184.
12. Non pas Upsal actuelle, mais Gamla Uppsala « la Vieille Upsal ». Voir E. Reclus, *L'Europe scandinave*, p. 189.
13. Otto Bremer dans *Grundriss der germanischen Philologie* de Hermann Paul, 2$^e$ édit., t. II, p. 836 ; — L. Schmidt, t. I, p. 64.
14. *Ibid.*, p. 851.
15. Bugge, p. 21.
16. Gjerset, *History of the Norwegian people*, t. I (New-York,1915), p. 120-179.
17. Cf. L. Schmidt, *op. cit.*, t. I, p. 84, 170, 268.
18. Voy. F. Lot. *Les Migrations saxonnes (Revue historique*, t. CXIX. 1915).
19. Et non vers 515, comme on le dit : Thibert, né vers 508, n'a pu diriger une expédition guerrière avant sa vingtième année, comme le fait justement remarquer Ludwig Schmidt, *Geschichte der deutschen Staemme*, t. II, p. 500, note 3.
20. Longnon, *Atlas historique de la France*, pl. VIII ; texte p. 130.
21. Sur Beowulf, voy. les ouvrages de Sarrazin (Berlin, 1888) ; — K. Müllenhoff (Berlin, 1889) ; — Chambers (1920) ; — W. Lawrence (1929) ; — traduction française par Hubert Pierquin, *Le poème anglo-saxon de Beowulf*, t. II (1912).
22. Edit, Nisard, 1. VII, 7, p. 179 et 192.
23. Voir la *Troisième partie, Sixième Section*.

# 2
# LES INVASIONS SCANDINAVES, DANS L'EMPIRE FRANC.

(¹)

### A. — Leurs attaques de 834 à 887.

On ne peut songer a raconter le détail des invasions et dévastations des Scandinaves. On en retracera seulement les étapes principales et on s'arrêtera sur quelques épisodes caractéristiques.

Les débarquements et pillages des « Hommes du Nord » sont incessants dès le règne de Louis le Pieux. En 834, 835, 836, la ville de Dorstadt, aujourd'hui Wijk te Duurstede, dans les Pays-Bas, à la fourche du Vecht et du Lek (20 kil. S.-E. d'Utrecht), est dévastée par les pirates. C'est chose grave, Dorstadt étant le principal port du Bas-Rhin, l'Amsterdam ou le Rotterdam des temps carolingiens, toutes proportions gardées.

À ce moment, il suffît encore de l'approche de l'Empereur pour effrayer les pirates qui rembarquent aussitôt.

#### 1. Sur la France occidentale.

Mais, au lendemain de sa mort (840), les choses s'aggravent rapidement. En 841 Rouen, en 842 Quentovic, aujourd'hui Étaples, à l'embouchure de la Canche, en 843 Nantes, reçoivent la visite des « Hommes du Nord ». Ce sont précisément les ports principaux de la Gaule sur la Manche et l'Océan. Rouen et Nantes sont naturellement les débouchés des vallées de la Seine et de la Loire. Quant à Quentovic, c'est, depuis le Bas-Empire, le principal lieu de passage du continent en Angleterre : c'est le Calais de ces temps.

Nous avons conservé un récit dramatique de la prise de Nantes le 24 juin 843 [2]. La fête de saint Jean-Baptiste avait attiré des campagnes une foule de monde dans la ville. À la nouvelle que les pirates avaient pénétré en escaladant les murailles et en brisant les portes, la population courut chercher un asile dans la cathédrale. Mais les Normands enfoncèrent les portes et les fenêtres : l'évêque Gohard fut égorgé à l'autel, ainsi que tous les fidèles qui s'étaient entassés dans l'église. Le feu fut mis à l'édifice, la ville fut pillée et une multitude de captifs fut emmenée dans l'île de Heri (Noirmoutier) que les pirates transformèrent en repaire.

En 845, le 29 mars, se produisit un événement qui frappa de stupeur les contemporains, la prise de Paris, le jour de Pâques. L'armée franque, rassemblée à Saint-Denis par le jeune roi Charles, n'avait pas osé combattre les Normands entrés dans la Seine, au début du mois, sur une flotte de 120 voiles. Pour obtenir la retraite oies Normands il fallut la leur acheter : on leur versa 7.000 livres d'argent, au poids, grosse somme pour l'époque [3] En se retirant ils dévastèrent, les uns les côtes de la Manche, d'autres les côtes de la Saintonge [4].

L'année suivante (847) ils s'attaquent à la Bretagne. Les Bretons ne sont pas plus heureux que les Francs. Leur duc ou roi Nominoë, trois fois vaincu et mis en fuite, dut, lui aussi, acheter leur retraite. La même année la ville de Bordeaux est prise, et Dorstadt, en Frise, est emportée une fois de plus.

En 848, Bordeaux est de nouveau capturée. Melle, en Poitou, est livrée aux flammes. En 849, Périgueux subit le même sort. En 849, le Ternois et le Mempisc sont dévastés. En 851, c'est le tour de Gand, de Rouen, de Beauvais [5]. En 852, la Frise, l'Escaut, la Seine sont visités par le Danois Godfried, fils de cet Harold qui avait reçu le baptême sous le règne de Louis le Pieux. Deux rois francs, Charles et Lothaire, l'assiègent vainement dans une île de la Seine. Les Danois s'éloignent, à prix d'argent, en juillet, mais c'est pour cingler vers l'Océan et remonter la Loire. Ils s'emparent encore de Nantes, et, en novembre, ils brûlent le sanctuaire le plus vénéré de la Gaule, le monastère de Saint-Martin de Tours ; enfin, l'année suivante, ils remontent la Loire jusqu'à Blois et Orléans. En redescendant, ils s'amusent à incendier Angers.

De 856 à 862 ils s'installent sur le cours moyen et inférieur de la Seine. Leur repaire est l'île de Jeufosse (Seine-et-Oise). De là, ils remontent le fleuve jusqu'à Paris et jusqu'à Melun. La cathédrale de Paris, Saint-Germain-des-Prés, Sainte-Geneviève sont incendiées ; Saint-Denis se rachète à prix d'argent. Les Normands dévastent tout le bassin de la Seine : les évêques de Chartres, Bayeux, Beauvais, Noyon sont leurs victimes. Le roi Charles, dont les troupes refusent de marcher ou même trahissent, doit déployer des prodiges d'adresse pour éloigner les Danois, après cinq ans de luttes et de négociations. Le roi réussit même à prendre une partie des pirates à son service [6].

La vallée de la Seine n'est pas seule à souffrir. Les autres régions de la Gaule ne sont pas épargnées. Depuis l'année 843 les Normands ne quittent pas le cours inférieur de la Loire d'où ils rayonnent de tous côtés, vers l'Aquitaine, vers la Neustrie, vers la Bretagne.

En 858, ils décampent pour aller piller l'Espagne chrétienne et musulmane. Ils arrivent dans la Méditerranée, pillent les îles Baléares, s'installent aux bouches du Rhône, dans la Camargue. En 859 et 860 Arles, Nîmes, Valence reçoivent leur visite. Puis ils gagnent l'Italie, dévastent Pise et poussent, dit-on, jusqu'en Grèce.

En 862, ils reviennent sur l'Océan et s'installent à l'embouchure de la Loire où ils sont rejoints par les Normands de la Seine dont le roi de France vient d'acheter le départ. Le duc ou roi de Bretagne, Salomon, et le marquis de Neustrie, Robert le Fort, l'ancêtre des Capétiens, au lieu de s'unir contre les envahisseurs, cherchent à les gagner à leur parti. Robert le Fort achète pour 6.000 livres la bande qui revient de la vallée de la Seine. Le résultat de ces tractations et de ces faiblesses, c'est que les Normands dévastent le Poitou, la Neustrie, le Midi, même le Centre. Limoges et Clermont n'échappent pas plus à leur visite que Nantes, Angers, Le Mans, Bordeaux, Toulouse. En 866, Robert le Fort périt à Brissarthe [7]. L'Aquitaine est sillonnée par leurs bandes jusqu'en 882. Le chef des Normands, Hasting, abandonne alors un pays épuisé par vingt ans de dévastations consécutives, pour aller ravager l'Angleterre.

En 876, nouvelle occupation de la Seine, jusqu'à Saint-Denis, pendant que Charles bataille contre son neveu en Lotharingie. En 877, nouveau tribut aux Danois [8].

### 2. Sur la Lotharingie.

Cette impuissance à lutter contre les « Hommes du Nord », était-elle particulière aux Francs de l'Ouest ? En aucune manière ; les Francs d'Austrasie, les Lotharingiens, ne valent pas mieux [9] :

On a dit que le port de Dorstadt a été pris et repris sans que les souverains, Lothaire Ier et Lothaire II aient pu le conserver. Dès 841, l'empereur Lothaire Ier cède l'île de Walcheren au Danois Harold, dans l'espérance qu'il cessera de ravager la Frise. Concession inutile car, en 846, les pirates victorieux s'emparent de ce pays *recepto pro libitu censu*. En 850, Roric, neveu d'Harold, remonte le Rhin (Lek) et le Vahal. Lothaire, incapable de lui résister, lui concède Dorstedt et des comtés voisins. En 855, Roric et Godfried abandonnent la Frise, mais parce qu'ils espèrent s'emparer de la royauté en Danemark. N'ayant pas réussi, ils retournent tranquillement à Dorstedt, l'année suivante, et reprennent presque toute la Frise.

Le faible roi Lothaire II est aussi impuissant que son père. À la fin du siècle, les choses s'aggravent encore. En 882, les Normands incendient Liège, Cambrai, Cologne, le palais d'Aix-la-Chapelle, Prum, Trêves. Puis, ils se dirigent sur Metz. Ils se heurtent aux Lotharingiens. Résultat : Wala, évêque et Adalard, comte de Metz, périssent ; Bertulf, archevêque de Trêves, est mis en fuite.

### 3. Sur la Germanie.

Passons aux Francs de l'Est, d'entre Rhin et Elbe [10]. Sous le règne de Louis le Germanique, les Normands se montrent moins agressifs contre la Germanie que contre la Gaule plus riche. Un roi de Danemark, Horich, témoigne même de quelque déférence envers le roi allemand. La province frontière, la Saxe, pauvre, sans villes, dont le pillage serait peu tentant, habitée par une population aguerrie par une lutte incessante contre ses ennemis du Nord et de l'Est, Danois et Wendes, excite peu la convoitise des Scandinaves. Quand ceux-ci attaquent, ils le paient cher : en 845, remontant l'Elbe sur une multitude de navires, les Danois sont battus par les Saxons. Ils se dédommagent en prenant

Hambourg, alors port slave. Au reste, la mort d'Horich et des autres souverains danois, qui se massacrent dans une guerre intestine (en 854), laisse respirer quelque temps la Germanie. Mais, après la mort (876) de Louis Ier de Germanie, sous l'un de ses fils, Louis II, le royaume franc de l'Est subit une grosse défaite. Dans une bataille contre les Danois périssent douze comtes saxons avec le duc de Saxe et deux évêques (février 880).

En janvier 882 meurt le jeune roi de Germanie Louis II. À cette nouvelle, l'armée allemande envoyée pour attaquer les Normands se disperse sans vouloir rien faire.

On le voit, les Francs, qu'ils soient *Occidentales*, *Mediani*, *Orientales*, montrent la même incapacité à surmonter le péril scandinave. Dira-t-on que cette impuissance est le fait du partage du *Regnum* en plusieurs États, trop faibles chacun pour triompher de l'ennemi commun. Mais, en juin 885, l'unité de l'Empire est reconstituée en la personne de Charles III le Gros, troisième fils de Louis le Germanique. La faiblesse de l'État franc apparaît alors dans toute son ignominie.

### 4. *Le Siège de Paris* [11].

Les Normands dirigent contre Paris la plus grande attaque qu'on eut encore vue. Le lieu de rassemblement, Rouen, voit, en juillet 885, arriver par terre les Normands vainement assiégés à Louvain, en Belgique, par le nouvel empereur ; par mer affluent les Normands de l'Escaut, les Normands d'Angleterre, enfin les Normands delà Loire. L'ensemble des forces qui se présentent devant Paris, le 24 novembre 885, comprend 700 navires montés par 30.000 (?) guerriers. La flotte couvre la Seine en aval de la Cité sur une étendue de deux lieues et demie. C'est la plus grosse armée du siècle. Siegfried, qui la commande, est introduit auprès de l'évêque Josselin et réclame le passage libre en amont, s'engageant, s'il l'obtient, à épargner la ville. Refus de l'évêque. Le siège commence alors. Les Normands essayent vainement d'enlever la place renfermée tout entière dans l'île de la Cité. Le 6 février 886, une crue de la Seine emporte la tête de pont située à l'extrémité de la rue Saint-Jacques actuelle. Les Normands se ruent sur les défenseurs de cette tour, au nombre de douze seulement. Ils y mettent le feu. Les défenseurs de la tour donnent la volée à leurs faucons pour que les oiseaux ne périssent pas asphyxiés. Eux-mêmes, privés d'eau, gagnés par les flammes, acceptent de se rendre. Les Normands perfides les massacrent et jettent leurs corps dans la Seine. Une plaque portant les noms des douze défenseurs de Paris a été apposée en 1889 sur une maison au coin de la rue Saint-Jacques et du quai ; elle a été retirée en ces dernières années, quand on a abattu les masures qui bordaient le quai de Montebello, et personne n'a songé à lui trouver un emplacement convenable.

En dépit de ce succès les Normands ne peuvent emporter Paris. L'évêque Josselin mourut en avril 886, mais le commandement fut pris à sa place par l'abbé de Saint-Germain-des-Prés, Ebles. Le comte de Paris, Eudes, frère de Robert le Fort, s'échappe de la ville et se rend auprès de l'empereur Charles le Gros pour demander secours. L'empereur, qui revenait d'Italie, met une lenteur inouïe à se rendre à l'appel de Paris. En juin il est sur le Rhin, à Sasbach ; le 30 juillet, il n'a pas dépassé Metz. Il lui faut un mois pour arriver à Quierzy-sur-Oise. De là il dépêche en reconnaissance le comte Henri, qui se laisse attirer dans une embuscade et périt. Enfin, dans la seconde moitié de septembre, l'empereur arrive en vue de Paris et campe au pied de Montmartre, à la tête des forces de l'Empire.

Cependant, le chef de l'armée normande, Siegfried, était allé piller du côté de Bayeux. Les Danois, attendant son retour, amusent l'empereur avec de feintes négociations. Sur le bruit que Siegfried revient sur Paris avec des forces nouvelles, Charles le Gros prend peur ; il accorde aux pirates 700 livres d'argent pour racheter Paris et leur livre à piller la Bourgogne ; Après quoi il se retire (un peu après le 6 novembre), regagnant la Germanie. En passant par Soissons, il apprend que Siegfried le talonne. Alors Charles le Gros précipite sa retraite et l'année 886 s'achève par le spectacle de l'arrière petit-fils de Charlemagne fuyant les Normands.

### B. — Causes de l'impuissance des Francs et du succès des Scandinaves.

Arrêtons-nous maintenant un instant. Tentons de pénétrer les raisons du succès des Scandinaves, de la faiblesse des Francs, invincibles jusqu'alors. Si nous cherchons une explication chez les contemporains nous n'en trouvons pas. Ils lèvent les bras au ciel, parlent de la colère divine et n'y comprennent rien. Il faut tenter de suppléer à leur silence ou à leur incompréhension, ce qui est toujours difficile et dangereux.

*1. Démoralisation des Francs.*

Ce qui frappe c'est la démoralisation des Francs. Dès 845, l'armée réunie d'abord devant Saint-Denis par le jeune roi de France Occidentale, Charles, n'ose engager la lutte. En 866, les Normands remontent la Seine jusqu'à Melun. Il leur suffit de débarquer pour mettre en fuite les troupes qui gardent les rives du fleuve, troupes commandées par des chefs renommés cependant, les comtes Robert le Fort et Eudes.

Même quand elles osent engager le combat, ces troupes se débandent facilement. En 866 le marquis de Neustrie, Robert le Fort, et le comte de Poitou, Rannoux, périssent dans un engagement. Au lieu de venger leurs chefs sur les pirates qui ne sont qu'une bande de 400 hommes, les Francs de Neustrie se dispersent. Les Francs de Germanie font de même à la mort du jeune roi Louis de Saxe (882).

On a parlé de l'attitude ignominieuse de Charles le Gros devant les Normands retranchés dans Louvain [12] ou campés sous Paris. On a incriminé la pleutrerie de l'empereur. Certes, Charles III était un triste sire, débile physiquement et mentalement, mais, s'il avait commandé une armée véritablement aguerrie, il eût attaqué. S'il a négocié piteusement avec l'ennemi c'est qu'il savait que ses troupes ne valaient rien [13].

*2. Valeur passée des Francs.*

Comment s'expliquer la dégénérescence comme foudroyante des Francs ? Nul peuple n'avait pu leur résister aux siècles précédents et encore au début du IX$^e$ siècle. Les royaumes des Lombards en Italie, des Avars en Pannonie, s'étaient écroulés au simple contact des armées de Charlemagne. Les Arabes d'Espagne avaient perdu et la Gothie cispyrénéenne (Languedoc futur) et la majeure partie du territoire situé entre les Pyrénées Orientales et l'Èbre (Marche d'Espagne ou comté de Barcelone). En Gaule, les Gascons et les Bretons, en Germanie, les Alamans, les Bavarois, les Frisons avaient été replacés sous l'autorité des Francs par Charles Martel et Pépin. Charlemagne avait achevé la conquête de la Germanie païenne par la soumission de la Saxe. Enfin, les Slaves Polabes, entre l'Elbe et l'Oder, Tchèques en Bohême, Slovènes et Croates, entre les Alpes et le Danube, reconnaissaient sa prééminence. Sans doute, de temps à autre, les armées franques essuyaient un échec, ainsi à Ronceveaux (778). En 827, l'incapacité ou la trahison de deux comtes francs permet aux Musulmans de ravager la Marche d'Espagne. Le duc de Frioul laisse en même temps les Bulgares pénétrer en Pannonie, etc. Mais il n'est pas d'État, si fort soit-il, qui n'ait à déplorer des incidents de ce genre, en tout temps et partout.

### 3. Apparence et réalité.

Cependant il ne faudrait pas accuser trop fortement le contraste entre les temps de Pépin et de Charlemagne et ceux de leurs successeurs. Si les Francs ont eu vite raison des Lombards et des Avars c'est que ces États étaient vermoulus. Le Khalifat de Cordoue, d'autre part, était déjà affaibli par les révoltes, et d'ailleurs, passé le début du IXe siècle, il repoussa toutes les attaques franques. En Aquitaine, en Bretagne, en Saxe, les armées franques ont vaincu, mais difficilement. Pépin a usé tout son principat à mater les ducs d'Aquitaine. Il a fallu trente campagnes à Charlemagne pour venir à bout de la résistance des pays saxons. Quant aux Bretons, leur soumission ne s'achève qu'au milieu du règne de Louis le Pieux.

Le biographe et l'admirateur de Charlemagne, Eginhard, nous rapporte une anecdote qui jette un jour assez inquiétant sur la solidité de l'Empire, même sous le règne du plus puissant de ses rois. Le roi danois Godfried n'avait pas une haute opinion de la valeur des Francs. Il prétendait s'emparer de la Saxe et de la Frise et se vantait d'entrer à Aix-la-Chapelle, à la tête de son armée. Il n'hésita pas à franchir l'Eider, limite de l'Empire [14], puis il périt assassiné, et les compétitions qui surgirent au sujet de sa succession, affaiblirent pour quelque temps la royauté en Danemark et amortirent l'élan des Danois.

L'ère des conquêtes de l'Empire s'arrête véritablement à la prise de Barcelone (801). Après quoi, l'Empire peut consolider ses positions, çà et là, il ne progressera plus. La période héroïque étant terminée, chaque famille aristocratique songe à s'installer dans les positions avantageuses, fruit des conquêtes passées. Peu à peu, sans trop s'en rendre compte, l'aristocratie perd l'habitude de la guerre, de la guerre lointaine et dangereuse. Elle conserve des goûts batailleurs, mais la guerre civile d'État franc à État franc, après le partage de l'Empire en plusieurs royaumes, suffît à les satisfaire. Ces guerres intestines sont faites de pilleries mutuelles, de massacres des faibles. On n'y déploie ni tactique, ni stratégie véritables.

Ce qui manque le plus, c'est le sens de la solidarité. L'Empire a été un agrégat de races diverses, unies seulement par la force du maître. Seul le monde du clergé, et une minorité dans ce monde, garde un idéal de solidarité, d'unité, sinon nationale, du moins chrétienne. La majorité de la population ne s'en soucie aucunement. Chacun ne songe qu'à son coin de terre et ne se préoccupe ni de l'État ni même du voisin. Le *Regnum Francorum*, en dépit des apparences brillantes qu'il a revêtues un instant, n'a pas de cohésion. En quoi il ressemble à tant d'autres empires, l'empire chinois, à certains moments de son histoire. Ces États n'étant qu'une juxtaposition de pièces qui ne s'ajustent pas ou mal, il n'est pas difficile de les conquérir morceaux par morceaux, même avec des forces numériquement peu considérables.

### 4. Faiblesse numérique des Normands.

Les Normands étaient peu nombreux. Le plus souvent leurs corps expéditionnaires sont portés par des flottes qui se chiffrent par 50, 100, 150 barques, rarement plus. Chaque vaisseau a de 32 à 40 rameurs, qui sont les guerriers eux-mêmes. Les navires montés par 80 hommes sont l'exception : ils portent le roi et on ne les rencontre pas avant le XIe siècle [15].

En 885-886, il est vrai, la Grande Armée de Siegfried aurait compté 700 grands navires montés par 30.000 hommes, 40.000 même selon d'autres [16]. Ce serait alors la plus grosse armée qu'on eût vue depuis l'Antiquité, époque à laquelle nulle armée, fût-elle commandée par Alexandre, Annibal ou César, n'a dépassé le chiffre de 35.000 hommes [17]. Mais il est plus que probable que la frayeur a multiplié le nombre des voiles remontant la Seine. Le plus souvent, au cours du IXe siècle, les armées normandes comprennent tout au plus de 4.000 à 6.000 combattants, et ces faibles effectifs suffisent pour mettre en déroute les Francs ou même les terrifier au point qu'ils n'osent engager la lutte.

Dira-t-on, pour excuser les Francs que, s'ils ont affaire à de petites troupes, ils perdent la tête parce qu'ils sont assaillis de tous côtés ? Il n'en est rien. Pendant plus d'un demi-siècle pour le moins, ce sont les mêmes bandes normandes qui promènent la dévastation dans l'Europe Occidentale, se portant successivement de la vallée de l'Escaut dans celle de la Seine ou de la Loire ou encore dans les Iles Britanniques.

Ainsi la bande qui a pris Nantes en 843 sème la ruine en Aquitaine, en Bretagne, puis, en 844, remonte la Garonne jusqu'à Toulouse, enfin se dirige sur la Galice et l'Espagne musulmane. L'année suivante, ces Normands reviennent en Gaule, s'emparent de Bordeaux, tuent le duc de Gascogne, Séguin, s'installent en Saintonge. En 846 seulement, une partie d'entre eux, abandonnant l'île de Noirmoutier qui, depuis dix ans, leur servait de repaire, regagne sa patrie.

À partir de 848, l'Aquitaine est de nouveau en proie à une bande qui la harcèle pendant dix ans. En 858, ces Normands se dirigent sur l'Espagne, le Maroc, passent dans la Méditerranée, s'installent dans la Camargue, à l'embouchure du Rhône. Ils mettent la main sur Arles, Nîmes, Valence ; ils vont en Italie, peut-être même en Grèce. Enfin, après quatre années d'aventures, ils sont de retour en 862, à l'embouchure de la Loire et sur les côtes de la Bretagne armoricaine. Là, ils sont rejoints par les Normands qui viennent d'abandonner le cours de la Seine après six années d'occupation.

L'Aquitaine souffre encore vingt ans. Le plus célèbre des Vikings de l'époque, Hasting, l'abandonne enfin, en 882, pour passer en Angleterre, d'où il reviendra, en 891, pour dévaster, cette fois, la Flandre, le Brabant, la vallée de la Meuse.

La Grande Armée de Siegfried, qui occupe la Seine, assiège Paris (885-886), puis passe en Bourgogne, est formée surtout de bandes venues du pays entre la Meuse, l'Escaut et le Rhin.

Désespérés d'être abandonnés aux brutalités des Barbares, les paysans essayent rarement de résister. En 859, cependant la population de la région située entre la Loire et la Seine se soulève pour résister aux Normands établis sur la Seine. Mais que pouvaient des gens sans expérience militaire, mal armés, mal commandés pour lutter contre les meilleurs guerriers de l'Europe ? « Leur conspiration s'étant faite sans précaution, les nôtres sont facilement mis à mort par leurs adversaires plus puissants » dit un contemporain [18]. En 911, Rollon charge et extermine un troupeau de paysans *(rustici, vilani)* qui marchent contre lui en désordre [19].

### 5. *Valeur des Normands.*

Et voici que ces Francs, dépourvus de solidarité, déshabitués de la vraie guerre depuis environ un demi-siècle, voient se dresser contre eux des adversaires doués des qualités qui leur manquent ou qui ont disparu.

Dès qu'ils sortent des ténèbres, les Scandinaves apparaissent comme des guerriers hors ligne [20]. Physiquement, ils sont très grands et très forts, avantages presque décisifs jusqu'à l'invention des armes à feu. Le fer de Scandinavie, qui est excellent, leur fournit des armes incomparables. À la vigueur physique et à l'armement se joignent des qualités morales : bravoure, ténacité, prudence aussi. Pendant des semaines et des mois ils guetteront le moment de l'attaque dans le secret le plus absolu. Le moment venu l'exécution sera foudroyante. Ils choisissent les fêtes chrétiennes, qui rassemblent les fidèles, pour opérer. Ils entrent à Nantes (843) le jour de la Saint-Jean, à Paris (845) le jour de Pâques ; le jour de Pâques également ils enlèvent à Saint-Denis l'abbé Louis, chancelier du roi, dont ils tirent une immense rançon.

Les Normands savent se garder. Ils élèvent des camps, dressent des retranchements, ainsi la Haguedike, dont il subsiste des levées, à la pointe Nord-Ouest du Cotentin, et aussi en Cornouailles anglaise. Ils s'installent dans des îles à portée des côtes (Noirmoutier) ou au milieu des fleuves, ainsi Jeufosse sur la Seine, une île en face de Glanfeuil sur la Loire. Aussi, eux qui surprennent constamment leurs victimes,, ne sont jamais surpris. Leurs ruses de guerre sont célèbres. La légende s'en empare. Elle attribue au Viking Hasting les stratagèmes les plus fantastiques. Ne pouvant s'emparer par force de Luna, en Toscane, il imagine une comédie. Il feint de se repentir et demande le baptême à l'évêque de la ville assiégée. Puis il fait répandre le bruit de sa mort. Moribond, il aurait demandé à ses parrains la faveur d'être enseveli en terre chrétienne, à l'intérieur de la ville. Le comte et l'évêque de Luna accèdent à cette dernière prière du néophyte. Le corps d'Hasting pénètre dans la ville, accompagné de guerriers en pleurs. Une cérémonie funèbre est célébrée dans la cathédrale au milieu d'un grand concours de peuple. Au moment d'être mis au sépulcre, le prétendu mort se redresse, saisit les armes placées sur son cercueil en signe d'honneur. Ses compagnons tirent leurs épées de dessous leur manteau de deuil ; le massacre commence : la population de la ville est égorgée. Le chroniqueur, Dudon de Saint-Quentin, qui a fréquenté la cour des ducs de Normandie deux siècles après l'époque où a vécu Hasting, ajoute que le Viking avait pris Luna pour Rome, *caput mundi* [21].

Rien n'abat leur moral. Il leur arrive parfois de subir des échecs. Accablés par des forces supérieures ou victimes d'un concours de circonstances défavorables, ils laissent des morts, quelquefois des prisonniers. Ils battent alors en retraite, soit par groupes, soit isolément ; mais ils se sont donné le mot d'ordre. Le lendemain, ils sont reformés, prêts à courir sus à leurs vainqueurs de la veille.

En un sens, on peut dire qu'ils ne sont jamais vaincus. La défaite est un phénomène psychologique, de psychologie collective. On peut être battu, et à maintes reprises ; on n'est vaincu que lorsqu'on accepte son infériorité ; on n'est vaincu que lorsqu'on le veut bien. De même qu'on n'est vraiment victorieux que lorsqu'on a l'âme d'un vainqueur.

---

1. L .Walther Vogel, *Die Normannen und das fraenkische Reich bis zur Gründung der Normandie : 799-911* (Heidelberg, 1906).
2. *Chronique de Nantes*, éd. R. Merlet, 1896, p. 14-18.
3. F. Lot et L. Halphen, *Le Règne de Charles le Chauve*, fasc. I (1909), p. 131-138.
4. F. Lot, *Le Monastère inconnu pillé par les Normands en 845* (dans Bibl. École des Chartes, t. LXX, 1909, p. 433-445.)
5. *Le Règne de Charles le Chauve*, p. 186 et suiv.
6. F. Lot, *La Grande Invasion Normande de 856-862* (dans Bibl. École des Chartes, t. LXX, 1908, p. 562.)
7. F. Lot, *La Loire, l'Aquitaine et la Somme de 862 à 866 ; Robert le Fort*, 1916 (dans Bibl. École dès Chartes, t. LXXVI, 1916, p. 473-510.)
8. Einar Joranson, *The Danegeld in France*, Rock-Island, Illinois, 1924, in-4°.
9. V. l'ouvrage capital de Robert Parisot, *Le Royaume de Lorraine sous les Carolingiens : 847-923* (1899).
10. L'ouvrage fondamental sur cette période est celui d'E. Dummler, *Geschichte des Osfränkischen Reiches* (Leipzig, 1887-1888. 3 v.). Il va de 840 à 918.
11. Sur la Grande Armée et le Siège de Paris, voy. Ed. Favre, *Eudes, comte de Paris et roi de France, 882-898* (1893), p. 17-68.
12. H. Van der Linden, *Les Normands à Louvain, 884-892*, Revue Historique, t. CXXXIV, 1917.
13. H. Delbruck, *Geschichte der Kriegskunst* (Berlin, 1907), t. III, p. 78.
14. Eginhard, *Vie de Charlemagne*, publiée et trad. par Halphen (1923), p. 40, c. 14.
15. J. Steentrup, trad. française, p. 211 ; Ed. Favre, *Eudes*, p. 214. On a retrouvé en Scandinavie, enfouis dans la vase ou le sable, quelques spécimens de ces barques. Ils sont reproduits dans les ouvrages illustrés de Du Chaillu et de Williams cités plus haut. Sur une barque retrouvée dans l'île de Groix en France, voy. une brochure de Du Chatelier et le Pontois (Quimper, 1908).
16. Favre, *l. c.*, ajoute foi à ces chiffres.
17. Voy. Hans Delbrück, *Geschichte der Kriegskunst*, t. II et III.

18. Prudence de Troyes, *Annales Bertiniani*, éd. Waitz, p. 51 : Vulgus promiscuum inter Sequanan et Ligerim inter se conjurans, adversus Danos in Sequana consistentes fortiter resistit. Sed quia incaute sumpta est eorum conjuratio a potentioribus nostri (*et non* nostris) facile interficiuntur.
19. Dudon de Saint-Quentin, *De moribus et actis primorum Normanniæ ducum*, J. Lair (Caen, 1865), p. 161-167.
20. Steenstrup, trad. française, p. 123, 210 ; Ed. Favre, *Eudes*, p. 207-226 ; Bugge, Williams, etc...
21. Ed. J. Lair, p. 131, 133.

3

# ÉTABLISSEMENT DES NORMANDS EN FRANCE.

**A. — Résistance des Francs. Accord avec les envahisseurs. Le duché de Normandie.**

*1. Incurie des Francs.*

Les succès des Normands s'expliquent en partie par une erreur de leurs adversaires. Si étrange que cela paraisse, les Francs ne prennent pas au sérieux leurs invasions pendant longtemps. On croit avoir affaire à de simples actes de piraterie. De fait, les Normands, peu nombreux, n'osent de longtemps se hasarder en rase campagne. Leur coup fait, ils regagnent vite leurs navires ; ils se cachent dans les îles, soit fluviales, soit près des côtes [1]. L'absence d'une marine rend impossible qu'on les poursuive, au large du moins ; on ne peut que les bloquer dans les îles fluviales. Contre cet ennemi insaisissable aucune tactique n'est efficace. On se décide alors en France, en Lotharingie, à partir de 845, à acheter la retraite des pirates. Les brigands mettent à la voile en jurant qu'ils ne reviendront plus. Naturellement la vue des dépouilles et de l'argent qu'ils rapportent chez eux excite l'admiration et la convoitise de leurs concitoyens.

## 2. Développement de la piraterie.

La piraterie, longtemps industrie d'une faible partie des peuplades scandinaves, se développe de plus en plus. À partir des années 850, 840 même, tout homme vaillant en Danemark, en Norvège, rêve d'aller piller la Gaule, les Iles Britanniques, l'Espagne. Les expéditions se multiplient.

Chaque année, des ports de Danemark, de Norvège, des flottes guerrières cinglent vers tous les points de l'Europe. Et on ne parle pas des Suédois qui s'adjugent les territoires des Slaves de l'Est, la future Russie.

L'audace des Normands grandit. À partir de 845 ils commencent à se hasarder hors de leurs navires. Fantassins, ils apprennent vite le combat à cheval ; ils endossent les armes défensives (broigne et haubert), ils s'exercent à manier la lance. Ils deviennent d'excellents « chevaliers ». De la défense ils passent à l'attaque ; en rase campagne nul ne leur résiste. Les villes mêmes sont emportées sans difficulté. C'est que depuis les temps romains, on ne s'est guère préoccupé d'entretenir les remparts qui croulent de vétusté. Les Normands n'ont pas besoin de pièces de siège (béliers, etc..) : ils passent à travers les brèches.

## 3. Tardive organisation de la défense.

À partir de 862 seulement, le roi de France occidentale songe à organiser vraiment la défense. Le seul moyen décisif eût été la construction d'une flotte ; mais il était trop tard. Pas plus que les Romains, les Francs n'ont pu constituer sur la mer du Nord et la Manche une flotte de guerre puissante. Les postes établis à Quentovic (Étaples) au IVe siècle, à Boulogne (encore attesté sous Charlemagne) n'ont jamais fait parler d'eux. Dès le règne de Louis le Pieux il est évident que les flottes impériales n'existent plus, et que les Scandinaves ont le commandement exclusif de la mer.

La tactique préférée des Normands c'est de remonter les cours d'eau. Le roi Charles s'avise que, en barrant les fleuves, il empêchera l'ennemi de pénétrer : un léger succès en janvier 862 sur une bande normande, qu'il a capturée à Trilbardou en jetant un pont sur la Marne, l'enfonce dans cette croyance [2].

Le fleuve le plus navigable de France c'est la Seine. Il est devenu un danger puisqu'il porte l'ennemi au cœur du royaume, dans la région qu'habite le souverain : cours moyen de la Seine, vallées de l'Oise et de la Marne. En mai 862, Charles entreprend la construction d'un pont fortifié à l'endroit où le flot marin cesse de faire sentir son action, en amont de Rouen, près de Pitres. La ville de Pont de l'Arche conserve le nom de cet ouvrage, qui demanda beaucoup de peine au roi jusqu'à sa mort et n'empêcha rien, pas plus que les travaux ordonnés plus tard sur le cours inférieur de la Loire. Ces ponts ne trouvèrent pas de défenseurs ou ceux-ci furent accablés par les assaillants. Un simple pont de bois, long et étroit, même flanqué de deux châteaux à la tête, n'a pas de soutien et forme un cordon de défense trop mince pour résister longtemps [3].

Les dispositions pour la défense des villes furent plus heureuses [4]. En 869, le roi ordonne de fortifier Le Mans et Tours en Neustrie. Plus tard, en 877, il veut faire entourer de murailles Compiègne, l'abbaye de Saint-Denis, Paris. Ses ordres furent exécutés à Paris. On a vu que, en 885-886 les Normands demeurèrent un an sous Paris sans pouvoir remonter le fleuve. C'est que Paris, où les Normands étaient entrés à maintes reprises, depuis 845, avait relevé les remparts de la Cité et jeté sur la Seine deux ponts avec têtes fortifiées. Même abandonné par Charles le Gros, Paris refusa le passage, et les Normands durent péniblement contourner la ville.

Paris a donné ainsi l'exemple qu'une ville fortifiée peut arrêter l'élan de l'ennemi. Dès lors, partout on se préoccupe de réparer les murailles antiques ; et aussi d'en élever de nouvelles autour des monastères, proie inerte jusqu'alors. Depuis la fin du IX$^e$ siècle et le début du X$^e$ les abbayes s'entourent d'une enceinte : Saint-Denis, Saint-Martin de Tours, Saint-Vaast d'Arras, Saint-Martial de Limoges, etc.. La population s'abrite derrière ces remparts. Alors naissent des villes nouvelles accolées aux vieilles cités d'origine romaine. La ville moderne sera constituée au XIV$^e$ et au XV$^e$ siècle par la fusion de la ville antique et ce l'abbaye fortifiée à la fin de l'ère carolingienne.

L'Angleterre, de son côté, ne pourra résister aux Danois, qu'en élevant des forts d'arrêt, des *boroughs*, sous les règnes d'Alfred (871-901) et d'Edouard l'Ancien (901-925). En Allemagne, Henri I$^{er}$ fera de même contre les Hongrois et les Slaves.

En même temps, le roi institue de grands commandements militaires contre les Normands, notamment contre ceux de la Loire. La marche de Neustrie, dont le centre était l'Anjou, fut confiée à Robert le Fort (mort en 866), puis à Hugues, dit l'Abbé (mort en 886). La région entre l'Escaut et la mer du Nord, la Flandre, forme aussi un marquisat.

Il est peu d'hommes capables de mener contre les Barbares une lutte incessante, de jour, de nuit, pleine de surprises et de périls. Il est nécessaire de concéder à ces hommes, les marquis, une grande autorité, de leur laisser la bride sur le cou. Les marquis, comme les ducs, deviennent vite de petits souverains.

Ainsi les invasions scandinaves ont contribué, pour leur part, à précipiter en France l'évolution, puis l'établissement du régime dit féodal.

### 4. *La piraterie se transforme en conquête et établissement permanent.*

Il était grand temps qu'on prît en France ces mesures de précaution pour contenir, sinon pour vaincre l'ennemi.

Dans les dernières années du IX$^e$ siècle, les incursions scandinaves changent de caractère : elles tendent à se transformer en établissements permanents.

Jusqu'alors, sur le continent du moins, elles n'avaient pas eu ce caractère, si l'on excepte le cas de la Frise et du Bas-Rhin que Lothaire I$^{er}$ avait dû céder à Godfried et à Roric. En juillet 846, ceux des Normands qui avaient dévasté l'Aquitaine pendant plusieurs années décident de rentrer chez eux ; auparavant ils brûlent l'île de Noirmoutier, qui leur sert de point d'appui, ce qui indique qu'ils partent sans esprit de retour. Ensuite, pendant une période de vingt ans (862-882), l'Aquitaine et la Seine Inférieure ne cessent d'être mises à feu et à sang. Cependant Hasting, qui commande les Danois, ne songe pas à un établissement sur le continent ; il part pour l'Angleterre.

De même la longue occupation de la Seine, de 856 à 862 n'aboutit pas à l'établissement de Normands sur le cours inférieur du fleuve. Des Normands, tel un certain Harold, restent en France, mais isolément, dans l'entourage du roi.

Mais, en 883, les choses commencent à prendre une tournure nouvelle. Les Normands établis à Condé-sur-Escaut dévastent le pays entre l'Escaut et la mer et chassent les Flamands. L'année suivante, leur rage s'accroît ; ils brûlent et pillent tout et entreprennent d'exterminer les indigènes. Ils réduisent la population de la Hesbaye en esclavage [5].

D'autres bandes exterminent tout jusqu'à la Somme.

Si la perspective d'une entreprise sur Paris et la Bourgogne n'avait attiré dans l'armée de Siegfried une bonne partie des Normands de l'Escaut, il est probable qu'une Normandie se serait constituée en Flandre.

La France du Nord eut aussi terriblement à souffrir des envahisseurs. Le représentant de la nouvelle dynastie, le roi Eudes, fils de Robert le Fort, ne fut pas plus heureux que ses prédécesseurs carolingiens ; lui aussi fut mis en fuite et réduit à payer tribut aux Normands. Néanmoins, l'action de ceux-ci s'épuisait et, en 892, les débris de la Grande Armée passèrent en Angleterre [6].

Les bassins de l'Escaut, de la Meuse, de la Seine, de la Loire étaient délivrés de ces terribles hôtes. Il semblait que, détournés vers les Iles Britanniques, occupés à en faire la conquête, les Scandinaves allaient délaisser la France, un siècle après leur apparition sur les côtes d'Aquitaine. Le répit fut de courte durée. Dès l'été de 896 les Normands reparurent sur la Seine ; puis, à la fin de l'année suivante, sur la Loire. Cette fois leur invasion devait aboutir à des établissements, ici de longue durée, et là, définitifs. Il serait insipide de retracer par le détail les ravages des Normands à la fin du règne d'Eudes et sous celui de Charles III, le Simple [7]. La France est de nouveau mise à feu et à sang. Ce n'est pas que les envahisseurs soient constamment victorieux. Ils éprouvent de temps à autre des échecs cuisants. En 898 le roi Charles met en fuite, dans le Vimeu, une bande qui rembarque. Cette bande se rend en Bretagne ; elle y subit de grosses pertes. En Bourgogne, la même année, le 28 décembre, le duc Richard rencontre les Danois à trois lieues de Tonnerre et leur inflige une grave défaite. En 903, une flotte nouvelle commandée par deux nouveaux Vikings, Héric et Baret, remonte la Loire ; elle brûle les faubourgs de Tours, mais ne réussit pas à emporter la ville [8]. En 911, le célèbre Rollon met le siège devant Chartres ; mais la ville est secourue par les chefs les plus fameux du temps : Robert, comte de Paris, qui sera roi onze ans plus tard, Richard, duc de Bourgogne, Èbles, comte de Poitou. Rollon est obligé de lever le siège, après avoir perdu, dit-on, six mille huit cents hommes, chiffre très exagéré [9].

## 5. Fondation d'une Normandie sur la basse Seine.

C'est pourtant en cette même année 911 que le roi céda à Rollon le territoire qui va prendre le nom de Normandie.

Capables désormais de résister aux Normands et de les battre, on vient de le voir, les Francs sentaient qu'ils n'avaient pas le moyen de les expulser. D'autre part, les Normands ne désiraient ou ne pouvaient plus rentrer chez eux, et ils n'étaient pas assez forts pour opérer la conquête de la France, comme ils avaient fait des Iles Britanniques au siècle précédent. Dès lors, à quoi bon ravager une région dont on ne peut s'emparer et qu'on ne veut pas quitter ? Le plus intelligent des Vikings du temps, Rollon, comprit qu'il valait mieux faire accord avec les Francs. L'accord n'était pas moins nécessaire aux Francs. Il donnait un repos au moins temporaire à un pays épuisé. Il avait l'avantage d'assurer au roi l'appui militaire des meilleurs guerriers du temps. Il y avait des précédents. Un Harold avait été au service de Louis le Pieux ; un autre Viking était resté en 862, auprès de Charles le Chauve. Dès 897, Charles III avait pris à son service et baptisé Huncdeus, un Normand de la Seine, etc.. Aucune antipathie de race ne s'opposait à ces conventions. Mais la condition absolue était que le barbare reçût le baptême avant d'entrer dans les cadres de la société franque. Sur ce point l'opinion était intraitable.

Rollon, assagi par son échec sous les murs de Chartres, eut une entrevue avec Charles III et sa cour à Saint-Clair-sur-Epte, dans la seconde moitié de 911. Il accepta, et d'être le sujet du roi, et de recevoir le baptême. Il est possible, probable, que l'archevêque de Rouen, Guy, et l'archevêque de Reims, Hervé, brûlants d'un zèle pieux, aient mené les négociations. Le roi céda à Rollon et à ses compagnons, la vallée inférieure de la Seine, les pays de Rouen, de Caux, d'Évreux, donation qui sera complétée plus tard, moyennant quoi, Rollon jura de se faire chrétien et fit hommage au roi de ce qui va devenir le duché de Normandie, en lui baisant le pied. Une anecdote postérieure d'un siècle et inventée veut que le Normand ait saisi si brutalement le pied de Charles le Simple qu'il fit tomber le roi à la renverse. L'année suivante Rollon reçut le baptême à Rouen. Le duc Robert lui servit de parrain, et le païen changea officiellement son nom de Hrolf pour celui de Robert [10].

La même politique d'accord avec les Normands fut suivie par le roi

Raoul, fils du duc Richard, le seul Bourguignon qui soit monté sur le trône de France. Non content de céder le Bessin (924) et le Cotentin avec l'Avranchin (933), il abandonna le comté de Nantes aux Normands en 927 [11].

### 6. Une Normandie en Armorique.

Depuis 919 les pirates avaient fait la conquête de la Bretagne et mis en fuite le duc ou roi de Bretagne et l'aristocratie bretonne qui se réfugièrent en Angleterre. Une seconde Normandie, plus grande que la Normandie séquanaise, se constitue donc en Armorique et sur le cours inférieur de la Loire. Elle dura peu. Alain Barbe-Torte, revenu d'Angleterre en 936, parvint à expulser les Danois de Bretagne. Il leur prit Nantes dont il fit une sorte de capitale du nouveau duché de Bretagne [12].

### 7. Persistance de la piraterie sur l'Atlantique.

Les défaites infligées par Alain Barbe-Torte Rassurèrent pas cependant la tranquillité sur l'Océan Atlantique. Les côtes ne cessent pas de recevoir la visite des Scandinaves. En l'an mil, une vicomtesse de Limoges, étant allée prier à Saint-Michel en l'Herm, est enlevée de nuit par les pirates et retenue trois ans captive outre-mer. Elle ne doit sa liberté qu'à l'entremise de Richard II, duc de Normandie, ce qui est significatif.

En 1018 une grande flotte rassemble au même port des Scandinaves venus de Danemark et d'Irlande. Le duc d'Aquitaine, Guillaume V, accourt pour jeter à l'eau les envahisseurs. C'était le prince le plus accompli du temps, pieux et brave : les Italiens, en 1024, songeront à lui offrir la couronne d'Italie. Guillaume n'en subit pas moins un échec. La nuit, les Normands avaient creusé des trous remplis de pointes et les avaient dissimulés sous le gazon. Quand la chevalerie poitevine s'élança, le lendemain, contre les envahisseurs, elle roula dans les trous. Le duc lui-même faillit tomber victime de ce piège. Les Scandinaves firent une multitude de prisonniers qu'il fallut racheter à grands frais [13]. Néanmoins, les pirates rembarquèrent. La piraterie s'éteignit ensuite peu à peu.

### 8. *Normands de Normandie et Normands de Danemark.*

Seule, la Normandie séquanaise vécut et prospéra. Une faudrait pas croire que la cession du bassin inférieur de la Seine ait assuré un calme absolu au reste du royaume [14]. Loin de là. Au cours du Xe siècle, les Normands du duché n'ont cessé de piller et d'inquiéter leurs voisins. À deux reprises même, leur duc, en querelle avec le comte de Chartres, demanda le secours de ses parents de Scandinavie. En 958, Richard fait appel aux Danois, qui poursuivent la dévastation dans la région entre Loire et Seine et jusqu'en Bretagne, pendant dix ans [15]. En 1013, c'est Richard II qui prend à son service le fils du roi de Norvège, Olav, dont Suénon, roi de Danemark, vient de détrôner le père. À la mort de son ennemi (2 février 1014), Olav part pour la Norvège. Mais en France il s'est converti et a reçu le baptême à Rouen. De retour en Norvège, il y affirmera la foi chrétienne et sera considéré comme un saint [16]. Ainsi la dernière invasion scandinave dans le Nord de la France, aboutit à la conversion au christianisme des plus sauvages des Scandinaves, les Norvégiens.

### 9. *Relations des ducs de Normandie avec les rois de France.*

Les ducs de Normandie sont entrés dans la société franque sans esprit de retour. Vassaux du roi de France, ils lui demeurent fidèles. Rollon, de son vivant, prend pour successeur son fils Guillaume, et Guillaume fait hommage au roi Charles III, puis au roi Raoul, puis au roi Louis IV. Ensuite, le duc de Normandie porte son hommage au duc des Francs qui devient roi en 987. Les services rendus à la nouvelle dynastie par les Normands sont payés de retour. Si Henri Ier en 1031, doit à l'appui de Robert le Magnifique, duc de Normandie (1027-1035), de pouvoir monter sur le trône, en dépit de l'hostilité de sa mère, Constance, le roi soutient le fils illégitime de Robert, Guillaume le Bâtard, et écrase une rébellion normande en 1047 [17]. C'est à partir de 1054 seulement que les choses se gâteront, et que entre le Capétien et le Normand commencera une période d'hostilité presque continuelle qui aboutira, en 1204, à la prise de la Normandie par Philippe-Auguste.

## B. — Influences normandes sur la race, la toponymie.

Dans leurs relations avec les Francs les Normands ont exercé des influences incontestables et considérables.

### Influence sur le vocabulaire maritime.

La langue maritime française est toute normande. Construisons le bateau du Moyen Age :

La quille du navire doit son nom au norois *kjoll,* les côtes ou varengues à *vrong,* pluriel *vrengr* ; les bords sont dérivés de *bordhi* ; tribord, anciennement *stribord,* vient du norois *srjôrn-bordhi,* « côté de droite » ; bâbord, de *bak-bordhi,* « côté de gauche » —, sens explicables par la place occupée par le gouvernail et le timonier. Le nom ancien de celui-ci, *esturman,* est tiré de *stjormadhr* ; l'étambod, anciennement étambord, est le norois *slam bot* :c'est la poupe, affermie en arrière par le hourdis (norois *hurd),* et l'étrave ou proue, est le norois *strafn.* Le pont recouvre la cale, ou tillac, qui est le norois *thilja ;* le mât et la hune dérivent du norois *mast, hun* (tête). Sur le mât glissent les haubans, norois *hœfudh* (tête) plus *band* (lié). Serré contre lui par des drans ou *drags* (norois *tronga,* presser), la vergue soutient la sigle, la voile (norois *segl*) dont la partie inférieure s'appelle toujours *lof* ; les cordes qui relèvent la voile sont les gardinges (danois *garding*) tandis que pour la déployer on raidit les écoutes *(skot)* attachées à ses coins et la bouline *(boglina),* appliquée aux ralingues latérales. Outre la voile principale, il y a le foc *(fok),* voile triangulaire qui s'appuie sur le petit mât.

Une fois terminé, le bateau, débarrassé de ses écores *(skordha)* ou étais, attend la marée, la tide *(tidh)* pour être lancé en mer ; bien lesté *(lest),* il quitte la crique *(kriki)* protégée par la digue *(dik)* et cingle *(sigla)* en tanguant *(tangi),* à travers les vagues *(vagr).*

Bateau de pêche, il attrape des flendres (danois *flynder*) ; en avril des orphies *(horn-fisk),* des marsouins *(marsvin)* ; il se risque à poursuivre les balaines *(hvalr),* d'où le nom de *whalmans* donné à Caen à la corporation des baleiniers [18].

Le vieux patois normand renfermait, même en dehors des termes de navigation, des mots d'origine noroise, ainsi bruman « fiancé » *(brudhmadh),* cotin, « cabane » *(kot),* hune, tête, loquet, clef *(loka* ferme).

rogue, œuf de poisson *(rogn)*, tangue, sable mêlé de varech *(thang, algue)*, havette, ondine *(-hafs-fru)*.

### Influence sur l'Onomastique.

Les Normands apportent une foule de noms de personnes dont beaucoup se conservent encore aujourd'hui. La plupart sont inspirés par les noms des dieux (Ases ou Anses) du panthéon scandinave, au nombre de 34 (14 dieux, 18 déesses).

Anger *(Ansgeirr)*, Angot *(Ansgautr)*, Anquetil *(Ansketill)*, Auzouf *(Asulf)*, Aze *(Asi)*, Burnouf *(Bjornulfr)*, Hamon *(Hamondr)*, Havart *(Havardr)*, Herould *(Haraldr)*, Heuzey *(Hosa)*, Omont *(Osmondr)*, Theroude *(Torold)*, Toustain, Toutain *(Thorstein)*, Turgis *(Thorgils)*, Turquetil *(Torketill)*, Vermond *(Vermundr)*, Vimont *(Vimundr)*, Ingouf *(Ingulf)*, Yver *(Ivar)*.

La plupart de ces noms témoignent de la révérence envers les dieux *(ansi, asi, osi)* scandinaves, notamment envers Thor.

### Influence sur la toponymie [19].

Mais c'est surtout la topographie qui témoigne de la profondeur de l'influence scandinave. Les Danois [20] se sont établis partout, surtout le long des côtes, dans le pays qui a gardé le nom de Normandie. Une foule de nom de lieu témoigne de leur établissement.

*Noms de lieux d'origine scandinave.*

#### A. — Configuration du sol, accident de terrain.

I. — *La Côte.*

*fleur* : du norois *floth* « baie » Harfleur, Honfleur, Ficquefleur, Vittefleur (Caux).

*crique* : du norois *kriki* « anse » et, en composition, Criquebœuf, Criquetot, etc.

*havre* : du norois *haven* « le port », nom commun : Le Havre, (Seine-Inférieure et Manche).

*vic*, du norois *vik* « anse ». Le Vie, devenu Lévy (Hague) ; Sanvic (faubourg du Havre), Plainvic, Solvic, Pulvic près du cap de la Hague.

*hoc* : du norois *huk* « pointe de terre » : Le Hoc, faubourg du Havre et localité près de Grandcamp, Le Cul de Hoc à la Hague et à Jersey.

*nez* : du norois *nes* « cap » : nez de Jobourg, de Carteret, de Serk, Gros Nez de Flamanville et de Jersey ; Gris Nez et Blanc Nez, sur le Pas-de-Calais.

*hève* : du norois *houed* « tête » : Cap de la Hève, près du Havre, dont le nom roman est *Chef de Caux*.

*mielle* : du norois *mellr* « dune de sable » (Cotentin, Côtes-du-Nord).

*snèques, esnèques,* en norois *snekkja* « bateau long » : les Esnèques, rochers sur la côte nord-ouest du Cotentin (Sénèque sur les cartes de Cassini), Snèque, Snequet sur la côte ouest du Cotentin, Longuesnèque devant le havre de Goury.

*quette* : du norois *kati* « longue », premier terme des noms des villages de Quettehou, Quettetot.

*grunes* : du norois *grunn* « écueils », dénomination fréquente des roches à fleur d'eau de Carteret à Cherbourg, à Jersey, à Serk ; Langrune à l'embouchure de la Seule.

*houme* : du norois *holmr* « île » : innombrables localités de ce nom dans le Roumois, la Basse-Normandie, Jersey, Guernesey ; et dans des noms composés : Robehomme (pays d'Auge), Engohomme (île de la Seine en face de Martot) Couronne (Grand) pour Tourhomme (île de Thor). Remarquez que, au Moyen Age, on ne qualifie pas seulement « île » les parties émergées de la mer, mais les localités terriennes enfermées entre des cours d'eau, ainsi l'Ile de France, dénomination appliquée d'abord à la petite région comprise entre la Seine, la Marne, l'Oise et deux ruisseaux de la plaine Saint-Denis.

*hou* : variante du précédent qui désigne des îlots sur les côtes du Cotentin et dans les îles Anglo-Normandes : Quettehou près de Saint-Vaast et l'île de Tatihou [21].

II. — *L'Intérieur* [22].

*bec* : du norois *bekkr* « ruisseau » ; se retrouve dans une multitude de petits cours d'eau appelés le Bec ou le Rû du Bec dans les noms composés : le Robec (à Rouen), Caudebec, Bolbec (Seine-Inférieure), Orbec, Annebecq, Trottebec (près Cherbourg) ; et encore le Bec Hellouin, le Bec Thomas, etc..

*vat* : du norois *vatn* « eau » : Vattetot, Vatteville, Vattecrique.

*diep* : du norois *djup* « profond » : les dieps de la Seine, la rivière et le port de Dieppe, Diepedale en Cotentin.

*dale* : du norois *dalr* « vallée » La Dalle, vallée près de Briquebec (Cotentin), la Dalle, ruisseau du pays d'Auge ; les Grandes et les Petites Dalles, dans le pays de Caux, Dieppedale, etc..

*houle* : du norois *holr* « creux » : La Houle, les Houlles, en Avranchin, Bessin, Roumois ; Houlgate, Houlbec.

*mare* : du norrois *marr* « étang » : la Mare, les Mares ; Longuemare, Beaumare, Boismare, Briquemare, Londemare, etc..

*hogue* : du norois *haugr* « hauteur » : Les Hogues près du Havre, à Jersey, etc..., Hoguettes.

*heu* : du norois *hot* « hauteur » : Heuland.

*haule* : du norois *hallr* « éminence » : La Haule, les Haules.

*clif* : du norois *klif* « rocher » : Carqueclif, Vorclive ; Witeclive (ancien nom de la Côte blanche près d'Évreux).

*londe* : du norois *lundr* « bois » : exemples très nombreux de londe ; en composition : Orlonde, Becquelonde, Azélonde, forêts du pays de Bray et près de Criel et de Criquetot ; Yquelon (près de Granville), cf. danois Equelond « bois des chênes ».

*bos* : ce terme d'origine germanique se retrouve partout en France, mais la forme *bosc*, spéciale à la Normandie, alors qu'ailleurs, bosc, ultérieurement bois, prouve qu'ici il est bien d'origine noroise. Les exemples du terme simple ou composé sont innombrables. En composé on trouve Auzebosc, Briquebosc, Bonnébosc, Colbosc, Ecambosc, Grimbosq, etc... Comme premier terme : Le Bosc Béranger, Le Bosc Geffroy, Le Bosc-Guérard [23].

*li* : du norois *hlidh* « pente boisée » : Lihou (Cotentin), Lihus (Caux), Lihut (Bray).

*tuit* : du norois *thveit* « défrichement » : simple : Thuit, Le Tuit ; en composé : Bliquetuit, Longtuit, Monthuit, Vaudhuit, etc... Ou encore le Tuit-Anger, le Tuit-Hebert [24].

## B. — L'exploitation rurale. L'habitation.

*torp* : du norois *thorp* « village » : Le Torp ; quelquefois en composition, ainsi le Torp-Mesnil, mais rarement.

*bœuf* : du norois *budh* ; employé en composition : Elbeuf, Bolbeuf, Daubeuf, Criquebeuf, Marbeuf (cf. suédois Marbo), Quillebeuf (suédois Kilbo).

*tot* : du norois *topt* « métairie ». C'est peut-être le plus répandu des termes d'origine scandinave. On le rencontre partout, isolé : le Tôt, le Grand Tôt, le Petit Tôt ; ou en composition : Appetot, Autretot, Beautot, Criquetot, Ectot, Hebertot, Robertot, Vattetot.

*gard* : du norois *gardr* « enclos » ; devient *gardin* en patois normand. En composition on trouve Auppegard, Bigard, Digard, etc... [25].

*hague* : du norois *hagi* « enclos, pâturage » : La Hague, les Hagues (Cotentin et Avranchin).

*hus* : du norois *hus* « maison » ; rare : Etainchus (maison de pierre), Lihus.

*cotte* : du norois *kot* ou de l'anglo-saxon *cote* « maison » : Les Cottes ; et en composition : Caudecotte, Vaucotte, Cottebrune.

*bu* : du norois *by* (prononcé *bu*) « maison ». Mot très répandu ; en composition : Bourguébus, Tournebu (maison d'épine, cf. le danois Tornby), Corquebut (danois et norv. Kirkeby, suédois Korkby).

*querque* ou *carque* : du norois *kirkja* « église » ; seulement en composition : Querqueville et Carquebut, en Cotentin [26].

*brique* : du norois *bryggje* « pont » ; seulement en composition : Briquemure, Briquetuit (en Caux), Briquebec et Briquebose (en Cotentin), etc.

### *Noms en-ville.*

Quiconque a parcouru la Normandie a été frappé de la multitude des noms de lieu terminés en *ville*. Or le premier terme du nom composé est un nom de personnage, le propriétaire de la « ville », c'est-à-dire du domaine, et ce nom est norois. Les Angot, Anger, Ansketil, Asborn (Osborn), Asalf (Auzouf, Osouf), Asmund (Omont) etc., ont donné leur nom aux Angouville, Ancresteville, Omonville, etc.. Les dévots au dieu Thor à Trouville *(Thuroldivilla)*, à Tourgeville, à Toutainville.

Il est évident que les ducs ont fait à leurs compagnons scandinaves d'abondantes distributions de terres et celles-ci ont changé leur ancienne dénomination pour prendre le nom du nouveau propriétaire et seigneur.

Mais il saute aux yeux également que les sujets de ces derniers ne sont pas des Scandinaves, mais des indigènes conservant leur idiome roman, autrement la finale serait de langue danoise et non *-ville*. Il n'y a présomption de peuplement scandinave que lorsque les deux termes du nom composé sont également danois. Ainsi l'équivalent de *ville* étant *-tot,* on pourrait admettre que des noms de villages tels que Bennetot, Quettetot, Sassetot, tirant leur nom de propriétaire d'un Bjorn, d'un Ketel, d'un Saxi, attestent une origine scandinave pour l'ensemble de la population et non pour le seul seigneur et sa famille. Encore faudrait-il observer que les mots tels que *tot, torp, holm, hou, bec, lundr,* etc., étant passés de bonne heure en langue romane, puisqu'ils ont existé précédés de l'article (le Tôt, le Tuit, le Torp, le Houme, le Hou, le Bosc, la Londe, etc.), ce critère même est incertain.

Si précieux que soient ces noms de lieu, ils ne suffisent donc pas à attester une profonde influence ethnique danoise sur les populations du pays appelé « Normandie » [27]. Il est incontestable qu'en cette contrée on rencontre, encore aujourd'hui, nombre de personnes présentant le type norois : l'homme grand, blond, sanguin, aux yeux bleus.

Seulement il faut ajouter aussi que ce type est limité à certaines portions de la Normandie. Il se trouve surtout le long des côtes. Mais la grande majorité des Normands ne se distingue pas physiquement des habitants des régions voisines. Des recherches anthropologiques soigneusement conduites ne laissent à cet égard aucun doute. La taille des Normands est moyenne (1 m. 65). L'indice céphalique indique une brachycéphalie modérée (80), nullement la dolichocéphalie scandinave. Le seul caractère norois c'est peut-être une proportion plus élevée d'yeux bleus, ou plutôt clairs, que dans le reste de la France [28].

Il est cependant un fait incontestable. La Normandie ne commence à jouer un rôle qu'avec l'arrivée des Normands. À partir de ce moment cette région, qui n'avait guère fait parler d'elle, produit une multitude d'hommes remarquables, en tout genre, guerriers, hommes d'État, hommes d'affaire, de science, de justice, de lettres, artistes [29]. La Normandie a été et demeure encore, quoique minée par l'alcoolisme, une des parties vivantes de la France.

Mais est-il nécessaire pour expliquer cette floraison, d'imaginer une grande transmutation ethnique ? Non sans doute. Il suffit pour cela d'un pollen fécondant. Ce pollen a été apporté par la brise, vraiment âpre, qui souffla, aux IX$^e$ et X$^e$ siècles, des régions du Nord.

### C. — Francisation des Normands.

Si les ducs, au X$^e$, au XI$^e$ siècle même, n'oublient pas leur origine danoise, ils n'ont cependant aucun préjugé de race. Ils choisissent leur femme ou leur concubine chez les Francs ou les Bretons. Le deuxième duc, Guillaume-Longue Épée, est fils de Poppa, fille de Bérenger, comte franc de Bayeux. Le troisième, Richard Sans-Peur, est fils de Sprote, une Bretonne. Richard II épouse Judith, fille du comte breton de Rennes, Conan le Tors. Parfois même ils vont chercher leur femme, leur concubine plutôt, dans les rangs inférieurs de la société. Le duc Richard II (996-1026) a pour mère Gonnor : c'est la fille d'un forestier de Saqueville, près d'Arqués, que le duc Richard I$^{er}$ (943-996) a remarquée [30]. Guillaume le Bâtard, fils de Robert le Diable ou le Magnifique, a pour mère Harlette, fille d'un pelletier de Falaise [31].

Tout de suite les ducs prennent des noms francs : Robert, Guillaume, Richard.

Si la sincérité du christianisme de Rollon est fort douteuse, ses successeurs furent des princes dévots, grands bâtisseurs d'églises. Le deuxième duc, Guillaume, fils de l'homme qui avait fait flamber tant de monastères, aurait voulu se rendre moine à Jumièges. Robert I$^{er}$ entreprend à pied un pèlerinage en Terre Sainte et meurt d'épuisement à Nicée (1035).

Pour la langue, les Normands se francisent avec une telle rapidité que le deuxième duc, Guillaume, désireux que son fils Richard sache le danois, l'envoie à Bayeux : « quoniam quidem Rothomagensis romana potius quam dacisca utitur eloquentia et Bajocacensis fruitur frequentius dacisca lingua quam romana [32]. » Ainsi, un quart de siècle après la constitution du duché de Normandie, les Normands ne savaient plus le normand, le danois, dans la capitale-même, Rouen, et devaient aller l'apprendre à Bayeux où la colonisation danoise était plus dense. Même en Basse-Normandie le danois disparut au cours du X$^e$ siècle. Il n'existe aucun témoignage valable qu'il fût parlé nulle part au XI$^e$ siècle.

Pour le droit, on s'attendrait à ce que les Normands eussent introduit des coutumes scandinaves. En réalité, le droit normand ne décèle aucune influence danoise incontestable [33]. Pour les institutions, les ducs n'ont pas innové. La Normandie conserve même plus fidèlement que le reste de la France, l'organisation administrative carolingienne : chaque pagus est administré par un comte. La seule différence c'est que le « duc et marquis des Normands » se réservant la dignité comtale, le comte porte ici le titre de vicomte, tout en exerçant les mêmes fonctions. Le régime vassalique jette de profondes racines en Normandie. Les Normands l'introduiront en Angleterre avec Guillaume le Bâtard en 1066. Ces Normands, qui font alors la conquête de l'île, ne rappellent plus que par le nom les compagnons du roi danois Canut, qui a régné sur l'Angleterre de 1014 à 1036. Ils sont francisés, se disent Français, par opposition au peuple soumis, les Anglais.

---

1. J. Lair, *Les Normands dans l'ile d'Oscelle* (*Mémoires de la Société historique du Vexin*, t. XX (1897).
2. Voir F. Lot. *La Grande invasion normande de 856-862* (dans *Bibliothèque de l'école des Chartes*, année 1908).
3. F. Lot, *Le Pont de Pitres* (dans *Le Moyen Age*, année 1905, p. 1-27).
4. F. Vercauteren. *Comment s'est-on défendu contre les invasions normandes* (*Annales du XXX<sup>e</sup> congrès de la fédération historique de Belgique*, 1936).
5. *Annales Vedaslini*, éd. Simson, p. 52-82.
6. Ed. Favre, *Eudes*, p. 136.
7. Voy. Aug. Eckel, *Charles le Simple* (1899), p. 60-90.
8. Eckel, p. 63.
9. J. Lair, *Le Siège de Chartres par les Normands* (extr. du 67<sup>e</sup> Congrès archéol. tenu à Chartres en 1900).
10. Sur les origines du duché de Normandie, Voy. Eckel, p. 69-79.
11. Ph. Lauer, *Robert I<sup>er</sup> et Raoul de Bourgogne rois de France, 923-936* (1910), p. 31, 71.
12. Lauer, *Louis IV d'Outremer* (1900), p. 80, 117 ; La Borderie, *Histoire de Bretagne*, t. II.
13. Adémar de Chabannes, *Chronique*, édit. Chavanon, p. 166-167, 176.
14. J. Steentrup a écrit en danois, avec résumé en français, l'Histoire des sept premiers ducs de Normandie, de 911 à 1066 : *Normandets historie under de syv foerste hertuger* (Copenhague), 1925, in-4). Voir aussi Marion, *De Normannorum ducum cum Capeitanis pacta ruptaque societate* (Parisis, 1892) ; Albert Petit, *Histoire de Normandie*.
15. F. Lot, *Les Derniers Carolingiens* (1891), p. 346-357.
16. Ch. Pfister, *Le Règne de Robert le Pieux* (1885), p. 211-215.
17. F. Lot, *Fidèles ou Vassaux* (1904), p. 195-198.
18. Ch. de la Roncière, *Histoire de la marine française*, t. I, p. 111 ; — Hjalmar Falk, *Altnordisches Seewesen* (Halle, 1912).
19. Longnon, *Les noms de lieux de la France* (1922) et surtout Ch. Joret, *Les Noms de lieu d'origine non romane et de colonisation germanique et scandinave en Normandie*, dans le volume du Millénaire normand, en juin 1911 (Rouen-Paris, in-4) ; cf. du même, *Des Caractères et de l'extension du patois normand, étude de phonétique et d'ethnographie* (Paris, 1883).
20. Que la colonisation de la Normandie soit le fait des Danois, c'est ce qui a été établi en dernier lieu par Anders Pedersen et Jakob Jacobsen dont les conclusions sont résumées par Joret, p. 58. Voir aussi J. Steentrup. *Etudes préliminaires sur la composition des plus anciens lieux danois* (en danois, avec résumé en français), Copenhague, 1909, in-4.
21. Joret, p. 32.
22. Joret, p. 38-39.
23. Joret, p. 44.
24. Joret, p. 42.
25. Joret, p. 50.
26. Joret, p. 46.

27. Nous utilisons ici notre mémoire *De l'origine et de la signification historique des noms de lieu en* ville *et en* court, paru dans la *Romania*. avril 1933, p. 234-246.
28. Quennedey, *Note sur l'anthropologie dans la région rouennaise* (dans *Bulletin de la société normande d'études préhistoriques*, t. XXV, 1922-24). Il serait grandement désirable que des recherches de ce genre fussent entreprises pour l'ensemble de la Normandie.
29. Gabriel Monod, *Le rôle de la Normandie dans l'histoire de France* (dans le *Millénaire* de 1911) ; — Charles H. Haskins, *The Normans in european history* (Cambridge, 1925).
30. Guillaume de Jumièges, *Gesta Normannorum ducum,* éd. Jean Marx, p. 323.
31. J. Depoin, *L'origine d'Arlette* dans *Mémoires* rédigés par le Congrès du Millénaire normand (1911).
32. Dudon, p. 221.
33. E. I. Tardif, *Sources de l'ancien droit normand* dans *Mémoires* rédigés pour le Congrès Millénaire normand (1911) ; — Ch. H. Haskins, *Norman institutions* (Cambridge, 1918).

# 4
# LES SCANDINAVES EN ESPAGNE ET AU MAROC.

(¹)

L'Espagne, tant musulmane que chrétienne, a subi le contre-coup des expéditions scandinaves en France, aux IXᵉ et Xᵉ siècles. Les flibustiers, quand ils sont obligés de quitter les régions de la Seine et de la Loire, de la Charente, de la Garonne, parce qu'elles sont épuisées, vont compléter leur butin en Espagne et au delà.

En 844 les Normands, après avoir occupé le bassin de la Garonne et remonté jusqu'à Toulouse, tentent un débarquement en Galice. Ils sont repoussés par le roi Ramire et subissent des pertes du fait d'une tempête. Cependant ils avaient encore 80 navires lorsqu'ils apparurent devant Lisbonne ; ils débarquèrent et les Musulmans n'osèrent livrer bataille, « l'ennemi étant d'une bravoure peu commune » (septembre). Ils se rendirent ensuite à Cadix, à Médina-Sidonia ; enfin, après avoir infligé deux défaites aux Musulmans, ils entrèrent dans Séville (1ᵉʳ octobre) où ils commirent mille atrocités et incendièrent la mosquée. L'émir Abd-er-Rhaman II, pour opposer aux envahisseurs des forces suffisantes, dut faire appel à un chef aragonais d'origine visigothique, Moûsa. L'armée musulmane, enfin rassemblée à Carmona, réussit à battre les Madjous [2] en les faisant tomber dans une embuscade près de Séville. Après avoir perdu du monde dans des escarmouches sérieuses, les Normands rembarquèrent (11 novembre), et, après avoir relâché à Lisbonne, regagnèrent l'Aquitaine où ils poursuivront, l'année suivante, leurs exploits par la prise de Bordeaux et de Saintes [3].

Abd-er-Rhaman, instruit par cette chaude alerte, prit de sages précautions : il fit bâtir un arsenal à Séville, ordonna de construire des vaisseaux et enrôla des mariniers des côtes de l'Andalousie ; il leur alloua des appointements fort élevés et leur fournit des machines de guerre et du naphte [4].

En 858-859 les Normands, venant de France, reparurent. Pas plus qu'en 844 ils ne réussirent en Galice, et les mesures prises par Abd-er-Rhaman II, préservèrent de leurs attaques l'Espagne musulmane. La flotte arabe, qui croisait le long des côtes, leur captura deux vaisseaux ; les autres navires scandinaves s'avancèrent jusqu'à l'embouchure du Guadalquivir, mais les pirates n'osèrent débarquer en présence des mesures de sécurité prises par l'émir Mohammed. Ils se contentèrent d'enlever Algéziras avant de passer en Afrique.

Après s'être emparé de Nachor [5] et après avoir massacré la population, ils se dirigèrent sur les îles Baléares qu'ils ravagèrent. Il est possible qu'ils aient ensuite remonté l'Èbre jusqu'à Pampelune, et fait prisonnier le roi de Navarre Garcia. Installés (859) dans la Camargue, aux Bouches-du-Rhône, d'où ils dirigent des expéditions sur Arles, Nîmes, Valence, ils gagnent l'Italie en dévastant Pise et d'autres cités maritimes, et peut-être la Grèce. En avril 862, après plus de trois ans d'aventures, ils rejoindront, sur le cours inférieur de la Seine et en Bretagne, leurs frères qui ont occupé plusieurs années le bassin de la Seine [6].

Au siècle suivant, l'Espagne subit encore le contre-coup des événements de France. Le duc de Normandie Richard Ier, en lutte contre Thibaud de Chartres, ayant appelé à son secours les Danois [7], ceux-ci, avant de rentrer chez eux, se décidèrent à faire un tour en Espagne. Une flottille de 28 vaisseaux s'attaqua à l'Espagne musulmane. Après un débarquement à Lisbonne et une rencontre heureuse avec les Musulmans, les assaillants paraissent avoir subi sur mer un échec que leur infligea la flotte arabe sortie de Séville (966-967) [8].

Ils furent plus heureux cette fois du côté de la Galice. Le royaume chrétien, gouverné nominalement par un enfant, Ramire III, était en pleine anarchie. En 970, les Normands.s'approchèrent de Compostelle, le sanctuaire le plus vénéré de l'Espagne chrétienne. L'évêque Sisemand leur livra bataille, mais son armée fut mise en déroute et lui-même périt (29 mars 970). L'année suivante, l'évêque Rudesind (Saint Rosendo) et le comte Gonsalve Sanchez réussirent à battre les Normands. Quittant la Galice, ceux-ci accostèrent sur les côtes de l'Andalousie (juin-juillet 971). Sur l'ordre du Khalife Hescham II, la flotte musulmane se concentra à Séville. La suite n'est pas connue [9].

En 1014 ou 1015 l'Espagne, une fois de plus, vit reparaître des Scandinaves, ceux que le duc Richard II avait appelés en France [10].

Il faut signaler encore l'expédition de Sigurd, fils du roi de Norvège Magnus, en 1107, 1108. Après avoir hiverné en Jacobsland (la terre de Saint-Jacques de Compostelle, la Galice) et puni les habitants de leur peu d'hospitalité, les Norvégiens s'emparèrent de Cintra, de Lisbonne encore mi-chrétienne et mi-musulmane, battirent une flotte musulmane au détroit de Gibraltar, asphyxièrent les défenseurs de l'île Formentara, ravagèrent deux autres des îles Baléares et arrivèrent enfin en Syrie, Mais cette expédition a le caractère d'une croisade en Terre Sainte. Sigurd passe au fil de l'épée les défenseurs de Cintra parce qu'ils sont païens (musulmans), et sa barbarie à Formentara a une excuse : l'île est habitée par des Musulmans et qui sont des pirates ! D'autres « croisés » dévastèrent encore le Jacobsland (Galice) en 1111 [11].

Les expéditions des vikings danois et norvégiens n'ont laissé aucune trace en Espagne.

---

1. Les textes arabes qui nous ont transmis les récits des expéditions scandinaves en Espagne ne sont pas contemporains. Ibn-Al-Coutia est mort en 977 ; Ibn-Al-Athir et Adhari ont écrit leurs compilations au XIIIe siècle. Mais il n'est pas douteux que ceux-ci copient des narrations contemporaines. Ces textes ont été traduits par R. Dozy, *Recherches sur l'Histoire et la Littérature de l'Espagne*, 3e éd., Leyde, 1881, t. II, p. 250-332. Les sources chrétiennes d'Espagne sont les chroniques de Sébastien de Salamanque (fin IXe siècle), d'Albelda (883), du moine de Silos (début du XIIe siècle), de Rodrigue de Tolède, 1243.
2. Ce nom donné aux Normands par les Arabes d'Espagne est une interprétation d'un passage de la Bible : les Madjous sont les gens de *Magog* qui habitent en sécurité dans les îles, mais sur qui s'abattra un jour le feu du Seigneur (*Ezéchiel*, XXXIX, 7 ; cf. *Apocalypse*, XX, 7).
3. Voir A. K. Fabricius : *La Première invasion des Normands dans l'Espagne musulmane en 844* (Lisbonne, 1892 : Congrès des Orientalistes).
4. Ibn-Al-Coutia, traduit par Dozy (II, 263).
5. Mezemma sur la côte du Rif à l'ouest du cap Tres Forcas.
6. Dozy, II, 263-4, 279, 286 ; — F. Lot dans *Bibl. de l'École des Chartes,* année 1908.

7. Lot, *Les Derniers Carolingiens*, 1892, p. 346-357.
8. Dozy, II, p. 288-291.
9. Dozy, p. 294-299.
10. Dozy, p. 300-314.
11. Dozy, p. 323-326.

# 5
# LES SCANDINAVES DANS LES ÎLES BRITANNIQUES.

### A. — En Angleterre et en Galles

#### 1. *La première conquête danoise et norvégienne.*

L'Angleterre a été la première inquiétée par les « Hommes du Nord ». En 793 le monastère de Lindsfarne, en Northumberland, reçoit leur visite ; l'année suivante, les pirates s'en prennent au monastère de Jarrow, près de l'embouchure de la Tyne. Puis ils passent dans la Manche et la mer d'Irlande. Sous le règne de Beorhtri, roi de Wessex, ils débarquent près de Dorchester. En 795, ils écument la mer d'Irlande. Un roi de Sud-Galles, Maredid (Meredyth) doit repousser leurs attaques. La même année ils se saisissent de l'île de Rachra sur la côte est de l'Irlande, un peu au nord de la baie de Dublin, île qui change son nom pour celui de Lambay.

Ces pirates viennent d'une région que les Annales irlandaises appellent Hirothra, qui est l'Hordaland. Ils sont donc des Norvégiens de la côte ouest de ce pays.

En 802 et 806, ils dévastent l'île de Hy (Iona) sur la côte d'Écosse, le sanctuaire scottique le plus renommé, où s'étaient formés les apôtres qui avaient amené à la foi chrétienne les Pictes d'Alban et les Anglais du Northumberland et de la Mercie [1].

Les incursions normandes se multiplient en Irlande et dans le Nord de la Grande-Bretagne, ainsi qu'en Frise et en Aquitaine Ces régions semblent absorber l'activité des vikings, si bien que l'Angleterre demeure indemne pendant une quarantaine d'années. Elle ne perd rien à attendre. En 834, les Normands ravagent, à l'embouchure de la Tamise, l'île de Sheppey. Deux ans après, ils débarquent en Dorset, près de Charmouth. Ils ne sont pas nombreux : leur flotte se compose seulement de 35 barques, ce qui peut donner 1.500 combattants [2]. Le roi Egbert accourt ; c'est un puissant prince : depuis quelques années il a uni sous son autorité les petits États angles et saxons, et on le considère, à tort ou à raison, comme le premier en date des rois d'Angleterre. Egbert est battu, deux évêques sont tués [3]. Egbert prend sa revanche en 838 : il défait à Hengesdeune, c'est-à-dire Hingston-Down, près de Plymouth, les Normands, des Danois, qui avaient débarqué en Cornwall, mais il meurt en 839.

Son fils, Aethelwulf, doux et pieux, mais faible, est incapable de résister aux nouveaux assauts venus de Scandinavie. D'ailleurs, il ne règne plus que sur le Wessex et le Kent. À partir de 840, l'Angleterre est la proie des vikings qui l'assaillent de tous côtés. Le Wessex, le golfe du Wash. l'Est-Anglie, le Kent sont ravagés, Londres est emportée en 842. Aethelwulf est battu en Wessex, le roi de Northumberland est tué (844).

En l'année 851, se produit l'attaque la plus dangereuse qu'on eut encore vue. De l'île de Sheppey, leur repaire, les Normands dirigent une puissante expédition par terre et par mer. Ils s'emparent de Canterbury, la métropole religieuse de l'Angleterre, pendant qu'une grosse flotte de 350 voiles remonte la Tamise et brûle Londres. Le roi de Mercie, Beorhtwulf accourt, il est mis en déroute. Cependant l'invasion scandinave aboutit à un échec sanglant. Aethelwulf, à la tête du contingent du Wessex, écrase les païens à Aclea (Okley). C'est un gros succès.

Succès sans lendemain. Dès 854, une nouvelle bande s'installe dans l'île de Sheppey. Le trop dévot roi de Wessex, se rend en pèlerinage à Rome (856). Sous le règne de son deuxième successeur, Aethelbert (mort en 866), la capitale du Wessex, Winchester, tombe aux mains des Normands [4].

À partir de l'année 866, les Normands, des Danois, entreprennent délibérément la conquête de l'Angleterre, sous la direction de trois vikings renommés. Ils commencent par le Nord et l'Est, s'emparent d'York, la capitale du Nord (867), puis soumettent le Northumberland. Le Sud de cette région, la Deira, devient un royaume pour un des chefs, peut-être Halfdan. En Mercie, les Danois s'installent à Nottingham. En 870, ils entrent dans l'Est-Anglie. Le roi Edmond, vaincu et fait prisonnier, est torturé : les païens l'attachent à un arbre et le tuent à coup de flèches [5]. Plus tard, le dernier roi d'Est-Anglie sera considéré comme un martyr et une abbaye sera fondée en son honneur : St-Edmond's bury [6].

Dans le Nord et le Centre les églises et monastères sont mis en cendres. L'Est-Anglie devient un royaume danois sous l'autorité de Guthorn ou Gorm, tandis qu'un autre viking, Ivar, se dirige vers le Nord-Ouest, enlève Dunbarton aux Bretons de la Clyde et va finir ses jours en Irlande.

Restait, au Sud, le double royaume de Wessex et de Kent. Les Normands l'attaquèrent en force sous le commandement de deux rois danois et de quantité de petits chefs ou jarls (871). Ils furent repoussés à Aescedun (Ashdown), au Sud d'Oxford, après une lutte acharnée où se distingua le plus jeune des fils d'Aethelwulf, Alfred. Néanmoins les envahisseurs n'acceptaient pas leur échec. Ils eurent l'avantage dans des engagements ultérieurs et Alfred, qui venait d'être reconnu roi, dut acheter la retraite des Danois. Les Normands abandonnèrent le Wessex, mais s'installèrent dans le Centre et le Nord, Halfdan fut roi de Bernicie (nord du Northumberland), et soumit les Pictes du Galloway et les Bretons du Strathclyde (Vallée de la Clyde).

Cependant Gorm, non content de l'Est-Anglie, entreprit de soumettre toute l'Angleterre du Sud (875-878). Un instant, Alfred dut se cacher dans les marais du Somerset, mais un succès des Anglais à Ethandune (Eddington), au Sud-Est de Bath, obligea l'ennemi à se retirer à Chippenham [7].

Alors, pour la première fois, des négociations s'engagent. Gorm et 30 jarls acceptent le baptême, et un traité est conclu peu après, à Wedmore près de Wells (878), et renouvelé en 886 [8]. La limite entre les États d'Alfred et les royaumes danois fut constituée par une ligne oblique allant de l'embouchure de la Tamise à l'embouchure de la Dee dans la mer d'Irlande. Elle suivait à peu près la direction de l'antique voie romaine de Londres à Chester, appelée Watling-Street par les Anglo-Saxons.

Alfred ne conservait même pas la moitié de l'Angleterre ; mais, en fait, le Nord, le Nord-Est, le Centre étaient au pouvoir des Danois, et il n'avait aucun espoir de les déloger. Moyennant cette renonciation à des territoires qui n'avaient jamais reconnu longtemps l'autorité du Wessex, Alfred s'assurait une trêve indispensable, et se trouvait désormais le seul roi anglais dans le Sud. Enfin, une grande partie des Bretons insulaires, les Domnonéens (de Cornwall et de Devon) et les Gallois du Sud reconnurent son autorité.

Alfred mit à profit le répit que lui assurait la paix de Wedmore pour reconstituer son État. Il rebâtit Londres qui n'était plus qu'un monceau de cendres ; il réorganisa l'armée, construisit une flotte, éleva des forts. On n'a pas à parler ici de sa tentative de ranimer la culture comme étouffée par les ravages des païens [9]. Grâce à ces mesures et à l'ascendant personnel d'Alfred le Grand, l'Angleterre naissante put refaire ses forces [10].

Sous les successeurs d'Alfred, son fils Edouard l'Ancien (900-924), ses petits-fils Æthelstan (924-940), Edmond (940-946), Edred (946-955), les Anglais reprirent aux Danois l'Angleterre du Centre et du Nord, morceau par morceau.

### 2. La « reconquista » du Centre et du Nord par les rois saxons.

Il est instructif de suivre quelques étapes de cette *reconquista* :

Vers 907, Edouard l'Ancien, fortifie Chester, alors à la frontière de l'Angleterre. En 911 il gagne une bataille à Wodnesfield (en Wolverhampton) : deux rois danois et plusieurs jarls sont tués. L'année suivante il reprend l'Essex [11].

Le roi poursuit la tactique inaugurée par son père ; il bâtit des forts d'arrêt au fur et à mesure de l'avance anglaise. Successivement ces forts s'élèvent à Oxford, Hertford, Tamworth, Stafford, Warwick [12]. Ces *burghs* ne sont que des constructions légères : sur une motte de terre on établit un refuge palissadé en bois, entouré d'un large fossé. Si rudimentaire que soit cette fortification, elle rend de grands services ; elle sert de refuge et permet de tenir bon contre l'ennemi.

Vers 912 une nouvelle invasion, par la Severn, d'une flotte venue du continent, de Bretagne, échoue. Les pirates repoussés gagnent l'Irlande. Le roi établit de nouveaux *burghs,* à Buckingham, à Towester. En 918 la région de Cambridge est soumise. L'année suivante Edouard s'empare de Leicester. En 920, construction de forts nouveaux à Thelwall sur la

Mersey, à Manchester, à Nottingham. Quand Edouard meurt, en 924, sa renommée lui a valu l'hommage de trois petits princes du Sud-Galles, du roi des Scots d'Alban, du roi breton de Strathclyde, même du roi danois de Northumbrie, Roegnwald, qui s'est établi à York [13].

Deux ans après la mort d'Edouard, son fils aîné Aethelstan s'empare de la Northumbrie ; les chefs danois s'enfuient en Écosse et en Irlande.

Mais la rapide résurrection du Wessex inquiétait les souverains, tant celtiques de Grande-Bretagne, scots et bretons, que scandinaves. Une coalition se forme qui réunit Constantin, roi des Scots d'Alban, Eogan, roi des Bretons de Strathclyde, des princes Gallois, Olav, fils du roi danois Sihtric. Une flotte énorme de 615 voiles, remontant le Humber, jeta les coalisés au cœur même de l'Angleterre. La rencontre eut lieu à Brunnanwerc, aujourd'hui Bourne en Lincolnshire. La bataille, qui fut acharnée, laissa un long souvenir chez les Scots et les Scandinaves aussi bien que chez les chefs Anglo-Saxons : *bellum ingens et horribile,* disent les Annales d'Ulster ; *proeliorum maximum,* dira plus tard Henri de Huntington ; la Saga d'Egill en parle également. Les Anglais furent vainqueurs. Les rois des Scots, des Bretons et Olav s'enfuirent et regagnèrent la flotte ; cinq petits rois danois et sept jarls périrent [14]. Cette victoire établit définitivement la suprématie anglaise en Grande-Bretagne. À partir de 937, il est évident que les Bretons de Galles et de Cumbrie (Cumberland et Strathclyde) doivent perdre tout espoir de refouler jamais les Anglo-Saxons, et il apparaît que l'hégémonie ne pourra appartenir ni aux Scots ni aux Danois, mais aux Anglais.

Æthelstan est, à vrai dire, le premier roi effectif d'Angleterre. Il protège les princes étrangers. Louis, fils de Charles le Simple, est recueilli par lui. Louis retournera en 936, à la mort de Raoul de Bourgogne, régner sur la France. De son séjour en Angleterre il gardera le surnom *d'Outremer,*c'est-à-dire l'Anglais [15]. Alain, duc ou roi de Bretagne, trouve également un asile auprès d'Æthelstan. C'est grâce aux secours fournis par le roi anglais qu'Alain Barbe-Torte peut, en 936, chasser les Danois de l'Armorique et du pays de Nantes. Æthelstan meurt le 27 octobre 940, à Gloucester, âgé seulement de quarante-quatre ans.

Edmond, son demi-frère, qui lui succède, à l'âge de dix-huit ans, voit les Danois demeurés dans le Nord se révolter. Il les soumet ainsi que les bourgs danois de Mercie : Leicester, Lincoln, Nottingham, Stamford, Derby. Trois petits rois danois reçoivent le baptême.

Edred, son jeune frère, qui lui succède dès 946, expulse les chefs danois revenus en Northumbrie. Les Anglais ont recouvré toute l'Angleterre et au-delà. Toutefois le pouvoir du roi anglais ne peut se maintenir dans l'extrême-nord, et Edwig (955-959), fils d'Edmond, se décide à évacuer Edimbourg.

Le règne d'Edgar (959-975) voit l'apogée de cette dynastie anglaise issue des rois saxons du Wessex. Alors commence l'assimilation du Centre et du Nord au Sud : la Mercie est divisée en shires (comtés). L'unification des descendants des Saxons, Angles, Jutes fait des progrès rapides. Le royaume d'Angleterre, au moment où l'esprit féodal décompose la France et ensuite l'Allemagne et l'Italie, est en passe de devenir l'État le plus homogène de l'Europe occidentale [16]. Quant aux Scandinaves et à leurs ravages, ce semble un mauvais rêve qui reporte à un passé affreux, heureusement aboli.

### 3. Nouvelle conquête de l'Angleterre par les Danois.

Tout à coup, en 980, on apprend que des Danois ont débarqué à Southampton, ont commis des meurtres et fait des prisonniers. Simple épisode de piraterie : les brigands ne sont qu'une poignée ; venus sur sept barques, ils représentent trois à quatre cents hommes [17]. En réalité, comme deux siècles auparavant, cet épisode est le prélude d'une nouvelle série d'incursions, de pillages, d'incendies sur toutes les côtes de la Grande-Bretagne.

En 991, une bataille livrée sur le rivage de la mer du Nord, à Maldon en Essex (au nord de l'embouchure de la Tamise), tourna si mal pour les Anglais que le roi Æthelred II l'Irrésolu ou le Malavisé (978-1016) dut acheter la paix à prix d'argent. Ce fut le premier Danegeld, suivi de bien d'autres [18].

Ces concessions humiliantes ne devaient pas plus sauver l'Angleterre du Xe que la France du IXe siècle. En 994, Londres est attaquée. Les agresseurs ne sont pas des « rois de la mer », comme on appelle les vikings, ni de simples jarls en quête de butin. Ils ne sont rien moins que le roi de Norvège, Olav Tryggvason, fils d'Harold Haarfagr, et le roi de Danemark Svein Tjugeskjeg (Barbe fourchue). Londres fortifiée résista, comme avait fait Paris au siècle précédent. Comme l'attaque s'était produite le 8 septembre, jour de la Nativité de la Vierge, on vit dans l'échec des assaillants un miracle. La ville avait été protégée par la colère de Notre-Dame.

Hors d'état de lutter, le roi anglais doit encore verser le Danegeld pour obtenir l'éloignement des Scandinaves [19]. Il est intéressant de relever que, avant de quitter l'Angleterre, Olav accepta le baptême et eut pour parrain le roi Æthelred. En Norvège il introduisit le christianisme, que devait faire triompher douze ans plus tard son successeur Olav le Saint, à son retour de Normandie, ainsi qu'on l'a vu [20].

Svein, lui aussi, avait été jadis baptisé, mais il était retourné au paganisme. La brouille se mit, cinq ans après, entre les deux rois et Olav succomba (1000).

Cependant les attaques des Danois ne cessent pas à partir de 997. Nombre d'entre eux s'étaient établis dans le pays. Le roi Æthelred, affolé, s'imagina qu'il se tirerait d'affaire par une tuerie générale des Danois d'Angleterre. Le massacre eut lieu le jour de la Saint Brice (13 novembre) 1002 [21]. Mesure stupide, les victimes étant précisément les éléments inoffensifs. Svein, devenu roi de Danemark en même temps que de Norvège, débarqua à Exeter. À partir de cette époque, pendant douze années, les Anglais subirent défaites sur défaites, sur terre et sur mer, et tombèrent dans une prostration complète. Pièce à pièce ils cédèrent le terrain à l'envahisseur et multiplièrent les versements du tribut, le Danegeld. Un épisode tragique fut la capture et le martyre de l'archevêque de Canterbury, Ælfhead (Elphège). Comme il refusait de verser pour sa rançon une somme énorme dont le paiement eût écrasé ses paroissiens, il fut supplicié au cours d'une orgie (19 avril 1012) [22].

Svein, sans doute très âgé, meurt subitement en 1014 (le 3 février). Le roi anglais Æthelred, qui s'était enfui en Normandie, fut rappelé, mais il mourut en 1016 (23 avril). L'Angleterre se trouva alors disputée entre deux prétendants rivaux, l'Anglais Edmond, fils d'Æthelred, le Danois Cnut (Canut), fils de Svein. Par un renversement des situations antérieures, le partisan anglais tenait la région du Nord, le partisan danois, celle du Sud. Edmond, surnommé, Côte-de-Fer, était tout l'opposé de son père Æthelred. En quelques mois, il livra à son adversaire plusieurs batailles, tantôt heureuses, tantôt malheureuses. Toutefois, c'était déjà beaucoup que le dragon rougi, emblème des rois du Wessex, puis de l'Angleterre, eût osé affronter le corbeau noir des Danois (un corbeau noir sur fond de soie blanche). Si Edmond put recouvrer par traité le Wessex, il dut, par contre, céder Londres aux Danois. Mais le jeune roi anglais mourut à Oxford, le 3 novembre de cette même année 1016.

Bien qu'il laissât des fils, en bas-âge d'ailleurs, l'Angleterre entière reconnut l'autorité de Canut. Le Danois épousa la veuve d'Æthelred, Emma, pour rallier ses sujets anglais. Il gouverna sagement l'Angleterre, le Danemark et la Norvège jusqu'en 1035 [23].

À sa mort, deux de ses fils, Harold, né d'une femme inconnue, et Harthacnut, né d'Emma, devaient se partager l'Angleterre. Le premier la prit tout entière pour lui, mais il mourut en 1040. Harthacnut, qui régnait en Danemark, débarqua en Angleterre. Il se conduisit en conquérant plutôt qu'en roi légitime, écrasa ses sujets de taxes, leva même le Danegeld ; mais il mourut en 1042 (9 juin) d'avoir « trop bu ». Il ne laissait pas de postérité. L'Angleterre appela alors au trône un fils d'Æthelred, Edouard, surnommé plus tard, le Saint (le Confesseur) à cause de sa piété.

Élevé en Normandie, où son père et sa mère s'étaient réfugiés trente ans auparavant, Edouard n'avait plus rien d'un Anglais. On sait qu'il attira à la cour les gens du continent et qu'il préparait ainsi la mainmise des Normands sur l'Angleterre, lorsqu'il mourut sans enfant (5 janvier 1066) [24].

En la personne de Guillaume le Conquérant et de ses compagnons, vainqueurs d'Harold, à Senlac (Hastings), le 14 octobre 1066, allons-nous assister à une nouvelle conquête de l'Angleterre par les Scandinaves ? En dépit de leur nom, et bien que les ducs n'eussent pas perdu le souvenir de leur origine danoise, les nouveaux venus ne sont plus des « Hommes du Nord », ce sont des *Français,* qui imposent aux vaincus leur langue, leur droit, leurs institutions.

### B. — Les Scandinaves en Écosse.

L'apparition des Scandinaves dans le Nord de la Grande-Bretagne, l'Écosse, est contemporaine de leurs premiers ravages en Angleterre. En 794 ils font une descente dans l'Ile de Hy (Iona) où saint Colomba, l'apôtre des Pictes, avait fondé un monastère célèbre, pépinière d'apôtres scots qui avaient converti les Pictes et aussi les Anglais de Northumbrie et de Mercie. En même temps l'île de Skye, une des Hébrides, reçoit la visite des pirates.

Ils viennent sans doute des îles Orcades et des Shetland où ils semblent s'être établis déjà au cours du VIIIe siècle, et probablement ce sont des Norvégiens.

En 823, le Galloway picte est dévasté. En 870 Dumbarton, capitale des Bretons de Strathclyde, est emportée. Les Iles Hébrides tombent au pouvoir des pirates, ainsi que l'Ile de Man au milieu de la mer d'Irlande. Des Hébrides, appelées par les Scandinaves Sudreyjar « Iles du Sud », par opposition aux Orcades et aux Shetland, un chef scandinave, Ketill Flatnev, s'élance à la conquête du Nord-Ouest. Un autre viking, Thorstein le Rouge, s'empare du Caithness, du Sutherland, du Ross. Il a pour successeur Sigurd, jarl des Orcades. Les Norvégiens commencent à peupler, non seulement les îles, mais les régions septentrionales de l'Écosse et le Galloway au Sud-Ouest, ainsi que le Cumberland [25].

La raison de leurs succès et de la durée de leurs établissements s'explique sans peine. L'Écosse, au moment de l'arrivée des Scandinaves, n'est pas un pays homogène. Au Nord du Firth of Forth et du Forth of Clyde, ainsi qu'en Galloway, subsistent les autochtones, les Calédoniens, appelés Pictes depuis le IVe siècle. Ils ont été christianisés par saint Colomba et ses disciples, à la fin du VIe siècle et au cours du VIIe siècle.

La partie Nord-Ouest, l'Alban, a été occupée par les Scots, venus de l'Irlande aux VIe et VIIe siècles. Ces Scots s'appellent eux-mêmes *Goidels* dans leur langue celtique, d'où la forme actuelle *gaël, gaëlique*. Le comté d'Argyle rappelle aujourd'hui encore leur établissement : *Air*, pays et *Gyle* : Gaels [26]. Au Sud-Ouest, la vallée de la Clyde est au pouvoir des Bretons et Dunbarton (« Forteresse des Bretons ») est leur capitale.

Au Nord-Est, le Lothian a été occupé, vers le VIIe-XIII[e] siècle, par les Angles de Northumberland qui se sont étendus jusqu'au Firth of Forth et ont fondé Edimbourg.

L'œuvre d'unification de ces régions a été entreprise pour la première fois par un roi Scot, Kenneth Mac Alpine, qui a dominé Pictes et Bretons et a régné de 844 à 860 [27]. Mais il n'a pu ni soumettre les Anglais du Lothian, ni chasser les Scandinaves. Ses descendants, les Donald et Constantin (900-940) ne furent pas plus heureux. C'est seulement sous Malcolm II (1005-1034) que le Lothian fut définitivement enlevé aux Anglais à la bataille de Carham (1018).

Mais les Normands se maintinrent dans l'extrême-nord, en Caithness et en Sutherland. Ils infligèrent deux grosses défaites au roi Duncan (1034-1040). Duncan périt sous les coups des Norvégiens d'Écosse et non de Macbeth, comme le veut une légende recueillie par Shakespeare. Macbeth vécut en bons termes avec le jarl de Caithness et Shuterland, Thorfinn ; il fit peut-être avec lui un pèlerinage à Rome en 1050. Son successeur, Malcolm, lutta vainement contre Thorfinn, de 1057 à 1064. Les rois d'Écosse n'imposèrent leur autorité sur le Sutherland, le Caithness, le Ross qu'à la fin du XIe siècle. Les îles Orcades restèrent sous l'autorité de la Norvège jusqu'en 1468 [28].

Cependant, l'unification de la région septentrionale de l'île était achevée. Le nom et la langue des Pictes disparurent au XIIe siècle et l'antique Calédonie prit le nom des envahisseurs irlandais, les Scots, qui occupaient le Nord-Ouest : *Scotia* (Écosse, Scotland), mot qui, jusqu'alors, désignait l'Irlande.

### C.— Les Scandinaves en Irlande [29].

#### 1. Conquête de l'Ile par les Norvégiens et les Danois.

Les « païens blancs » *(Finn Gall),* comme les Irlandais appelaient les Norvégiens, apparurent sur les côtes d'Irlande en 795 [30], comme sur les côtes d'Angleterre, d'Écosse, de France, à la même date. On a vu qu'ils se saisirent tout de suite d'une île (Lambay) au nord de la baie de Dublin. Leurs attaques ultérieures aboutirent à une grosse défaite qu'ils subirent au lac de Killarney en 812 et dont l'écho parvint jusqu'à la cour de Charlemagne [31]. Mais ils revinrent en 823, et, pendant dix ans, se livrèrent à des ravages effrayants sans rencontrer de résistance sérieuse. Établis dans les ports, dont plusieurs furent fondés par eux, Dublin, Waterford, Wexford, Cork, Limerick sur le Shannon, au cœur de l'île, ils s'élançaient de ces repaires pour dévaster successivement toutes les régions [32].

Les églises épiscopales et monastiques excitaient particulièrement leur rage, car ils étaient païens fanatiques. C'est alors que se produisit un nouvel exode de clercs irlandais, qui alla contribuer à ranimer en Gaule la culture antique. Sedulius et Johanes Scotus Erigena (Jean le Scot d'Irlande) sont les plus célèbres de ces savants fugitifs [33].

D'après un témoignage ultérieur [34] l'ensemble des pirates aurait été réuni sous l'autorité d'un viking particulièrement féroce nommé Turgesius (Thorgils). Il réussit à imposer son autorité aux petits rois d'Irlande, qui ne songeaient, comme toujours, qu'à s'entre-déchirer, et tenta, dit-on, d'extirper de l'île le christianisme. Surpris en 845 par Malachi, roi de Mide (Meath), il fut noyé. Un an après, Malachi (Maelseschlainn) devenait roi suprême *(ard-ri)* et, en 848, ayant remporté une victoire sur les Normands, il crut la situation assez raffermie pour entreprendre un pieux pèlerinage à Rome ; il demanda le passage au roi de France, Charles le Chauve [35].

Mais, en 852, arriva un nouveau flot d'envahisseurs, les « païens noirs » *(Dubh-Gall)*, les Danois, qui chassèrent ou soumirent les Norvégiens et s'emparèrent de leurs ports. Cependant les rois d'Irlande opposèrent aux nouveaux venus une résistance vigoureuse, parfois victorieuse. Les rois suprêmes Aed Finnliath (863-879), Flann du Shannon (879-916), réussirent à arrêter la conquête. De 875 à 915, l'Irlande eût été relativement paisible sans les querelles incessantes de ses petits rois. En 919 une nouvelle flotte danoise débarque dans la baie de Dublin ; le roi suprême, c'est alors Niall Glunduff (au genou noir), attaque les Normands et succombe avec douze autres princes irlandais. Ce désastre n'abat point les indigènes. Les rois Donough (Donnchad) et Conngalach résistèrent obstinément ; celui-ci réussit même à s'emparer un instant de Dublin (943). De grands succès furent enfin obtenus par Malachi II le Grand (980-1002) : il prit encore Dublin. Le roi danois, Amlaff, désespéré, se retira au cloître de Iona. En 996 Malachi prend, une fois de plus, Dublin et emporte les trésors accumulés dans cette ville par les Normands. En 999, uni à Brian, il inflige une grosse défaite, à Glenmama (près Dunlavin), aux Danois que les Irlandais du Leinster ont aidés par jalousie. Mais, en 1002, Malachi doit céder la dignité d'*ard-ri* à son ancien allié Brian [36].

### 2. *Délivrance de l'Irlande.*

Brian, le plus célèbre des rois irlandais, naît en 941 dans la région Sud-Ouest, en Munster. Cette province est divisée depuis de longs siècles en deux parties : le Nord, ou Thomond, est au pouvoir de la tribu des Dalcassiens (descendants de Cas) ; le Sud, ou Desmond, est au pouvoir des Eugéniens ou Eoganachs (descendants d'Eugène). Toutefois, le trône devait revenir alternativement au chef de chacune de ces tribus. En 964 Mahon (Maithgamhuin), du Thomond, étant devenu roi de Munster, son jeune frère, Brian, osa attaquer les Danois de Limerick et obtint de gros succès, mais il fut victime de la trahison des Eoganachs (976). Devenu roi, Brian vengea son frère sur les Danois et les Eoganachs. Il se fit céder ensuite (996) par Malachi II, l'autorité sur la portion Sud de l'île, le Leh-Mow *(Lelh-Mogha),* comprenant le Munster et le Leinster, alors que le roi suprême se contentait du Leh-Conn, comprenant théoriquement le Meath, l'Uster, le Connaught.

Enfin, en 1002, Brian força Malachi à lui abandonner la royauté suprême. Pour la première fois depuis cinq cents ans, la dignité *d'ard-ri* fut le partage d'un roi qui n'était pas de la race de Niall-aux-neuf-otages que la tradition représente comme régnant sur l'Irlande et la Grande-Bretagne occidentale vers 400 [37].

Les douze années qui suivirent furent paisibles et glorieuses pour l'Irlande. Brian passe pour avoir relevé les églises et les monastères détruits, rebâti les forteresses, construit des routes et des ponts, et fait régner une justice rigoureuse. Il exerçait une hospitalité fastueuse et vit se presser à sa cour, non seulement les princes indigènes, mais encore les petits rois et jarls danois ou norvégiens clés Hébrides et de l'île de Man, le roi scot Alban (Écosse), etc... Son règne, même en faisant la part de l'exagération, est le plus brillant de la période de l'Irlande indépendante. Mais, en 1013, une coalition se reforma ; elle unissait Maelmora, roi scot du Leinster, les Danois de Dublin, auxquels se joignirent les rois et jarls des îles Orcades, Shetland, Hébrides, Man, ceux des établissements fondés en Caithness (Nord de l'Écosse), en Cumberland, etc... Une furieuse bataille s'engagea sous les murs de Dublin, à Clontarf, le vendredi-saint 23 avril 1014. Elle dura du lever au coucher du soleil. Scandinaves et Lageniens furent mis en complète déroute, mais la victoire fut chèrement achetée du côté des Irlandais par la mort du fils et du petit-fils de Brian, Murrough (Muircertach) et Turlogh (Tordelbach). L'ard-ri lui-même périt : Brian, très âgé, était demeuré avec un seul serviteur dans sa tente, en prières. À la fin de la journée il y fut surpris par une bande d'ennemis en déroute, commandés par un viking de l'île de Man, Broder, qui, après avoir été chrétien, était retourné au paganisme. Brian se redressa, saisit son épée et trancha les jambes de Broder, mais celui-ci eut le temps avant de tomber, de fracasser la tête du vieillard avec sa hache d'arme [38].

Les résultats de la bataille de Clontarf ont été considérablement exagérés. Il est faux qu'elle ait sauvé l'Irlande et mis fin aux invasions des Scandinaves. Ceux-ci continuèrent à posséder Dublin et d'autres ports encore. Leur puissance était déjà en décroissance, grâce aux efforts de Brian et de Malachi. Ce qui est vrai c'est que cette bataille précipita le déclin de leur puissance guerrière. Ils s'adonnèrent au commerce, se firent chrétiens, s'allièrent par mariage aux indigènes. Brian lui-même avait épousé la mère du roi danois de Dublin, fille elle-même du roi irlandais du Leinster. Quand les Anglo-Normands entreprendront la conquête de l'Irlande en 1170, ils trouveront les ports encore tout norois. Les Irlandais ne paraissent pas avoir même songé à en expulser les Danois, ce qui n'eût pas été difficile [39]. Sans doute parce que les descendants des vikings s'étaient transformés en marchands utiles aux indigènes, qui ne semblent pas avoir eu alors d'aptitude au commerce.

---

1. James H. Ramsay, *The Fondation of England*, vol. I (1898), p. 219 ; — Knut Gjerset, *History of the Norwegian people*, vol. I (New-York) 1915, p. 45-47.
2. Une barque du IX$^e$ siècle comporte de 32 à 40 rameurs, c'est-à-dire autant de guerriers. Au XI$^e$ siècle, ces nombres peuvent doubler. Voy. Ramsay, t. I, p. 260 et 415.
3. Ramsay, p. 230 ; Gjerset, p, 53.
4. Ramsay, p. 231-239.
5. Ramsay, p. 241.
6. F. Hervey, *The History of King Edmond the martyr* (Oxford, 1929), 61 p.
7. Ramsay, p. 241-245 ; — Gjerset, p. 55.
8. Ramsay, p. 254 et note 1.
9. Cf. *Histoire du Moyen Age* sous la direction de G. Glotz, t. I, p. 701-706.
10. Sur Alfred cf. Ch. Plummer, *The Life and times of Alfred the Great* (Oxford, 1920).
11. Ramsay, p. 270.
12. Ramsay, p. 272,
13. Ramsay, p. 276.
14. Ramsay, p. 285-7 ; — Gjerset, p. 156.
15. Philippe Lauer, *Louis IV d'Outremer* (1900), p. 300.
16. Ramsay, p. 297-332.
17. Ramsay, p. 333.
18. Ramsay, p. 359.
19. Ramsay, p. 342.
20. Voir p. 148 ; cf. Gjerset, p. 244-269.
21. Ramsay, p. 353.
22. Ramsay, p. 367 ; — Dozy, t. II, p. 305.
23. Ramsay, p. 371-378, 382-405 ; — L. M. Larson, *Canut the Great* (1912).
24. Ramsay, p. 419 et 503-504.
25. Gjerset, *History of the Norwegian people*, t. I, p. 235-242.
26. Voy. *Histoire du Moyen Age*, sous la direction de G. Glotz, t. 1, p. 732-739.
27. Voyez les Histoires d'Écosse, trop nombreuses pour être énumérées ici. Cf. p. 39.

28. Gjerset, p. 235-238 ; — G. Henderson, *The Norse influence on celtic Scotland* (1910) ; — Alex. Bugge, *The Norse Settlements in the british Isles* dans *Transactions of the royal historical society* ƒ 4ᵉ série, vol. IV (1924).
29. P. W. Joyce, *A Short history of Ireland,* (jusqu'en 1608), Londres 1893, p. 189-227 ; — Alex. Bugge, *Die Wikinger* (1906) p. 90-142. Sur les sources de l'histoire d'Irlande James Kenney, *The sources for the early history of Ireland,* t. I, New-York, 1929.
30. Selon Zimmer dans *Sitzungsberichte* de l'Académie de Berlin 1891,p. 279-317), la première attaque des Scandinaves se serait produite en 613. Les annales irlandaises rapportent sous cette date la dévastation de l'île de Tory (Torach) par des pirates ; mais la nationalité de ceux-ci n'est pas spécifiée. Ces pirates peuvent être des Pictes.
31. *Annales regni Francorum,* éd. Kurze, p. 137.
32. Liste des localités ravagées dans Joyce, p. 242.
33. Voy. M. Manitius, *Gesch. d. latein. Literatur des Mittelalters* t. II, (Munich, 1911), p. 315-338.
34. *Cogadh Gaedhel re Gallaibh (Wars of the Gaedhel with the Gaill or The Invasions of Ireland by the Danes and other Nordsemen),* éd. Todd (Londres, 1867). Ecrit dans le sud de l'Irlande, peu après 1014.
35. *Annales Bertiniani,* éd. Waitz, p. 46.
36. Joyce, p. 207.
37. Voy. Joyce, p. 227.
38. Joyce, p. 210-224 ; — Gjerset, *History of the Norwegian people,* t. I, p. 227.
39. Bugge, *loc. cit.,* p. 118-121, 126-130, 132.

6
# LES INFLUENCES SCANDINAVES SUR LES ÎLES BRITANNIQUES.

### A. — Sur l'Angleterre

L'influence des Danois sur l'Angleterre, en dépit de la conquête qu'ils effectuèrent de ce pays à deux reprises, à la fin du IXe siècle et au début du XIe, n'a pas été capitale. Nulle part, en effet, la langue et les institutions scandinaves n'ont prévalu. Dans l'anglo-saxon les termes d'origine scandinave sont infiniment moins nombreux qu'on ne pourrait croire. On relève une vingtaine de mots de guerre et de droit [1].

Néanmoins il ne faudrait pas sous-estimer l'apport des Danois, et même des Norvégiens, dans la formation ethnique du peuple anglais. De nombreux établissements scandinaves se sont fondés au Nord et au Centre de l'Angleterre [2]. La toponymie en garde la trace encore aujourd'hui. C'est naturellement dans la partie cédée aux Scandinaves par le traité de Wedmore (878), le Danelaw, qu'on rencontre le plus grand nombre de localités portant des dénominations noroises :

D'abord les localités terminées en *by* (norois *boe,* village) : Grimsby, Whitby, Derby. Les localités, en *torp (thorp* en norois) qui abondent en Norfolk, en *toft* dans les comtés de Cambridge, Herford, Huntingdon ; en *holm* dans le Bedford.

Pour celles qui se terminent en *thwaite* on revendique une origine spécifiquement norvégienne, à tort ou à raison [3]. Or ces localités sont au nombre de 232 (83 en Yorkshire, 11 en Lincoln, 7 en Norfolk).

Le peuplement danois ne s'est pas étalé en couches uniformes dans le Danelaw. Ainsi dans l'Est-Anglie, conquise par Gorm, on ne rencontre pas de noms danois dans le Sud, le Suffollk ; même en Norfolk, ils sont tassés dans un coin, au Nord-Ouest [4].

L'élément scandinave a été longtemps important dans les villes, à York, sorte de capitale de l'Angleterre danoise, dans les Cinq-Bourgs (Leicester, Lincoln, Nottingham, Stamford, Derby), au cœur de l'île [5], même à Londres. On a vu qu'Alfred le Grand avait recouvré Londres. Mais, comme les rois anglais se tenaient toujours de préférence à Winchester, capitale de Wessex, Londres n'a commencé à prendre d'importance politique que sous la domination danoise, sous Canut le Grand [6]. Elle était peuplée de quantité de marchands danois et norvégiens. Au XIe siècle les Norvégiens n'y avaient pas moins de six églises dédiées à l'apôtre de la Norvège, saint Olav ; les Danois avaient la leur, dédiée à saint Clément, c'est aujourd'hui encore *St Clement's Danes*. Un fils du roi Canut y fut enterré. Il est curieux de relever que le nom de l'assemblée judiciaire municipale de Londres, formée du lord-maire, des sheriffs et aldermen, ait porté le nom de *husting* dont l'origine noroise est patente : *husting* « assemblée judiciaire ». Enfin toute la partie de Londres au Sud de la Tamise conserve encore la dénomination danoise qu'on voit apparaître sous le règne de Svein, en 1015 : *Southwark* (norois *Sudhverk*),

Dans le *Danelaw* les Scandinaves introduisirent naturellement un grand nombre de noms de personnes [7]. Dans un recueil de textes du XIIe siècle de cette région, l'éditeur relève 507 noms anglais dont 266 sont d'origine noroise [8].

Le système des tenures rurales de certains villages du Danelaw affecte un caractère plutôt danois qu'anglais. Enfin la division administrative du Yorkshire en *wapentake* (au lieu de *hundred*) et en *riding* est peut-être d'origine danoise [9].

Dans cette région, et aussi en Lincolnshire, on rencontre d'assez nombreux mots dialectaux d'origine noroise dans l'anglais ou le français des documents du XIIIe siècle. Il n'est pas impossible que çà et là le norois ait été parlé jusqu'à cette époque. Mais la persistance du danois était aussi impossible en Angleterre qu'en Normandie, la population indigène étant beaucoup plus nombreuse que les conquérants et immigrés. Et même en Angleterre la différence entre les deux langues était infiniment moindre qu'en Normandie : de toutes les langues germaniques l'anglais est, en effet, celle qui se rapproche le plus du *norois* : il est commode d'englober sous cette expression l'ensemble des langues scandinaves qui, aux VIIIe, IXe, Xe siècle ne diffèrent quasi point entre elles.

### B. — Sur les parties bretonnes de l'île.

Seuls des Bretons, les Gallois, et encore dans le Nord-Galles, avaient réussi à sauvegarder leur indépendance [10]. Les autres parties bretonnes de l'île étaient tombées successivement du VIIe au Xe siècle, sous l'autorité des rois anglo-saxons. Toutefois la destruction de la langue et de la nationalité celtique y eût été sans doute moins rapide si les Scandinaves ne s'y étaient installés. Une bonne partie de l'Ouest s'est trouvée ainsi scandinavisée en même temps qu'anglicisée aux IXe et Xe siècles.

Prenons à Chester et remontons vers le Nord. La ville même de Chester, perdue par les Gallois en 613, reprise aux Danois par Alfred en 893 [11], avait au XIe siècle une église dédiée à saint Olav, signe que la population était en partie norvégienne, ainsi que dans le comté de Cheshire, à cette époque. La péninsule entre l'embouchure de la Dee et celle de la Mersey, dite Wirral, fut cédée en 900 à des Danois momentanément chassés d'Irlande, et il y a des indices qu'on y parlait encore danois au XIe siècle [12].

Le Lancashire et le « pays des lacs » (North Lancashire et Westmoreland) furent également occupés au début du Xe siècle par des Scandinaves venus d'Irlande. La région entre l'embouchure de la Rible et la baie de Morcambe, dite Amounderness (cap d'Agmund, viking, tué en 911) a subi fortement l'empreinte noroise [13].

Le Cumberland fut aussi peuplé au Xe siècle par des Scandinaves venus d'Irlande [14] et des îles Hébrides. Cédé en 945 à Malcolm, roi d'Écosse, par le roi anglais Edmond, il garda une aristocratie noroise jusqu'à l'arrivée des Normands de France (prise de Carliste par Guillaume le Roux, en 1095). On a trouvé des inscriptions runiques en Cumberland et jusque sur l'église de Carlisle, l'antique *Luguballia* [15].

Quant au Galloway il présente alors un mélange hétéroclite de populations. Sur le fond picte se sont ajoutés des apports bretons, anglais, enfin scandinaves. Le nom même veut dire Norois-irlandais en langue irlandaise : *Gall-gae-dhel* [16].

Dans le pays de Galles il y a eu des établissements scandinaves importants dans le Sud-Ouest, dans la péninsule de Pembroke : Milford est un nom danois ; de même Swansea en Glamorgan (*Sweynsey* « île de Svein »). Au VIIIe siècle encore il y a des marchands norois dans les ports, ainsi à Cardiff.

Au nord, l'île de Mona a perdu son nom celtique pour celui d'Anglesey [17].

### C. — Sur l'Écosse.

On a vu que le Nord de l'Écosse, correspondant aux comtés de Caithness, de Sutherland, de Ross, avait été occupé par les Norvégiens jusqu'à la fin du XIe siècle. Nul doute que le norois n'y ait vécu longtemps à côté du scot ou du picte indigène. Néanmoins la langue celtique a fini par reprendre le dessus, à une époque indéterminée, en tout cas pas avant le XIIe siècle, au plus tôt [18].

La gaélique d'Écosse a recueilli quantité de mots norois, termes de pêche et de marine notamment [19]. De nombreux noms de lieux sont d'origine norvégienne, ainsi *mull*, qui désigne les péninsules étroites et longues de la côte occidentale d'Écosse (*Mull of Galloway, Mull of Cantire*) etc. [20]. De même des noms de personnes sont d'origine noroise [21].

Enfin le séjour des Scandinaves a eu une très réelle influence sur la race. Avec les Norvégiens [22] les Écossais sont le peuple d'Europe dont la taille est la plus élevée [23].

### D. — Sur les Iles.

Mais c'est surtout dans les Iles qui entourent l'Écosse que l'empreinte scandinave apparaît profonde et durable.

#### 1. Les Feroë (en danois Faeröer).

Dépendance géologique de l'Écosse, ces îles étaient peuplées par des anachorètes scots, au témoignage du géographe irlandais Dicuil, qui composa son traité *De mensura orbis terrae* en 825. Mais, dès le VIIIe siècle, ces religieux furent massacrés ou mis en fuite par les pirates norvégiens qui s'installèrent dans ces îles qu'ils appelèrent « îles des moutons » *Faer-eyjar*. L'État scandinave qui s'y constitua fut converti au christianisme par le roi Olav Trygvason, à la fin du X$^e$ siècle. Par la suite, bien que la population soit norvégienne, les îles sont passées au Danemark. Aujourd'hui 21.300 Scandinaves vivent sur les 1400 kilomètres carrés que forment ces îles au milieu de la mer du Nord, entre l'Écosse, la Norvège, l'Islande [24].

## 2. *Les Shetland.*

Peuplées par les Calédoniens ou Pictes, les Shetland, qui ne sont qu'à 350 kilomètres des côtes de Norvège, tombèrent au pouvoir des Norvégiens dès le VIII$^e$ siècle, pour le moins. Pendant sept cents ans elles formèrent un petit État scandinave qui ne revint à l'Écosse que très tard et comme par hasard : en 1468 le roi de Danemark et Norvège, Christian I$^{er}$, les céda en gage à Jacques III, roi d'Écosse. Depuis cette époque les îles se sont anglicisées, la cour d'Écosse et les hautes classes ayant de bonne heure perdu l'usage du celtique (gaélique ou erse) et adopté l'anglais sous la forme dialectale du Nord. Mais dans la langue que parlent les 28.000 personnes qui vivent sur ces îlots (39 seulement sur 117 sont habitables), des centaines de mots sont d'origine noroise selon J. Jakobsen ; *flath, fjord, wick (vikr), ness, daill (dalr), voc (vagr),* etc... [25].

## 3. *Les Orcades (Orkney).*

Ce qu'on a dit des Shetland vaut pour les Orcades. Occupées par les Norvégiens au VIII$^e$, peut-être déjà au VII$^e$ siècle, les Orcades ont formé longtemps un État norois commandé par des jarls ou même des membres de la famille des rois de Norvège. Christian I$^{er}$ les restitua, ou plutôt les engagea, à l'Écosse en 1468. L'empreinte scandinave a été durable. En 1780 quelques familles encore parlaient le norois [26]. Si la population est anglicisée, elle n'est nullement assimilée moralement à l'Écosse ou à l'Angleterre : les habitants, (au nombre de 30.000) ont conscience de leur origine. La toponymie est toute noroise : par exemple les quatre-vingts îles qui composent l'archipel ont des noms Scandinaves. Il est même un monument qui rappelle la domination norvégienne : la cathédrale en l'honneur de saint Magnus, élevée à Kirkwall, capitale de l'archipel, rappelle celle de Trondhjem [27].

### 4. Les Hébrides.

Ces îles sont les seules qui aient gardé jusqu'à nos jours une population et une langue scottiques. Elles n'en ont pas moins subi le joug et l'influence scandinaves. La population indigène s'allia aux envahisseurs, qui arrivèrent entre 820 et 830, au point d'oublier le christianisme. Les habitants sont appelés *Gall-Gaedhel* par les Irlandais, c'est-à-dire : « Norois-Irlandais ». Les Hébrides constituèrent pour les Normands, du IXe au XIe siècle, un repaire d'où ils s'élançaient sur l'Écosse et l'Irlande. Elles n'échappèrent à l'autorité de la Norvège et ne furent réunies à l'Écosse qu'en 1266, à la paix de Perth. Mais les Hébrides gardèrent longtemps une autonomie sous la direction de leur « Lord des Iles ». Le celtique, le gaélique, a repris le dessus, mais pénétré de termes norois. Les noms de quantité de localités, ainsi de l'île de Lewis, sont scandinaves. On y retrouve nombre d'inscriptions runiques. Le type physique des envahisseurs a laissé également des traces [28].

### 5. Ile de Man (Menavia).

Au milieu de la mer d'Irlande, l'île de Man fut occupée de bonne heure par les Norois et forma, elle aussi, un royaume redoutable aux côtes voisines. Au XIIe elle fut acquise par l'Angleterre qui ne s'en soucia jamais beaucoup : en 1405 Henry IV l'inféoda aux Stanley et elle ne revint à la couronne qu'en 1825. Elle s'administre elle-même : la grande assemblée se réunit à Douglas (nom celtique) capitale de l'île, mais elle est dite *Thynwald,* du norois *Thingvaldr.*

Bien que la langue celtique ait étouffé le norois, pour être, à son tour, supplantée par l'anglais, de nos jours, l'empreinte scandinave demeure et dans les noms de lieux (quantité en *by*), et dans le folklore, et dans le type physique. On trouve également dans l'île des inscriptions runiques et des croix de pierre ornementées selon le style scandinave.

## E. — Sur l'Irlande.

Les ravages des Scandinaves et l'occupation effectuée par eux d'une grande partie de l'île ont exercé une grande influence sur les destinées de l'Irlande. D'abord indirectement : l'île s'est repliée sur elle-même, se trouvant coupée du continent, même de la Grande-Bretagne. Les points par où elle communiquait avec le monde extérieur, les ports, se trouvèrent aux mains des envahisseurs, ou pour mieux dire ils furent fondés par eux : ainsi Dublin, en dépit de son nom celtique, Wexford (du norois Veigsfjordr), Waterford (du norois Vedhrafjordhr) Cork, Limerick [29]. Dans ces localités, au XIIe siècle encore, on parle norois (danois et norvégien) plutôt qu'irlandais. Dans les légendes anglo-normandes et françaises du même temps, les Irois sont les Scandinaves de l'île plutôt que les indigènes ; l'héroïne Iseut du poème de *Tristan et Iseut* est une princesse noroise d'Irlande et non une princesse celtique.

Les noms de l'île et de ses provinces que connaissent les étrangers leur sont transmis sous une forme noroise. En Angleterre, en France, on ne parle plus d'*Hibernia*, de *Scotia* mais d'Irlande [30]. La *Mumonia* devient le Munster, la *Lagenia* le Leinster, le pays des *Ulates* l'Ulster. Seul le nom de la province du Nord-Ouest, la *Connacia*, se conserve à peine déformé en Connaught.

Longtemps il sembla qu'une barrière infranchissable s'élèverait toujours entre les indigènes et les nouveaux venus, Danois et Norvégiens. A la différence de race, de langue, de religion, au ressentiment laissé par les dévastations et cruautés épouvantables des Norois, s'ajoutait un obstacle politique et social, le régime du clan celtique repoussant l'intrusion de tout élément étranger.

Malgré tout on sent, au cours du Xe siècle, qu'un rapprochement s'effectue.

D'abord le christianisme gagne sans cesse du terrain. On a vu le roi de Dublin, Olav Kvaran, vaincu, se retirer au cloître, à Iona où il mourut. A la date de 1014, lorsque l'hégémonie scandinave fut brisée dans l'île, on peut dire que tous les princes et jarls norois avaient adopté le christianisme, au moins nominalement [31].

Les alliances de famille entre princes « goidels » et princes norois commencent dès la seconde moitié du IXe siècle [32]. Les poètes irlandais (ollav, filé, bardes) fréquentent la cour du roi danois de Dublin, preuve qu'ils sont compris de l'assistance [33]. On a prétendu même [34] que la poésie nordique devrait beaucoup aux bardes d'Irlande et d'Écosse : elle lui aurait emprunté le procédé de l'allitération à tout prix, qui fait dégénérer le vers en rébus, et l'esprit fantastique des Celtes aurait influencé l'imagination scandinave [35].

D'autre part, il n'est pas douteux que les Irlandais ont emprunté aux Scandinaves. Cependant le nombre des mots norois passés en gaélique n'est pas considérable [36] en dehors des termes de marine [37]. Les noms de lieux non plus, du moins à l'intérieur de l'île, ne semblent pas révéler une profonde empreinte scandinave [38], comme en Écosse. Pour les noms de personnes il y a eu échange : Oscar est scandinave, Neill (d'où Nelson) est l'irlandais Niall. Linguistiquement le norois ne pourra se maintenir passé le XIIe siècle et cédera à l'irlandais dans les campagnes. Dans les villes le norois sera remplacé, au XIIIe siècle, par le français, par l'anglais à la fin du XIVe siècle [39].

La part des Norois est grande dans le commerce. À vrai dire, le trafic est entre leurs mains puisqu'ils tiennent les ports. À partir du XIe siècle, leur activité se tourne vers l'échange commercial [40]. Grâce à eux, la mer d'Irlande, la mer du Nord, désertes pendant l'Antiquité, voient se développer un trafic bientôt rival de celui de la Méditerranée, qui décline.

L'apport ethnique des Norois a contribué à maintenir, à accentuer peut-être, chez les Irlandais, l'aspect septentrional qu'ils présentent : taille élevée, yeux gris, cheveux châtain clair, tête de forme mesaticéphale, parfois même (en Munster) dolichocéphale [41].

Néanmoins les indigènes ont exercé leur étonnante puissance d'assimilation sur les envahisseurs. Les Anglo-normands qui firent la conquête de l'île (à partir de 1170) et s'y établirent comme colons, seront à leur tour, absorbés, digérés par les Irlandais, en dépit des mesures de préservation du gouvernement anglais : ordonnances de 1295 et 1322 interdisant au colon de s'allier par mariage ou *fosterage* (sorte d'adoption) aux indigènes, de porter leur costume, de suivre la loi *brehon*, d'entretenir des bardes. Vains efforts : à la fin du Moyen-Age et au XVIe siècle les colons s'étaient assimilés aux indigènes et étaient devenus plus irlandais qu'eux-mêmes : *ipsis Hibernis Hiberniores* [42].

Psychologiquement l'Irlandais est demeuré le plus celte des peuples de l'Europe : il est passionné jusqu'à la frénésie, en religion, comme en politique; esthétiquement il est fantaisiste, humoriste. Le contraste, au premier abord, paraît absolu entre lui et le Celte continental, le Français moderne. Celui-ci a perdu sa « démesure » passée et est devenu pondéré, sage, assez ennuyeux, sauf, en temps de crise politique, sociale, esthétique, à briser la croûte artificielle de la latinité et à laisser sa vraie nature faire explosion.

*Coup d'œil sur les destinées
ultérieures de l'Irlande.*

La résistance des Irlandais à la Réforme, au XVIe siècle, exaspéra la royauté anglaise. À partir de 1547 elle procède à de grandes entreprises de colonisation : les noms de deux comtés, Queens county et Kings county, en gardent encore le souvenir. À partir de la fin du XVIe siècle les Irlandais furent traités comme les Mexicains et les Péruviens par les conquistadores espagnols ou les Arméniens, de nos jours, par le Sultan Abd-ul-Hamid. Au milieu du XVIIe siècle, Cromwell et les Puritains s'appliquent à refouler, voire à exterminer, les Irlandais indociles et papistes : tout Irlandais pris en deçà du fleuve Shannon peut être mis à mort. L'Angleterre réussit partiellement : la province du Nord-Est, l'Ulster, fut colonisée par des protestants anglais et écossais. Dans les trois autres provinces, l'élément indigène subsista, en dépit des plus atroces persécutions. L'Irlandais fut traité en paria. L'exercice des professions libérales, lui fut interdit, l'éligibilité au Parlement refusée s'il ne voulait pas se convertir. Le clergé catholique fut spolié et ses biens distribués au clergé anglican. En 1829 seulement les catholiques furent « émancipés ».

À partir du milieu du XIXe siècle, l'Irlande commença à se dépeupler et, en même temps, à s'angliciser de langue. Des famines réitérées firent tomber de moitié la population, qui s'était élevée à 8 millions 1/2 ; une intense émigration entraîna des millions d'Irlandais, particulièrement aux États-Unis.

Après un siècle de luttes politiques et sociales l'Irlande a obtenu son autonomie comme Dominion, sous l'autorité nominale de la couronne britannique (6 décembre 1921) [43]. Elle comprend les provinces de Leinster (12 comtés), Munster (6 comtés), Ulster (3 comtés), Connaught (5 comtés). L'ensemble s'étend sur 70.200 kilomètres carrés, peuplés des 2.972.000 habitants (avril 1926). La capitale, Dublin, a 419.000 habitants.

On a laissé en dehors l'Irlande du Nord, peuplée d'Écossais et d'Anglais protestants ; elle comprend 6 comtés de l'Ulster, s'étendant sur 13.600 kilomètres carrés avec une population de 1.256.300 habitants. La capitale, Belfast, a 415.000 habitants.

À côté de l'anglais l'irlandais a été déclaré langue officielle. Mais les destinées de la vieille langue celtique, difficile à apprendre, desservie par une orthographe archaïque, la plus absurde qui soit au monde, sont très compromises. En 1846, on estimait que la moitié des Irlandais (4 millions) parlait irlandais. En 1894 ce nombre était tombé à 787.000 comprenant les deux langues, dont 66.000 parlant seulement l'irlandais. Aux derniers renseignements (1929) un demi-million comprend encore la langue ancestrale, mais use plus volontiers de l'anglais ; 16.000 seulement ne parlent que l'irlandais. En dépit des efforts de beaux écrivains contemporains, la langue celtique achèvera de s'éteindre dans l'île au cours du présent siècle, — à moins d'un miracle.

---

1. R. Huchon, *Histoire de la langue anglaise,* t. I, p. 141-142 ; — Erik Bjoerkmann, *Scandinavian loan-words in Middle English* (1900) dans *Stu-dien* de Morsbach, fasc. 7.
2. Stenton, *The Danes in England* dans *History,* t. V (1920), p. 173-177 ; et particulièrement un précieux résumé de A. Bugge, *The Norse settlements in the British Isles* dans les *Transactions of the royal hisiorical society,* 4ᵉ série, vol. IV (1921), p. 173-210 ; — Reginald Lennar dans *Quaterly review,* avril 1923. Sur l'élément norvégien, outre Bugge, vo »r Allen Mawer, *The Redemption of the Five Boroughs* dans *English historical review,* octobre 1913. p. 551-557.
3. Bugge dans *Transactions, p.* 180, note 7.
4. Mawer dans *Cambridge Medieval history* (III, 336), d'après Skeat, *Places-names of Suffolk,* 1913. Cf. *English historial review,* 1913-176.
5. Mawer, *loc. cit.* ; — Bugge dans *Transactions,* p. 189.
6. Bugge, *loc. cit.,* p. 191-195.
7. Erik Bjoerkmann, *Nordische Personennamen in England* dans *Studien zur englischen Philologie* de Morsbach, fasc. 37-47. C'est une liste de noms portés par les Danois et Norvégiens qui ont vécu en Angleterre, plutôt qu'une revue des noms d'origine noroise portés par des Anglais.
8. Stenton, *Documents illustrating of the Social and economic history of the Danelaw* (1921) ; cité par Bugge, *loc. cit.,* p. 185.
9. W. Stubbs, *Histoire constitut. de l'Angleterre,* trad. Lefèvre, I, 248.
10. Voy. *Histoire du Moyen Age,* sous la direction de G. Glotz, t. I, p. 678-682. Cf. Lloyd, *History of Wales* (1911).
11. Ramsay, *Foundations of England,* I, 263 et note 2.
12. Bugge, *l. cit.,* p. 196 et 204.
13. Bugge, p. 195-199.
14. Ce qui explique les localités dites *Ireby* dans l'Ouest. Elles doivent leur nom aux Scandinaves d'Irlande *(Ireby).* Voy. Bugge dans *Transactions,* p. 174-179.
15. *Id.,* p. 203, Sedgefield, *The Places names of Cumberland* (1925).
16. J. Loth dans *Comptes-rendus de l'Académie des Inscriptions,* 1924, p. 129.
17. Al. Bugge, *loc. cit.,* p. 204-206 ; — Lloyd, *History of Wales* (1911).

18. Bugge, p. 209, d'après W. Watson, *The Place names of Sutherland* dans la *Celtic Review*, t. II.
19. George Henderson, *The Norse Influence on Celtic Scotland* (Glasgow, 1910), p. 113-149 ; — Robert L. Bremer, *The Norsemen in Alban* (Glasgow, 1923). Sur les termes de marine d'origine scandinave voy. Hjalmar Falk, *Altnordiche Seewesen* dans la revue *Woerter und Sachen$_s$* t. IV.
20. *Id.*, p. 149-218.
21. *Id.*, p. 49-65.
22. Et aussi les Bosniaques, Illyriens slavisés. Voy. plus bas. Troisième partie, deuxième section, chap. I.
23. Ripley, *Races of Europe*, p. 324-325, cartes, p. 318, 327, 328 ; El. Reclus, *L'Empire du Nord-Ouest*, p. 721.
24. Gjerset, *History of the Norwegian people*, t. I, p. 134 ; carte p. 190 ; — Elisée Reclus, *L'Europe du Nord-Ouest*, p. 891-900.
25. *Id.*, p. 136 ; — Reclus, p. 718 ; — Ripley, p. 302 et fig. 107-108.
26. Reclus, p. 721.
27. Gjerset, p. 132 ; carte p. 236 ; cf. J. Storm dans *Scottish historical review*, 1924).
28. Gjerset, p. 48, 251 ; — Ripley, p. 316 ; — Skene, *Celtic-Scotland*, t. I, p, 39 ; — Henderson, *op. cil* ; — A Mawr dans *Cambridge medieval history* t. III, p. 325-334.
29. Gjerset, p. 231-233 ; —— Al. Bugge, *Wikinger*, p. 143-182 ; — El. Reclus, p. 616 ; — A. Mawer dans *Cambridge Med. hist.*, t. III, p. 335 ; — Al. Bugge, *Die Wikinger*, p. 122.
30. *Id.*, p. 118.
31. Bugge, p. 128.
32. *Id* et Kuno Meyer, *Nordisch-Irische* dans *Silzungsberichte* de l'Académie de Berlin, année 1918, p. 1039.
33. G. Dottin, *Les littérateurs celtiques* (1924).
34. E. Mogk, *Kelten und Germanen in XI und X Jahrhunderte* (dans le Programme du Realgymnasium de la ville de Leipzig, Pâques, 1896, p. 3-26).
35. Sur l'immense littérature scandinave, voy. plus loin, au § Islande.
36. Les recherches de Marstrander sur ce sujet sont résumées en français par Sommerfeld dans la *Revue Celtique*, t. XXXIX, 1922, p. 175.
37. Voy. Les travaux de Bugge et de Falk analysés dans la *Revue Celtique*, t. XXXIV, p. 205-230. L'étude de Hjalmar Falk *Altnordische Seewesen*, a paru dans *Wörter und Sachen* (Heidelberg, in-4), t. IV, 1912, p. 1-118 (a illustr.).
38. Voy. P. W. Joyce, *Irish place names*.
39. Edmond Curtis, *The Spoken languages of medieval Ireland* (*Studies* de Trinity College de Dublin, t. VIII, p. 234-267), analysé dans la *Revue Celtique*, t. XXXVIII (1920-1921), p. 231-234.
40. Bugge, *Die Wikinger*, p. 130-132.
41. Ripley, *Races of Europe*, p. 331 ; — El. Reclus, p. 778.
42. Voy. les histoires d'Irlande de P. W. Joyce et de Stephen Gwynn (1923) ; celle d'Edmond Curtis, parue en 1923, se renferme entre les années 1100 et 1513.
43. F. Lee Benns, *Europe since 1914* (Londres, 1930), p. 406.

7
# DÉCOUVERTE DE L'ISLANDE, DU GROENLAND, DU VINLAND.

Au début de leurs expéditions, les Scandinaves sont à peine des marins. Leurs navires sont de simples moyens de transport. Ils longent les côtes, n'osant se hasarder en pleine mer pendant la mauvaise saison. Quand la tempête fait rage on n'a pas à redouter leur visite. En marge d'un manuscrit du IXe siècle où il copiait les écrits du grammairien Priscien, un religieux irlandais, dans sa cellule, improvise en langue celtique et consigne deux vers [1] dont voici la traduction :

Comme le vent est fort cette nuit ! L'océan agite sa blanche chevelure.

Je ne crains pas la course sur mer limpide du guerrier impitoyable du Lochlynn [2].

Mais bien vite ils deviendront des marins excellents. Ils oseront se lancer, sur des barques plus grandes et plus fortes, à travers la mer du Nord.

Dès le VIIIe siècle, ils étaient arrivés aux Feroer, aux Orcades, aux Shetland *(Hjaltland)* [3]. Les voici qui découvrent (860-870) l'Islande et qui commencent à s'y établir (874). À vrai dire l'Islande avait été trouvée avant eux par des religieux irlandais que le goût de la solitude entraînait dans les lieux les plus sauvages. Ces *papas* s'enfuirent à l'arrivée des Norvégiens [4]. Ingolv et Leiv fondent Reykjavik « k baie » ou « le port fumant », ainsi appelé des sources chaudes qui jaillissent aux environs [5]. Le Millénaire de la fondation a été célébré en 1930.

De là, vers l'an 900, un nommé Gunbioern prétend avoir dérivé vers une terre inconnue, à l'Ouest. En 984 Éric le Rouge entreprend de reconnaître cette terre. Il découvre le Groenland et y fonde une colonie scandinave qui dura jusqu'au milieu du XVe siècle. À partir de 1492 le souvenir sera oblitéré et John Davis s'imaginera, en 1585, découvrir la « Terre de Désolation »[6].

Leiv, fils d'Éric, aurait poussé plus loin encore et, en l'an mil, serait arrivé dans un pays fertile où poussait la vigne, d'où le nom de *Vinland* que lui donnèrent les Norvégiens. Leiv reçut alors le surnom de *hinn heppni* « le fortuné ». Mais la *Saga d'Eric le Rouge,* qui nous a conservé ce renseignement, ne date que des environs de 1200[7].

Cependant, Adam de Brème, vers 1070, sait déjà que les Scandinaves ont découvert dans l'Océan une île dite Vinland. Et des textes islandais du XIIe siècle parlent de régions au delà du Groenland, régions qu'ils appellent *Helluland* (pays des pierres), *Markland* (pays des bois), *Vinland* (pays des vignes). Il semble donc bien probable que les Scandinaves ont entrevu l'extrême nord de l'Amérique : Labrador, Nouvelle-Écosse, peut-être même une partie des États-Unis, le Vermont par exemple. Ils y auraient même fondé quelques établissements. Mais le dernier renseignement sur le Vinland est de l'année 1121 : l'évêque de Groenland, Éric Gnupsson, partit en cette année pour le Vinland et ne revint pas.

Le souvenir du Vinland disparut entièrement en Europe[8]. Christophe Colomb n'a certainement jamais su qu'il avait eu des précurseurs scandinaves cinq siècles avant lui.

---

1. E. Windisch, *Irish Grammar,* p. 133.
2. Le pays des fjords, la Norvège.
3. Gjerset, *History of the Norwegian people* (1935), d'après les travaux de Jacobsen et de Bugge.
4. Leur souvenir persiste dans l'Ile de Papey à l'Est de l'Islande. Voir Gjerset, p. 137-138.
5. Gjerset, p. 139.
6. *Id.,* p. 197-204 et *History of Iceland* (1923).
7. G. Storm cité par Gjerset, p. 208.
8. Gjerset, *History of the Norwegian people,* p. 205-223 et *History of Iceland* (1923). La découverte de l'Amérique du Nord par les Scandinaves est un problème qui a fait couler des flots d'encre. On se contentera de renvoyer à l'article du commandant Langlais, *La Découverte de l'Amérique par les Normands au* X[e] *siècle* (dans *La Géographie,* année 1922, 140). Cf. Gathorn-Hardy, *The Norse discovery of America ; the Wineland sagas,* Oxford, 1921, (cf. Verrier dans *Revue historique,* nov. 1922, p. 246). Voir encore W. P. Ker dans *English historical review,* 1922, p. 267 et *American historical*

*review,* 1920, p. 290. Sur les sources voy. *The Flaley book and recenlly discovered Vatican manuscrits concerning America as early as the tenth century,* publié à Londres, en 1906, par la *Norroena Society.* Le livre de Edward F. Gray, *Leif Eriksson discovery of America a. d.* 1003 (Oxford-London, 1930) est plus enthousiaste que critique. L'auteur retrace intrépidement l'itinéraire de Bjami et de Leiv le long des côtes du Labrador et des États-Unis. Il s'imagine que l'île de Nomansland, perdue dans l'Atlantique (dépendant de l'État de New-York), a été explorée par Leiv. C'est dans cette île qu'on a découvert une inscription runique en l'honneur de Leiv, qui est un faux naïf.

# CONCLUSION

Pendant deux siècles, l'Europe a été une proie pour les guerriers scandinaves. Ils ne se sont pas contentés longtemps de simples entreprises de piraterie. Les Danois ont occupé la Frise, le cours inférieur de la Seine et de la Loire, un instant la Bretagne. Ils ont conquis l'Angleterre et une partie de l'Irlande. Les Norvégiens se sont installés en Écosse, en Irlande, dans les îles de la mer du Nord. Les Suédois, dont on verra plus loin les exploits [1], se sont imposés, sous le nom de Russes, aux Finnois baltiques et aux Slaves de l'Est. Ils ont menacé Constantinople.

L'Europe des IX$^e$ et X$^e$ siècles est pour les Scandinaves un champ d'exploitation et de colonisation, comme sera l'Amérique au XVI$^e$ siècle pour les flibustiers et aventuriers de toutes nationalités.

On atteindrait de cet immense remue-ménage des conséquences profondes et prolongées. On demeure confondu de constater que l'empreinte scandinave a été, somme toute, superficielle, au moins directement.

Nulle part la langue noroise ne s'est enracinée. Après une durée plus ou moins longue elle a été éliminée de partout : de Frise, d'Angleterre, d'Écosse, d'Irlande, de France, de Russie, ne laissant que des noms de personne et aussi, çà et là, des noms de lieu, comme témoignages d'un emploi disparu. Seules les îles Feroer et Orcades ont gardé le norois. Dès le X$^e$ siècle les Normands de France sont francisés, les

Varègues de Russie slavisés. Le droit, public ou privé, a persisté plus longtemps, ainsi dans les Iles Britanniques et en Russie, mais il a fini par disparaître. En France son existence ne peut être vraiment prouvée, même en Normandie.

Au point de vue racial, l'apport danois et norvégien est incontestable et dans l'Angleterre du *Danelaw,* et en Écosse, et en Irlande, et sur les côtes de la Normandie française. De même l'apport suédois en Russie. Mais partout les Scandinaves étant en minorité ont été absorbés et digérés par les indigènes. Il ne reste plus que quelques individualités en France, en Écosse (en Galloway notamment et en Sutherland) présentant une apparence noroise.

Ce qui est demeuré chez les descendants des Scandinaves, même francisés, anglicisés, slavisés, c'est l'esprit « normand », un esprit d'aventures, de conquêtes, qu'ils ont même insufflé à leurs anciens sujets. Il inspirera la conquête de l'Angleterre, les expéditions en Espagne, en Italie, en pays byzantin, en Terre Sainte, la fondation des royaumes de Naples et de Sicile, sans parler de la création des principautés russes.

Il inspirera aussi une activité d'un autre ordre.

La piraterie, les raids incessants à l'intérieur des terres avaient arrêté, presque détruit la vie économique de l'Europe carolingienne et des Iles Britanniques, surtout à partir du premier tiers du IX$^e$ siècle. Les ports florissants de Duurstede sur le Rhin, de Quentovic à l'embouchure de la Canche, de Rouen, de Nantes, de Bordeaux, sans compter ceux d'Angleterre, d'Espagne enfin, avaient été assaillis, parfois incendiés et détruits. Le commerce maritime était devenu impraticable sur la mer du Nord, la Manche, l'Atlantique, la Méditerranée aussi où la piraterie sarrasine [2] achevait de détruire ce que pouvaient laisser debout les hommes du Nord.

Qui plus est, les Normands remontaient les cours d'eau pillant et incendiant les villes situées sur les fleuves. A partir du milieu du IX$^e$ siècle, ils deviennent cavaliers et exécutent de toutes parts des raids audacieux. Pas une ville, pas un cloître de Lotharingie, de France, d'Angleterre, d'Irlande, de Galice qui n'ait reçu la visite des terribles Vikings. Le commerce intérieur, par terre, avait donc été rendu à peu près impraticable et les échanges ne pouvaient s'opérer qu'à de courtes distances, du moins régulièrement.

Là, bien plus que dans l'occupation de la Méditerranée par les

Musulmans [3], réside le secret de la stagnation, puis de l'affaissement, de l'Économique de l'Europe occidentale et centrale pendant plus de deux siècles.

Mais quand les États longtemps terrorisés, pillés, occupés par les hommes du Nord furent parvenus à les contenir, à les mater ou à les assimiler, l'activité dévastatrice des Vikings se changea en activité commerciale. Les premiers sans doute, dès le Xe siècle pour le moins, les princes russes comprirent tout le profit qu'ils pouvaient retirer du commerce avec Byzance, avec Bagdad, avec l'Asie centrale. Au XIe siècle les navires danois, norvégiens, suédois sillonnent la Baltique, la mer du Nord, la Manche, la mer d'Irlande, l'Atlantique transportant, non plus des bandes armées, mais des marchandises [4]. C'est grâce aux dépendants des pirates [5], à leur esprit d'entreprise, à leur hardiesse que ces mers, qui n'avaient jamais été très fréquentées dans l'Antiquité et ne l'étaient plus du tout depuis la fin du VIIIe siècle, s'animèrent d'une vie de plus en plus intense, si bien que l'activité commerciale passa, à partir des XIIe et XIIIe siècles, du Sud au Nord, de la Méditerranée à l'Atlantique, à la mer du Nord, à la Baltique [6].

Tout de même il y aurait quelque naïveté à prôner les mérites des « Normands », sous prétexte que, après avoir ruiné l'Europe, ils ont contribué à la renaissance économique qui s'esquisse, dans le Nord, au XIe siècle. Sans leur malfaisance, à l'époque carolingienne, cette renaissance se serait produite plus tôt et n'aurait pas été payée de ruines innombrables.

Il n'y a pas lieu non plus de s'extasier sur la civilisation des Vikings [7]. Ils avaient de bonnes et belles armes, des navires très supérieurs à ceux des autres peuples —instruments professionnels.

Ils avaient le goût des bijoux, des belles étoffes — comme tous les peuples. Ils possédaient une écriture dite *runique :* mais ils ne l'avaient pas inventée et elle ne pouvait guère servir que pour transcrire de courtes inscriptions funéraires [8]. Ils se plaisaient à une poésie aux règles compliquées dont les secrets étaient détenus par une classe de professionnels, les « skaldes » [9]. Ils se transmettaient les récits, les exploits des « jarls », les *sagas* [10], pittoresques mais monotones et sans grande poésie [11].

Les prodigieuses expéditions des Vikings n'eurent que des répercussions insignifiantes ou peu heureuses sur leurs pays d'origine. Les « Russes » qui quittèrent la Suède l'abandonnèrent sans esprit de retour. Il n'en fut pas de même pendant longtemps des Danois et des Norvégiens. Avant de songer à s'établir, pour partie, en France et dans les Iles Britanniques, ils revenaient chaque année au pays.

Le récit de leurs exploits contribua à démoraliser les populations scandinaves. Elles cherchèrent à s'enrichir par l'aventure et le pillage, d'où un développement effroyable de la piraterie qui s'accentue d'année en année au IXe siècle. L'exode de la population ébranle la structure politique naissante du Danemark. Les souverains danois ne sont nullement enchantés de voir rentrer les « rois de la mer » que leur richesse et leur prestige transforment en compétiteurs dangereux. Les rois carolingiens le savent bien, et en 847, dépêchent une ambassade au roi Horic pour lui demander d'empêcher ses sujets d'attaquer les États francs. Demande dérisoire : Horic était sans autorité sur les Vikings. Lui-même fut détrôné par ses neveux (850). Les troubles qui suivirent rappelèrent les pirates en Danemark. Ils se mirent au service des compétiteurs. Après des luttes sanglantes il ne resta plus qu'un seul représentant de la famille royale, Horic le Jeune. Il fut aussitôt attaqué par les Vikings Rorik et Gotfried, mais ceux-ci eurent le dessous et furent obligés de se retirer en Frise, région que leur père, Harold, avait obtenue de Louis le Pieux.

La reconstitution du pouvoir royal en Danemark sous Harald Blaatand (Dent bleue), qui régna de 950 à 986, sa constitution en Norvège sous l'action d'Harald Haarfagr (Belle chevelure), à partir de 872, s'opèrent au détriment de cette aristocratie d'aventuriers que représentent les Vikings et les *jarls* qui épouvantent l'Europe.

Leur cruauté étonne, même en ces temps. Les hommes du Nord sont encore à un stade de sauvagerie archaïque. Ils coupent les têtes des adversaires, torturent les prisonniers, empalent les enfants, s'amusent, après la victoire, à faire cuire leur dîner en enfonçant les broches dans les cadavres. Longtemps ils ravagent et brûlent tout, ruinant stupidement le pays qui ne peut plus les entretenir. Ils sont comme possédés d'une fureur démoniaque. Leur folie de destruction s'alimente aussi d'un fanatisme religieux. Dévots farouches des vieux dieux germaniques de la guerre, Thor et Odhin [12], ils se plaisent à faire flamber églises et monastères, à torturer les prêtres.

Seul le christianisme pourra adoucir ces fauves.

Dès le règne de Louis le Pieux, le souverain, la papauté, l'église franque se sont employés à la conversion des plus proches des « Normands », les Danois. L'archevêque de Reims, Ebbon, est député dans le pays et fait, dit-il, quelques conversions (823). Adroitement l'empereur franc soutient un prétendant au trône du Danemark, Harold, réfugié auprès de lui et converti. Avec lui Harold, à son retour, emmène un moine de Corvey, en Saxe, Anskar qui commence sa prédication (826). Mais la mauvaise fortune d'Harold entraîne celle du missionnaire. Comme point d'appui pour l'avenir on constitue Hambourg en archevêché, mais la ville est détruite par les Danois et les Slaves (840 et 845). Des tentatives de conversion sous Horic le Jeune n'obtiennent qu'un faible succès. Cependant un évêché est établi à Schleswig. En Suède l'insuccès est complet : l'évêché de Sigtuna disparaît aussitôt que créé. À la mort d'Anskar (865) il semblait que rien ne resterait de ce grand effort [13]. L'échec était inévitable, la foi nouvelle était incompatible avec l'existence de brigandage, idéal des guerriers scandinaves. Et puis elle apparaissait en liaison trop intime avec les États francs, dont l'un, le royaume d'Allemagne, constituait un danger sérieux pour la partie continentale du Danemark.

Le christianisme ne gagnera des adeptes qu'au siècle suivant. D'abord en France, comme condition de la cession de la Seine Inférieure à Rollon et à ses compagnons, en 911. Puis dans les Iles Britanniques, en suite des mariages entre les conquérants danois et norvégiens, avec des Anglaises, des Écossaises, des Irlandaises de haute naissance.

En Danemark la conversion fut due à une cause politique. C'est sous l'influence de l'empereur Otton I$^{er}$, dont il redoutait la puissance, que le roi Harold Blaatand reçut le baptême et l'imposa à son peuple en 965 [14].

Le roi de Norvège, Harold le Bon, élevé en Angleterre à la cour du roi Æthelstan, voulut imposer le christianisme à ses sujets. Il souleva des révoltes et échoua (950) [15]. La Norvège embrassa la foi chrétienne au siècle suivant. Olav, fils d'un roi détrôné par le roi de Danemark Svein, se mit au service du duc de Normandie Richard II, qui l'employa dans ses guerres contre le comte de Chartres. À l'instigation du duc, Olav reçut le baptême des mains de l'archevêque de Rouen. Svein étant mort subitement (2 février 1014), au moment où il achevait la conquête de l'Angleterre, les Norvégiens se soulevèrent contre les Danois et appelèrent au trône Olav [16]. Celui-ci persuada ses compatriotes de se convertir. Ce succès, attristé par les malheurs et la fin tragique d'Olav, le grandirent dans l'esprit de son peuple. On vit en lui un saint, et on en a fait le saint protecteur de la Norvège [17].

L'histoire religieuse, comme politique, de la Suède, est plongée dans les ténèbres jusqu'à la fin du $X^e$ siècle. Le plus puissant des princes qui se partageaient le pays, celui d'Upsal parvint à dominer les autres. Il s'opéra une sorte d'unification en la personne d'Éric Segersäll (Victorieux), encore à demi légendaire. Ce fut son fils, Olav Skötkonung, qui, à Husaby, en Vestergotland, embrassa le christianisme, avec une partie de ses sujets (1008) [18]. La foi chrétienne achève de gagner la Suède sous Sverker (1133-1152) qui la couvre de monastères. Son successeur, Erik, commence l'évangélisation de la Finlande.

Il est temps de s'arrêter. Les pays scandinaves sont entrés dans le courant de la civilisation européenne à laquelle ils vont apporter, dans tous les domaines, une contribution précieuse.

---

1. Voir Troisième Partie, $6^e$ section.
2. Voir Première Partie, $2^e$ et $3^e$ section.
3. Théorie, comme on sait, du regretté H. Pirenne.
4. La transformation ne fut pas brusque. Plus d'un équipage hésita longtemps entre deux parties, vendre les marchandises que le navire transportait ou faire la course, si l'occasion s'en présentait.
5. On a voulu découvrir un trait d'esprit commercial chez les pirates normands parce qu'ils mettaient en vente le fruit de leurs pillages. A ce compte toute bande de brigands a le génie des affaires.
6. Voir des pages suggestives de Pirenne dans *Histoire du Moyen Age* sous la direction de G. Glotz, t. VIII (1933), p. 23-27.
7. L'ouvrage de P. B. Du Chaillu, *The Viking ages* (Londres, 1889, 2 vol.) est apologétique. Voir T. D. Kendrick, *A History of the Vikings* (Londres, 1930) ; — Axel Olrik, *Viking civilisation* (Londres, 1930), traduit du danois ; — Peter Paulsen, *Der Stand der Forschung über die Kultur der Wikingerzeit* dans *Deutsches archäologisches Institut, Römisch-german. Kommission, Bereicht* 1933, p. 182-254.
8. Sur les runes voir le manuel d'Helmut Arntz, *Handbuch der Runenkunde* (Halle, 1935) ; — Maurice Cahen, *L'écriture runique chez les Germains* (dans *Scientia*, année 1923, p. 401-420) ; — Lis Jacobsen, *Les Wikings suivant les inscriptions runiques du Danemark* (dans *Revue historique*, t. CLIX, 1928, p. 23).
9. *Corpus poeticum* boreafe, éd.Vigfussonet Powell (Oxford, 1883, 2 vol. avec traduction anglaise). C'est en Islande que s'est conservée cette littérature.
10. Ces sagas sont innombrables. Une *Saga society* s'est formée à Londres, en 1895, pour les traduire. Voir *Saga library* éd. par W. Morris et E. Magnusson (Londres, 1891-96, 6 vol.). Voir aussi *Origines islandicae* a collection of the more important sagas and other native writings relating to the settlements and early history of Iceland, éd. et trad. Vigfusson et Powell (Oxford, 1905, 2 vol.). Introduction à cette littérature dans N. A. Craigie, *The Icelandic sagas* (Cambridge 1913).
11. On peut s'en rendre compte dans les traductions françaises de la *Saga de Njall* par R. Dareste (Paris, 1895), de *Fridhjof-le-Fort* par F.Wagner (Louvain, 1904), de *Gunnlaug-*

*langue-de-serpenl*, par F. Wagner (Gand-Paris, 1899) ; de *Grette* par Mossé (Paris, 1930) de *Saint-Olav*, par Georges Sautreau (Payot, Paris, 1930).
12. Leur religion s'était enrichie d'une véritable cosmogonie et d'une eschatologie, du moins si l'on s'en fie à l'*Edda* qui a peut être subi des influences extérieures. Voir sur cette cosmogonie, par exemple, Eug. Mogk dans le *Grundriss der german. Philologie*, d'Hermann Paul, t. III, p. 378-382.
13. Voir A. Hauck, *Deutsche Kirchengeschichte*, 5$^e$ éd., t. II, p. 690, 693, 700.
14. Ernst Dümmler, *Otto der Grosse*, p. 102 ; Hauck, t. III, p. 100.
15. Gjerset, *History of Norway*, t. I, p. 254-257.
16. Chr. Pfister, *Etudes sur le règne de Robert le Pieux*, p. 215.
17. Olav avait été précédé par son père, Olaf Tryggveson, converti à Novgorod, à la cour d'un autre converti, Vladimir le Grand, prince de Kiev.
18. O. Montelius, *Sveriges historia*, t. I (1877) ; — Hallendorf et Schüchke. *History of Sweden* (Stockholm, 1929) ; — Ragnar Svanstroem et P. Palmstjerna, *A short history of Sweden*, (Oxford, 1934).

# LES SLAVES

# INTRODUCTION : ÉTENDUE ACTUELLE DU DOMAINE SLAVE. ORIGINE DES SLAVES. LEUR APPARITION DANS L'HISTOIRE.

### A. — Étendue actuelle du domaine slave

Les peuples slaves occupent aujourd'hui plus du tiers de la superficie de l'Europe et constituent exactement le tiers de sa population [1].

Mais, avant le VI<sup>e</sup> siècle de notre ère, il n'y avait pas un Slave dans les régions qui sont aujourd'hui et la Bohême et la Moravie et la Silésie et la Slovaquie et la Carniole, et la Croatie et la Bosnie et la Dalmatie et la Serbie. Même pour la Pologne et l'Ukraine, une faible partie de leur territoire actuel était slave. Les régions aujourd'hui « russes » ne l'étaient pas. L'emplacement où s'élèveront plus tard (à partir du XII<sup>e</sup> siècle) Souzdal, Moscou, Iaroslav, Riazan, Vladimir, Kostroma, etc., sièges de célèbres principautés russes, était occupé par des villages finnois. Le cours supérieur de la Volga, ainsi que celui de son affluent l'Oka, était tenu par les populations finnoises, le cours inférieur du fleuve, celui du Don, du Dniepr même, l'était par des hordes tatares, c'est-à-dire turques. La Russie, la « grande Russie », est entièrement une terre de colonisation et relativement récente (XI<sup>e</sup>-XVI<sup>e</sup> siècle).

Chose étrange au premier abord, les auteurs de l'antiquité classique ne savent rien de ce monde slave qui, à partir de la seconde moitié du VI<sup>e</sup> siècle, menacera d'engloutir l'Europe orientale et centrale.

## B. — Origine des Slaves. Leur habitat primitif. Leur apparition dans l'histoire.

Les Slaves sont inconnus aux Grecs. Les « Scythes laboureurs » dont parle Hérodote [2] sont peut-être des Slaves ; mais l'historien grec, à vrai dire, n'en sait rien : il ne voit en eux que des Scythes, c'est-à-dire des Iraniens.

Encore au Ier siècle de notre ère, Pline l'Ancien [3], puis Tacite [4], parlent d'une peuplade, les *Venedi,* qui est à l'extrémité de la Germanie, du côté de la Vistule. De même le géographe Ptolémée [5], au IIe siècle. Mais ils ne se doutent pas qu'ils ont affaire à une race nouvelle, chose que nous, nous savons parce que des témoignages postérieurs nous apprennent que ce nom de *Venedi* est celui que les Germains appliquaient à leurs ennemis de l'Est, les Wendes (contraction de *Venedi)* et que ces Wendes, dont il subsiste encore quelques débris en Allemagne, dans la Lusace [6], sont incontestablement des Slaves.

Tacite ignore tellement le monde slave qu'il se. demande si ces *Venedi* sont des Germains ou des Sarmates, Il se décide à les ranger parmi les premiers, en raison de leur genre de vie : ils sont fixés au sol et combattent à pied, alors que les Sarmates mènent une vie errante et sont des cavaliers. Tacite ne se doute pas, évidemment, qu'il pouvait échapper à l'alternative germaine ou sarmate.

Cette ignorance s'explique par la situation même des populations slaves. Nulle part dans l'Antiquité elles n'arrivent jusqu'à la mer.

L'accès de la mer Noire leur a été interdit, d'abord par les Scythes, qui occupaient l'Ukraine actuelle, puis, à partir du IIIe siècle avant notre ère, par les Sarmates, des Iraniens également, qui ont dépossédé les Scythes.

Au IIIe siècle de notre ère, les Goths s'emparent de l'Ukraine. Leur empire s'écroule sous l'attaque des Huns (375) et, si l'empire d'Attila disparaît à son tour, au siècle suivant, les débris des Huns, puis, au VIe siècle, les Avars, d'autres populations turques, Khazars et Coumans, barrent la Mer Noire aux Slaves. Même les Varègues, aux IXe et Xe siècles, dans leurs expéditions contre Constantinople, sont obligés de passer sur le corps des hordes tatares qui occupent toujours le cours inférieur du Dniepr. Et il en sera de même à travers les siècles. Les Russes ne seront maîtres effectifs du nord de la Mer Noire qu'à partir du règne de Pierre le Grand, même de celui de Catherine II.

Les Slaves sont séparés de la Baltique par les populations baltes et finnoises, les *Aestii* de Tacite. Il en va de même aujourd'hui encore : la Finlande et l'Esthonie sont finnoises, la Latvia et la Lithuanie sont baltes. Saint-Pétersbourg, seul port slave de ce côté, est une trouée au milieu des Finnois : dès la grande banlieue, les villages portent des noms finnois. Enfin, du côté de la Mer Blanche et de l'Océan glacial arctique, au reste inaccessible avant le XVI<sup>e</sup> siècle, les Slaves sont précédés encore par les Finnois, et peut-être par les Lapons.

Coupée de toutes les mers, la Slavie primitive demeure aussi inconnue des Anciens qu'était l'Afrique centrale des Européens, il y a un siècle à peine.

Cette Slavie occupe, jusqu'aux V<sup>e</sup> et VI<sup>e</sup> siècles de notre ère, un territoire bien peu étendu, si on le compare à l'extension prodigieuse qu'il va bientôt prendre.

Il est resserré entre la Vistule à l'Ouest (tenue par les Germains jusqu'au III<sup>e</sup> siècle) ; le cours inférieur du Niemen et de la Dvina (habité par les Baltes) au Nord ; le cours supérieur de la Volga, de son affluent l'Oka, le cours moyen du Don, à l'Est (régions finnoises) ; du côté du Sud il ne dépasse pas une ligne allant du cours moyen du Dniestr au Dniepr et au Don : plus loin, jusqu'à la Mer Noire, sont les populations iraniennes, puis gothiques, puis tatares.

Selon Lubor Niederlé, les Slaves habitaient le cours supérieur de la Vistule et de la Dvina, tributaires de la Baltique, du Dniestr, celui du Dniepr, tributaires de la Mer Noire, du Don, tributaire de la Mer d'Azof. Ce territoire correspond à la Pologne actuelle, pour la partie située à l'Est de la Vistule (exclusion faite de la Galicie), au Sud de la Russie Blanche, au Nord-Ouest de l'Ukraine. « C'est là que nous trouvons une nature dont la flore et la faune correspondent à ce que le vocabulaire vieux-slave nous laisse entrevoir de celles de la contrée habitée primitivement par les Slaves [7]. » Ainsi le nom du hêtre *(fagus sylvatica)* n'existe pas en slave commun ; le terme *(buk)* est emprunté à l'allemand. Or la limite orientale du hêtre est une ligne tirée de Kœnigsberg à Odessa, par Kamenetz. Les Slaves étaient donc à l'Est de cette ligne.

Tentons d'évaluer, sur cette base, la superficie de cette Slavie antérieure aux grandes invasions. Elle correspond, semble-t-il, aux divisions géographiques actuelles.

Mais ces évaluations ne sont approximativement exactes que pour une période relativement récente : IIIe, IVe siècle de notre ère. De plus, en admettant même qu'on puisse tirer des arguments valables de la présence ou de l'absence d'un mot dans une langue, la limite attribuée au *hêtre* est inexacte. Elle passe bien par Kamenetz-Podolsk, mais se termine non pas vers l'embouchure du Dniestr mais vers celle du Danube [8].

Si nous nous transportons vers le début de l'ère chrétienne et antérieurement, il paraît certain que les Slaves n'ont pas encore atteint la Vistule dont les Germains tiennent les deux rives. Sur les pentes orientales des Carpathes, les territoires qui correspondent à la Podolie et à la Volynie actuelles, sont occupés par les Bastarnes et les Skyres, peuplades germaniques installées là depuis l'invasion des Gaulois qu'ils suivaient au IIIe siècle avant notre ère [9]. Enfin, les Baltes, avant d'être refoulés à l'Ouest dans les territoires qu'ils habitent actuellement, Lithuanie, Latvia, plus, jadis, la Prusse orientale, occupaient la Russie Blanche : Minsk, Vitebsk, Smolensk, et, en outre, Vilna [10].

Le territoire spécifiquement slave avant l'ère chrétienne se réduisait donc au territoire actuel des provinces russes de Moghilev (48.047 kil. carrés), de Tchernigov (52.402 k. c.) de Kiev (50.999), celle-ci en partie, plus une portion mal déterminable du territoire polonais à l'Est de la Vistule, par exemple les provinces de Lublin (31.200 kil. car.), de Bielostock (32.500), peut-être de Nowogrodek (37.200). En tout 250.000 kilomètres carrés, au maximum [11].

Ainsi, par rapport à la situation actuelle, le territoire occupé en Europe s'est accru sept à huit fois, si l'on se place à la veille des grandes invasions germaniques et tatares du IVe siècle de notre ère. Il s'est accru quinze fois, par rapport à ce qu'il occupait vers le début de l'ère chrétienne.

À défaut de textes historiques, la linguistique peut nous instruire sur l'origine des Slaves.

Les Slaves, pour la langue, sont des Indo-européens. Dans cet embranchement ils appartiennent au groupe oriental (avec les Arméniens, Iraniens, etc...), tandis que Germains, Celtes, Latins, Grecs appartiennent au groupe occidental. Dans ce groupe oriental ils ont formé incontestablement avec les Baltes (Lithuaniens, Lettons, Vieux Prussiens) un sous-groupe dont les dialectes ne paraissent avoir divergé que vers le début de l'ère chrétienne [12]. Le schéma suivant traduit grossièrement, mais clairement, les rapports des Indo-Européens *au point de vue linguistique seulement.*

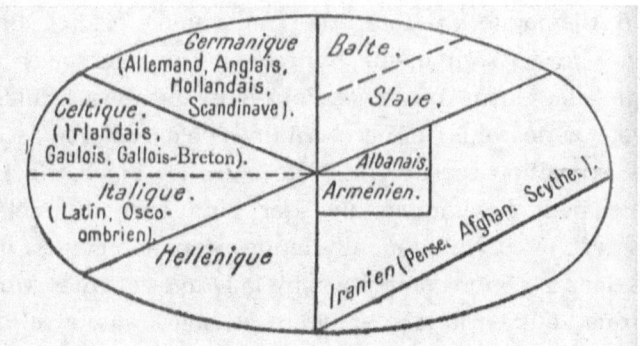

Anthropologiquement les Slaves sont également des Indo-européens, mais ils sont loin d'avoir l'homogénéité de race des Anglais, des Scandinaves, des Allemands du nord, en majorité de taille élevée, blonds, dolichocéphales, ou encore des Espagnols dolichocéphales, petits et bruns [13].

Pour la taille, les Slaves orientaux actuels (Russes et Ukrainiens) occupent une situation moyenne parmi les peuples européens ; les Ukrainiens ou Petits-Russes et les Ruthènes étant de taille légèrement supérieure (moyenne 1 m. 66) à celle des Grands-Russes (1 m. 64). Pour la forme de la tête, les Slaves orientaux sont brachycéphales (0,84).

Pour la couleur des cheveux et des yeux, les Ukrainiens sont nettement des méridionaux [14], alors que les Russes comptent nombre de blonds aux yeux bleus.

*Slaves occidentaux* (Polonais, Tchèques et Slovaques). — Les Polonais sont brachycéphales, de taille plus petite (1 m. 61 ou 1 m. 62) que les Slaves orientaux. Les Tchèques de Bohême et de Moravie et les Slovaques, également brachycéphales, sont un peu plus grands (1 m. 66 ou 1 m. 67).

*Slaves du Sud* (Serbes, Croates, Bosniaques, Slovènes, Bulgares). — Les Slaves du Sud sont très différents des Slaves occidentaux et orientaux. Ce qui frappe tout d'abord c'est leur taille (sauf chez les Bulgares). Les Bosniaques et Dalmates comptent parmi les Européens qui ont la taille la plus élevée (1 m. 725 à 1 m. 750) : « après les Écossais les Bosniaques sont les habitants les plus grands de l'Europe ; les Irlandais, les Suédois et les Norvégiens ne viennent qu'après eux ». Mais, en même temps, ils sont les plus brachycéphales des Européens (avec les gens d'Auvergne, de Bourgogne, de Franche-Comté, de Lorraine, de Savoie, d'Allemagne du Sud, de Transylvanie, etc...). Bosniaques, Dalmates, Croates sont même hyperbrachycéphales, avec un indice céphalique allant jusqu'à 86 et 88. Pour leurs autres caractères (couleur des cheveux et des yeux), ils accusent un type méridional.

Cette opposition raciale très forte entre les Slaves du Sud et les autres, ne peut s'expliquer que par l'influence, le mélange, des premiers avec les populations illyriennes et pannoniennes qui les ont précédés dans la région comprise entre la Drave et la mer Adriatique.

Bien que coupés de la mer Noire et isolés, sur terre, des autres peuples par d'immenses forêts et des marécages impraticables (la forêt de Bielovieja et les marais du Pripet en donnent aujourd'hui encore une idée) [15], les Slaves auraient pu connaître quelque chose des civilisations qui ont fleuri pendant l'Antiquité. Ils étaient trop loin de la Grèce, à plus forte raison de Rome, pour subir l'influence des cultures hellénique et latine. Mais, tout près d'eux, en Scythie (correspondant à l'Ukraine moderne), un art brillant se développa à partir du VI$^e$ siècle avant notre ère. C'est alors que les Grecs fondèrent des comptoirs sur les côtes de la mer Noire, Panticapée, Phanagoria, Hermonessa, Olbia. Les Grecs acceptent l'autorité d'un tyran scythe, plus ou moins hellénisé. Au contact des deux mondes, le monde hellénique et le monde iranien, se développe un art surprenant, merveilleux. Les fouilles opérées depuis un siècle dans la Russie du Sud, en Crimée, au Kouban même, ont mis au jour dans les tertres artificiels (kourgans) un nombre prodigieux d'ustensiles (coupes et bols) et de bijoux en métal précieux, qui font la gloire du Musée de l'Ermitage, à Saint-Pétersbourg.

L'ornementation révèle une influence assyro-perse : comme motifs de décoration le lion et l'aigle. Quant à la reproduction de personnages humains, elle dénote un admirable réalisme.

La quantité d'objets d'or et d'argent, le fait aussi qu'on ne trouve pas d'armes dans ces *tumuli*, montre qu'on est en présence d'une société à la fois prospère et paisible [16].

Mais, au cours des IV$^e$ et III$^e$ siècles avant notre ère, la position des Scythes devint critique. Vers l'an 300, les Gètes, qui sont des Thraces, refoulèrent les Scythes jusqu'au Tyras (le Dniestr). Les Galates (Gaulois) poussent jusqu'à Olbia, à l'embouchure du Boug. Le roi scythe Saïtapharnès se retire en Tauride.

Vers 250, l'empire scythique, attaqué par les Sarmates, s'écroule. Les Sarmates, venus de l'Asie centrale, sont des Iraniens, comme les Scythes, mais ils en diffèrent complètement par le costume et par l'armement, sinon par le genre de vie. Le Scythe porte des vêtements serrés au corps, un long pantalon maintenu à la cheville et décoré de dessins ; comme coiffure le bonnet dit « phrygien », sorte de passe-montagne. Il ignore les armes défensives, ainsi la cuirasse ; il est avant tout un archer à cheval.

Le Sarmate est un cavalier, lui aussi, mais bardé de fer de la tête aux pieds. La tête est protégée par un casque métallique de forme conique, le tronc et les cuisses par une cotte de maille. Comme armes offensives l'épée et une longue lance. C'est déjà le costume du chevalier du Moyen Age, certainement d'origine orientale.

Ces Sarmates ne sont pas des sauvages. Loin de détruire les villes grecques des côtes de la mer Noire, ils entretiennent avec elles des relations de commerce. Il s'opère une pénétration sarmatique chez les Grecs. L'exploration des tombes et les inscriptions ont révélé l'iranisation progressive dans les noms de personnages et l'art des établissements helléniques.

De ce contact naît un art très original appelé à une belle et durable destinée en Europe, l'orfèvrerie cloisonnée, c'est-à-dire une joaillerie polychrome : des pierres précieuses, des gemmes (grenats notamment) sont serties dans des cloisons ou bien une pâte colorée est insérée dans un réseau métallique. On a vu que cette révolution du goût a été propagée surtout par les Goths qui, après avoir renversé l'Empire sarmatique au IIIe siècle de notre ère, s'enfuirent devant les Huns sur le sol romain, à partir de l'an 376 [17].

En contact séculaire, par le Sud, avec les Scythes, les Sarmates, les Goths enfin, les Slaves auraient dû savoir quelque chose de l'art iranien sous sa double forme scytho-hellénique et sarmatique. Il est impossible *a priori* qu'ils n'aient pas entretenu quelques relations commerciales [18] avec leurs voisins, les peuples qui ont occupé successivement l'antique Scythie. En fait aucune découverte n'a révélé cette influence [19]. Remarquer aussi que le Slave n'a aucun terme ancien d'origine hellénique ou iranienne.

Au contraire, les Slaves ont subi l'action de leurs voisins occidentaux, les Germains. Ils leur ont emprunté des termes de gouvernement, tel *tsar* « empereur » (c'est-à-dire César), de commerce (les termes signifiant « marchand » « once »), de guerre (pour le casque, l'épée, le fanion, la cuirasse, le rempart), d'agriculture (pour la charrue, le vin, le lait, la bière), enfin le mot pour le « livre ». Ces termes, qui se retrouvent partout chez les Slaves, ont du être empruntés avant leur dispersion, donc antérieurement aux Ve-VI[e] siècles [20]. Enfin dans l'Empire des Goths, détruit par les Huns en 375, donc en Ukraine, il y avait des Slaves qui leur étaient soumis, du moins au dire de Jordanès qui écrit ses *Getica* (c. 119) en 551.

C'est à cet auteur, Goth ou plutôt Alain d'origine, qu'est dû le premier texte historique [21] qui nous renseigne sur l'ensemble du monde slave tel qu'il était de son temps, donc au milieu du VIe siècle.

« La Dacie est défendue par des Alpes élevées en forme de couronne [22]. Sur le flanc gauche, qui se dirige vers le Nord, s'étale, depuis la source de la Vistule, sur une étendue immense la race nombreuse des Wendes. Bien que leurs noms changent aujourd'hui selon les tribus et les lieux, on nomme surtout les *Sclaveni* et les *Antes*. Lej premiers habitent depuis la cité de *Novietunum* et le lac *Murrianus* jusqu'au Dniestr et, au Nord, la Vistule *(Viscla)* : marais et forêts leur tiennent lieu de villes. Les Antes, les plus puissants de tous, vont du Dniestr au Dniepr, là où se creuse la mer Noire » [23].

La *civitas Novietunum* est *Noviodunum*, vieille cité gauloise, représentée par Isaktcha *(Isaccea)*, à l'embouchure du Danube, entre Galatz et Ismaïl. Le lac de Mursa, doit désigner les marais au confluent de la Save et du Danube [24]. Les Slaves ont donc débordé à cette époque sur l'Europe centrale, jusque dans la Hongrie actuelle. Mais ils ne sont pas encore installés sur le sol de l'Empire romain.

---

1. R. J. Kerner : *Slavic Europe, Selected bibliography* (Cambridge, 1919). Les chiffres sont rectifiés au moyen des statistiques reproduites par le *Bureau des Longitudes* paru 1933.
2. Livre IV, 17, 18, 53, 54.
3. *Historia naturalis,* IV 97.
4. *Germania,* 46.
5. *Geogr.,* III, 5 et 7.
6. Niederlé, *La Race slave* (1911), p. 94.
7. *Manuel des Antiquités slaves,* t. I, p. 23-24.
8. Adolf Stender-Petersen, *Slavisch-Germanische Lehnwortkunde* (Gœte-borg, 1927), p. 112 et p. 114, note 3).

9. Adolf Stender-Petersen, *Slavisch Germanische Lehnwortkunde*, p. 113, 116. Cet auteur (p. 112) rejette les Slaves antérieurement à l'ère chrétienne derrière une ligne tirée du Niemen au Styr, au Nord des marais de Pripet et il les écarte absolument de la région sub-carpathique.
10. *Id.*, d'après une étude de Buga dans la revue polonaise : *Rocznik slawis Alosaz (Revue slavistique)*, publiée à Cracovie, t. VI.
11. Entre le 20ᵉ et le 23ᵉ degré de longitude est, le 50ᵉ et le 54ᵉ de latitude nord. Ce quadrilatère est à peu près compris entre Premysl (à l'Ouest de Lvov, en Galicie) et Kiev, entre Bielostock et Moghilov ; il a environ 500 kilomètres de l'Est à l'Ouest, 400 du Nord au Sud.
12. Nous empruntons ce schéma à A. Meillet, *Les dialectes indo-européens* (1908), p. 134.
13. Voy. les ouvrages de Deniker, Ripley, Pittard, déjà signalés
14. Sur leur caractère : Elisée Reclus, *l'Europe scandinave et russe* p. 491 (d'après des travaux russes). Cf. les travaux de Hrusevsky indiqués plus loin, à la *Cinquième section*.
15. Lubor Niederlé, *Manuel de l'antiquité slave*, t. II (1926), p. 1. Cf. (du même), *La race slave* (1911) ; — Bertrand Auerbach, *Les races et les nationalités en Autriche-Hongrie*, 2« éd., 1917.
16. Michel Rostowtsew, *Iranians and Greeks in South Russia* (Oxford 1922 in-4, illustré).
17. Voir notre premier volume, p. 245.
18. Cependant il faut observer que les voies commerciales de la Vistule et du Dniepr, longeaient la Slavie, mais n'y pénétraient pas. Voy. Lubor Niederlé, *Manuel de l'Antiquité slave*, t. II (1926) ; — Elisée Reclus, *L'Europe scandinave et russe*, p. 473-474.
19. C'est ce qu'on doit objecter à M. Rostowtsew (*Origines de la Russie Kivienne*, dans *Revue des études slaves*, t. II, 1922, p. 5-18).
20. Sur ces emprunts voir Adolf Stender-Petersen, *Slawisch-germanische Lehnwörter* (Göteberg, 1917) ; Erich Berneker, *Slawisches etymologisches Wörterbuch* (Heidelberg, 1908-1913, 2 vol.).
21. Müllenhoff (*Deutsche Altertumskunde*, t. II, p. 367) a cru trouver un témoignage de la seconde moitié du IVᵉ siècle sur les Slaves dans un traité de Caesarius, frère de Grégoire de Nazianze, où l'on examine les singularités de divers ordre de peuples : on nomme les *Sklavenoï* (P. Migne, *Patrologie grecque*, t. XXXVIII, col. 985, interrog. IX), mais on nomme aussi les Lombards un peu plus loin, preuve que ce texte a été interpolé.
22. De demi-couronne plutôt, car l'auteur désigne visiblement l'arc des Carpathes.
23. « Introrsus illis (le Danube, la Theiss, l'Aluta) Dacia est, ad coronæ speciem arduis Alpibus emunita, juxta quorum sinistrum latus, qui in aquilone vergit, ab ortu Vistulae fluminis per immensa spatia Venetharum natio populosa consedit ; quorum nomina, licet nunc per varias familias et loca mutentur, principaliter tamen Sclaveni et Antes nominantur. Sclaveni a civitate Novietunense et lacu qui appellatur Mursiano, usque ad Danastrum et inboream Viscla (la Vistule) tenus commorantur : hi paludes silvasque pro civitatibus habent. Antes vero, qui sunt eorum fortissimi, qua Ponticum mare curvatur, a Danastro extenduntur usque ad Danaprum, quae flumina multis mansionibus ab invicem absunt. » (*Getica*, § 34, éd. Mommsen dans *Monumenta Germaniæ, Auctores antiquissimi*, t. V, p. 62.)
24. Niederlé, *Manuel*, t. I, p. 47. Cf. son livre tchèque *Slovanské starozitnosti*, t. II, p. 292 et 531.

# 1
# LES SLAVES DU SUD ET LES POPULATIONS BALKANIQUES.

### *Apparition des Slaves du Sud.*

Attestée vers le commencement du VIe siècle [1], l'expansion des Slaves dits « du Sud » s'achève vers la fin du siècle suivant.

Au cours de ces deux siècles — et même moins — la géographie ethnique de l'Europe « balkanique » subit un bouleversement prodigieux. Sous le règne de Justin Ier (518-527) la frontière de l'Empire suit le Danube depuis l'embouchure jusqu'à son confluent avec la Save, puis ce fleuve jusqu'à sa source. Dès Héraclius (610-641) les deux rives du grand fleuve, depuis la mer Noire jusqu'aux abords de Vienne, sont occupées par des peuples jusqu'alors inconnus, les Slaves. Ils atteignent même les Alpes orientales, et le fond de l'Adriatique. Ils se glissent par le couloir de la Morava et du Vardar jusqu'aux environs de Salonique. Ils s'infiltrent en Thessalie et jusque dans le Péloponèse. Dans la seconde partie du VIIe siècle il ne reste plus en Europe sous la domination effective de l'empereur « romain » de Constantinople qu'une partie de la Thrace et une étroite bande de terre le long des côtes.

Ce qui est grave, c'est que cette marée humaine ne laisse rien subsister du passé. Elle détruit les villes anciennes, laisse crouler monuments, routes et ponts. Elle semble pendant longtemps imperméable à la civilisation gréco-latine. La péninsule des Balkans et l'Europe centrale sont replongées dans une barbarie dont ces contrées étaient sorties depuis de très longs siècles.

### 1. — *Premières invasions.*

Les nouveaux venus, les Sclaves ou Slaves, ne se sont pas ébranlés sans doute au même moment pour s'installer sur le sol romain et ne sont pas sortis des mêmes régions. Mais pendant près de deux siècles il est presque impossible de faire des distinctions entre les assaillants.

Il semble bien que ce soit sur le cours inférieur du Danube que le monde nouveau des Slaves soit apparu pour la première fois avec certitude aux Romains d'Orient. Les Barbares qui, en 517, dévastent la Macédoine, la Thessalie, l'Épire, ne peuvent guère être que les Slaves, quoique le comte Marcellin désigne les envahisseurs dans sa chronique sous l'appellation archaïque et absurde de *Gelae*. Au cours du règne de Justinien leurs incursions sont signalées à plus d'une reprise (533, 545, 547-548, 549, 550, 551). Ils poussent leurs raids jusqu'aux frontières de l'Italie, jusqu'à Salonique, même jusqu'aux « Longs Murs » qui protègent Constantinople. Toutefois on ne saurait affirmer qu'ils songent déjà à s'installer à demeure sur le territoire de l'Empire. Leur base pour leurs incursions est la Valachie actuelle et, en 531, 538, on les signale aux bouches du Danube, au Sud, dans la Dobroudja [2].

À la même époque, derrière eux, apparaissent les Antes, installés entre le Dniepr et le Dniestr et dans la Bessarabie actuelle. Tantôt combattu par l'Empire, tantôt à sa solde, ce peuple que Jordanès range parmi les Wendes, c'est-à-dire les Slaves, cessera de jouer un rôle important à la fin du VI$^e$ siècle [3].

L'arrivée de nouveaux venus, les Avars, grande nation turque qui, dès le milieu du VI$^e$ siècle, s'installe sur une immense région aux bouches du Danube, puis au cœur de l'Europe, dans la Hongrie actuelle, dominant à la fois le monde slave et le monde germanique [4], n'arrêta pas la marche des Slaves. Au contraire, soumis à ces Tatars, adoptant leur tactique et leur armement, les Slaves conjuguèrent, au cours du VII$^e$ siècle, leurs attaques contre l'Empire, avec leurs maîtres. À bien des reprises (611, 612, 622, enfin et surtout 626) Constantinople fut menacée [5].

À l'autre extrémité de l'Empire, le flot des Slaves, déferle. En 536 leurs tribus atteignent l'Adriatique : ils sont en vue de Salone ; en 548 ils sont à Durazzo (*Dyrrhachium*). Au siècle suivant, tout le pays compris entre la Morava (*Margus*), la Save, l'Adriatique sera en leur pouvoir. Il n'est pas admissible que ces Slaves soient ceux qui, partant de Valachie, menacent la Thrace, la Macédoine, la Grèce. Ce sont évidemment les ancêtres des Youglo-Slaves, désignés aux IXe et Xe siècles, sous le nom de Croates et de Serbes. D'où viennent-ils ?

Les premiers, dits *Chrùvate*, *Chorvate* en slave, viennent d'une région au nord de la chaîne des Tatras et des Carpathes, où de faibles débris de retardataires traîneront en Galicie, Silésie, Bohême, sous le nom de *Chorvati* [6]. Les seconds, que les Byzantins appelaient *Serboi*, *Serbioi*, *Serbloi* et dont le nom slave est *Sribin*, *Sriblin*, peuvent être difficilement distingués d'un autre rameau, celui des *Sorabes*, qui, au lieu de se diriger vers le Sud, alla vers l'Ouest s'installer dans la vallée de la Saale. Leur patrie slave est sans doute à chercher dans la Haute-Silésie ou la Galicie, mais non loin des Croates avec lesquels leur langue, encore aujourd'hui très rapprochée, devait présenter une ressemblance allant jusqu'à l'identité.

Quant à la Pannonie antique (entre le Danube, la Save et les Alpes) elle tomba au pouvoir d'autres tribus slaves, les Slovènes, qui seuls gardèrent le nom ethnique. Ce sont eux qui en 592, 600, 602; attaquent l'Istrie et la Vénétie. La grande région occupée par eux est désignée, au VIIe siècle, par les Italiens sous l'appellation de *provincia Sclavorum*. Apparentés aux Serbo-Croates, les Slovènes sont vraisemblablement venus des mêmes régions, en passant par ce qui devient la Moravie. Du VIIe au IXe siècle ils tendent la main à ces frères de race dont seul les sépare le Danube.

### 2. Installation des Slaves.

Après les raids et les expéditions de pillage, l'installation des Slaves sur le sol de l'Empire commence dès 581. Jean d'Éphèse dans sa chronique en syriaque rapporte que en cette année la « race maudite » des Slaves, après avoir renversé villes et forteresses, pillé et tué, « occupe les provinces romaines (il ne spécifie pas malheureusement lesquelles) sans être inquiétée en conduisant la guerre mieux que les Romains [7] ».

Au cours du VIIe siècle la marée slave s'étale dans la péninsule des Balkans avec une puissance irrésistible. À la fin de ce siècle rien ne demeure, semble-t-il, des éléments grecs ou romains de la population [8]. Alors que Germains (Visigoths, Ostrogoths) et Tatares (Huns) n'avaient modifié sérieusement ni la géographie politique, ni la composition ethnique de la péninsule, les Slaves opèrent un bouleversement complet.

La Mésie (inférieure et supérieure), la Macédoine, la Dacie, la Dardanie, la Dalmatie, la Pannonie, ce complexe sud-danubien compris sous le terme d'*Illyricum*, est entièrement repeuplé.

Sur la Mer Noire, même sur la Mer Egée, les Grecs ne se maintiennent que dans les ports. Dès la grande banlieue de Salonique commence une *Sclavinie* qui couvre la Macédoine. La Grèce même est submergée par les Barbares. Le Péloponèse perdra son nom pour devenir la Morée. Pendant plus de deux siècles, à partir de l'année 589, aucun « Romain » (Byzantin) n'osa s'y aventurer [9].

Enfin la plus grande partie de la Hongrie et de la Transylvanie actuelles sont au pouvoir des envahisseurs [10].

A ce stade de leur histoire les Slaves apparaissent comme des sauvages. Ils prennent plaisir à torturer les prisonniers, ils brûlent tout sans nécessité. Ils se livrent à des destructions systématiques. Alors s'achève la ruine de la Macédoine, de la Mésie, de l'Épire, de la Thessalie, de l'Hellade. Un demi-million de kilomètres carrés sont ravagés. Les populations disparaissent ou s'enfuient dans les montagnes pour y vivre en bergers nomades. Les Slaves font table rase du passé. Les constructions, les ponts, les routes disparaissent. Les noms mêmes attachés de toute antiquité aux montagnes et aux cours d'eau, sont presque tous remplacés par des désignations slaves. Le passé, fabuleusement reculé, de ces contrées, lourd de richesses et de gloire, est aboli [11]. Thrace, Macédoine, Thessalie, Hellade, Illyrie se transforment en « Sclavinies ».

Ces Barbares sont encore mal différenciés. Entre les tribus établies près de la Mer Noire et celles qui pénètrent dans les Alpes orientales, de la Dobroudja au Pusterthal, sur une longueur de 1500 kilomètres à vol d'oiseau, existait une similitude linguistique telle qu'elles se comprenaient sans difficulté [12]. Elles portaient le même nom, *Sloveninu*, au pluriel *Slovene*, transcrit *Sclavinoï*, *Sklavoï* par les écrivains byzantins, *Sclaveni* par les Latins [13].

Il est possible également que, malgré leur éparpillement sur une surface de 500 à 600.000 kilomètres carrés, ces peuplades aient offert également une similitude physique. Mais, au cours des siècles, des changements se sont produits qui ont mis les « Yougo-Slaves » à part des autres Slaves et même creusé entre eux des contrastes profonds.

Par rapport aux Slaves du Centre (Tchèques, Slovaques, Polonais) et de l'Est (Russes blancs, Grands et Petits Russiens) les Yougo-Slaves, du moins les Serbo-Croates, apparaissent comme des « Méridionaux », au moins psychiquement. Au reste leur psychisme se joue sur une gamme très étendue. L'étude fouillée de leurs divers tempéraments est un des charmes que présente le beau livre de géographie humaine que nous a donné Jovan Cvijič dans sa *Péninsule balkanique* [14].

Il faut donner une place à part à ceux des Slaves balkaniques habitant la Bulgarie actuelle et une partie de la Macédoine : type vigoureux, mais sombre, dur et lourd [15].

Ces contrastes ne peuvent s'expliquer si l'on n'a pas recours à l'hypothèse du mélange des envahisseurs slaves avec les populations antérieures. Si foulées qu'aient été la Pannonie, l'Illyrie, la Thrace, depuis le milieu du IIIe siècle, la population indigène, quoique très raréfiée, n'avait pas disparu. On sait que l'Empire romain entre le milieu du IIIe et le milieu du IVe siècle, a pu tenir debout, grâce à la valeur et à la vigueur des recrues excellentes que lui fournissaient les « Illyriens ». Généraux et empereurs viennent de la même souche. Il est probable que les Serbo-Croates médiévaux et modernes sont des Illyriens slavisés [16].

---

1. Les théories qui veulent que les Slaves soient autochtones dans les régions danubiennes sont dues à des préoccupations extrascientifiques. Elles ne reposent, d'ailleurs, sur rien. Ludor Niederlé en a fait une brève exécution dans son *Manuel de l'Antiquité slave*, t. I (1923), p. 42-50 ; plus complètement dans son ouvrage *Les Origines des Slaves* (en tchèque), Prague, 1902-1910, notamment au t. II, p. 71-120. Lui-même croit (p. 49-59) a une infiltration slave, du moins dans les plaines de Hongrie. Elle serait attestée à partir du IIIe ou IVe siècle, non par les textes historiques, qui n'en savent rien, mais par des noms de lieu, tel le lac Pelso, la rivière Vuka, etc. qu'il rapproche de mots slaves. Mais ces noms peuvent appartenir bien plus vraisemblablement au pannonien et à l'illyrien, langues dont nous ne savons rien. D'autres arguments sont plus ingénieux que solides.
2. Niederlé, *Manuel*, t.1, p.61-66 ; —Vassiliev, *Histoire de l'Empire byzantin*.
3. Sur les Antes voir J.-B. Bury, *History of the later roman Empire*, t. II 1923), p. 295-298, 315. Certains doutent que les Antes soient des Slaves. Sur ce problème voir Hruseskyi, *Gerch. d. Ukrainischen Volkes*, t. I (Leipzig, 1906), p. 177, 579.
4. On reviendra sur les Avars (chapitre II de la Cinquième partie).
5. Ch. Diehl dans *Histoire du Moyen Age* sous la direction de G. Glotz, t. III (1936), p. 214.
6. Sur les questions soulevées par les Croates blancs, voir le chap. *Chorvatische Frage* dans Hruseskyi, p. 212-217 ; et surtout J. Marquart, *Osteuropäische... Streifzüge* (Leip-

zig, 1903), p. 110, 119, 129 à 139. Leur capitale aurait été, au $X^e$ siècle, Cracovie (p. 131, 471, 509).
7. Voir J. Marquart, *Osteuropaïsche Streifzüge*. p. 245-251.
8. Sauf les réserves signalées au chap. suivant.
9. C'est du moins ce qu'affirme le patriarche de Constantinople Nicolas III (1081-1111) dans une lettre synodale à l'empereur Alexis Comnène. Voy. Niederlé, *Manuel*, t. I, p. 66 ; et *Slavanskê Slarojitnosti*, t. II, p. 210. — Il faut n'accepter cette assertion qu'avec réserves. Quand à l'affirmation de Fallmerayer, émise en 1830 (*Gesch. d. Halbhinsel Moreas während des Mittelalters*) que la population grecque avait été exterminée par les Slaves, elle a été réfutée par Carl Hopf (*Gesch. Griechenlands während des Mittelalters*, t. I, 1867, p. 103-119). Le paradoxe de Fallmerayer n'est sans doute pas exempt d'arrière-pensées nullement scientifiques. Voir Vasilien, *Hist. de l'empire byzantin*, t. I, 1932, p. 230-234 et aussi Diehl dans *Histoire du Moyen Age* de Glotz, t. III (1936), p. 220.
10. Strakosch-Grassmann, *Geschichte der Deutschen in Œsterreich-Ungarn* (1895), t. I, p. 295-313 ; — Jireček, *Geschichte der Serben*, t. I, p. 88 et suiv. ; — St. Stoyanevich, *Byzance et les Serbes* (en serbe).
11. Strakosch-Grassmann, p. 562-567 ; — Jireček, p. 65, 106, 114 ; — Tomaschek, *Die vorslavische Topographie der Bosno-Herzegovina* dans les *Mitteilungen* de la Société géographique de Vienne, 1860. Sur quelques traces des antiques populations voy. Niederlé, *Manuel*, t. I, p. 72.
12. Voir Vendryes dans Meillet et Cohen, *Les langues du Monde* (1924), p. 75.
13. La graphie *kl* dans *Sklavi* est destinée à rendre, tant bien que mal, le *l* dur slave.
14. Paris, A. Colin, 1918. Voir aussi, du même, *Questions balkaniques* (Paris-Neuchâtel, Attinger, 1916 ; — *Ethnographische Abgrenzung der Balkanvöker*, dans les *Mitteilungen* géographiques de Petermann, année 1913.
15. Le portrait peu flatté des Bulgares par Cvijič (p. 478-481) ne peut être accepté naturellement que sous bénéfice d'inventaire.
16. La difficulté, incontestablement, c'est que les envahisseurs barbares auraient dû oublier leur langue pour celle des indigènes, comme ce fut le cas en Grèce où les « Sclavinies » furent peu à peu résorbées par les Hellènes, au point que la langue et même le type slave ont disparu au cours des siècles. Mais la conservation ou la perte d'une langue sont dues à des causes complexes où la « culture » ne joue pas toujours nécessairement le rôle prépondérant.

## 2
# LES SLAVO-BULGARES.

### 1. *Le Premier empire bulgare.*

Les tribus yougo-slaves n'ont pas eu toutes la fortune de constituer des États. Celles qui sont parvenues le plus tôt à jouer ce rôle s'étaient installées en Mésie et en Macédoine, entre le cours inférieur du Danube et le golfe de Salonique et n'avaient pas de désignation particulière [1]. Sans doute seraient-elles tombées sous l'influence ou même la domination byzantine si elles n'avaient été subjuguées par de nouveaux venus, appartenant à une race très différente dont elles prirent le nom, les Bulgares.

Les Bulgares apparaissent sur le cours inférieur du Danube vers la fin du Ve siècle. En 493 ils commencent par exécuter sur territoire d'Empire des expéditions de pillages plus d'une fois répétées par la suite. Mais, de temps à autre, ils lui fournissent des mercenaires [2]. Ce fut seulement en 679, deux siècles après leur apparition, qu'ils s'installèrent définitivement sur le sol romain, sous la conduite de leur roi Isparuch.

La patrie de ce peuple était la région entre la Volga et la Kama dont Kazan est aujourd'hui la ville principale. Cette région, jusqu'au XVe siècle, conserva le nom de « Grande Bulgarie ». La Volga avec ses affluents étant essentiellement un fleuve finnois [3], il est tentant de voir dans ces barbares des Finnois. Cependant leur constitution militaire et politique est celle des peuplades tatares [4].

L'histoire des Slaves du Sud-Est se confond désormais avec celle de leurs maîtres, les Bulgares [5].

Leurs Khagans, ou Khans, vécurent en état d'hostilité à peu près permanent avec l'Empire. Le plus terrible d'entre eux fut Krum. Il s'empara de Sardique, aujourd'hui Sofia, dernier boulevard de l'Empire contre les Barbares ; il enferma Nicéphore Ier dans une vallée, anéantit son armée (juillet 811) et le tua. Le crâne de l'empereur romain, argenté, servit de coupe au Khan dans ses festins. Le successeur de Nicéphore, Michel I, fut lui aussi vaincu.

Les successeurs de Krum, Omurtug et Malomir (nom slave) étendirent leur autorité sur les Serbes [6].

Cependant le christianisme s'insinuait chez les Bulgares. Si Omurtug déchaîna une persécution, il provoqua aussi l'enthousiasme du martyre. Le prince Boris, qui commença son règne en 852, se décida à adopter la foi chrétienne, en dépit de l'aristocratie des boïars, demeurée païenne obstinément [7].

Mais de quel côté se tourner ? — Dès 863, Boris, allié au roi franc Louis le Germanique, annonce au Pape son intention de se faire baptiser. L'empereur Michel III, alarmé, fait alors pression sur le Bulgare. Boris accepte de prendre l'empereur pour parrain et un représentant du patriarche de Constantinople vient le baptiser (864 ou 865) [8]. Mais Boris, pour avoir embrassé le christianisme, n'entendait nullement abandonner un pouce de son indépendance. Pour se sentir à l'abri de toute manœuvre politique de Constantinople, sous couleur de religion, il réclama un patriarche ou archevêque pour ses États, et naturellement ne l'obtint pas. Il se tourna alors vers Rome, après avoir écrasé une ultime révolte du parti païen (août 866). Le pape Nicolas Ier lui envoya deux évêques, répondit nettement à ses questions sur le dogme, blâma comme déraisonnables certaines pratiques de dévotion introduites par les Byzantins. Enchanté, Boris renvoya les prêtres grecs et promit, « en s'arrachant des cheveux », de rester fidèle au siège de saint Pierre [9].

Cependant il n'obtint pas son patriarcat. C'est que Rome croyait encore avoir intérêt à ménager Constantinople. La rupture n'était pas consommée entre catholiques latins et catholiques grecs. Basile Ier, après avoir chassé Photius et rappelé Ignace, avait repris les relations avec Rome, Un concile devait aplanir les difficultés surgies entre ces deux moitiés du monde chrétien. Rome se trompa cruellement. Le concile aboutit à une rupture éclatante. D'autre part le nouvel empereur Basile se concilia le Bulgare en lui envoyant un archevêque et des évêques grecs (870). Ce fut au tour des Latins d'être expulsés.

En dépit de l'habileté du pape Jean VIII, jamais plus les Latins ne purent reprendre leur influence. Boris, au contact des prêtres byzantins, avait compris que la soumission absolue du clergé grec au prince était plus favorable à son autorité que l'obéissance du clergé latin à la papauté [10].

Par une ironie du sort, le procédé d'évangélisation de Cyrille et Méthode, l'emploi du slave, non seulement pour la prédication, mais pour la célébration de la messe, procédé qui échoua finalement en Pannonie et en Moravie, trouva une terre d'élection en Bulgarie. Si bien qu'on qualifie de « vieux bulgare » la langue en laquelle ont été traduits les livres saints et les offices chrétiens, mais à tort : en réalité cette langue est celle de la Sclavinie des environs de Salonique où habitèrent Constantin (Cyrille) et Méthode [11].

L'État bulgare atteignit son apogée sous le règne de Siméon (893-927), fils de Boris. Siméon battit des armées byzantines, s'empara d'Andrinople, assiégea Constantinople. En même temps rétablissement d'un patriarcat à Preslav, c'est-à-dire la Glorieuse (près de Choumla actuel), la capitale, acheva de détacher la Bulgarie de Constantinople.

Néanmoins, l'État bulgare cesse d'être un royaume barbare turco-slave. Le souverain porte un nom biblique ; il a été élevé à Constantinople et est imbu de la culture grecque. Il désire la répandre, sous sa forme chrétienne, parmi ses sujets. Il fait traduire en bulgare une masse d'écrits : oraisons d'Athanase, sermons de Jean Chrysostome, des chroniques, etc... Enfin, il remplace son vieux titre tatare de *Sublime Khan*, par celui de « tsar » (César) c'est-à-dire empereur des Bulgares et des Grecs [12].

*L'Empire bulgare à son apogée.*

Cela même est significatif. L'État bulgare devient un état civilisé puisqu'il s'efforce d'imiter l'Empire byzantin.

On n'a pas à raconter les destinées ultérieures de la Bulgarie, contrefaçon de Byzance. Cette première Bulgarie eut le sort de bien des contrefaçons : elle ne réussit pas. L'empereur Basile II, le Bulgarochtone, après une longue et dure lutte, en fit la conquête [13]. De 1018 à 1186, la Bulgarie fut province byzantine. Cependant Constantinople ne réussit pas à l'helléniser, pas plus que les Turcs qui en furent maîtres cinq siècles, de 1393 à 1878, ne parvinrent à la « touraniser ».

## 2. *Le Second empire bulgare.*

Pas davantage Byzance ne réussit à assimiler les populations « romaines » (valaques) installées en Bulgarie et revenues à la vie nomade. À signaler un renforcement de l'élément « touranien » par suite de l'installation, en 1048, de Petchenègues, autour de Silistrie, en 1064 de Coumans en Dobroudja et dans la vallée de la Maritsa. Ces Turcs ne se fondront pas avec la population bulgaro-slave avant le XIVe siècle [14].

Ce fut un valaque, Assan, qui, avec son frère Pierre, se révolta contre l'empereur (1186) [15]. L'empire latin de Constantinople fut aussi impuissant que l'empire byzantin contre les Bulgaro-Valaques : en 1206 le premier empereur latin, Baudoin Ier, fut fait prisonnier et torturé par Ioannitsa ou Kalojan « seigneur des Vlaques et des Bulgares ».

Mais le nouvel empire bulgare dut reconnaître (de 1242 à 1300) la suprématie des Mongols de la Horde d'Or, installés à Saraï, au S.-E. de la Russie [16]. Le tsar George Terter, d'origine coumane, dut payer tribut (1235).

L'installation des Turcs ottomans en Europe porta le dernier coup à l'indépendance bulgare. À la mort du tsar Alexandre (1364) la Bulgarie se divisa en deux : Jean Chichman régna à Sofia, Srazimir à Widdin. Le premier, quoique beau-frère du Sultan Mourad, entra avec les Serbes dans une coalition contre le Turc. Sofia fut enlevée par le Sultan en 1382, Tirnovo en 1393. Srazimir, qui avait fait appel aux Croisés d'Occident, fut vaincu à Nikopoli (22 sept. 1396) et la Bulgarie fut annexée à l'empire Ottoman [17].

### 3. *La Bulgarie sous les Turcs.*

Dès lors la Bulgarie dut subir le plus dur des jougs. La population paysanne fut réduite à une condition servile : les plus opprimés et les plus méprisés des *rayas* furent les Bulgares. Leur nom devint même synonyme de *raya* et ce qui subsistait de bulgare dans la population des villes évitait de le porter [18]. Le moral de la population, ici comme partout, se ressentit de cette impitoyable oppression [19]. Une partie se convertit à l'Islam [20].

Aussi la révolte, après l'éclosion du sentiment national, fût-elle plus tardive en ce pays que dans les autres provinces de l'Empire. Elle finit tout de même par éclater en 1876. L'atrocité de la répression, confiée par la Porte aux irréguliers, les Bachibouzouks, finit par émouvoir l'Europe. La Russie, persuadée qu'elle pourrait mettre à bas l'Empire ottoman, saisit ce prétexte pour intervenir (déclaration de guerre à la Turquie du 17 avril 1877).

Les Bulgares ne furent que d'un faible secours à leurs libérateurs : on sait que la prise de Plevna devant laquelle l'armée russe était arrêtée fut due, en fin de compte, aux Roumains. Les Bulgares n'avaient eu aucune possibilité d'une organisation quelconque. Les premiers patriotes bulgares, dont l'action ne se fait pas sentir avant les années 1850-1860, étaient réfugiés à l'étranger. Même dans l'exercice de leur culte, les Bulgares trouvaient des adversaires acharnés dans leurs coreligionnaires grecs de la capitale, désireux de maintenir la forme hellénique de l'orthodoxie [21].

#### 4. Renaissance de la Bulgarie.

La Bulgarie dut vraiment son existence à la protection de la Russie. Toutefois le traité de Berlin (13 juin-13 juillet 1878) fut loin d'accorder à ce pays les territoires que lui faisait espérer la convention de San-Stefano (3 mars 1878). S'il reconnut une principauté de Bulgarie, d'ailleurs vassale du sultan, il replaça la Macédoine sous l'autorité de la Porte et fit de la Roumélie orientale, toute bulgare, une province dite autonome avec un gouverneur chrétien nommé par le sultan.

Somme toute, l'œuvre des diplomates réunis à Berlin consista à semer dans l'Europe orientale des bombes à retardement. C'est généralement ainsi que procède un congrès « pour en finir ».

En septembre 1885 les Bulgares de Roumélie orientale chassèrent de Philippopoli le gouverneur et s'unirent à la principauté. Une facile victoire sur les Serbes, à Slivnitza, donna aux Bulgares un prestige qui facilita la reconnaissance par l'Europe et la Turquie du fait accompli.

En octobre 1908, profitant de l'accalmie produite dans les Balkans par le rétablissement de la constitution de 1876 par le sultan (24 juillet) la Bulgarie proclama son indépendance et son souverain prit le titre de roi.

La révolution qui porta les « Jeunes Turcs » au pouvoir, la déposition du sultan Abd-ul-Hamid (27 avril 1909), surtout la volonté du nouveau gouvernement d'unifier l'ensemble des habitants de l'Empire en les « ottomanisant » par l'emploi forcé de la langue turque, provoquèrent dans les Balkans une inquiétude qui aboutit à la conclusion d'un accord entre tous les États chrétiens : Bulgares, Serbes, Monténégrins, Grecs. À la surprise générale [22] la Turquie fut écrasée. Dans la lutte la Bulgarie se distingua au premier rang, aux batailles de Kirk-Kilissé et de Lule-Bourgas (28 octobre au 2 novembre 1912). Le prince, puis roi, de Bulgarie, Ferdinand, crut un instant faire une entrée victorieuse à Constantinople. L'échec de l'assaut bulgare aux tranchées de Tchataldja (17 et 18 novembre), et l'inquiétude de la Russie amenèrent la conclusion d'un armistice avec les Turcs (3 décembre) et l'ouverture de négociations de paix qui devaient s'ouvrir à Londres le 13 décembre. Elles échouèrent. Les hostilités reprirent. Nouvelle défaite des Turcs à Boulair (8 février 1913). La Turquie dût céder (30 mai, Londres). Elle se retirait à l'Est d'une ligne allant d'Enos, sur la mer

Egée, à Midia sur la Mer Noire, ne conservant ainsi en Europe que Constantinople.

Les plus brillantes destinées politiques s'ouvraient pour la Bulgarie, tout fut anéanti par un coup de folie ou de félonie du roi Ferdinand [23]. À l'insu de ses ministres, il donna ordre au général Savov d'attaquer à l'improviste ses alliés de la veille, les Serbes (29 juin). Ce coup de Jarnac se retourna contre son auteur. L'armée serbe se ressaisit et infligea un désastre aux Bulgares sur la Bregalaica. Non seulement les anciens alliés Serbes et Grecs, mais les Turcs se retournèrent contre les vainqueurs de Lule Bourgas.

Pour comble d'infortune, la Roumanie entra en scène. Elle n'avait pas pris part à la guerre balkanique et ses forces étaient intactes. Elle profita de la situation désespérée de la Bulgarie pour lui arracher, au traité de Bucarest (10 août), non seulement Silistrie sur le Danube qu'elle convoitait [24], mais une large bande de territoire allant droit de Toutrakan (à l'Ouest de Silistrie) à la Mer Noire, sur 130 kilomètres de long (N.-O.-S.-E.) et 80 de large (N.-S.), peuplée presque exclusivement de Bulgares ou de Musulmans [25].

La Turquie reprit Andrinople. La Serbie et la Grèce s'installèrent en Macédoine. Le seul gain qui demeura à la Bulgarie fut un petit morceau de Thrace occidentale, peuplé de Musulmans, avec le port où plutôt la rade de Dedé-Agatch, lui ouvrant, du moins, une fenêtre sur la mer Égée.

---

1. Et c'est pourquoi nous sommes obligés de forger cette désignation pour empêcher la confusion, à cette époque, avec les Bulgares de race turque qui les domineront et leur imposeront leur système politique, mais non leur langue.
2. Bury, *Later roman Empire*, t. I, p. 421, 435, 447, 460 ; t. II, p. 296-302.
3. Les Bulgares sont des Finnois pour Ripley (*Races of Europe*, p. 421-423), des Huns, c'est-à-dire des Turcs, pour Tomaschek (dans *Realencyclopædie* de Pauly-Wissowa, t. III, col. 1040-1045), Kiessling (*ibid.*, t. VIII, col. 2606-2608), Niederlé, *Manuel*, t. I, p. 100.
4. On reviendra sur les Bulgares et leur origine dans la Cinquième partie, chap. II.
5. Jireček, *Geschichte der Bulgaren* (1876) ; — Zlatarski, *Histoire des Bulgares* (en bulgare), Sofia, 1918 ; — Niederlé, t. I, p. 92-96 ; — Stevan Runciman, *History of the first bulgarian empire* (Londres, 1931).
6. Jireček, p. 139 ; — W. Miller dans *Cambridge medieval history*, t. IV, p. 233.
7. Dvornik, *Les Slaves, Byzance et Rome* (1936), p. 101 ; Jireček, p. 150.
8. Dvornik, p. 186.
9. Dvornik, p. 192.
10. Lapôtre, *L'Europe et le Saint-Siège à l'époque carolingienne : le pape Jean VIII* (1895), p. 58-71.

11. Voy. Jagiĉ, *Entstehungsgeschichte der kirchlichen Sprache* (1913) ; — cf. L. Léger, rlans *Journal des savants,* année 1913, p. 448 ; cf. *Cambridge medieval history,* t. IV, p. 225.
12. *Cambridge medieval history,* t. IV, p. 236-238 ; — Jireček, p. 161.
13. Ch. Diehl, *Le Monde oriental, de 395 à 1081.* au t. III (1936), de l'*Histoire du Moyen Age* sous la direction de G. Glotz, p. 477-481.
14. Jireček, *Einige Bemerkungen über die Ueberreste der Petchenegen und Kumanen* (dans *Sitzungsberichte* de la Société bohém. des sciences, Prague, 1889) ; — Cvijič, p. 471.
15. Chalandon, *Jean II Comnène et Manuel I Comnène* (1912), p. 48, 324.
16. Voir Gaston Cohen dans la *Revue historique,* année 1924, t. Il, p. 53-59, d'après P. Nikov, *Rapports des Tatares et des Bulgares* (en bulgare).
17. L'histoire des derniers Chichmanides et de la conquête ottomane a été écrite (en bulgare) par Petre Nikov (Sofia, 1927).
18. Cvijič , *op. cit.,* p. 166, 487.
19. Le portrait peu flatteur que trace Cvijič (p. 487-490) du Bulgare appelle les réserves d'usage.
20. Ce sont les Pomaks des monts Rhodope, qui conservent, du reste, la langue bulgare. Au contraire les Gagaouses, établis le long de la Mer Noire, demeurés chrétiens, ont pris pour langue le turc.
21. Les Bulgares obtinrent cependant (par un firman du 12 mars 1870) un exarque, ce qui rendait leur église autocéphale sous l'autorité fictive du patriarche de Constantinople. Le sultan avait voulu jouer un bon tour aux Grecs de sa capitale.
22. Diplomates et attachés militaires prédirent à leurs gouvernements la victoire certaine des Turcs. Cela est conforme à la règle. On s'étonne que les gouvernements n'aient pas compris depuis longtemps qu'ils possédaient un moyen à peu près infaillible de connaître la vérité, c'est de prendre le contre-pied des informations transmises par leurs agents à l'étranger.
23. Le nombre des livres et articles de polémique sur les événements qui suivent est énorme. On se contentera pour le lecteur de langue française de signaler Em. Haumant *(Formation de la Yougoslavie)* comme serbophile et *Quinze ans d'histoire balkanique* (1904-1918) du colonel Lamouche (Payot, Paris) comme bulgarophile. Voir aussi P. Gentizon, *Le drame bulgare* (1924), Payot, Paris).
24. La Roumanie s'était fait reconnaître Silistrie par la Bulgarie dès le 9 mai, mais sans réclamer rien autre qu'un rayon de 3 kilomètres autour de cette forteresse, plus la reconnaissance de l'autonomie des écoles et églises koutso-valaques, c'est-à-dire roumaines (cf. p. 288), sur territoire bulgare. Voir Lamouche, p. 142. Sur les rapports roumano-bulgare de 1912 à 1913 voir Seton Watson, *History of the Roumanians,* p. 448-460.
25. Le prétexte, la protection du port roumain de Constantsa, sur la mer Noire, vaut au moins autant pour le port bulgare de Varna que la nouvelle frontière rase de fort près. C'est ce que font observer les historiens américains Haskins et Lord, *Some problems of the peace conference* (1920), p. 276.

# 3
# LES SERBES.

## 1. *L'État serbe jusqu'à 1459.*

Les tribus serbes, venues de la région située au Nord des Monts Tatras [1], ne s'installèrent pas tout d'abord dans la vallée de la Morava danubienne, le *Margus*, artère de la contrée qui sera plus tard la vraie Serbie. Cette vallée marécageuse était bordée d'une sylve immense, s'étendant de Belgrade à Nich, qui demandera bien des siècles pour être éclaircie.

Les premiers états serbes se constituèrent en dehors des routes longitudinales et des dépressions, dans la région « dinarique », dans la Zeta, autour de la rivière de ce nom, de la Moratcha, du Drin, avec Scutari comme capitale ; dans la Rascie, sur le plateau dinarique et dans les vallées de la Tara, du Lin, de la Morava occidentale, de l'Ibar, avec Ras, comme capitale (à l'Ouest de Novi-Bazar). Ces principautés n'apparaissent pas vraiment à l'histoire avant le Xe siècle. Dans la première moitié du siècle, le *Primorié*, qui touche à l'Adriatique, aussi bien que la Rascie sont soumis au Khan bulgare.

Après la ruine de l'Empire bulgare, au début du XIe siècle, l'influence byzantine commence à se faire sentir. Aux XIe et XIIe siècles les chefs serbes, les « grands youpans », sont attirés à Constantinople et l'empereur exerce sur eux une vague suzeraineté.

La révolte des Vlaques et des Bulgares [2], puis la mainmise des

Latins sur l'Empire byzantin offrirent aux Serbes l'occasion de s'affranchir de toute autorité étrangère. D'ans les vingt dernières années du XIIᵉ siècle le « grand youpan » de Rascie, Nemanyan, baptisé sous le nom de Stepan (Etienne), étend son pouvoir jusqu'à l'Est de la Moravie, jusqu'à l'Adriatique à l'Ouest. Très pieux, il abdique en 1195 et se retire comme moine au Mont-Athos où il rejoint son plus jeune fils, qui sera le célèbre saint Sava, le saint national des Serbes. L'un de ses fils, Etienne, sollicite du pape la couronne royale et l'obtient d'Honorius III (en 1217). L'église serbe, hésitant entre les deux confessions, grecque et latine, eût adopté cette dernière, si Sava ne s'était rendu à Nicée, où s'était réfugié le patriarche de Constantinople, et n'en avait obtenu le « pallium » de métropolitain pour lui-même ainsi que l'« autocéphalie » de l'église serbe, ce qui la détacha des Latins et la rendra indépendante de l'archevêché bulgare d'Ohrida [3].

La dynastie des « Némanides » s'est prolongée jusqu'en 1371. Malgré les difficultés intérieures et extérieures, l'État serbe atteignit l'apogée de sa grandeur au XIVᵉ siècle, sous le règne de Douchane ou Etienne (mort en 1355). Etienne écrase les Bulgares ; attiré par le couloir Morava-Vardar, il s'empare de la Macédoine. Il étend son autorité même sur l'Albanie, l'Épire, l'Étolie, la Thessalie. Il se proclame (1346) « empereur », empereur non seulement des Serbes, mais de presque toute la Romanie *(imperalor fere totius Romaniae)*. En même temps se développe une civilisation artistique imitée de Byzance, mais pleine de saveur.

Mais déjà les Turcs ottomans sont en Europe. Il est inévitable qu'ils s'en prennent à cet État disparate qu'est l'Empire serbo-romain fondé par Douchane. En 1372, les Serbes subissent une première défaite. En 1389, l'armée ottomane rencontre les Serbes dans la plaine de Kosovo. Les deux souverains, le sultan Mourad et le tsar Lazare périssent, mais la victoire des Turcs est complète ; la Serbie devient un état vassal de l'Empire ottoman. La défaite et la mort de Bajazet, écrasé par Tamerlan et les Tatars à Angora (1404) contiennent pour un temps l'avance des Turcs. Elle reprend, après la chute de Constantinople et, en 1459, Mahomet II n'a qu'à paraître pour que la Serbie disparaisse en tant qu'État.

## 2. *La Serbie turque et son affranchissement.*

La prostration des Serbes, sous le joug de l'Islam, semble complète. Les beaux chants épiques, transmis de générations en générations, même chez les Serbes islamisés, célèbrent les héros du passé, le tsar Lazare, tombé à Kosovo en 1389, et surtout l'aventurier Marko Kralyevitch [4], mais sans nul espoir d'une revanche possible. La domination du sultan leur semble devoir durer éternellement.

Même lorsque la décadence de l'Empire ottoman s'avéra incurable, à partir du milieu du XVIIe siècle, les populations chrétiennes ne bougent pas. Au début du XIXe siècle, l'Empire entre en décomposition, quand pachas et beys organisent une sorte de féodalité. Cependant la poignée de paysans et de bannis *(haïdouks)* qui ose relever la tête, en Serbie, sous la conduite de Karageorge, feint, pendant quelques années (de 1803 à 1807), de secourir le sultan contre ses fonctionnaires infidèles [5].

Ces efforts, en dépit d'exploits prodigieux, auraient finalement abouti à l'écrasement, comme dans le passé, si une puissance ascendante, la Russie, ne s'était, depuis Pierre le Grand, intéressée au sort des chrétiens des Balkans, à ceux du moins qui suivaient le rite grec, les « orthodoxes », et pour bien des motifs, politiques et religieux. Cet appui, lointain, trop souvent défaillant, fut cependant indispensable. Après la fuite (1813) et la mort de Karageorge, Miloch réussit à faire reconnaître une certaine autonomie, à la Sumadija (Choumadiya), la Serbie du Nord (1815). Des négociations, menées avec le concours de la Russie, de 1825 à 1833, limitèrent le pouvoir du sultan à la perception d'un tribut modéré et au maintien de quelques garnisons turques (qui seront retirées en 1867). Mais le pouvoir effectif est aux mains d'un prince, le grand kniaz, Miloch Obrenovitch, et assuré à sa postérité. Si pauvre, si faible, si peu étendue que soit cette Serbie tronquée, qui ne comprend encore ni Pirot, ni Vidin, ni Kosovo, ni Nisch, ni la Vieille-Serbie, ni Novi-Bazar, elle représente au milieu du XIXe siècle la seule contrée où — exception faite du minuscule Monténégro — un peuple slave soit, ou à bien peu de choses près, indépendant [6].

Dans ces limites étriquées la Serbie ne put longtemps se résigner à vivre. Profitant de la situation de l'Empire ottoman en 1875, agité par des troubles internes et externes et financièrement ruiné, la Serbie, unie au Monténégro, attaqua (juillet 1876). Sa défaite fut complète et seule l'intervention de la Russie pût lui valoir un armistice. La guerre russo-turque de 1877-78 et le traité de Berlin procurèrent à la Serbie une satisfaction morale, la reconnaissance de son indépendance par la Turquie, puis (mars 1882) le titre royal pour son souverain, Milan Ier (mort en 1889), enfin une extension de territoire vers le Sud, jusqu'à Vrania.

Ces avantages ne compensaient pas un double péril menaçant l'avenir du jeune royaume. L'Autriche-Hongrie s'était fait reconnaître au traité de Berlin le droit d'occuper la Bosnie et l'Herzégovine et il n'était douteux pour personne que cette « administration » était une annexion déguisée. Tout projet d'union des Serbes de Bosnie et d'Herzégovine au royaume de Serbie était désormais relégué dans le pays des chimères. Mais un danger plus pressant menaçait la Serbie. Jusque-là elle avait été la seule puissance slave des Balkans. Depuis 1878 elle rencontrait une rivale redoutable, la Bulgarie.

Aux préliminaires de San-Stefano (3 mars 1878), la Russie avait imposé à la Turquie vaincue la constitution d'une grande Bulgarie allant de la mer Noire au lac d'Ohrida et au Drin, à l'Ouest, du Danube à la mer Egée qu'elle touchait à Cavala, au Sud. Il n'échappait à personne que si la Russie avait faite si grande cette Bulgarie ressuscitée, c'était pour dominer, sous son couvert, la péninsule des Balkans. Aussi l'Autriche et l'Angleterre avaient-elles sensiblement réduit les dimensions du nouvel État au traité de Berlin : elles lui avaient enlevé la Macédoine, rendue à la Turquie, et l'avaient sectionné en deux morceaux : principauté de Bulgarie, Roumélie orientale.

Même ainsi affaiblie la nouvelle Bulgarie devenait une rivale. La Serbie, sous un prétexte, attaqua la sœur slave (1885). Après des succès à Tsaribrad, les Serbes furent battus par les Bulgares à Slivnitza et repoussés jusqu'à Pirot. L'intervention de l'Autriche sauva la Serbie qu'elle avait peut-être excitée secrètement. La paix de Bucarest (3 mars 1886) rétablit la situation antérieure.

La pomme de discorde entre Serbes, Bulgares, Grecs et Turcs pendant le reste du XIXe siècle et les douze premières années du présent siècle fut la Macédoine. Le conflit fut cependant longtemps entre Bulgares et Turcs ou Bulgares et Grecs [7]. La Serbie, dirigée par une dynastie des plus médiocres [8], n'y prit qu'une part secondaire. Le sultan, pour exciter les chrétiens les uns contre les autres, nommait des orthodoxes serbes aux évêchés de Prizrend, Uskub, Velès. Cependant c'est une région plus étendue (Uskub, Koumanovo, Dibra, Strouga) que se réserva la Serbie, sous l'euphémisme de « zone contestée », lorsque, le 13 mars 1912, elle conclut un traité d'alliance avec sa rivale la Bulgarie [9].

### 3. La Serbie du 13 mars 1912 au 28 juin 1914.

Le nationalisme outrancier des Jeunes-Turcs, plus dangereux à l'indépendance des chrétiens et aussi des Albanais et des Arabes, que le despotisme d'Abd-ul-Hamid, avait soulevé contre eux les États balkaniques et la Grèce. On n'a pas à reprendre, même sommairement, le récit de leur lutte victorieuse contre la Turquie. La Serbie, qui un instant, avait été mise en danger par la traîtrise de la Bulgarie, ou plutôt de son roi, y gagna finalement (mars 1914) toute la Macédoine, sauf le cours inférieur du Vardar et le port de Salonique cédés à la Grèce [10].

Cet excès de fortune mit en péril l'existence de la Serbie. L'Autriche qui, à partir de 1875, avait protégé l'humble principauté contre la Turquie, pour supplanter la Russie, ne put supporter l'existence d'un État dont l'accroissement lui barrait la route de Salonique.

Depuis 1878, depuis le traité de Berlin, la diplomatie bismarckienne, pour écarter définitivement la maison de Habsbourg de l'Allemagne, la poussait à chercher un dédommagement vers les Balkans, politique qui offrait en outre l'avantage de placer dans un antagonisme permanent l'Autriche et la Russie. La mainmise (1878) sur la Bosnie et l'Herzégovine posait un premier jalon dans cette direction. Trente ans après (5 octobre 1908) l'annexion de ces deux provinces à l'Autriche, fût pour l'Europe, pour la Serbie en particulier, un avertissement d'autant plus grave que désormais derrière l'Autriche était l'Allemagne, et non plus en spectatrice du *Drang nach Osten* de la maison de Habsbourg, mais en associée, une associée espérant recueillir la succession du « brillant second ». Ses visées allaient même très loin, plus loin que le « proche Orient » : l'affaire du chemin de fer de Konieh à Bagdad, construit par une compagnie allemande, en était la révélation. Il n'était douteux pour personne à partir de 1913, pour le moins, que l'Autriche-Hongrie était décidée à supprimer la Serbie et à passer sur son corps pour atteindre la mer Egée et, au besoin, pousser plus loin. L'attentat de Seraïevo, le 28 juin 1914, ne fut qu'un prétexte. Même s'il avait échoué, l'entourage de François-Joseph eût trouvé autre chose [11] pour se justifier d'adresser à ce malheureux pays le plus criminel ultimatum de l'histoire [12].

---

1. Cvijič, *La péninsule balkanique*, p. 93-95. Cf. Emile Haumant, *La formation de la Yougoslavie* (1930), p. 21 et 44 ; — Lubor Niederlé, *Manuel de l'antiquité slave*, t. I (1923), p. 88-97 ; — Miloche Mladenovitch, *L'État serbe au Moyen Age* (1931). A joindre un article important de L. Léger dans le *Journal des Savants*, année 1909, p. 53-63. Voir enfin la récente *Histoire de la Yougoslavie* de Vladimir Corovič (Tchorovitch) publiée à Belgrade en 1933 ; Ch. Diehl dans *Histoire du Moyen Age* sous la direction de Glotz, t. III, (1936), p. 212.
2. Voir le chap. précédent p. 229.
3. Sur cet archevêché voir le livre de Snegarov analysé dans les *Échos d'Orient*, 1936, p. 183-204.
4. Sur le cycle épique de Kosovo voir Léger dans le *Journal des Savants*, année 1905, p. 605 ; — Em. Haumant, *La Yougoslavie, études et souvenirs* (1927).
5. E. Haumant, *La formation de la Yougoslavie : $XV^e$ -$XX^e$ siècles* (Paris, 1930), p. 83-115.
6. On peut consulter pour cette période l'ouvrage d'Haumant, très documenté et vivant. Voir aussi Ch. Seignobos, *Histoire politique de l'Europe contemporaine*, $7^e$ éd., t. II, p. 938-962 ; — N. Iorga, *Histoire des États balcaniques jusqu'en 1924* (Paris, 1925), p. 102-180.
7. Nous n'avons pas à retracer l'activité des bandes de « Komitadjis » ou « andartes » grecs, surtout bulgares, qui mirent en feu la Macédoine. Sur les événements de Macédoine et la révolution jeune-turque voir les indications de G. Lamouche, *Histoire de la Turquie* (1934), p. 406. — Sur l'ethnographie de ce pays voir plus loin Sixième partie, 4° Section.
8. Em. Haumant, *op. cit.*
9. Lamouche, p. 343 ; — Guéchof, *L'Alliance balkanique* (Paris, 1915).
10. Cf. Sixième partie, $4^e$ section, § B.
11. A. Mousset, *De l'annexion de la Bosnie-Herzégovine à l'attentat de Seraïevo* (dans le *Monde slave*, 1930, t. II, p. 202-226), d'après le recueil des documents diplomatiques sur les origines de la guerre. Le sentiment de l'auteur (p. 215) est que l'attentat fut l'occasion plutôt que la cause de la guerre mondiale. Cf. Seton-Watson, *La genèse de l'attentat de Seraïevo* (ibid., 1930, III, p. 334).
12. En attendant le suivant.

# 4
# LES MONTÉNÉGRO.

(¹)

L'histoire héroïque des montagnards serbes qui occupent cette minuscule contrée demande qu'on lui consacre quelques lignes particulières dans cette rapide revue des États balkaniques.

La région appelée tardivement (XVIᵉ siècle) Monténégro ² correspond à la partie Sud-Est de la Dalmatie renfermant la ville de Dioclée ³ au district serbe dit Zeta ou Zenta, de la rivière de ce nom. En dehors des vallées de la Zeta et de la Moratcha, c'est une région deshéritée, un *karst* rocheux, la *Berda*, sans forêt, sans terre labourable, même sans prairie, sauf en des fonds étroits ⁴.

Pendant de longs siècles, la Zeta constitue avec la Rascie et le Hum (derrière Raguse) une des parties du royaume de Serbie. C'est seulement après la mort de l'empereur Etienne Douchane qu'un aventurier d'origine inconnue ⁵, Balsa, s'empara de la Zeta et s'y conduisit en prince indépendant (vers 1356) ⁶. Son petit-fils, Georges II, s'intitule en 1386 : « Seigneur indépendant et souverain de Haute et Basse Zeta, Kanina, Valona et Primorya ⁷ ». Cette dernière qualification (Pays de la mer) n'était pas injustifiée : le prince étendit son autorité sur 200 kilomètres de côtes, avantage dont la principauté sera privée par la suite. Georges II transféra sa capitale de Scutari à Dulcigno et ses successeurs disputèrent à Venise la possession de la première de ces villes.

La dynastie s'éteignit (1421) en la personne de Balsa III. Le roi de Serbie, Etienne IX tenta alors de faire valoir ses droits sur la Zeta. Il se heurta aux prétentions de Venise [8]. Après sa mort (1427) la population se rallia autour d'Etienne Czernovitch, d'origine inconnue. Cette dynastie [9] usa ses forces à lutter et contre Venise et contre le Turc. Son dernier représentant, Georges IV, marié à une Vénitienne, se retira à Venise, cependant que son frère Maxime se faisait musulman et obtenait du sultan le gouvernement de Scutari sous le nom d'Iskander-bey. Georges IV vécut en aventurier et finit ses jours auprès du sultan Bajazet II.

Cependant la principauté ne disparut pas. Elle fut seulement réduite à l'entassement rocheux de l'Ouest avec la bourgade de Cettinyé comme chef-lieu et traîna une existence obscure. Le dernier des Czernovitch, Georges V, fils et mari d'Italiennes, abdiqua pour pouvoir vivre d'une vie facile à Venise (1516).

Avant de partir il avait confié le gouvernement du Monténégro — comme on commence à dire — à l'évêque Vavila (Babylas). Cette mesure, en apparence un pis-aller provisoire, devait être le salut du pays. La population prit l'habitude de choisir comme administrateur *(vladika)* son évêque, ce qui eut l'avantage d'écarter les compétitions au pouvoir des chefs *(kniaz)* de clans. Au reste, l'évêque n'était ni juge, ni chef d'armée : la justice était distribuée par les *kniaz* et un voïvode conduisait l'armée.

La période des *vladikas* est l'ère héroïque du Monténégro. Les attaques des Turcs ottomans, répétées au cours de plus de trois siècles, se brisèrent contre l'héroïsme des Serbes du Monténégro.

La contrée était cependant très pauvre et très faiblement peuplée. En 1610 encore, un Vénitien n'y relève que 90 villages avec 30.000 habitants [10]. La protection, bien que lointaine et intermittente, de la Russie, à partir de Pierre le Grand, empêcha l'héroïque petit pays d'être broyé et lui valut même quelques avantages territoriaux.

À la mort du plus valeureux des *vladikas,* qui, lui, fut par nécessité un guerrier, Daniel Ier Niegosch (1697-1737), l'autorité se fixa dans la famille des Niegosch. Chaque évêque choisit dès lors comme successeur un de ses neveux. Le pouvoir théocratique, ou plutôt épiscopal, se prolongea jusqu'en 1852. Alors Daniel, neveu du dernier vladika, Pierre II, se sécularisa avec la permission de l'Autriche et de la Russie. La longue et heureuse guerre menée par le prince Nicolas contre la

Turquie (1876-78) ne valut au Monténégro que des avantages assez peu considérables au traité de Berlin (13 juillet 1878). Reconnu comme puissance par l'Europe, le Monténégro en fut la plus petite. Ce qui n'empêcha pas le prince de se parer du titre royal (28 août 1910). Le Monténégro prit part à la guerre balkanique (1912-13). Au traité de Bucarest (10 août 1913) il y gagna de partager avec la Serbie le sandjak de Novi-Bazar enlevé à la Turquie [11].

---

1. P. Chotch, *Bibliografia del Montenegro* (Rome, 1925) ; — Spiridion Gopčevič (Goptchevitch), *Geschichle von Montenegro und Albanien* (Gotha, 1914); — G. Chiudino, *Storia del Montenegro* (Spalato, 1882) ; —en serbe : G. Popovič, *Istorija Crna Gora* (Belgrade, 1896) ; — P. Coquelle, *Histoire du Monténégro* (Paris, 1895), ouvrage d'allure officielle.
2. En serbe *Crna Gora*, en turc *Karadagh*. L'étymologie est discutée.
3. P. Sticolti, *Die römische Stadt Dioclea in Montenegro*, Vienne, 1913.
4. Sur la géographie physique voir Cvijič, *op. cit.*, p. 326 ; — *Enciclopedia italiana*, t. XXIII (1934), p. 745-847, avec bibliographie. Vidal de la Blache et Gallois, *Géographie universelle*, t. VII (par Châtaigneau).
5. Dans son *Historia Bysantina* (Paris, 1680) Du Cange a eu l'idée de lui attribuer une origine française : il descendrait des princes des Baux. C'est de l'imagination.
6. G. Gelcich, *La Zedda e la dinastia dei Balsidi*, Spalato, 1899.
7. Coquelle, p. 29.
8. C. A. Levi, *Venezia e il Montenegro*, Venise, 1896.
9. F. Miklosisch, *Die serbische Dynastie Črnojevič* (Tchernoyevitch), Vienne, 1886.
10. Cité dans Coquelle, p. 170.
11. Em. Haumant, *La Formation de la Yougoslavie : $XV^e$-$XIX^e$ siècles* Paris, 1930), p. 456-463.

## 5
# LES CROATES.

### 1. Jusqu'à l'union à la Hongrie.

Entre les tribus « Croates [1] » et « Serbes », d'abord confondues par les Byzantins et les Latins sous le nom de *Sclaveni* nulle différence essentielle de race ou de langue n'exista de longtemps. Installées entre la Drave et la mer Adriatique, les premières se trouvèrent isolées des secondes par les montagnes et les forêts de Bosnie [2]. On ne sait à peu près rien d'elles avant le IXe siècle. Aux VIIe et VIIIe siècles elles furent soumises, comme d'autres Slaves, au joug de la peuplade turque des Avars [3]. L'affaiblissement, puis la destruction de cet empire tatare par Charlemagne, en 796, leur permit alors un contact plus direct avec les Francs, et tantôt les Croates reconnurent leur autorité, tantôt, et plus souvent, ils la rejetèrent. Sous le règne de Louis le Pieux on connaît les noms de deux de leurs chefs, auxquels les chroniques franques donnent les appellations archaïques de « duc de Pannonie inférieure », de « duc de Liburnie et Dalmatie ». L'un d'eux, Ludewit, résidait à Sissek, l'ancien chef-lieu de la Savie romaine. Lui et un autre prince slave, Borna, se haïssaient. Tous deux disparaissent en 821 et 823 [4].

L'œuvre de conversion au christianisme fut entreprise par le patriarcat d'Aquilée, alors transporté à Cividale. Un évêché fut fondé à Nin (ancienne Annona), dans la première moitié du IXe siècle. Par contre, les nombreux sièges épiscopaux, établis sur la côte dalmate, dont le plus important était celui de Salone, établi à Spalato, l'ancien palais de l'empereur Dioclétien, se rattachaient alors politiquement à Constantinople. L'intransigeance de la cour de Rome qui, sous les pontificats d'Etienne V (885-891) et Jean X (914-928), se refusa à autoriser la liturgie en langue slavonne, faillit ruiner l'influence romaine au profit de Constantinople. Mais les princes croates convoitaient la côte dalmate, politiquement byzantine, ce qui les mit en conflit avec l'Empire. En 879 Branimir rompt avec Byzance et envoie une ambassade au pape. En 910, Tomislav fit reconnaître son autorité sur les ports et les îles de l'Adriatique. Il voulut le titre royal et le sollicita du Saint-Siège [5]. Par une conséquence comme fatale la cour de Rome voulut étendre son autorité sur le clergé croate et condamna la liturgie en langue slavonne au profit de la liturgie en langue latine, au concile de Spalato (924). Les destinées de la vie spirituelle de la Croatie suivront une voie opposée à celles de la Bulgarie et même de la Serbie : la Croatie, par le rite, se rattachera à Rome et, par là culture, à l'Occident [6].

Au Xe siècle les Croates, sur terre et sur mer, apparaissent comme des Barbares redoutables [7], d'autant que leur pays, faute de route, est à peu près impraticable aux envahisseurs, tout au moins à ceux venus de l'Ouest et du Sud, car du côté du Nord ils eurent à redouter de nouveaux venus, les Hongrois, qu'ils parvinrent cependant à contenir.

Leur histoire ne commence vraiment à être bien connue qu'avec le règne de Pierre Krechimir IV (1058-1074). Le royaume de Croatie s'étend entre la Drave et l'Adriatique, la Narenta et la Bosna à l'Est, le plateau de Carniole au Nord-Ouest [8]. Les relations avec le Saint-Siège se resserrent. En 1075, près de Salone, Demetrius Svinimir se fait couronner par les légats du pape et se dit vassal du Saint-Siège : à ce titre il paiera une pension de deux cents ducats. Naturellement la cour de Rome continue la guerre à la liturgie slavonne, en dépit des protestations de la population et du bas-clergé qui ne comprennent pas le latin [9].

Svinimir fut assassiné en 1089. Le pouvoir fut saisi par le hongrois Ladislas, son beau-frère, dont le successeur, Koloman, battit et tua un dernier prétendant au trône de Croatie Pierre (1097) [10].

En 1102 intervint un compromis, qui, en somme, a duré jusqu'à 1918 : la Croatie sera unie au royaume de Hongrie, mais conservera un statut lui laissant une large autonomie. Elle constitue une sorte d'apanage pour un des fils du roi ou encore est gouvernée par un *ban* désigné par l'aristocratie croate [11].

Liée à l'État hongrois, la Croatie partagea ses destinées glorieuses ou désastreuses [12].

### 2. *Persistance du particularisme croate.*

Les Croates, Slovènes, Dalmates, s'ils avaient perdu toute indépendance, vivaient sous l'autorité, en général malveillante ou insouciante, mais non avilissante, de puissances chrétiennes, la Hongrie, l'Autriche, Venise.

Avaient-ils conservé quelque conscience nationale ? Des sentiments particularistes, existaient évidemment : ces Slaves se sentaient très différents de langue, de mœurs, de costume de leurs maîtres Hongrois, Chwobs (Autrichiens), Italiens. Mais, si le particularisme peut mener, et pas obligatoirement, à la nationalité, il n'est pas la nationalité. En tout cas il n'existait pas de sentiment « yougoslave », encore moins « panslaviste », sauf peut-être chez quelque érudit rêveur et ignoré. Du reste, le triomphe de la liturgie latine, à partir du XIV$^e$ siècle, creuse un large fossé entre les Slaves « latins » et les Slaves orthodoxes de Serbie, de Macédoine— encore plus de Bulgarie.

La Croatie et la Dalmatie se rétrécissent sous la poussée turque. Après un désastre, en 1493, elles se réduisent au pays de Zagreb et à la côte maritime. La terrible défaite infligée par les Turcs aux Hongrois, à Mohacs, en 1526, permettrait aux Croates de s'affranchir, mais ce serait pour tomber sous un maître pire. Aussi se rallient-ils aux Habsbourg et à Vienne. Mais la Croatie, affreusement dépeuplée, n'est plus qu'un désert. Elle est repeuplée par une immigration massive de Serbes et de Bosniens, paysans ou bergers *(Valaks)* fuyant la domination turque. La Hongrie même en est inondée [13].

Vienne songe à utiliser la bravoure des réfugiés *(uskoques)* et, dans la seconde moitié du XVI$^e$ siècle, crée pour se protéger contre les Turcs les *Confins militaires*, ceux de Croatie avec Karlovac *(Carlstadt)* comme chef-lieu de la Slavonie, entre la Drave et la Save dans leur cours inférieur (après 1699). Dotés de privilèges, indépendants du ban et du conseil *(Sabor)* de Croatie, les Slaves des Confins, soldats-paysans de seize à soixante ans, montrèrent jusqu'à la suppression de cette province (1873), un dévouement fanatique à l'empereur autrichien [14].

Ce n'est certes pas chez eux que pouvait naître un patriotisme yougoslave.

Il semblait qu'il en fût de même des Croates et Slovènes (d'entre Drave et Save) civils [15]. Le peuple des campagnes ne comptait pas, les villes étaient insignifiantes, la noblesse austro-hongroise. L'emploi du latin comme langue administrative masquait la différence entre Croates et Hongrois a la diète commune de Presbourg.

L'abandon du latin, à partir surtout de l'année 1815, amena la Hongrie à imposer le magyar comme langue d'État. Cette prétention devait provoquer une réaction linguistique chez les Croates. Louis Gaj (Gaï), étudie la langue slave dans son passé et son présent. Il adopte pour la transcription des sons un alphabet national. Des cours à l'université de Zagreb (Agram) en 1831, éveillent chez les étudiants le souvenir du passé. On veut créer une littérature. Mais quel dialecte choisir ? Après avoir hésité, Gaj se décide pour le dialecte oriental, le « chtokarien », tout proche du serbe.

Toutefois les aspirations sont confuses. On rêve à un « illyrisme » imprécis. Le Compromis austro-hongrois de 1868 maintient l'attache de la Croatie à la Hongrie, mais en lui accordant dans l'État magyar une situation analogue à celle de la Hongrie dans l'Empire austro-hongrois. Il est vrai que l'autonomie financière et politique fut le plus souvent fictive. Cependant l'existence d'un parlement *(Sabor)*, même impuissant, et d'une université à Zagreb (Agram) et surtout l'usage licite de la langue nationale maintinrent et développèrent un sentiment particulariste croate.

Des aspirations « yougoslaves » apparaissent même dès 1860, préconisées par l'archevêque Strassmayer, mais à condition que les Slaves du Sud soient soumis tous à l'influence croate. À partir de 1878, depuis que l'Autriche eut mis la main sur la Bosnie et l'Herzégovine, Croates et Serbes entreprennent d'attirer à leur « culture »les frères libérés du joug ottoman. Des polémiques virulentes s'engagent, attisées par la différence de confession religieuse, les Croates et Slovènes étant catholiques, les Serbes « orthodoxes », les Bosniens partagés entre ces deux confessions, sans compter une forte minorité musulmane.

Cependant les brillantes victoires de la Serbie sur les Turcs (1912) et les Bulgares (1913), l'extension de son territoire en Macédoine, mettaient ce pays à la tête des « Yougoslaves », et la Croatie, privée de toute liberté depuis 1907 par une suite de coups d'État du gouvernement hongrois, ne pouvait rivaliser de prestige avec la nation sœur. Ce prestige achevait d'inquiéter l'Autriche, décidée depuis longtemps à détruire la Serbie pour réaliser ses plans d'extension dans les Balkans. L'attentat de Seraïevo où un écolier, Printsip, assassina l'héritier du trône impérial, l'archiduc François-Ferdinand (28 juin 1914) fournit le prétexte pour déclencher la guerre qui prit aussitôt un caractère mondial.

Le meurtrier et ses complices étaient des Bosniens en majorité. En 1908 la Bosnie et l'Herzégovine avaient été annexées par l'Autriche. Déjà l'Autriche et l'Allemagne avaient menacé de la guerre la Russie et la Serbie si elles n'acceptaient pas le fait accompli ; la Russie, sous le coup des sommations de l'Allemagne s'inclina dans les vingt-quatre heures (3 avril 1909),la Serbie le jour même (24 avril). Maîtresse de la Bosnie, l'Autriche lui promit une constitution, promesse qui ne fut pas tenue, d'où la haine d'un groupe de jeunes Bosniens. La résistance prit un caractère de terrorisme. Les attentats sur les fonctionnaires autrichiens se multiplièrent de 1910 à 1914 et le drame de Seraïevo ne fut que le plus tragique épisode de cette agitation forcenée. Les aspirations des terroristes ne semblent pas avoir été spécifiquement « yougoslaves ». Il s'y mêlait déjà des conceptions anarchistes ou socialistes extrémistes [16].

---

1. Ferdinand von Šišić (prononcer Chisits), *Geschichte der Kroaten*, Zagreb, t. I (1917), va jusqu'à 1102 ; — Niederlé, *Manuel de l'Antiquité slave*, t. I, p. 93 ; — Strakosch-Grassmann, *Geschichte der Deutschen in Oesterreich-Ungarn* (jusqu'à l'année 955), 1895 ; — O. Kaemmel, *Die Anfänge d. deutschen Lebens in Œsterreich*, 1879, p. 142-178 ; — Cvijič (Cviyitch), *La péninsule des Balkans*, 1918, p. 495, 518 ; — E. Haumant, *Formation de la Yougoslavie*, 1930, p. 31 et suiv.
2. Les limites, surtout à l'Est sont difficiles à établir.
3. Voir Cinquième partie, chap. II, § A.
4. *Annales regni Francorum*, éd. Kurze, p. 149 à 161.
5. Šišić, p. 100-143.
6. Sur le conflit des deux rites voir F. Dvornik, *Les Slaves, Byzance et Rome au IXe siècle* (1926), p. 76-78, 230-233, 305, 320 ; — J. Zeiller, *Chez les Slaves d'Illyrie, conflits liturgiques* dans *Revue catholique des églises* (1908). — Lire aussi, mais avec précaution, l'*Histoire de Dalmatie* du comte L. de Voinovitch, t. I (1934), p. 265, 305, 310, etc. Il n'y a pas lieu de soupçonner l'authenticité des actes des conciles de Spalato de 924 et 925, selon Dom Leclercq dans une note additionnelle à l'*Histoire des conciles* d'Héfélé, trad. Leclercq, t. IV, 2e partie, p. 1361-1363.
7. Aussi les prend-on comme mercenaires. On les engage surtout en Espagne où les Slaves font la force des armées du Khalife de Cordoue. Sur mer les Narentains écument l'Adriatique. Sur cette peuplade, voir Niederlé, *Manuel*, p. 96 ; — Voinovitch (t. I, p. 280, 285, 300) qui les appelle les « vikings de la Méditerranée ». La

configuration des côtes dalmates a toujours favorisé la piraterie. Au XVI<sup>e</sup> siècle, après 1537, des Serbo-croates fuyant les Turcs s'installent à Segna, non loin de Fiume et sont la terreur des flottes vénitiennes : ce sont les célèbres *Uscoques* (réfugiés). Voir Voinovitch, *Histoire de Dalmatie*, t. II, p. 581-590 ; — A. Tamaro, *La Vénétie Julienne et la Dalmatie*, t. III, p. 191 ; — E. Haumant, *La Formation de la Yougoslavie*, p. 178.

8. Šišić, p. 220 et carte p. 256-257 ; —Voinovitch, t. I, p. 332-343.
9. Šišić, p. 277 ; — Voinovitch, p. 344-345.
10. Šišić, p. 350.
11. Šišić, p. 354-407 ; — Voinovitch, t. I, p. 352-359 ; — Haumant, p. 39.
12. Esquisse de ses destinées dans son union avec la Hongrie dans B. Auerbach, *Les Races et les nationalités en Autriche-Hongrie*, 2<sup>e</sup> éd. (1917), p. 435-456.
13. G. Picot, *Les Serbes de Hongrie, leur histoire*, etc. (Prague, 1873) ; — Haumant, p. 148-170 ; — Cvijič, p. 499.
14. Cvijič, *op. cit.*, p. 333-380, 500.
15. Ne pas confondre avec les Slovènes alpins de la Carniole dont on va parler.
16. Nous nous contentons de renvoyer à l'ouvrage fondamental d'Emile Haumant (*La Formation de la Yougoslavie*, 1930), où l'on trouvera l'essentiel avec la bibliographie. On peut y joindre les livres de Seton Watson, notamment *The Southern slav question* (1911), *Serajevo* (1926) ; —Vladimir Corovic (Tchorovitch), *La Yougoslavie* (Belgrade, 1933) ; —Ch. Loiseau, *Les Balkans slaves* (1898) ; — L. Lamouche, *Quinze ans d'histoire balkanique* : 1904-1918 (bulgarophile) ;— Jacques Ancel, *Manuel historique de la question d'Orient*, 4<sup>e</sup> éd. (1930) ; — *Peuples et nations des Balkans*, 2<sup>e</sup> éd. (1930) ; — *Manuel géographique de politique européenne*, t. I, *L'Europe centrale* (1936) ; — enfin N. Iorga, *Histoire des États balcaniques jusqu'à 1924* (1925).

# 6
# LA BOSNIE ET L'HERZÉGOVINE.

### A. — La Bosnie [1].

#### 1. Jusqu'à la conquête turque (1463).

La Bosnie tire son nom de la rivière appelée dans l'Antiquité *Bosante* ou *Bosanius,* et ce nom a passé à la tribu slave, intermédiaire entre les Serbes et les Croates, qui s'installa dans la vallée au cours du VIIe siècle. Son histoire est inconnue avant le Xe siècle. Elle apparaît alors sous l'autorité du prince serbe Česlav (Tcheslav) (931-960) qui la défend contre les incursions des Hongrois. Ensuite elle passe au roi croate Krechimir. Ainsi que la Croatie et la Serbie elle reconnaît l'hégémonie byzantine, mais, après la mort (1025) de Basile II le Tueur-de-Bulgares, elle vit d'une existence autonome, comme la Croatie dont elle constitue une partie. Comme elle enfin, elle accepte le gouvernement du roi de Hongrie Koloman en 1102 et 1105.

Mais, à la différence de la Croatie, qui partagera étroitement les destinées de la Hongrie, la Bosnie poursuit une existence très personnelle. Le roi hongrois Béla II a beau s'intituler « Dei gratia Hungarie, Dalmatie, Croatie Rameque (un des noms de la Bosnie) rex », en fait cette région vit d'une vie autonome, d'abord apanage d'un des fils du souverain hongrois, puis sous le gouvernement de *bans* qui, avec Kulin (1180-1204) et Mathieu Ninoslav (1239-1250) s'affranchissent de fait de toute autorité hongroise. La catastrophe de 1241, qui livra un instant la Hongrie aux Mongols [2], favorisa l'affranchissement de la Bosnie. Mais, après la mort de Ninoslav, le roi Béla IV remit la Bosnie sous l'autorité hongroise. Il la divisa en deux parties qu'il fit gouverner par le ban de la Matchva (située au N. de la Serbie actuelle), région constituée pour servir de boulevard contre la Serbie et la Bulgarie.

Au siècle suivant, la Bosnie recouvra son « ban » en la personne d'Etienne Kotromanitch, qui s'attacha à la fortune du prétendant au trône de Hongrie, Charles-Robert (1324). Ce fut une personnalité de premier ordre. Il réussit à sauver la Bosnie des entreprises de l'« empereur » serbe Douchane et maria sa fille à Louis, roi de Hongrie. Quand il mourut (sept. 1353) il avait posé les fondements de l'État bosniaque.

Son neveu Etienne Tvrtko (en latin *Tuartko* et *Tvartchko*), sans se soucier du roi de Hongrie ou du tsar de Serbie, prit la couronne royale sur le tombeau de saint Sava en 1376 et s'intitula même « par la grâce de Dieu roi de Serbie, Bosnie et région maritime *(Stefan Tvrtko v Hrista bogu Kralj Srkrjem i Bosne i Primorju)* ». Son protectorat s'étendit jusqu'à l'Adriatique, sur Cattaro et Raguse, et, à la fin de sa vie, il fut même un instant maître de la Croatie et de la Dalmatie. Mais son plus jeune frère, Etienne Dabicha (1391-1395) ne put s'y maintenir.

Une dynastie d'origine obscure [3] fait alors son apparition. Ses représentants, Etienne Ostoya (1398-1404 et 1408-1418), et Etienne Tvrtko II (1404-1408), apparaissent comme soumis, le plus souvent, au roi de Hongrie.

Etienne Tomas (1444-1461) crut devoir s'assurer l'appui de la Papauté en pourchassant la secte des « Patarins » et en affermissant le catholicisme en Bosnie. Un terrible danger menaçait ce pays, les Turcs. Ils n'avaient fait que se montrer en 1392 et 1398, mais avec Mahomet II la pression musulmane devenait très menaçante. Etienne Tomas, après avoir payé le tribut, le refusa, espérant de ses voisins des secours qui ne vinrent pas (1457). Effrayé, il versa de nouveau tribut au Turc, tout en négociant une croisade avec le pape Pie II, et sollicita Venise, mais il fut assassiné (1461). Son successeur, Etienne Tomachevitch, s'attacha désespérément au Saint-Siège et se fit couronner en présence des légats pontificaux, puis il rompit avec le Turc. Les événements se précipitèrent alors à une allure foudroyante (19 mai-10 juin 1463). Mahomet II envahit la Bosnie à la tête d'une immense armée. En quelques jours toute résistance fut broyée : soixante-dix places se rendirent au vainqueur. Avant son retour triomphal à Constantinople, le sultan, contre la foi jurée, fit décapiter le dernier roi de Bosnie.

## 2. *La Bosnie turque.*

Cette contrée ne fut plus désormais qu'une province de l'Empire des Turcs Osmanlis. L'aristocratie indigène embrassa l'Islam pour conserver ses biens et entraîna une masse de paysans serfs dans son apostasie [4]. Quantité de Bosniaques catholiques s'enfuirent en Dalmatie et en Hongrie, le reste tomba sous le joug turc. Le seul rempart des populations chrétiennes contre les pires excès fut l'ordre des Franciscains qui sut inspirer de la considération au sultan [5].

L'effondrement subit de la Bosnie, qui fait contraste avec la résistance tenace et héroïque des autres États dits « balkaniques », est dû sans doute à des fautes politiques : visées excessives de ses princes, différends avec la Hongrie, même aux plus dangereux moments, indiscipline des « magnats ».

Peut-être aussi peut-on discerner quelque chose de plus profond : depuis quatre siècles la vie religieuse de la Bosnie était minée par la secte cathare des *Patarins*. Les « bans » et les grands adhéraient au catharisme secrètement ou même ouvertement. Deux croisades (1239, 1245) ne réussirent qu'en apparence à extirper l'hérésie : le patarisme était indéracinable et l'on accusa les cathares, pourchassés par les derniers rois bosniaques, sincèrement catholiques, d'avoir excité contre eux le ressentiment de Mahomet II. La secte, au surplus, disparut avec le triomphe des Turcs. On pense que la plupart des patarins se firent musulmans [6].

À partir du XVIe siècle la Bosnie prend un aspect tout « ottoman ». Au milieu du siècle dernier encore on se fût cru, dans ses villes du moins, en plein pays turc [7], bien que la population chrétienne (de rite latin ou grec) constituât encore environ les deux tiers du total de la population.

On a dit que la Bosnie excita la convoitise de l'Autriche qui s'y installa en 1878, se l'annexa officiellement en 1908. On vient de voir aussi les raisons de cette politique qui, en entraînant la maison de Habsbourg vers les Balkans fut une des causes de la grande guerre.

## B. — L'Herzégovine.

Si la Bosnie est une partie détachée de la Grande Croatie, l'Herzégovine est une portion de la Bosnie jouissant d'une vie à peu près autonome à partir du X$^e$ siècle.

Son nom n'est pas antérieur à 1448 et signifie « pays du duc »,du mot, d'origine allemande, *herzog*, devenu en serbo-croate *herceg*, par l'entremise du hongrois *herezog*. L'ancien nom du pays est *Ham* ou *Zahumlyé*, âpre région rocheuse que traverse la Narenta.

Le premier chef connu est Michel Vichevitch (912-929), contemporain du roi croate Tomislav et de l'« empereur » bulgare Siméon. Sa puissance est assez forte pour que l'empereur byzantin Constantin Porphyro génètele qualifie « proconsul et patrice ». Son pouvoir touche à l'Adriatique et arrive jusqu'aux portes de Raguse. Il est à noter que ce souverain accepte l'autorité religieuse de la cour de Rome [8].

Au milieu du X$^e$ siècle la région de Hum semble relever de la Serbie, puis du petit royaume de Dioclée ou Croatie rouge, lui-même soumis au tsar bulgare Samuel. Après la destruction de l'empire bulgare par Basile II (1019) Hum et Dioclée furent sous l'autorité byzantine.

Pas pour longtemps, car du milieu du XI$^e$ au milieu du XII$^e$ siècle ces pays furent conquis par les Serbes. Puis, jusque vers le milieu du XIII$^e$ siècle, le Hum apparaît gouverné par des princes avides d'étendre leur pouvoir sur les ports de l'Adriatique, Spalato et Raguse. Peut-être relevaient-ils nominalement de la Serbie, car dans la seconde moitié du XIII$^e$ siècle et le premier quart du XIV$^e$ siècle le Hum fait partie de ce royaume. Puis, en 1325, il est uni à la Bosnie, à la suite de circonstances mal connues [9].

Mais la Bosnie est encore nominalement une partie du royaume de Croatie uni à la Hongrie. En 1356 le roi Louis de Hongrie se fait céder le Hum par le ban de Bosnie, Tvrtko [10]. Le Hum conserve son autonomie et constitue un grand duché, d'où le nom qu'il prend vers cette époque : *Herzégovine* [11].

Au siècle suivant l'Herzégovine opposa une belle résistance aux Turcs. En 1463 Mahomet II, qui venait de conquérir la Bosnie au pas de course, échoua contre les forteresses du vaillant duc Etienne Vouktchits et ne put enlever Blogij [12]. Toutefois la lutte était trop inégale et l'Herzégovine dut se soumettre vingt ans plus tard. Elle forma, dans l'Empire ottoman, un « sandjak » du « vilayet » de Bosnie. Comme ce dernier pays, elle avait subi fortement l'influence des « Patarins » et compta de nombreuses conversions à l'Islam.

Ainsi que la Bosnie, l'Herzégovine apparaît « turquisée » à partir de sa conquête. Comme cette grande province, sa voisine, elle passa sous l'autorité de la maison de Habsbourg, en 1878 et 1908.

---

1. On se bornera à renvoyer au livre de Vjekoslav Klaič, *Geschichte Bosniens von den ältesten Zeiten bis zum Verfalle des Kœnigreiches*, traduit du croate en allemand par Ivan van Bojničic (Leipzig, 1885). P. Coquelle s'inspire de cet ouvrage dans son *Histoire du Monténégro et de la Bosnie* (1895), en ce qui concerne ce dernier pays (p. 75-162). Voir encore l'édition de Klaič en serbo-croate *(Povjest Hrvait)* et Stanojevič Stenoje (Stanoyevitch Stenoyé) *Istorja Bosne i Hercegovine* (Belgrade, 1909).
2. Voir la Quatrième partie, chap. IV.
3. Voir les recherches approfondies de Ludwig von Thallóczy, *Studien zur Geschichte Bosniens und Serbiens*, trad. du hongrois par F. Eckhart (1914), p. 79.
4. Kraič, p. 437 ; — Cvijič, p. 343.
5. Kraič, p. 439. — L'ouvrage du moine bosniaque Frère M. V. Batinic *L'Action des Franciscains en Bosnie et Herzégovine pendant six siècles* (Agram, 1881-1883, 2 vol.), n'a pas été traduit du croate.
6. Sur les cathares ou bogomiles (amis de Dieu) voy. un article substantiel de F. Vernet dans le *Dictionnaire de théologie catholique* de Vacand, etc., t. II (1905), p. 927-931.
7. Voir Cinquième partie, chap. IV, § C et D.
8. Klaič, *Geschichte Bosniens*, p. 126-138.
9. *Ibid.*, p. 149.
10. Klaič, p. 188.
11. Le terme apparaît pour la première fois en 1448, ou plutôt, en cette année, le voïevode de Hum, Stepan Vukčič (Etienne Vouktchits) obtint de l'empereur Frédéric III le tjtre de « duc de Saint-Saba » dont il se para aussitôt. Voy. Klaič, p. 382 ; — L. von Thalloczy, *Studien z. Geschichte Bosniens...* p. 159-230, avec carte à la fin.
12. V. Klaič, p. 435 et 442.

# 7
# LES SLOVÈNES.

(¹)

Leur histoire est des plus obscures. Disséminés dans l'antique Pannonie et à travers les vallées des Alpes orientales, jusqu'au Pusterthal, les Slovènes n'ont jamais réussi à former un État véritable. Au XIIIᵉ siècle ils reconnaissent la suprématie des Bavarois pour échapper au joug tatar des Avars, établis dans la Hongrie actuelle. Puis, quand la Bavière est supprimée comme État par Charlemagne, en 788, les Slovènes se soumettent à l'autorité franque. Ils prêtent leur concours à Charlemagne et à son fils Pépin pour abattre l'Empire des Avars (791 à 796).

La « marche » de Frioul, constituée par les rois Francs d'Italie, les contient du côté du Sud. En 819, 820, 822, des révoltes des Slovènes de Carinthie et de Carniole *(Carantani, Carniolenses)* sont réprimées par les armées de Louis le Pieux [2].

Au Xᵉ siècle, par crainte des Hongrois, les Slovènes reconnaissent l'autorité des rois d'Allemagne. Ceux-ci constituent deux marches, l'*Ostmark*, qui deviendra l'Autriche, la Carinthie, toutes deux destinées à contenir les Hongrois. En même temps les Slovènes commencent à être refoulés en Autriche, en Carinthie, en Styrie par les colons allemands venus de Bavière. Dès le XIᵉ siècle, ces régions sont profondément germanisées [3]. Les Slovènes ne se maintiendront en masse compacte que dans la Carniole et la Carinthie méridionale.

Les Slovènes occupaient aussi la partie de la Hongrie située sur la rive droite du Danube. Leur absorption ou leur refoulement par les Hongrois s'est opéré obscurément au cours des siècles. Au début du XX<sup>e</sup> siècle il subsistait encore quelques débris de Slovènes en Hongrie [4].

La conversion au christianisme des Slovènes s'est opérée par deux voies, par celle d'Aquilée au Sud, par celle de l'évêché de Salzbourg (fondé à la fin du VII<sup>e</sup> siècle) au Nord. La seconde, grâce à la force des Bavarois, puis des Francs, fut prépondérante. Les deux courants convergèrent, d'ailleurs, vers Rome et jamais les Slovènes ne furent sérieusement attirés vers Byzance au point de vue confessionnel, comme ce fut le cas de leurs parents les Serbes et même les Croates. La culture religieuse des Slovènes fut donc occidentale. Politiquement il en fut de même puisque les régions qu'ils occupaient (Carniole, Carinthie, Styrie) constituèrent des duchés allemands [5] rattachés, à partir de 1336, à la maison de Habsbourg. Toutefois, si la noblesse se germanise, la masse du peuple conserve l'usage du slave et même, jusqu'en 1414, le duc de Carinthie jure en langue slave respect aux coutumes du pays [6].

La torpeur des Slaves du Sud-Ouest, les Slovènes, offre un contraste au premier abord surprenant avec l'agitation de leurs frères Croates, Bosniens, Serbes, Monténégrins [7]. Elle s'explique par les circonstances historiques. On a dit que, dès le IX<sup>e</sup> siècle, ils furent soumis par les Francs, puis dominés par la Bavière et l'Autriche. Pendant dix siècles ils subirent l'influence germanique. Parmi les régions alpestres qu'ils occupaient, la Styrie et la Carinthe furent en grande partie repeuplées par des colons allemands [8]. Seule la Carniole demeura en grande majorité de race et de langue slave ; encore la noblesse y fut-elle allemande et la classe bourgeoise fut très germanisée. Au milieu du XIX<sup>e</sup> siècle les paysans, satisfaits de l'abolition des charges féodales (1848) n'éprouvaient aucune hostilité contre la maison d'Autriche. L'occupation française (1806-1814), qui réunit la Carniole à la Croatie et la Dalmatie et essaya d'en faire un tout sous le nom de « Provinces Illyriennes » [9], n'avait laissé d'autre trace que l'idée d'un « Illyrisme » confus et sans portée pratique. Cependant en Carniole il se produisit un réveil d'intérêt pour la langue nationale et un mouvement littéraire s'esquissa. Mais longtemps l'emploi du slave à l'école et dans la presse fut proscrit. L'absence d'une université à Lioubliana (en allemand, Laibach), la capitale de la Carniole, obligeait les étudiants à fréquenter les Universités de langue allemande de Gratz ou de Vienne. A partir de 1850 cependant l'impression de journaux agricoles en langue slovène fut tolérée et l'école fut réorganisée de 1868 à 1872. Cependant la diffusion des livres n'eût pu se faire sans l'appui d'une société dite de Saint-Hermagore, fondée en 1852.

Dans la seconde moitié du siècle dernier, les Slovènes espéraient tout au plus former, avec les parties demeurées slaves de la Carinthie et de la Styrie, une province dotée d'une certaine autonomie, mais dans le cadre de l'État autrichien auquel l'ensemble d'entre eux demeurait attaché [10].

L'application du suffrage universel en 1907, l'annexion de la Bosnie en 1908, les victoires serbes de 1912 et 1913, élargirent à la fois les préoccupations des patriotes Slovènes et leur horizon politique. Toutefois il est évident, en raison de leur petit nombre [11] et de leur situation géographique, qu'aucune décision « yougoslave » ne pouvait venir des Slovènes.

En dépit des destructions sauvages et comme systématiques qui ont affligé la péninsule balkanique, à partir du III$^e$ et surtout du VII$^e$ siècle, les populations thraces, besses, macédoniennes, daces, illyriennes et pannoniennes, hellénisées ou latinisées de langue et de culture, ne disparurent pas entièrement. Elles trouvèrent un asile dans les montagnes, l'Hémus (Balkans), le Rhodope, le Pinde, les Alpes dinariques, ainsi que sur les côtes et les îles de l'Adriatique. Selon les lieux leur destinée a été très différente.

---

1. Niederlé, *Manuel*, p. 79-87 ; — Ivan Krek, *Les Slovènes* (1907) ; — Cvijič, p. 139, 518 ; — Haumant, p. 29.
2. *Annales regni Francorum*, éd. Kurze. A voir Ernst Dümmler, *Ueber die sudösilichen Marken des fränkischen Reiches unter den Karolingern* (795-907), extrait de l'*Archiv der Gesellschaft fur altère deutsche Geschichtskunde*, t. X ; — H. Pirchegger, *Karanianien und Unterpannonien zur Karolingerzeit* (dans les *Mitteilungen* de l'Institut histor. autrichien, t. XXXIII, 1912, p. 272-319).
3. Kaemmel, p. 238-278 ; — Strakosch-Grassmann, t. I, p. 435-473, Cf. pour le détail, les ouvrages cités par Bertrand Auerboch, *Les races et les nationalités en Autriche-Hongrie*, 2$^e$ éd., 1917, p. 77.

4. Kaemmel, p. 197 ; — Strakosch-Grassmann, t. I, p. 407.
5. Sur leurs limites voir Kaemmel, p. 201-215.
6. Haumant, *Formation*, p. 31.
7. Ivan Krek, *Les Slovènes*, 1917 ; — Em. Haumant, p. 506-515 ; — Cvijič, p. 517
8. B. Auerbach, *Races et nationalités en Autriche-Hongrie*, $2^e$ éd., p. 78-89 ; — Niederlé, *Manuel de l'Antiquité slave*, p. 87.
9. Haumant, p. 239-260.
10. Cvijič (p. 520) leur attribue une conscience yougoslave, mais à la date de 1918.
11. Environ 1.200.000 vers 1910. Voir Auerbach, p. 84-90 ; — Niederlé, *La race slave*, p. 140.

# 8
# EN ILLYRIE (MÉSIE SUPÉRIEURE, DACIE, PANNONIE, DALMATIE)

### A. — À l'intérieur.

Subjugués par les Serbo-Croates et les Slovènes au VIIe siècle, les populations indigènes de l'*Illyricum*, quoique raréfiées, ne disparurent pas entièrement. On a dit que la profonde différence raciale séparant les *Yougoslaves* des autres Slaves, trouve sa plus vraisemblable explication dans un mélange de sang avec les Illyriens.

Quoi qu'il en soit, il est certain qu'une partie des indigènes ne fut pas assimilée. Écartés des plaines et des régions fertiles, ces Illyriens romanisés n'eurent d'autre ressource pour subsister que de retourner à la vie pastorale : ils furent bergers, bergers errants sur les montagnes et les plateaux « dinariques » des régions situées entre le Danube, la Save, l'Adriatique. Ils continuaient à se dire « Romains » *(Aroman)*. Les Slaves les considéraient aussi comme tels et, à l'imitation des Germains, les appelaient *Vlachi* (Valaques). Les Byzantins, dès le XIIe siècle, disaient *Maurovlakoi*, rendu par *Lalini nigri*, mot dont les Vénitiens ont fait *Morlaques*. À la fin du XVe siècle le nombre des *Aromins* s'accrut en Serbie, Croatie, Dalmate, par suite de l'arrivée de réfugiés *Vlaques* de la péninsule balkanique fuyant les Turcs.

Pendant de longs siècles les *Vlaks* vécurent à part, sous des chefs appelés *celnik, catunar, (primikeryour)* primiciers. Les unions entre eux et les Serbes étaient interdites encore au XIVe siècle [1]. Cependant ils se slavisèrent de langue et l'idiome roman qu'ils parlaient disparut de l'usage, remplacé par le serbo-croate, au cours du XVIe siècle. Seul un petit groupe de 2 à 3.000 personnes, tardivement réfugié en Istrie, a gardé jusqu'à présent sa langue romane [2]. La fusion des populations illyriennes romanisées avec les envahisseurs Serbo-Croates est donc un fait relativement récent [3].

## B. LA CÔTE DALMATE.

### 1. Jusqu'à la mainmise de Venise.

Les « Romains » d'Illyrie ne se sont vraiment maintenus, après l'invasion slave, que dans les ports de l'Adriatique, en Dalmatie et Liburnie [4]. Ils continuèrent à se réclamer de l'Empire romain, de la « partie orientale », Constantinople, à laquelle la partie occidentale, Rome, avait cédé la région en 437 [5]. Le territoire, réduit aux côtes, constitua un *thème*.

Bien vite, aux VIIIe-IX[e] siècles, les Slaves tentèrent de mettre la main sur ces ports, mais, s'ils réussirent à s'installer sur de nombreux points de la côte, les villes importantes leur échappèrent, en dépit d'efforts obstinés au cours de plusieurs siècles. Chacune constituait un évêché (Veglia, Arbe, Ossero, Zara, Traù, Raguse, Cattaro), les cinq premières sous l'autorité d'un métropolitain dont le siège fut transféré (fin VIIIe siècle) de Salone au palais de Dioclétien appelé Spalato. L'évêché croate de Nin releva de ce siège [6].

À la fin du Xe siècle les villes dalmates eurent à subir les attaques du tsar bulgare Samuel, mais parvinrent à les repousser. Au contraire, une puissance nouvelle, Venise, détachée de fait, sinon de droit de Byzance, aspirait déjà à la domination de l'Adriatique. En l'an mille elle réussit à faire reconnaître son autorité sur les ports et le doge Pier Orseolo s'intitula *dux Venetiarum atque Dalmatiae* [7], mais Basile II (mort en 1025) rétablit l'autorité de l'Empire.

Cette autorité s'affaisse au cours du siècle, la Dalmatie maritime étant convoitée par Venise, par les Croates, puis les Hongrois et aussi par une puissance nouvelle, celle des Normands. Finalement, en 1107, le roi de Hongrie et Croatie, Koloman, se fait reconnaître par les Dalmates. Les villes obtinrent, du reste, des chartes leur concédant une large autonomie [8].

En dépit des efforts de Manuel Comnène (mort en 1180) la domination byzantine ne put être sérieusement rétablie. Venise poursuivit ses visées. On sait qu'elle utilisa les Francs de la 4ᵉ croisade pour mettre la main sur Zara (1202) [9].

Avec une ténacité que rien ne put décourager la politique vénitienne visa dès lors à la domination de l'Adriatique. Elle sut mettre à profit la situation troublée, parfois désastreuse, de la Hongrie. Enfin, en 1409, elle réussit à se faire céder la Dalmatie à prix d'argent par Ladislas de Naples et le roi Sigismond fut impuissant à l'empêcher de prendre possession de la Dalmatie maritime [10].

L'Adriatique fut dès lors une mer vénitienne et la Dalmatie demeura à Venise jusqu'au moment où Bonaparte détruisit la République de Saint-Marc et abandonna la Dalmatie à l'Autriche (1797) [11].

La civilisation italienne, par l'entremise de Venise, était installée sur la côte dalmate [12].

### 2. *Slavisation de la Dalmatie. L'Illyrisme.*

Ce triomphe de la « latinité » pour user d'une expression rendant des idées modernes auxquelles le passé médiéval était indifférent, fut plus apparent que réel. Au cours des âges l'élément « romain » n'avait cessé de s'affaiblir dans les ports dalmates. Ces petites villes, plaquées sur la mer, sans communication entre elles, autrement que par la côte, ne pouvaient renouveler leur population que dans la campagne, puisque les vieilles familles urbaines sont vouées à l'extinction ; or la campagne n'était plus « romaine » et la marée slave battait les remparts. Jusqu'au XIᵉ siècle, il semble bien que l'élément « romain » soit encore prédominant. Au XIIᵉ siècle, dans les actes publics, la proportion des noms de personne slaves augmente (20 pour 100 peut-être). Elle progresse rapidement aux XIIIᵉ et XIVᵉ siècles, et, au XVᵉ siècle, les Vénitiens, quand ils s'installent dans ces villes, les trouvent déjà très fortement slavisées. Le recul de la langue romane se précipite et, au XVIᵉ siècle, le dialecte « roman » dit de Raguse disparaît [13].

Il est vrai que l'italien le remplace sous la forme très particulière du dialecte vénitien, ou sous la forme littéraire du toscan. Mais, s'il est parlé par les fonctionnaires, les marchands, les classes cultivées, il est ignoré de la classe populaire et même des femmes de la bourgeoisie [14]. Fatalement le jour viendra où la slavisation linguistique des villes côtières dalmates amènera la naissance d'une conscience dite « illyrienne » [15], puis yougoslave [16].

Rattachée à Vienne après la disparition de l'autorité française en 1814, la Dalmatie [17] semble retomber dans sa torpeur. La population est slave (croate au Nord de la Narenta, serbe au Sud [18]) en immense majorité [19]. Dans les ports cependant la classe bourgeoise, bien que slave d'origine depuis plusieurs siècles, continue à se rattacher à la culture italienne. Comme la loi électorale accorde aux villes vingt-six sièges à la Diète, quinze seulement aux campagnes « vingt-cinq » fois plus peuplées [20], les slavisants ne voient d'autre remède que l'union de la Dalmatie à la Croatie. Mais la Croatie dépend de Buda-Pest. En outre, Dalmates serbes et Dalmates croates sont en désaccord. La lutte pour l'emploi du slave à l'école ne put triompher qu'après 1870, grâce à un mode électoral plus libéral. Encore la grande majorité de la population demeure-t-elle illettrée et l'administration se peuple de fonctionnaires allemands. À la fin du siècle dernier, en dépit de ses lettrés, de ses artistes, de ses savants, de ses hommes politiques, la Dalmatie demeure à l'arrière-plan dans le mouvement qui entraîne les Slaves du Sud vers de nouvelles destinées. Au point de vue économique elle est négligée par Vienne et l'annexion de Fiume à la Hongrie a nui à son développement commercial. En 1905, à la suite d'entrevues à Zara et à Fiume, un groupe de députés croates et dalmates estime que le seul moyen de réussir c'est de rompre avec Vienne, de sortir de la « Cisleithanie » pour unir la Dalmatie à la Croatie, par suite à la couronne de Hongrie. Cette proposition est agréée par le parti de la pleine indépendance de la Hongrie. Mais, deux ans après, ce parti entreprend de magyariser violemment la Croatie. La combinaison se révèle comme une duperie. Le slavisme dalmate, combattu par les Allemands de Vienne, les Magyars de Buda, menacé enfin par les revendications italiennes semble condamné à périr au moment où va éclater la grande guerre.

### C. — En Mésie, Thrace, Macédoine, Grèce, Épire.

Dans la péninsule balkanique ont subsisté jusqu'à nos jours des groupes de populations qui sont qualifiées de *Valaques* (Vlakoï), *Koutzo-Valaques, Tsinisares* par les Grecs, les Turcs, les Albanais, alors qu'elles-mêmes se disent *Romains (Aromini, Aramini)*. Ces gens mènent une vie nomade, ce sont des bergers transhumants qui ne se fixent que pendant l'hiver dans des villages bâtis surtout en des régions de montagne.

À partir du XIIe siècle ils sont signalés, en Macédoine près de Salonique, de Monastir, d'Ohrida, en Thessalie, où ils sont si nombreux qu'ils forment une « Grande Vlaquie », dans le Pinde, en Épire et en Albanie, entre Janina et Castoria, où ils constituent la « Petite Vlaquie », de Durazzo à Valona, etc. [21].

Ils étaient certainement des immigrés, des Illyriens ayant fui les envahisseurs slaves. Un texte contemporain signale l'arrivée à Salonique de réfugiés venus de la région du Danube, de Pannonie, de Dacie, de Dardanie, fuyant les Slaves unis aux Avars, vers 678 [22]. Au reste la langue qu'ils parlaient, issue du latin [23], suffît à montrer qu'ils ne sont pas autochtones dans les régions de l'Empire byzantin où on les rencontre, régions dont le grec était la langue usuelle [24].

Le genre de vie de ces Vlaques, non moins que leur assujettissement à l'autorité des Khans bulgares [25], les rendit inassimilables à la civilisation byzantine, même après la destruction du premier empire bulgare au début du XIe siècle. Ils furent alors des sujets rétifs, considérés par Constantinople comme des sauvages. Ainsi, en 1066, on signale un soulèvement des Valaques établis sur le Pinde [26]. A la fin du XIIe siècle Isaac l'Ange ayant voulu imposer une contribution exagérée aux « Barbares » de l'Hémus provoqua une révolte terrible des *Vlakhoï* [27].

Les fondateurs du second empire bulgare, Assan et Pierre (morts en 1196 et 1197) sont de race valaque, originaires sans doute de Thessalie [28]. Leur puîné, Jean (Ioannitza) ou Kalojan, s'intitule « dominus Blacorum et Bulgarorum » lorsqu'il se proclame empereur, le 8 novembre 1204, ce que Villehardorien traduit « Joannis roi des Blas et des Bougres ». C'est lui qui inflige au premier empereur chrétien de Constantinople, Baudouin de Flandre, la terrible défaite où celui-ci fut capturé le 14 avril 1205 [29].

Joannis ne détestait pas moins les Grecs que les Latins : il se qualifie *Romaiochtone*, réplique au titre de *Bulgarochtone* pris par l'empereur Basile, destructeur du premier empire, deux siècles auparavant, et réplique bien significative, montrant que le Valaque Joannis épouse les rancunes des Bulgares contre les Grecs, les prétendus « Romains » d'Orient [30]. Au reste, dans le second Empire bulgare, celui des Assanides (1186-1258), les Valaques ne formaient plus qu'une minorité et déjà Joannis écrit en bulgare.

Après la chute de l'Empire « bulgare » et l'entrée en scène des Turcs (1414) l'importance commerciale de la Thessalie subit une éclipse. Les Valaques du Pinde, maîtres des passages, furent ménagés par le sultan qui leur laissa leurs « capitaines » et ne leur imposa qu'un tribut modéré [31]. Aux XVII$^e$ et XVIII$^e$ siècles nombre d'entre eux s'installent dans les villes de l'Empire et s'enrichissent dans le commerce. Une ville nouvelle, Moschopolis, témoigne de leur esprit d'entreprise. Mais elle fut détruite (1788) par les Albanais et les débris des commerçants moschopolitains se dispersèrent à travers l'Europe [32]. Il ne reste plus comme représentants de la race illyrienne que les bergers du Pinde et de Macédoine [33].

---

1. Cette prohibition est un fait social plutôt qu'ethnique, car *valaque* finit par désigner chez les Serbes tout pasteur quelle que fût sa race. Voy. Jireček, *La Civilisation serbe au Moyen Age,* trad. Eisenmann, p. 32 ; — Cvijič, *op. cit..* p. 498.
2. Voir Bartoli, *Das Dalmalische* (Wien, 1906) ; — Gartner, *Nouvelles recherches sur le roumain d'Istrie* (dans la *Romania,* année 1892). Sur les Roumains d'Istrie, voir les travaux signalés par B. Auerbach. *Les Races et les Nationalités en Autriche-Hongrie,* 2$^e$ éd. (1915), p. 304-300.
3. Sur les établissements des *Aromins* ou *Vlaks,* leurs migrations, leur disparition çà et là, ailleurs leur amalgame avec les Slaves, on trouvera nombre de renseignements dans l'ouvrage de Cvijič, p. 104, 363, note 1, 400-402, 455-459, 463, 467, 498. Les Mijaci serbes actuels sont un produit de la fusion des Aromins et des Slaves (*ibid.,* p. 459). — Les localités où on a signalé des indigènes sont indiquées dans la carte jointe à l'ouvrage, écrit en roumain, de S. Dragomir, *Vlachi si Morlacii* (Gluj, 1924). — On trouvera dans ce même ouvrage une revue des hypothèses concernant les Morlaques. A. Tamaro exagère l'importance des Morlaques et prolonge bien tard l'usage de leur langue dans *La Vénétie Julienne et la Dalmatie* (t. II, p. 301-308 et p. 489-501). L'étude de Jireček, *Die Wlachen und Mawrovlachen,* qui a paru dans les *Denkmäler von Ragusa* (1879), m'a été inaccessible.
4. On trouvera une foule de renseignements dans Attilio Tamaro, *La Vénétie Julienne et la Dalmatie* (Rome, 1919, 3 vol.). L'ouvrage est extrêmement tendancieux, comme le fait déjà supposer le sous-titre : *histoire de la nation italienne en ses frontières orientales* et le patronage de la société nationale « Dante Alighieri », qui l'a édité. L'auteur, qui le destinait au Congrès de la Paix, ne s'en défend pas : « Nous ne nous offenserions pas si quelqu'un nous objectait que cet ouvrage est plutôt celui d'un avocat du droit italien que d'un historien ». (Postface, p. 687 du tome III). — En sens inverse voir : Comte L. de Voinovitch, *Histoire de Dalmatie* (Paris, 1934, 2 vol.). Ces deux ouvrages sont enrichis d'une copieuse bibliographie à laquelle il suffit de renvoyer. Histoire de la Dalmatie jusqu'au V$^e$ siècle dans Šišić, *Geschichte der Kroaten,* t. I (1917), p. 32-33.
5. J. B. Bury, *History of the later roman empire,* t. I (1927), p. 225.

6. Voinovitch, t. I, p. 268-272 et surtout F. Dvornik, *Les Slaves, Byzance et Rome* (1926), p. 76. Les prétentions du patriarche de Constantinople sur les évêchés dalmates furent définitivement abandonnées au XI<sup>e</sup> siècle. De fait la juridiction de l'église de Rome était reconnue au X<sup>e</sup> siècle. Voir Dvornik, p. 309. Sur la Dalmatie chrétienne avant les Slaves voir dom Leclercq dans le *Dictionnaire d'archéologie chrétienne* de dom Cabrol, t. IV, partie I (1920), col. 21-111
7. Voinovitch, p. 315-323.
8. Exemple de Traù dans Voinovitch, p. 353.
9. Vasiliev, *Histoire de l'Empire byzantin*, t. II, p. 97-120
10. Voinovitch, t. I, p. 480-493.
11. *Id.*, t. II, p. 636-648. La domination vénitienne, insoucieuse du bien-être des villes maritimes dalmates, eut du moins le mérite de les préserver des Turcs dont les avant-postes allaient jusqu'aux remparts. Elle y employa tantôt la diplomatie (XVI<sup>e</sup> siècle), tantôt la force : l'étreinte turque fut desserrée en 1671, 1700, 1723. La frontière établie en cette dernière année a duré jusqu'en 1878. Voir Voinovitch, t. II, p. 542, 582, 611, 613.
12. Sur les écrivains et artistes d'origine dalmate et d'expression italienne voir l'illustration du t. II du livre de Voinovitch, et les p. 725-835. Cf. Tamaro, t. III, p. 19-98. — Sur Nicolas Tommaseo, qui, jusqu'au milieu du XIX<sup>e</sup> siècle, unit la culture italienne à l'amour du pays dalmate, voir Tamaro, t. III, p. 493-516 ; — Voinovitch, t. II, p. 691-695.
13. Ce qu'on peut savoir du « roumain » de Dalmatie est exposé par Jireček, *Die Romanen in den Städten Dalmatien*, p. 7892. — Sur le dialecte de Dubrovnik (Raguse), voir Cvijič, p. 378.
    L'autre dialecte, le vegliote, s'est éteint à la fin du XIX<sup>e</sup> siècle, avec la mort du dernier homme qui l'ait parlé. Voir M. G. Bartoli, *Das Dalmatische* (Vienne, 1906, 2 vol.).
14. L'étude fondamentale sur la question demeure celle de C. Jireček, *Die Romanen in den Städten Dalmatiens während des Mittelalters*, Vienne, 1902 (Extr. des *Denkschriften* de l'Académie de Vienne, t. 48). — L'étude de Tamaro, *Italiani e Slavi nell Adriatico* (Rome, 1915) est tendancieuse. Les choses sont remises au point par E. Haumant, *La Slavisation de la Dalmatie*, article de la *Revue historique* (1917) recueilli dans son livre, *La Yougoslavie* (1927), p. 83-114.
15. Voinovitch, t. II, p. 693-697.
16. Il y a lieu de rappeler l'importance politique, scientifique, artistique, de la Venise dalmate, Raguse, en dépit de l'exiguïté de son territoire. Le comte de Voinovitch lui a consacré une attention particulière à la fin de son t. II et Tamaro (t. III, p. 225-267, 287-310) a fortement souligné l'influence italienne sur la civilisation de la petite « république ».
17. Il suffit de renvoyer à Haumant, *op. cit.*, p. 496-507, et p. 542-547, et aux ouvrages cités par lui.
18. Pour mieux dire elle est catholique au Nord de cette rivière, orthodoxe au Sud.
19. *Id.*, p. 497 ; — cf. B. Auerbach, *op. cit.*, p. 308 : 96 pour cent parlaient slave à la fin du siècle dernier.
20. *Id.*, p. 499.
21. G. Weigand, *Die Aromanen* (Leipzig, 1894-95) ; — *Rumenen und Aromanen in Bulgarien* (Leipzig, 1907), avec carte ; — Victor Lazar, *Die Sudrumänen* (Bucarest, 1910) ; — N. Iorga, *Histoire des Roumains de la péninsule des Balcans* (Bucarest, 1919) ; — Jireček, *Geschichte der Bulgaren*, p. 112 ; — Silviu Dragomir, *Vlahi si Morlacci* (Cluj, 1924) ; — Argenteanu, *Istoria Românilor Macedoneni* (Bucarest, 1914) ; — G. Marnu, *Istoria Românilor din Pind, Valahia mare* : 980-1259 (Bucarest, 1913) ; — Burileanu, *I Romani d'Albania* (Rome, 1912) ; — Tache-Papahaji, *La Romîni din Albania* (Bucarest, 1920). Les archéologues français ont eu depuis longtemps leur attention attirée sur les

Valaques. Voir Lenormant, *Les parties valaques de la Grèce* (dans *Revue orientale et américaine*, 1864) ; — Heuzet, *Le Mont Olympe et l'Acarnanie*.
22. *Miracula sancti Demetrii* dans les *Acta Sanctorum* des Bollandistes, octobre, t. IV, 167, chap. 169. Au chap. 171 il est dit que parmi eux il est des gens de *Naissus* (Nisch en Serbie) et *Sardica* (Sofia en Bulgarie). Les Slaves envahisseurs sont évidemment des Bulgares.
23. On est convenu, plus ou moins judicieusement, de l'appeler *macédo-roumain*, par opposition au *daco-roumain* parlé dans la Roumanie actuelle (Valachie, Moldavie, Bessarabie, Transylvanie). Plus exactement on peut diviser la langue romane des pays balkaniques en 4 dialectes : 1° le daco-roumain parlé dans la Roumanie actuelle ; 2° l'istro-roumain parlé dans quelques villages de l'Istrie, en Italie ; 3° Le mégléno-romain dans les Monts Karadjova, au Nord-Ouest de Salonique ; 4° L'aroumain ou macédo-roumain parlé sur un territoire de 290 kilomètres de long sur 30 à 40 de large entre l'Epire et la Thessalie. Voir K. Sandfeld, *op. cit.*, p. 4. Le plus ancien témoignage de la langue macédo-roumaine est de l'année 1014. Voir Densusianu, *Histoire de la langue roumaine*, t. I, p. 389-392.
24. La ligne de démarcation entre le latin et le grec prenait à Alessio, sur l'Adriatique, passait par Prisren, Uskub, Vranya, puis entre Nisch et Pirot et aboutissait au Danube entre Remesiana (Bela-Palanka)et Viddin. Les régions occupées aujourd'hui par la Bulgarie, la Macédoine, l'Albanie n'étaient donc pas de langue latine. Sur la séparation des idiomes révélée par les inscriptions, voir Jireček, *Die Romanen in den Städten Dalmatiens* (Vienne, 1902, p. 13) extr. des *Denkschriften* de l'Académie de Vienne, et Niéderlé, *Manuel*, t. I, p. 66-67 ; que les Aroumains de Macédoine, etc., se soient détachés de bonne heure des Aroumains de Dacie sud-danubienne, c'est ce que prouve l'absence entre l'aroumain et l'albanais des concordances qu'on trouve entre le daco-roumain et l'albanais. Voir K. Sandfeld, *Linguistique balkanique* (1930), p. 145.
25. Assujettissement très relatif d'ailleurs. En 976, au dire de Cedrenos, un prince de Bulgarie occidentale, Daniel, est tué par des Vlaques errants. Voir Wace and Thompson, *op. cit.*, p. 259 ; — *Cambridge medieval history*, par Bury, etc., vol. IV, p. 240.
26. Chalandon, *Alexis Comnène*, p. 85-86.
27. A. Vasiliev, *Histoire de l'empire byzantin*, t. II (1932), p. 180.
28. Iorga, *Histoire des Roumains de la péninsule des Balcans* (Bucarest, 1919), p. 13-17.
29. *Cambridge medieval history*, vol. IV (the Eastern roman empire), p. 424 et 520.
30. Jireček, *Geschichte der Bulgaren*, p. 236-243
31. Les « firmans » des sultans en faveur des Valaques du Pinde sont reproduits en fac-similés, malheureusement d'une trop petite échelle, dans la brochure de B. Récatas, *L'État actuel du bilinguisme chez les Macédo-roumains du Pinde* (Paris, 1934).
32. Les ruines de Moschopolis sont en Albanie, près du village de Voskopoye, à l'ouest de Koutsa.
33. N. Iorga, *Histoire des Roumains de la péninsule des Balcons*, p. 33-50 ; — G. Murnu, *Istoria Românilor din Pind, Valahia Mare* ; 980-1259 (Bucarest, 1913) ; — Burileanu, *I Romani d'Albania* (Rome, 1912).

# 9
# LES ALBANAIS.

(¹)

Comme « État » l'Albanie date de l'année 1913. Jamais auparavant les populations qui habitent cette contrée n'avaient formé une unité politique véritable et même leur conscience nationale ne s'est éveillée que très tardivement.

Mais si l'Albanie n'existait pas politiquement, les Albanais existaient. Encore faut-il remarquer que leur nom n'apparaît pas dans les textes avant le XIe siècle de notre ère [2]. Les Byzantins les appellent *Arbanataï*, les Slaves *Arbanachi* d'où, en italien, *Albanesi* ; plus tard les Turcs diront *Arnaout*. Eux-mêmes se disent *Chkipetar*, appellent leur pays *Chkiperia*, leur langue *Chkip*, d'une racine signifiant « comprendre ». Les *Chkipetars* sont les gens qui se comprennent en usant d'un idiome qui diffère entièrement du grec, du latin, des dialectes slaves. Cependant la linguistique comparée a révélé que l'albanais est une langue sœur, une langue indo-européenne, mais profondément évoluée et dans l'état actuel formée de mots empruntés au latin, au grec, au serbe, au turc [3].

On ne sait au juste à quelle population antique rattacher cette langue et ceux qui la parlent. Au premier abord on pense aux tribus illyriennes qui occupaient les régions peuplées actuellement d'Albanais. Mais l'Albanais se déplace facilement et se montre très envahissant. De nombreux districts actuellement albanais en Épire, en Macédoine, en Serbie ne le sont que depuis une époque relativement récente. Il pouvait en être de même dans l'Antiquité [4]. D'ailleurs, la Basse-Albanie, au Sud de la rivière Shkumbi, est une conquête des Tosques, une des deux divisions du peuple albanais.

Le territoire vraiment albanais semble avoir été limité, au début du Moyen Age, par la rivière Shkumbi au Sud, la mer Adriatique à l'Ouest, le massif de Ghâr-dagh *(Scardus)* à l'Est. Au Nord il s'étendait peut-être jusqu'à la source du Drin blanc et de l'Ibar, côtoyant ainsi l'Est du Monténégro. Il correspond, en somme, à la province romaine dite *Praevalitana* sous le Bas-Empire [5].

Il n'est pas même assuré que dans cette région les Albanais soient autochtones. Certains voient en eux des réfugiés thraces, refoulés avant notre ère dans l'Ouest de la péninsule balkanique, et, par suite, dans leur langue l'héritière du thrace et non de l'illyrien [6].

Quoi qu'il en soit, il est évident que c'est un non-sens de s'imaginer qu'on traitera de l'histoire ancienne de l'Albanie en parlant des destinées des portions d'Épire, de Macédoine, de Serbie, qui furent par la suite albanaises, mais qui ne l'étaient ni dans l'Antiquité, ni dans la majeure partie du Moyen Age [7]. Il faut nous résigner à constater que ni les Grecs, ni les Latins, ni les Byzantins, ne nous parlent de gens qu'on puisse identifier à coup sûr aux Albanais avant le XIe siècle. Il est surprenant que ces farouches montagnards ne manifestent pas leur turbulence et leur goût de pillage. Surprenant aussi que leur type physique, très caractéristique, n'ait frappé que tardivement voyageurs et historiens [8].

La conservation de leur langue constitue un paradoxe encore plus étonnant : l'Albanie n'est pas un pays totalement déshérité [9] — comme le Monténégro —, elle n'est pas à l'écart des grandes voies de communication. Au contraire, elle est traversée en son milieu par une route célèbre et très fréquentée, la *via Egnalia* [10], qui, partant de *Dyrrachium* (Durazzo) ou *d'Apollonia,* gagnait par *Scampa* (Elbassam), *Lychnidos* (Ohrida) Monastir, *Heraclea, Pella,* Thessalonique. C'était la voie la plus commode pour mettre en rapport l'Italie avec la Macédoine, la Thessalie, enfin la Thrace et Byzance. En communication facile avec leurs voisins, les ancêtres des Albanais auraient dû s'helléniser ou se romaniser, comme firent les autres Balkaniques, au lieu d'être les seuls à conserver leur idiome et à vivre à l'écart du monde civilisé [11].

Au XI$^e$ siècle seulement, les chroniqueurs byzantins et latins [12] commencent à s'apercevoir que des gens qu'ils nomment « Albanais » font bande à part. Au reste ces populations acceptent tour à tour l'autorité des Bulgares, des Byzantins, des Serbes. Quant aux ports, notamment Durazzo, disputés du XI$^e$ au XV$^e$ siècle entre Byzantins, Normands d'Italie, Vénitiens, ils demeurent finalement à ces derniers [13].

Les Albanais, à l'inverse des Serbes, n'opposèrent aucune résistance sérieuse, à l'expansion des Turcs Ottomans. Us acceptèrent l'autorité du sultan. Si bien que leur histoire semblerait, par un étrange paradoxe, être celle d'une peuplade résignée à tous les jougs. Et c'est d'eux que sortit un des personnages les plus extraordinaires de l'histoire, Scanderbeg [14]. Georges Castriote, fils d'un petit seigneur de Croïa, fut emmené comme otage, tout enfant, à Constantinople et instruit dans la foi islamique. Il se distingua au service du sultan et fut surnommé par les Turcs *Iskenderbeg* (prince Alexandre). Il était dans la force de l'âge quand il se décida à rompre avec le sultan et à abjurer la foi islamique (1443). Peut-être avait-il été impressionné par les succès remportés sur les Turcs l'année précédente par le héros hongrois Jean Hunyade. Les exploits de « Scanderbeg » ont été grossis par la légende. Il n'en demeure pas moins que Georges Castriote, avec une poignée d'hommes, réussit à repousser les forces de deux sultans, Mouraed II et Mahomet II, qui tentèrent vainement d'enlever Croïa, forteresse, à la vérité, inexpugnable [15].

Il mourut de maladie à Alessio, le 18 janvier 1468. Les Turcs s'emparèrent alors de Croïa, puis des ports défendus par les Vénitiens. À la fin du siècle nombre d'Albanais s'enfuirent en Italie et fondèrent en Vénétie, en Calabre, en Sicile, des colonies qui ont subsisté jusqu'à nos jours [16]. La majeure partie de l'Albanie embrassa l'Islam [17]. Elle servit fidèlement, allègrement, le sultan, à la guerre, lui demandant seulement de ne pas payer d'impôts et de la laisser plongée dans la sauvagerie de ses coutumes ancestrales.

---

1. La vue d'ensemble la plus accessible est l'article *Albania* dans *Enciclopedia italiana*, t. II, p. 97-128. Voir, entre autres, Spiridion Goptchevich *Geschichte von Montenegro und Albanien* (Gotha, 1914) ; — N. Iorga, *Brève histoire de l'Albanie et du peuple albanais* (Bucarest, 1919) ; — Arturo Galanti *L'Albania* (Rome, 1901) ; — Albert Mousset, *L'Albanie devant l'Europe : 1912-1929* (Paris, 1930) ; — Justin Godart, *L'Albanie en* 1921

(Paris, 1922)' ; — Jacques Bourcart, *L'Albanie et les Albanais* (Paris, 1921) ; — L. Lamouche, *La question albanaise* (Paris, 1919).

2. Cependant, dans la *Géographie* que Ptolémée composa au II$^e$ siècle de notre ère, on trouve placée en Macédoine ou près de la Macédoine, une ville dite *Albanopolis des Albanes* (1. III, c. 12). Nulle part ailleurs ce nom ne se retrouve. La mystérieuse *Albanopolis* est identifiée à la forteresse de Croïa dans l'Albanie du Nord, centre de la région appelée *Arbanum* au Moyen Age par Milan Sufflay, *Städte und Burgen Albaniens*, p. 7, note 8, p. 18-19, 37 (extr. du t. 63 des *Denkschriften* de l'académie de Vienne) et déjà par Desdevises (*Géogr. ancienne de la Macédoine*, p. 228). Il vaut mieux la placer près de là, à Skurtéché, aujourd'hui en ruines. Voir Hahn, *Alban. Studien* t I p. 120.
3. Sur les travaux des linguistes (Hahn, Gustave Meyer, etc.) consacrés à l'albanais voir Jokl, *Albanisch* dans *Grundriss der indogerman. Sprachen und Altertumskunde* (1917), p. 109-151.
4. C'est, du reste, ce que prouve l'insignifiance, presque la nullité, des emprunts du vocabulaire albanais au grec ancien, ce qui montre que leur habitat n'était pas en contact avec celui des Hellènes. Voy. Kr. Sandfeld, *Linguistique balkanique, histoire et résultats* (Paris, 1930), p. 25-27. Les emprunts au latin sont, au contraire, très nombreux (*ibid.*, p. 52).
5. Certains placent plus au Nord, en *Dardania*, l'habitat primitif des Albanais. Voir Sandfeld, *Linguistique balkanique* (1930), p. 143. Sur la *Dardania* voir Patsch dans *Encyclop. d. class. Altert.* de Pauly-Wissowa, t. IV (1901), cf. 2155-57.
6. Ainsi Hirt dans *Kiepert-Festschrift* (1898), p. 181 ; —G. Weigand dans *Balkan Archiv*, t. III, p. 227-251. Mais que sait-on du thrace et de l'illyrien ? — La langue est formée d'emprunts au latin, au slave, au byzantin, au turc et le résidu, illyrien ou non, se réduit à quelques centaines de mots, mais la structure de la langue, la chose importante, est bien *sui generis*.
7. Ce qui ne veut pas dire qu'il faut s'abstenir de fouiller le passé des régions occupées aujourd'hui parles Albanais. Voir Luigi M. Ugolini, *Albania antica*, vol. I (Rome, 1927, in-4).
8. Voir l'étude de Eug. Pittard dans son livre *Les Peuples des Balkans, recherches anthropologiques* (Genève-Paris, 1920, in-4), p. 272-298 ; — et (du même), *Les Races et l'histoire* (Paris, 1924), p. 360-363. — Les Albanais sont de taille au-dessus de la moyenne européenne, sans être aussi grands que les Bosniaques. Ils ont la tête courte, étant brachycéphales ou même hyperbrachicéphales (les Tosques), la face étroite, le nez effilé, droit ou légèrement aquilin, les cheveux bruns ou noirs, les yeux foncés ou gris. Ils donnent une impression de force à la fois élégante et implacable. Les Albanophiles les déclarent la plus belle race de l'Europe.
9. *Géographie universelle* de Vidal de la Blache et Gallois, t. VII (1934) : *Péninsules méditerranéennes*, par Châtaigneau et Sion, p. 577-585 ; — *Enciclopedia italiana*, t. II, p. 116-117 ; — EL Reclus, *Nouvelle géographie universelle*, t. I : *L'Europe méridionale*, p. 177-197.
10. Sur cette voie célèbre voir Oberhummer dans *Real-Encyclopaedie d. Altertums* de Pauly-Wissowa, t. V (1905), col. 1988-93.
11. L'énigme est la même que pour les Basques dont le pays est traversé par des voies romaines et qui conservent leur langue « ibérique », alors que même les parties les plus reculées de la péninsule se sont latinisées rapidement.
12. Ils sont mentionnés pour la première en 1079 par Anne Comnène (VI, 8). Les textes sur l'Albanie et son histoire au Moyen Age sont colligés dans les *Acta el diplomata res Albaniae mediae aetatisil lustrantia*, publiés par L. de Thallóczy, G. Jireček et E. de Sufflay, Vienne, 1913-1918, 2 vol.
13. Sufflay (*loc. cit.*, p. 5, note 1) a calculé que, en quatre siècles, de 992 à 1392, Durazzo a changé de mains 31 fois, pour le moins.
14. La source à laquelle ont puisé les historiens est la biographie publiée, sous le couvert

de l'anonymat, à Rome, en 1525, par Marinus Barletius, prêtre à Scutari. Ces historiens sont innombrables : la bibliographie de Petrovich, parue en 1881, en dénombre déjà 200 ! Par réaction Pastor (*Histoire des papes,* t. II, 1. 4) et Hopf (*Griechenland im Mittelalter,* 1868) refusent toute autorité à Barletius et reconstituent à leur fantaisie la biographie du grand homme. Que Georges Castriote ait été d'abord au service du sultan c'est ce qui résulte de l'histoire de l'empire ottoman du turc Hodja Effendi, composée au XVI$^e$ siècle : *Tadj-el-Tawarikh* (Voy. abbé Pisani, *La légende de Skanderbeg,* dans *Compte-rendu du congrès scientifique international des catholiques* tenu à Paris, du 1 au 6 avril 1891). À partir de 1451 et jusqu'en 1458 Scanderbeg n'a pu lutter qu'avec l'appui d'Alphonse V roi d'Aragon et de Naples, qui voulut l'utiliser pour ses propres fins. L'étude de C. Marinesco, *Alphonse V roi d'Aragon et de Naples* (dans *Mélanges de l'école roumaine en France,* Paris, 1923 p. 1-134) est le seul travail scientifique sur l'Albanie au temps de Scanderbeg.
15. Vue de Croïa (*Kruja*) dans J. Bourcart, l'*Albanie,* p. 96-97 et p. 103 ; A. Degrand, *Souvenirs de la Haute Albanie* (1901), p. 215-225 ; Sufflay, *loc. cit.,* p. 18-19. Sur cette ville, peut être l'antique capitale de l'Albanie.
16. Sur les Albanais d'Italie et de Grèce voir bibliographie dans Arturo Galanti, *Albania,* p. 260.
17. Superficiellement, il est vrai. Les voyageurs ont toujours été frappés du manque de ferveur islamique des Albanais. La tiédeur de leur foi ne les a pas empêchés d'exécuter les ordres du sultan et de massacrer les chrétiens.

# UNE ÉNIGME ET UN MIRACLE HISTORIQUE : LE PEUPLE ROUMAIN.

1

# LE PROBLÈME DE SON ORIGINE
# JUSQU'AU XVIIIE SIÈCLE

On sait généralement qu'il existe entre les Carpathes, la mer Noire, le Danube, une région de plaine appelée Roumanie.

La population présente un tyPe physique différent de celui des Slaves situés au Nord (Ruthènes, Russes, Polonais) et au Sud (Serbes, Bulgares) et aussi des Hongrois à l'Ouest, sans parler des Turcs. Ce type se rapproche de celui des Italiens et des Français du Midi [1]. La langue, bien que farcie de mots étrangers, slaves notamment, est de structure incontestablement latine. Par certains traits archaïques le roumain est même plus proche du latin que l'italien lui-même [2].

On sait enfin que les récents traités ont fortement accru l'importance de l'État roumain. À l'ancien royaume, composé des antiques principautés de Valachie et de Moldavie, on a ajouté la Transylvanie hongroise et la Boucovine autrichienne, à l'Ouest des Carpathes, plus le Banat de Temesvar entre le Danube, la Theiss et le Maros, enfin la Bessarabie russe entre le Pruth et le Dniestr. L'État roumain est ainsi passé de 137.000 à 294.600 kilomètres carrés : il a plus que doublé sa superficie.

Que vient faire cet État en une région de l'Europe où l'on s'attendrait à ne rencontrer que des Slaves, des Magyars, des Tatars ? Pourquoi a-t-on élargi si étonnamment son étendue ?

A. — **Le problème de ses origines.**

Les Roumains (Valaques et Moldaves) se donnent comme les descendants des Daces romanisés. Les Daces, rameau de la grande nation des Thraces [3], occupaient au Ier siècle de notre ère, au Nord du Danube, au Centre de l'Europe, les contrées auxquelles correspondent en partie la Hongrie et la Roumanie actuelles. Leurs mouvements incessants inquiétaient l'Empire romain [4]. On sait que Trajan réussit à soumettre cette population belliqueuse et fit de la Dacie le boulevard de l'Empire contre la Barbarie du Centre et de l'Est de l'Europe (106) [5]. Une colonisation, qui aurait dû être intense [6], aurait romanisé la Dacie, comprise entre le Danube, au Sud, la Theiss, à l'Ouest, les pentes des Carpathes, à l'Est et au Nord.

### 1. L'évacuation de la Dacie Nord-Danubienne

La conquête et l'organisation de la Dacie marquent l'apogée de la fortune de l'Empire romain. Mais l'anarchie du IIIe siècle, où faillit sombrer la civilisation antique [7], fut fatale à la Dacie romaine. Bastion avancé, elle était pressée de toutes parts par les débris des anciens Barbares, les Carpes [8], les Bastarnes, les Sarmates et par les nouveaux Barbares, les Goths, maîtres de l'Europe sud-orientale. En dépit de ses succès et de sa valeur, l'empereur Aurélien jugea inévitable d'évacuer tout ce que Rome possédait au Nord du Danube (vers 271) [9].

À en croire le biographe de l'empereur, le prétendu Flavius Vopiscus, l'évacuation fut complète : on ramena au Sud du Danube, non seulement l'armée, mais les *provinciales*, c'est-à-dire la population civile. Le tout fut établi au milieu de la province de Mésie qui fut coupée en deux par cette nouvelle Dacie Sud-danubienne [10].

Il est vrai que Vopiscus est un des auteurs de l'*Histoire Auguste*, si justement décriée [11]. Mais la même assertion, plus formelle encore, s'il est possible, se trouve chez Eutrope, source probable de Vopiscus. Or l'*Abrégé* d'Eutrope, rédigé entre 364 et 378, est au-dessus de tout soupçon. On y lit : « L'Illyrie et la Mésie étant dévastées, il (Aurélien) évacua la province de Dacie, désespérant de la conserver, et établit dans la Mésie moyenne les Romains qu'il ramena des villes et des campagnes et cette Mésie moyenne il l'appela Dacie : elle sépare aujourd'hui les deux Mésies » [12].

Le témoignage est formel et on a tenté en vain de le contester [13].

Mais un témoignage formel peut n'être pas un témoignage irrécusable. Dans sa *Vie de saint Séverin* [14] (c.44), Eugippius, un contemporain, nous montre Onulf, vers 488, donnant ordre à « tous les Romains » d'abandonner le Norique (Bavière au Sud du Danube) pour se réfugier en Italie. Cependant nous savons qu'il est resté des Romains au Nord des Alpes jusque vers le IXe siècle, pour le moins [15].

Mais ce qui contrarie l'idée que, malgré tout, les Daco-Romains sont demeurés au moins partiellement, en Dacie, c'est le silence des textes. Jamais, entre la fin du IVe et le XIIIe siècle, il n'est question d'une population romaine vivant dans l'ancienne Dacie. Ce mutisme de dix siècles est impressionnant.

On peut répondre. Les écrivains byzantins, les seuls qui entrent en ligne de compte, ne se soucient que des conquérants qui occupent successivement cette contrée, Gépides, Huns, Avars, Bulgares, Hongrois, Coumans, etc... Ils ne se préoccupent pas de la plèbe misérable et silencieuse des paysans daco-romains sur laquelle s'appesantit successivement le joug de ces Barbares. Ils ne la nomment donc pas.

Même avec cette explication, il faut reconnaître une destruction totale de la romanisation au Nord du Danube. Plus de routes, plus de monuments. On ne trouve plus de monnaies romaines passé l'an 257. Les ruines mêmes ne révèlent quasi rien ; ainsi les fouilles opérées sur l'emplacement de l'antique capitale dace Sannisegethusa, devenue Ulpia Trajana (c'est Varhely en Transylvanie), rendent fort peu de choses.

Cela est grave, car c'est de l'antique Dacie, essentiellement la région située entre la Theiss et les Carpathes, en somme la Transylvanie, que les historiens roumains [16] veulent faire venir les ancêtres qui, descendant des montagnes et s'étendant vers la plaine dans la direction du Danube, constituèrent les principautés de Valachie et de Moldavie respectivement à la fin du XIIIe et du XIVe siècle.

Pour les historiens hongrois et autrichiens [17], au contraire, la Transylvanie est vidée de population de la fin du IIIe siècle à la fin du XIe siècle. Elle ne se repeuple qu'au XIIe siècle, grâce aux Szeklers magyars, grâce aussi à l'initiative des rois de Hongrie, qui y attirent des colons flamands, les prétendus « Saxons », et des Valaques. Ceux-ci, viennent du Sud du Danube. Ils sont des immigrés.

L'arrière-pensée c'est que les Hongrois sont chez eux en Transylvanie et que, nouveaux-venus, les Valaques sont mal fondés de se dire autochtones en ce pays et qu'ils sont des ingrats de vouloir se soustraire à l'autorité des Magyars.

Nous devons laisser de côté ce qu'il peut y avoir de tendancieux dans cette théorie. Même fondée historiquement elle n'en serait pas moins injustifiable politiquement. Nul peuple en Europe n'est installé de toute éternité sur le sol qu'il occupe actuellement.

Les Roumains n'ont pas plus à céder la Transylvanie que les Anglais la Grande-Bretagne ou les Hongrois la vallée de la Theiss, pour retourner, les premiers en Allemagne, les seconds en Sibérie. Il faut peser les arguments en présence sans aucune considération de politique contemporaine.

Aux raisons graves qui militent contre la présence des Daco-Romains en Dacie passé l'année 271 on peut ajouter des arguments d'ordre linguistique.

D'abord aucun nom de ville ancien ne s'est conservé sur le territoire de la Dacie nord-danubienne [18] et si les noms des grandes rivières de la Hongrie (Ternes, Körös, Szamos, Maros) sont certainement d'origine dace, les autres dénominations pour les cours d'eaux et les accidents de terrain sont magyares, slaves surtout, nullement latines [19].

Les fouilles n'ont rien révélé qui puisse attester une continuité de civilisation romaine après le III$^e$ siècle [20].

Tout cela tend bien à faire croire que l'antique Dacie a dû être vidée de sa population, tant indigène que romaine, dans la seconde moitié du III$^e$ siècle. Elle apparaît comme un désert parcouru par les Sarmates, puis les Gépides, les Goths, les Huns, les Avars et autres cavaliers barbares.

### 2. *La Dacie Sud-Danubienne.*

Si l'on admet, au contraire, que les Daco-Romains se sont réfugiés en Illyricum, au Sud du Danube, dans les deux provinces qui prirent leur nom et furent plus tard (VII$^e$ siècle) slavisées, bien des choses trouvent dans cette conjecture une explication satisfaisante.

La langue roumaine est remplie de mots étrangers, notamment slaves. En regard de 2.600 mots remontant au vieux fond latin on trouve 3.800 mots slaves, termes d'église et aussi termes de commandement, tels *voivode, gospodar, boïar, knez*, etc. [21]. Est-ce au Nord du Danube qu'a pu s'effectuer l'emprunt d'un stock aussi considérable de termes slavons ? La proportion considérable des mots d'église [22] témoigne que le lieu d'emprunt doit être cherché dans une région où les Slaves, usant du vieux slavon (le prétendu vieux bulgare), dominaient l'église aussi bien que la vie politique [23]. Ce ne peut être qu'en Bulgarie, entendez la « Grande-Bulgarie » des IXe et Xe siècles, qui allait jusqu'à l'Adriatique.

Ce qui achève de le prouver c'est que les Roumains eurent (jusqu'au XVe siècle) la même métropole que les Slaves bulgarisés, Ohrida [24]. Que nous sommes loin de la Moldavie, de la Transylvanie, de la Valachie même ! Que nous sommes près si les Roumains sont bien toujours réfugiés dans les pays sud-danubiens ayant constitué la *Dacia ripensis* et la *Dacia mediterranea* de 271 au VIe siècle, conquis par les Slaves au VIIe siècle !

Tout proche, en Dardanie et Prevalitanie, était le pays occupé par les Albanais. On s'explique alors aisément l'emprunt, par le roumain d'une cinquantaine de mots albanais [25] dont le passage en cette langue est incompréhensible si les Daco-Roumains sont demeurés en Transylvanie, séparés des Albanais par la barrière successive des Avars, des Slaves, des Madgyars [26].

En Dacie sud-danubienne les Daco-Roumains se trouvaient dans un pays où la langue usuelle était le latin, alors que dans la Mésie inférieure c'était le grec. Les réfugiés purent donc conserver le latin.

Mais ne ferait-on pas mieux de dire qu'ils y apprirent le latin ?

La romanisation linguistique de la Dacie est, en effet, chose fort surprenante. Alors que ni la Grèce, ni la Thrace, ni l'Orient n'ont jamais pu être romanisés, que l'Afrique du Nord ne l'a été que très partiellement et la Bretagne nullement [27], la plus exposée et la plus barbare des provinces romaines en Europe, la Dacie, l'aurait été à fond, en un siècle et demi, et au point que pas un terme dace n'a passé en « roumain » ! Et c'est d'autant plus merveilleux que le peuplement romain ordonné par Trajan a été fait avec des gens venus de tout l'Empire et dont beaucoup ne parlaient pas latin (les Grecs et les Orientaux) [28]. La latinisation des Daces s'expliquerait beaucoup mieux si les futurs « Roumains » descendent des réfugiés installés au Sud du Danube en 271 et plongés dans un milieu illyro-romain [29].

Une autre considération va dans le même sens. Les linguistes ont remarqué que la langue roumaine parlée en Transylvanie, en Valachie, en Moldavie, n'offre pas de particularités dialectes, du moins accusées. C'est un indice que l'occupation de ces contrées par des gens parlant « roumain » ne remonte pas à une haute antiquité (IIe-IV[e] siècle, par exemple). Il y a plus : entre le daco-roumain parlé aujourd'hui au Nord du Danube, et le macédo-roumain parlé au Sud, en Macédoine, en Thessalie, en Épire, en Grèce, par les « Aroumins » il n'existe pas de différence profonde. On a simplement affaire à deux aspects d'une même langue [30]. Si, à partir de 271, les Daco-Romains étaient demeurés en Transylvanie, donc séparés des *Romains* de l'Illyricum, il existerait entre ces deux idiomes « roumains » une différence profonde, aussi profonde pour le moins que celle qui sépare le français de l'italien ou de l'espagnol [31]. Les deux idiomes n'ont donc pu se séparer qu'à une date relativement récente, peut-être vers le Xe siècle (?). Comme il n'y a pas eu d'immigration possible de Daco-Roumains de Transylvanie au Sud du Danube, force est bien, semble-t-il, d'adopter la solution inverse et de supposer que ce sont les Daco-Roumains qui ont repassé du Sud au Nord du Danube et sans doute petit à petit.

### B. — Émigration des Daco-Illyriens au Nord du Danube.

Aux Ve et VIe siècles les Daces romanisés eurent terriblement à souffrir des déprédations des Huns, puis des Avars [32]. À partir du VIIe siècle, les Daces subirent, comme les autres « Romains » d'Illyrie les attaques des Slaves, ancêtres des Serbes et des Bulgares. Ils les virent s'installer en masse et furent réduits à une condition sociale inférieure. On a dit que la plupart durent adopter une vie de bergers nomades. En outre, bien que christianisés certainement dès le IVe siècle, ils acceptèrent pour la liturgie la langue de leur maître et leur organisation ecclésiastique.

On pourrait s'étonner que, après la chute du premier empire bulgare, en 1018, quand l'empereur Basile hellénisa le patriarcat d'Ohrida, leur liturgie n'ait pas abandonné le vieux slavon pour le grec. À cette date, les Daco-Roumains étaient-ils encore au Sud du Danube ? C'est fort douteux. Leur migration vers le Nord avait dû commencer depuis longtemps.

Cette migration progressive semble bien avoir eu pour premier objectif, non pas la Valachie actuelle, mais la Transylvanie. La Valachie, correspondant à l'une des trois provinces de la Dacie nord-danubienne, la *Malvensis,* avait été profondément slavisée : les noms des cours d'eau sont tous slaves et non daco-romains : Morava, Bistritsa, Ialonitsa, Dambovitsa, Oetenitsa, Craïova, Tîrgovitche, Zlatna, Ocna, Rîmnic, Tirnova [33]. Puis cette contrée était tombée au pouvoir d'une peuplade tatare, les Coumans (vers le Xe siècle ?).

La traversée du Danube n'a donc pu s'effectuer sur le territoire de la Bulgarie actuelle [34] et l'installation des « Valaques » n'a pu commencer par la Valachie moderne. La Valachie a été repeuplée par des Valaques descendus des Carpathes. Ce qui revient à dire que les Valaques ont dû préalablement occuper la Transylvanie, et s'ils sont en cette région des immigrés venus du Sud, ils ont nécessairement passé le grand fleuve à l'Ouest des Portes-de-Fer.

La date peut être approximativement déterminée par diverses considérations. Le « daco-roumain » était détaché de l'« aroumîn » parlé par les Illyrico-romains de Serbie et de Croatie, dès le Xe siècle, si bien que des concordances linguistiques entre l'albanais et le daco-roumain ne se trouvent pas en « aroumîn » [35]. Cette constatation implique que les futurs « Roumains » s'étaient éloignés des futurs « Morlaques » déjà à cette époque.

D'autre part, la présence des Roumains en Transylvanie est attestée par des noms de lieu tels que *petra* « pierre », *sorul* « la colline », *piscar* « pêcherie » dans des chartes de Transylvanie à des dates remontant à 1124, 1113, 1075, même 1055 [36]. Elle le serait même dès la fin du IXe siècle, s'il en fallait croire la Chronique de Kiev, mise sous le nom de Nestor, rédigée vers 1100 : elle rapporte que les Magyars *(Ougres), après* avoir passé sous Kiev (entre 888 et 898), se dirigeant vers leur nouvelle patrie, la Hongrie *(Ougrie),* traversent les montagnes en combattant les *Vlakes* et les Slaves [37].

Il est donc certain que des « Roumains » étaient en Transylvanie dès les Xe et XIe siècles ou même le IXe siècle. À cette époque la région tomba au pouvoir des rois de Hongrie [38]. Les « Valaques », furent donc leurs sujets. Il est même possible que des Roumains sud-danubiens aient été appelés aussi par ces princes, au même titre que les Sicules (Szeklers) magyars et les Allemands du Bas-Rhin et Flamands (les prétendus « Saxons »), pour repeupler la Transylvanie, convoitée par les hordes turques des Petchenègues et des Coumans [39].

---

1. Voy. les ouvrages de Deniker et Ripley déjà cités et Eug. Pittard, *Les peuples des Balkans*. (1920, in-4°), p. 53-95.
2. Densusianu, *Histoire de la langue roumaine*.
3. Sur les Thraces voir Tomaschek dans les C. R. des séances de l'Académie de Vienne 1893 ; sur les Daces voir Brandis dans Pauly, *Realencyclopedie*, t. IV, col. 1946-76 ; d'Arbois de Jubainville. *Les premiers habitants de l'Europe*, 2e éd. (1888), t. I ; V. Pârvan, *Dacia* (Cambridge, 1929).
4. César songea un instant à faire une expédition contre eux.
5. Victoria Vaschide, *Histoire de la conquête romaine de la Dacie et des corps d'armée qui y ont pris part*, 1903 (Bibliothèque de l'Ecole des Hautes Etudes, fascicule 142) ; — J. Jung, *Orbis romanus* dans le *Handbuch* d'Iwan von Muller, t. III, 3e partie, 1897.
6. Cf. p. 286.
7. F. Lot, *La fin du monde antique*, p. 10-13.
8. Ce sont les Dacès demeurés indépendants.
9. Voy. la thèse consacrée à ce personnage par L. Homo (1904). Sur la date d'évacuation l'article de Ph. Horowitz (dans *Revue historique*, janv. 1932) est vivement contesté par V. Christescu (dans *Revista istoria romana*, t. III, 1933, p. 90). En réalité la Dacie était déjà perdue pour l'Empire. Les monnaies provinciales disparaissent en 256-257. Voir Homo (dans *Revue hist.*, t. 152, 1926, p. 19).
10. *Aurel*, c. 39 :Cum vastatum Illyricum ac Moesiam deperditam videre provinciam Daciam a Trajano constitutam, sublato exercitu et provinci. libus, reliquit, desperans eam posse retineri, abductosque ex ea populos ia Moesia collocavit appellavitque eam Daciam, quae nunc duas Moesias dividit. »
11. Voy. par exemple L. Homo dans *Revue historique*, 1919, t. II, p. 209.
12. *Breviarium* (IX, 15) : « Provinciam Daciam intermisit, vastato omni Illyrico et Moesia, desperans eam posse retineri, abductosque Romanos ex urbibus et agris Daciae in mediam Moesiam collocavit appellavitque eam Daciam, quae nunc duas Moesias dividit ». Voir encore Lactance, *De mor-tibus persecutorum*, 9, 2 : « Cum mater ejus (l'empereur Maximien) transdanuviana, infestantibus Carpis, in Daciam novam, transjecto amne, confugeret. » Lactance écrit en 313-314. Les témoignages de Georges le Syncelle, de Malalas, de Suidas sont tirés des précédents et à laisser de côté. Sur la Dacie Sud-danubienne, voy. Jung, *Orbis romanus, loc. cit.*, et Filow dans *Klio*, 1912, p. 234.
13. Ainsi Jorga dans *Revue historique du Sud-Est européen* (janvier, mars 1924) et dans *Revue belge de philologie et d'histoire*, t. III (1924), 35-50. Cf. Xénopol, *Une énigme historique*, p. 15.
14. *Vita Severini* (c. 44), éd. Mommsen, p. 52-53.
15. Voir *Histoire générale du Moyen Age* sous la direction de G. Glotz, t. I, p. 105.
16. Voy. aussi Seton Watson dans *History*, janvier 1923.
17. Les plus connus sont Hunfalvy, Roessler. Deux Allemands de Bohême, Julius Jung et Ladislas Pic, sont étrangers aux passions hongroises ou roumaines dans leurs livres, *Roemer und Romanen in den Donaulaendern* (2e éd., 1887) et *Abstämmung der Rumanen* (1880). On laisse de côté les assertions de Peisker (par exemple dans *Cambridge medieval history*, t. I, p. 357), qui voit des Turcs partout. La revue des système sur l'origine des Roumains publiée par Rud. Briebrecher dans le Programme du gymnase d'Hermannstadt (aujourd'hui Sibiu) est encore instructive malgré sa date déjà ancienne (1897). A compléter avec Seton-Watson (dans *History*, 1923, p. 241-255) et Alex. Philippide, *Origina Romanilor* (Iassy, 1925-28, 2 vol.).

18. C'est ce que reconnaît Iorga dans sa brochure, *Les Latins d'Orient* (p. 30). La seule exception est peut-être Ampoia (en hongrois Ompely) qui rappelle *Apulum*, siège de la legio XIII gemina. Voir Puscariu, *Woerterbuch der rumaenischen Sprache* (1905).
19. Strakosch-Grassmann, *Geschichte der Deutschen in Œsterreich-Ungarn*, t. I (1805), p. 307. Ianos Székely dans un savant mémoire de la *Revue des études hongroises* (année 1927) se refuse à admettre que ces noms aient passé directement du daco-roumain au hongrois, ce qui supposerait l'existence des Valaques entre la Theiss et les Carpathes dès la fin du IXe siècle, tout au moins de Slaves leur ayant emprunté ces noms. Il imagine un intermédiaire bulgaro-turc.
20. « Peu de pays ont été aussi piétinés par les invasions » comme dit très bien Em. L. Martonne à propos du Banat (dans *Etudes*, II, 569).
21. G. Groeber, *Grundriss der romanischen Philologie*, 2e éd., t. I, p. 568 ; — Julius Jung, *Die romanischen Landschaften*, p. 371, 472.
22. Ne pas oublier cependant qu'un grand nombre de termes religieux sont aussi latins. Voir une liste dans Seton-Watson, p. 7.
23. Les Roumains ont adopté même l'écriture cyrillique jusqu'à la fin du XVIIe siècle. L'emploi de l'alphabet latin ne date vraiment chez eux que du XVIIIe siècle. Voir Groeber, p. 571.
24. Seton-Watson, p. 15,29. Cf. sur cet archevêché l'important ouvrage d'Ivan Snegorov analysé par Péchaye dans les *Echos d'Orient*, 1936, p. 183-204.
25. Selon B. Filow (dans *Klio*, année 1912, p. 234-239) la nouvelle Dacie a été partagée en deux provinces dès le début. Il y a non seulement emprunt de mots, mais, chose bien plus profonde, des concordances grammaticales, en syntaxe notamment. Voir les travaux de Weigand analysés dans la *Romania* (année 1927, p. 228) et Ch. Sandfeld, *Linguistique balkanique, problèmes et résultats* (Paris, 1930, p. 124-131).
26. V. Parvan a compris certainement la force de l'argument. Aussi imagine-t-il de placer l'habitat ancien (entre le IIIe et le IVe siècle) des Albanais dans les Carpathes pour les mettre en contact avec les Daco-Romains, conception inventée pour le besoin de la cause. Voir Sandfeld, *op. cit.*, p. 143.
27. Alex. Budinsky, *Ausbreitung der latein. Sprache*, 1879.
28. Au témoignage d'Eutrope *(ex toto orbe romano)* et c'est ce que confirment les inscriptions. Voy. Seton-Watson, *A history of the Roumanians*, p. 3.
29. Et en ce cas il serait difficile de faire le départ entre les Daco-Romains et les Illyro-Romains. La conséquence, rigoureuse, mais effarante, serait que les « Roumains » modernes, sont tout autant les descendants des Illyro-Romains que des Daces. Les Daces demeurés au Nord du Danube ont pu disparaître, comme tant d'autres peuples de l'Antiquité. En tous cas le type physique du paysan roumain moderne est nettement méridional, aussi « latin », que l'italien lui-même et peut-être même davantage. Il est vrai que le terme « latin » est très conventionnel.
30. Densusianu, *Histoire de la langue roumaine*, p. 174 ; — G. Weigand, *Rumanische Grammatik* (1903) ; — Xénopol *(Enigme*, p. 168-174 ; *Histoire des Roumains*, t. I, p. 180) tente d'accentuer l'opposition entre le daco-roumain et le macédo-roumain, mais il n'est pas linguiste.
31. Densusianu (p. 302-306, 316, 398), tout en cherchant une conciliation, donne l'Illyrie comme lieu de formation du roumain.
32. Les Goth et les Gépides ont aussi occupé, au moins partiellement, le pays, mais ils n'ont laissé aucune trace de leur passage. C'est une chose significative que la langue roumaine ancienne, qui a emprunté 3.800 mots au slave, 700 au turc. 650 au grec, 500 au madgyar, 50 à l'albanais, ne doive pas un terme au germanique, alors que les autres langues romanes en sont pénétrées. Voir Groeber, *Grundriss der roman. Philologie*, t. I, p. 568. Cf. Jung, p. 472.
33. Liste dans Seton-Watson, p. 12.
34. Au reste les Valaques apparaissent sur les montagnes (les Balkans, le Pinde), jamais en plaine ou sur le bord méridional du Danube. Voir Xénopol, *Enigme*, p. 48.

35. Sandfeld, p. 144.
36. Ces mots roumains ont été dépistés par les savants roumains, ainsi Densusianu (p. 316 et 393) dans des chartes des XI$^e$ et XII$^e$ siècle publiées par Feijer, *Codex diplomaticus Hungariae*, t. I. Voir aussi l'*Urkundenbuch* de Zimmermann-Werner.
37. *Chronique dite de Nestor*, trad. L. Léger, p. 19.
38. Seton-Watson, p. 19-22.
39. Sur l'action colonisatrice des rois de Hongrie voir le mémoire remarquable de János Szekely, *La Réforme agraire en Transylvanie et l'histoire* (dans *Revue des études hongroises*, 1927).

## 2
# HISTOIRE DES ROUMAINS DEPUIS LE XVIIIE SIÈCLE.

### 1. Jusqu'à l'assujettissement aux Turcs.

À partir du XIII$^e$ siècle les témoignages sur les Roumains se multiplient. Les *Vlakes* sont signalés non seulement en Transylvanie, mais à l'Est des montagnes, notamment en Olténie (Valachie occidentale). La *terra Blacorum* (Valaques), la *sylva Blacorum* apparaissent dans des documents de 1224, 1231, à côté de la *terra Siculorum,* de la *terra. Bissenorum* (les Petchcnègues). En 1234, le pape Grégoire IX se plaint que dans l'évêché établi chez les Coumans, dans la région appelée *Vrancea* (les districts actuels de Focsani et de Bouzeou), les populations dites *Valachi* suivent le rite grec. Donc, à coup sûr, les Roumains sont déjà descendus des Carpathes dans la plaine moldave, au voisinage de la Valachie actuelle.

Ils obéissent à des princes de leur race. On voit, en effet, après la tempête de l'invasion mongole de 1241 [1], le roi de Hongrie Bêla IV, dans sa concession aux Hospitaliers de Saint-Jean de Jérusalem de la terre de Sévérin et toute la Coumanie, depuis l'Olt et les montagnes d'outre-Transylvanie, exceptée la seigneurie de Litovoï et, sur la rive gauche de l'Olt, nomme la terre de Seneslav, voïvode (prince) des Valaques [2]. » Le roi de Hongrie considère naturellement ces princes comme ses vassaux. Vassaux-indociles : en 1280, le voïvode Litovoï périt dans une révolte et son frère Barbat est fait prisonnier.

La découverte, en 1915, d'une série de fresques et de quatorze tombes en l'église de Saint-Nicolas, à Curtea de Argesh, ancienne capitale de la Valachie, a renouvelé l'histoire de cette principauté [3]. Son vrai fondateur n'est pas, à la fin du XIIIe siècle, Radu Negru, personnage légendaire, mais Bassarab, petit-fils de Seneslav. En 1330, il écrase l'armée de Charles-Robert, de la dynastie angevine des rois de Hongrie, et meurt en 1333. Son petit-fils Vlaicu surprit et détruisit une armée envoyée par le roi Louis l'Angevin (1369).

À partir de cette époque la suzeraineté de la Hongrie sur les voïvodes de Valachie cesse de s'exercer pratiquement. Radu (1374-1385) et son fils Mircea (1385-1418) agissent en princes indépendants. Celui-ci eut un règne glorieux. Il étendit son autorité jusqu'à la mer Noire et, au Sud du delta de la mer Noire, sur l'ancienne Petite Scythie qui prend le nom de Dobroudja.

L'autorité des rois de Hongrie se maintient, par contre, sur la Transylvanie, jusqu'à la conquête turque du XVIe siècle.

Cependant d'autres « Valaques », venus de la région de Maramourech, au Nord de la Transylvanie, avaient passé les montagnes et avaient fondé à Baïa, près de la Moldava, une principauté vassale du roi de Hongrie. Vers 1360, le voïvode Bogdan se révolta et battit l'armée du roi Louis. La principauté prit son nom, Bogdania, changé plus tard pour la dénomination géographique de Moldavie.

Son petit-fils Pierre Ier, pour rompre toute attache avec la Hongrie, reconnut la suzeraineté lointaine et peu gênante de Jagellon, roi de Pologne. Alexandre le Bon (1400-1432) organisa et civilisa la nouvelle principauté en développant son commerce. Il réussit même à lui procurer une certaine autonomie religieuse en obtenant du patriarche de Constantinople la permission d'établir un siège métropolitain à Cetatea Alba (Akkerman), sur le delta du Dniestr.

Mais un péril menaçait les deux principautés naissantes, la conquête de la péninsule Balkanique par les Turcs ottomans. Déjà, en octobre 1394, le prince de Valachie, Mircea avait soutenu contre eux une lutte victorieuse. Il prit part également à la bataille de Nikopoli, perdue par la chevalerie chrétienne. La défaite et la captivité du sultan Bajazet, vaincu par Tamerlan (1402), permirent à la Valachie de respirer.

Pas pour longtemps. Sous Mahomet II (1451-1481) et Bajazet II (1481-1512) la pression turque reprit plus vigoureuse que jamais. Deux souverains lui opposèrent une résistance vigoureuse, souvent victorieuse, le prince de Valachie, Vlad l'Empaleur (1456-1462), et surtout Etienne le Grand (1457-1504), prince de Moldavie, une des figures héroïques de cette époque tragique.

Malheureusement les successeurs immédiats d'Etienne et de Vlad leur furent inférieurs. Dès 1525, le nouveau sultan, Soliman le Magnifique, profita des compétitions qui déchiraient la Valachie pour faire reconnaître son autorité. En 1538, il vint en personne installer un prince de son choix en Moldavie. Il mit la main sur le territoire situé entre le Pruth et le Dnestr et y fit bâtir la place forte de Bender. La conquête de la Hongrie et de la Transylvanie par le Turc, à la suite de la bataille de Mohacs (1526), rendait impossible aux deux principautés roumaines le maintien de leur complète indépendance. Elles durent se résigner à payer tribut au sultan.

## 2. Sous l'autorité turque.

Toutefois, différence capitale entre leur situation et celle des États conquis par les Turcs, elles conservèrent une large autonomie parce qu'elles continuèrent à être régies par des dynasties nationales chrétiennes, au lieu d'être sous la coupe de pachas musulmans. Aussi le développement de leur culture ne fut pas entravé par la suzeraineté ottomane. Les principautés recueillirent une partie de l'héritage de Byzance. L'architecture eut un regain de vitalité attesté par les beaux monastères construits en Valachie et en Moldavie. La peinture des icônes, l'ornementation des manuscrits sont représentées par des œuvres de valeur. Enfin l'imprimerie est introduite dès le début du siècle [4].

La vie politique, si terne et si peu glorieuse de cette période, est traversée par un épisode singulier, la carrière de Michel le Brave qui faillit unir en un seul État les deux principautés de la Transylvanie. Simple « ban » de l'Olténie, il recueillit la succession des princes de Valachie (1593). Allié à Aron, prince de Moldavie, et à Sigismond Báthory, prince de Transylvanie, il se révolta contre le Turc et s'empara d'Ismaïl et de Braïla, sur le cours inférieur du Danube. À lui seul il réussit à écraser l'armée du grand-vizir à Calugareni (13 août 1595). Mais il lui fut impossible de continuer la résistance sans l'aide du prince de Transylvanie dont il se reconnut le vassal. Sigismond résigna la Transylvanie en faveur de l'empereur Rodolphe II, mais son cousin, le cardinal André, ayant voulu se rendre maître du pays, fut battu par Michel, qui se fit proclamer « lieutenant » de l'empereur par une assemblée réunie au cœur de la Transylvanie, à Alba Iulia (1599). L'année suivante il s'empara de la Moldavie, que son voïvode, Jérémie, avait placée sous l'autorité de la Pologne. Sigismond Bathóry, de retour en Transylvanie, fut battu le 3 août 1601, mais, deux semaines après, Michel le Brave périssait assassiné. Sa mémoire resta longtemps légendaire Des poésies, rédigées en langue grecque le célèbrent comme un héros épique [5].

Michel ne fut qu'un météore. Après lui les princes de Moldavie et de Valachie retombent 'plus que jamais sous l'autorité du sultan. Certains furent, d'ailleurs, des souverains cultivés et de grands bâtisseurs d'églises.

Le XVIIe siècle vit l'aube de la littérature roumaine. Elle se manifeste tout d'abord sous une forme religieuse. Un grand changement s'opère. Jusqu'alors, l'office sacré était célébré en vieux-slavon, souvenir des temps lointains où les Valaques étaient sous l'autorité religieuse, aussi bien que politique, des Bulgares. La première liturgie en roumain est l'œuvre du métropolitain de Moldavie Dosoftir, auteur d'un Psautier et d'une « Vie des saints » en langue nationale (1673). La Bible est traduite en 1688. Des œuvres historiques et géographiques commencent à être éditées [6].

Au commencement du XVIIIe siècle les vieilles dynasties nationales s'éteignent. La Porte prend l'habitude, une habitude qui durera de 1737 à 1821, de choisir les princes ou plutôt de vendre le gouvernement de la Valachie et de la Moldavie à de riches familles, grecques surtout, habitant à Constantinople le quartier du Phanar. Cette période d'un siècle et plus est connue sous le nom d'ère des Phanariotes. Ces personnages furent parfois instruits, curieux des choses de l'Europe occidentale. Les précepteurs français qu'ils firent venir introduisirent la connaissance de la langue et de la pensée françaises [7]. Mais les exigences pécuniaires du gouvernement turc et leur propre avidité les Phanariotes portaient à pressurer les populations. Au surplus, Grecs de langue et de sentiment, ils s'intéressaient peu à la vie nationale roumaine [8].

Membres de l'empire ottoman, les principautés partagèrent les vicissitudes de son histoire et en furent les victimes. Au traité de Passarowitz (21 juillet 1718) le sultan Achmet III céda à l'Autriche, non seulement le Banat de Temesvar, peuplé en grande partie de Roumains descendus de Transylvanie, mais la Petite-Valachie ou Olténie. Cette dernière province fut, il est vrai, rétrocédée à la Turquie vingt ans plus tard. Il n'en fut pas de même de la Boukovine, à l'extrémité septentrionale de la Moldavie : elle fut cédée par la Turquie à l'Autriche en 1775. L'élément moldave fut refoulé par suite d'un appel de paysans ruthènes et l'afflux des Juifs dans les villes.

### 3. Affaiblissement et disparition de l'autorité ottomane.

Cependant une puissance nouvelle montait à l'horizon, la Russie. Peuple « orthodoxe », les Roumains tournaient les regards vers le souverain défenseur de l'orthodoxie dans l'Europe orientale. De son côté le tsar ne pouvait se désintéresser du sort des deux principautés, surtout quand l'extension de son pouvoir en Ukraine et ses guerres avec l'Empire ottoman, au XVIIIe siècle, le mirent en contact forcé avec elles. De 1769 à 1774 les principautés furent même occupées par les armées russes. Elles furent évacuées au traité de Kainardji (30 juillet 1774), mais la Russie imposa au sultan le respect de la religion chrétienne dans ces principautés et se réserva le droit d'intervenir « amicalement » en leur faveur. En 1781 elle installe des consuls à Bucarest et à Iassi, ce qui fournit à la Turquie un prétexte pour rompre avec l'impératrice Catherine II et engager une guerre qui tourna mal pour elle. En 1806 la Russie occupa de nouveau les provinces. Elles les évacua de nouveau, mais, cette fois se fit céder, entre le Pruth et le Dniestr, la grande province moldave de Bessarabie (traité de Bucarest, 28 mai 1812) [9]. Nouvelle occupation russe de 1829 à 1834. L'opposition de l'Autriche empêche leur annexion à la Russie, Les principautés obtiennent un embryon de constitution, les « Règlements organiques ».

Cependant le réveil du sentiment national qui agitait l'Europe se faisait sentir aussi en Valachie et en Moldavie. Pour réprimer toute tentative révolutionnaire la Russie et la Porte signèrent (1er mai 1849) le traité de Baltaliman qui établissait un véritable condominium des deux puissances sur les provinces moldo-valaque. Les princes nationaux, rétablis en 1821, devaient être nommés à terme par les deux cours. Mais, quatre ans plus tard, le tsar Nicolas Ier, sous prétexte de protéger les chrétiens de l'empire ottoman fit de nouveau occuper les provinces.

Ce fut le premier épisode de la guerre, dite de Crimée, où l'Angleterre, la France, le Piémont se portèrent au secours de la Turquie.

L'Autriche en profita pour occuper la Moldavie et la Valachie, évacuées par les Russes dès 1854, et tcette occupation dura jusqu'en 1857.

### 4. Naissance de la Roumanie.

Après la défaite et la mort de Nicolas Ier le traité de Paris (30 mars 1856) détermina le sort des principautés. La clause fondamentale fut d'écarter l'intervention de la Russie, de l'Autriche, de la Turquie enfin, qui n'avait plus droit qu'à un tribut. L'organisation des deux provinces était confiée à une commission européenne aidée de deux assemblées ou *divans* élus par les grands propriétaires. On s'imaginait encore que Valachie et Moldavie continueraient leur existence parallèle. Mais les idées avaient marché. Les Roumains cultivés avaient compris qu'il n'y avait aucune raison de maintenir séparés deux pays unis par la langue et la culture. Les deux divans demandèrent l'union. La commission européenne était indécise. Finalement Moldavie et Valachie se tirèrent de la difficulté en élisant le même personnage comme prince : ce fut le colonel Couza. Il prit le nom d'Alexandre Ier et le titre de « prince de *Roumanie* » (février 1859). En 1862, Bucarest fut choisie comme capitale. On n'a pas à raconter les fautes du règne de ce souverain qui se fit haïr de la noblesse et fut obligé d'abdiquer (février 1862) [10]. L'aristocratie roumaine, qui détenait le pouvoir, renfermait trop de gens descendants des voïevodes ou hospodars du passé. Elle résolut, pour éviter des jalousies et des conflits inévitables, de faire appel à un prince étranger. Le chef du parti « rouge » l'alla chercher dans la famille des Hohenzollern, avec l'appui secret de Napoléon III [11]. Le nouveau prince prit le nom de Carol (Charles) Ier (1866). Ancien officier prussien, le roi Carol sut organiser une armée de 150.000 hommes qui lui permit de prendre part à la guerre russo-turque de 1877. L'armée roumaine s'y distingua en enlevant les tranchées de Plevna qui arrêtaient l'armée russe. Territorialement la Roumanie n'y gagna rien, car l'acquisition de la Dobroudja [12], au sud de l'embouchure du Danube, habitée par une population hétérogène [13], ne compensait pas la perte de trois districts de la Bessarabie [14] inférieure qu'il fallut céder à la Russie, désireuse d'accéder au Danube. Mais elle valut à la Roumanie la reconnaissance de sa pleine indépendance (1878) et à son souverain le titre royal (10 mai 1881).

Entre 1878 et 1913, la Roumanie ne prit aucune part directe aux agitations de la péninsule balkanique. En cette dernière année elle profita de la situation désespérée où s'était mise la Bulgarie pour lui arracher Silistrie et une bande de territoire allant de cette forteresse à la mer Noire.

Au moment où s'engagea la guerre mondiale la Roumanie était, en apparence du moins, libre d'engagements [15]. Le roi Carol, après un conseil de la couronne, proclama la neutralité de son royaume. Sous son règne la prospérité s'était grandement accrue. Le régime parlementaire, grâce à sa bonne volonté, avait fonctionné normalement, ou à peu près, Toutefois des millions de Roumains vivaient encore hors des frontières de la Roumanie, en Transylvanie, en Boukovine, en Bessarabie. Et puis entre la Russie, d'un côté, de l'autre l'Autriche, épaulée par l'Allemagne, la Roumanie était une bien petite puissance. Le roi Carol mourut dès septembre, rempli d'angoisses pour l'avenir de son peuple.

### *APPENDICE*
*Le mystère linguistique des Balkans.*

Séparées par des haines inexpiables, usant d'idiomes appartenant aux systèmes linguistiques les plus divergents, les populations dites balkaniques présentent dans leurs langues des concordances singulières qui ont attiré, depuis un siècle environ, l'attention des savants. Il s'agit moins d'emprunts réciproques dans le vocabulaire, phénomène obligatoire et banal, que de ressemblances d'autre nature et plus profondes.

Ces concordances, totales ou partielles, entre grec, albanais, aroumain, roumain, bulgare, turc même, peuvent être ramenées à une douzaine :

1° L'article est placé après le nom (post posé), 2° dans le verbe l'infinitif a disparu, 3° le futur est périphrastique, 4° le génitif et le datif se confondent, et les pronoms possessifs sont remplacés par des pronoms personnels au datif, 5° emploi des mêmes formes pour désigner *ubi* et *quo* latins, 6° emploi de l'accusatif avec propositions substitutives, 7° emploi de *et* devant la principale derrière une proposition négative, 8° autres cas de « parataxe », 9° emploi de deux régimes directs, 10° « être de dix ans » au lieu de « avoir dix ans », 11° « comme » usité dans le sens de « environ », 12° nombreuses concordances phraséologiques.

Si en syntaxe et en stylistique ces idiomes, si différents par leur morphologie et leur vocabulaire, sont parents, si les procédés de substitution sont les mêmes, ce ne peut être l'effet du hasard.

Quant à la. cause, elle a excité l'imagination. L'illustre slavisant Fr. Miklosisch n'est pas un de ceux qui ont le moins divagué à ce sujet. N'a-t-il pas pensé à l'action d'un substrat illyrien ou thrace ! Admirable explication, qui n'a d'autre tort que d'exiger une connaissance approfondie de ces deux langues dont nous ne connaissons pas un traître mot. On trouvera l'exposé des faits et des systèmes dans le précieux livre écrit en français par un savant linguiste danois, Kristian Sandfeld, *Linguistique balkanique, problèmes et résultats,* publié à Paris en 1930 (dans la Collection linguistique publié par la société de linguistique de Paris, fasc. XXXI). Le savant professeur de l'Université de Copenhague a eu, en outre, le mérite de proposer du mystère une interprétation philologique et historique pleine de sens (p. 213-216). Ces concordances syntaxiques et stylistiques sont dues à l'influence du grec ecclésiastique et elles se sont propagées peu à peu dans les différents domaines linguistiques, mais sans les pénétrer tous à une égale profondeur.

---

1. Cf. quatrième partie, chap. IV, § D.
2. Iorga, *Histoire des Roumains de Transylvanie,* t. I, p. 63-77 ; — Xénopol, *Enigme,* p. 52. 88-91, 95 : *Istoria Romanilor,* 3$^e$ éd.. par Vladescu, t. II ; — R. S. Selon Watson, *A History of the Roumanians* (Cambridge, 1934), p. 25. — Bon aperçu de N. Banescu, *Historical survey of the rumanian people* (Bucharest, 1926).
3. Voir la publication, *Curtea domneasca din Argeš,* Bucarest, 1917-23, gr. in-8. Cf. Georges Bratiano, *Les Fouilles de Curtea de Argesh* (dans la *Revue archéologique,* 1921) ; Septime Gorceix (dans *Revue historique,* 1925, t.I, p. 104).
4. N. Iorga et G. Bals, *Histoire de l'art roumain ancien* (Paris, 1922, in-4) ; — I. D. Stefanescu, *La peinture religieuse en Valachie et en Transylvanie* (Paris, 1932, in-4) ; — Paul Henry, *Les églises de la Moldavie du Nord des origines à la fin du XVI$^e$ siècle* (1930, in-folio).
5. Sa biographie a été retracée par N. Balescu, *Historia Romanilor sul Mihaiu Voda Vitazul* (Bucarest, 1894, 3 vol.).
6. Consulter en français *L'Histoire de la littérature roumaine* de Hanes (Paris, 1935) ; en roumain celle de N. Iorga comporte 6 vol. Cf. (du même) *Art et lettres des Roumains, synthèse parallèle* (Paris, 1929).
7. Pompiliu Eliade, *De l'influence française sur l'esprit public roumain* ( 1898), p. 137-171.
8. N. Iorga, *Byzance après Byzance* (1934), p. 220-245.
9. Xénopol, *Histoire des Roumains de la Dacie trajane,* t. II, p. 407 ; —Col. Lamouche, *Histoire de la Turquie,* p. 261, (Payot, Paris).

10. P. Henry, *L'Abdication du prince. Couza et l'avènement de la dynastie des Hohenzollern au trône de Roumanie* (Paris, 1930).
11. Ch. Seignobos, *Histoire politique de l'Europe contemporaine*, 7ᵉ éd., t. II, p. 310 ; — W. Riker, *The making of Roumania, study of an international problem* : 1856-1866 (Oxford-Londres, 1931) ; — G. L. Bratianu, *Napoléon III et les nationalités* (Paris-Bucarest, 1934).
12. Nombreux travaux sur cette contrée. On peut avoir recours à N. ïorga, *La Dobrogea roumaine* (Bucarest, 1919).
13. L'ethnographie de cette contrée a fait l'objet d'un important ouvrage de Pittard, *Les peuples des Balkans* (1914, in-4).
14. Il ne s'agissait en effet que de trois districts et non de l'ensemble de la Bessarabie, ainsi qu'il est dit parfois avec une grosse erreur. Voir Colonel Lamouche, *Histoire de la Turquie*, p. 283.
15. Sur sa situation à cette époque il suffît de renvoyer à Seton Watson.

# LES SLAVES OCCIDENTAUX
ET LES BALTES.

# EXTENSION DES SLAVES VERS LA GERMANIE.

Au cours du IVe siècle, la Germanie orientale, comprise entre l'Elbe et la Vistule, acheva de se vider d'habitants, comme on a dit.

Au Ve siècle, peut-être même un peu plus tôt, les Slaves arrivent jusqu'à l'Elbe [1]. Un traité *De fluminibus* de Vibius Sequester, qu'on place du IVe au VIe siècle [2], porte : « Albis Suevos a Cervetiis dividit ». Les *Cervetii* sont à coup sûr un peuple slave : ce sont les Serbes du Nord ou Sorabes, qui ont laissé leur nom à la principauté allemande de *Zerbst*. Qui plus est, à l'époque mérovingienne, l'Elbe n'est même plus la frontière ; les Slaves ont passé ce fleuve et le bordent sur la rive gauche jusqu'à son embouchure. Non seulement l'emplacement de Hambourg, mais celui de Lunebourg et de Magdebourg, sont en pays slave. Plus au Sud la frontière ce n'est plus l'Elbe, mais son affluent de gauche, la Saale. Les Slaves atteignent même Erfurth et Gotha. Ils s'infiltrent dans la vallée du Haut-Mayn, jusqu'à Bamberg et arrivent sur le Danube en face de Ratisbonne [3].

Vers la même époque, les Tchèques et les Moraves, venant de la vallée supérieure de l'Oder, occupent la Bohême, et les Slovaques, venant de la Haute-Vistule, franchissent les monts Tatras et arrivent jusqu'au coude du Danube.

Mais, de même que les Germains du Ve siècle, avaient été obligés de se soumettre aux Huns, les Slaves durent, au VIe siècle, reconnaître l'autorité d'une peuplade tatare, les Avars, installés, à partir de 560-565, au cœur de l'Europe, dans la Hongrie actuelle.

Au VIIe siècle, un certain Samo, dans lequel la légende franque voit un marchand franc, délivra la Bohême de la domination avare. Ce personnage étendit son autorité sur les Slaves de la Saale et de l'Elbe (633) [4] et fonda un empire d'ailleurs sans consistance.

---

1. Le séjour des Slaves sur l'Elbe dès une époque préhistorique est une rêverie. Voy. Stender-Petersen, *op. cit.*
2. Martin Schanz, *Geschichte der römischen Littertatur* t. IV, p. 121 (*Grundriss der class. Philologie* d'Iwan von Muller, VIII, IV, 2).
3. Niederlé, *Manuel*, t. I, p. 131.
4. Niederlé, *Manuel*, p. 65-74. *Histoire du Moyen Age*, sous la direction de G. Glotz t. I, p. 278.

# 3
# LES POLABES OU WENDES.

(¹)

Le groupe slave qui a pénétré le plus profondément à l'Ouest, en Germanie, est le groupe *polabe (po* « sur » et *lobe* « l'Elbe ») auquel on peut appliquer aussi plus spécialement le nom de Wendes, usité d'abord chez les Germains pour désigner l'ensemble des Slaves. Ce groupe doit être, à son tour, subdivisé :

1° Les *Sorabes* ou *Serbes*, rameau détaché de la grande tribu dont la majeure partie gagna la région au Sud du Danube [2]. Les Sorabes se sont établis entre la Saale, affluent de gauche de l'Elbe et les affluents de gauche de l'Oder (Werra, Bober).

L'ancien royaume de Saxe et la Lusace sont encore aujourd'hui remplis de noms de lieux slaves : Leipzig *(lippa,* le tilleul), Chemnitz *(camenica,* pierraille), Leibnitz, Bautzen, etc.

La tribu des Milchans était autour de Bautzen, les Luzitchans en Basse-Lusace, dont le nom est tiré du slave *louja* « marais ».

Après avoir refoulé les Thuringiens germaniques, ces envahisseurs exterminèrent les Varins au cours des VIIe et VIIIe siècles [3].

2° Les *Lutisses* ou *Veletes* ou *Wiltzes*.

Ptolémée, au IIe siècle, place les *Veletes* au delà de la Vistule. Aux VII-VIII[e] siècles ils apparaissent établis entre l'Elbe et la *Warnava* (Warnowe), qui se jette dans la Baltique. Cette tribu est particulièrement sauvage.

3° Les *Obotrites* et les *Wagriens*. Entre la rivière Warnava et l'Elbe, dans le Mecklembourg, sont les Obotrites. Dans le Holstein on rencontre les *Wagri*, les *Drevanes* s'établissent même dans le *Lünebourg*. Le nom de Schwerin est slave (*Zverin*), ainsi que celui de *Wismar* (*Vissemir*) et celui de *Rostock* (*Roz* « large » et *tock* « couler »). La région de la *Getzel*, sur la rive gauche de l'Elbe, porte encore le noms de *Drahavelm* (*Dravaina*) et de *Wendland*.

4° *Les Poméraniens.* — Ce sont les Slaves établis aux bouches de l'Oder et jusqu'à celles de la Vistule, le long de la Baltique. D'où leur nom : *po* « sur » et *moré* « mer ». Ils forment la transition entre les *Polabes* et les *Polonais*. Des villes allemandes de cette région conservent encore des noms slaves : Stettin, Stargard (« la vieille ville »).

De tous les peuples slaves les Polabes ou Wendes sont ceux qui ont eu la destinée la plus tragique.

Au VIIe siècle, après l'autorité des Avars ils reconnaissent celle du tchèque Samo. Charlemagne leur impose la suprématie des Francs. Les souverains allemands, Louis le Germanique, Henri Ier, Otton Ier, héritent des prétentions du grand empereur. Au Xe siècle la christianisation marche de pair avec la germanisation : les évêchés de Havelberg, de Mersebourg, de Miessen, de Zeitz, l'archevêché de Magdebourg (968) prennent naissance,

Le margrave Gero établit la domination allemande entre l'Elbe et l'Oder. À sa mort (965) sa marche fut divisée en trois : Nordmark, Lusace, Misnie. À la fin du Xe et au cours du XIe siècle la germanisation subit, il est vrai, un temps d'arrêt, mais elle reprit vigoureusement au XIIe siècle [4]. La Marche de l'Est est rétablie sous le nom de marche de Brandebourg (déformation du slave Branibor) [5].

La germanisation du pays des Obotrites (Holstein, Mecklembourg) est poursuivie avec une intensité particulière [6]. Sous la date de 1256 Helmolt écrit dans sa *Chvonica Slavorum* : « Toute la région des Slaves entre la Baltique et l'Elbe, avec l'aide de Dieu, a été entièrement transformée en une colonie saxonne. Et comme ces bandits slaves importunaient leurs voisins allemands de Schwerin, Garcelin, préfet *(sic)* du château, ordonna aux siens d'arrêter tous les Slaves qu'ils rencontreraient voyageant dans ces lieux et de les pendre immédiatement. Ainsi furent supprimée les vols et les brigandages des Slaves ».

Les Veletes ou Wiltzes succombèrent à leur tour [7]. En 1121, leur capitale Retra fut emportée par l'empereur Lothaire II qui détruisit l'idolâtrie avec le temple de Svarojitch-Radogast (près de Neu-Strelitz).

Enfin les Poméraniens furent soumis définitivement en 1167.

Désunis, barbares, les Slaves demeuraient, au delà de l'Elbe, des païens obstinés. Ils adoraient les forces de la nature, le ciel, le tonnerre, le soleil, le vent et peuplaient de divinités les eaux et les forêts. Leur paganisme justifia aux yeux de l'Europe la campagne d'extermination des Allemands. La conquête germanique fut envisagée comme une croisade, une œuvre pie [8].

À partir du XIIe siècle une nouvelle Allemagne se construit au delà de l'Elbe. Alors naissent des villes et des ports florissants : Lübeck, Wismar, Rostock, Stralsund, Wolgast, Wollin, Stettin, etc. Au XIIIe siècle ces villes s'aggrégèrent et continuèrent la *Ligue hanséatique,* qui donne l'exemple de la plus puissante association marchande que le monde eût encore vue.

Les débris des Slaves qui avaient pu se maintenir dans ces régions furent germanisés dès le XIIIe siècle. Cependant, sur la rive gauche de l'Elbe, dans le Lüchow ou Wendland, la langue slave ne s'éteignit définitivement qu'au XVIIIe siècle. En 1751 la messe fut célébrée en slave pour la dernière fois et le dernier paysan qui ait su le slave mourut en 1798 [9].

Seuls les Sorabes ou Serbes de l'Elbe ont partiellement maintenu jusqu'à nos jours leur langue et leurs coutumes. Ils habitent la Haute et la Basse Lusace, autour de Bautzen en Saxe, de Kottbus en Prusse. La nature marécageuse de la contrée explique que la colonisation allemande s'en soit détournée longtemps et l'ait laissée aux Slaves. Ces Wendes étaient, dit-on, au nombre de 175.000, il y a un demi-siècle, mais ils diminuent rapidement, ou plutôt ils se germanisent de langue [10]. Leur idiome n'a pas d'unité, les dialectes de la Haute et de la Basse Lusace différant considérablement.

Il n'y avait pas lieu d'accorder une existence politique à une région peu étendue et qui n'est qu'une enclave au milieu de pays allemands ou germanisés depuis sept siècles, d'autant moins que ces Wendes sont devenus allemands de cœur [11].

Il n'en va pas de même d'un groupe de Slaves massés à l'extrémité orientale de la Poméranie, au delta de la Vistule, les *Kachoubes* et

*Slovintses*, au nombre de 155.000 [12]. Aux derniers traités de paix ils ont été unis à la Pologne [13].

---

1. Sur les Slaves de l'Elbe on trouvera quelques renseignements chez les auteurs où on ne s'attendrait guère à les rencontrer, les géographes arabes du Xe siècle, tels Maçoudi et Ibrahim Ibn-Yacoub. Voir J. Marquart, *Osteuropaische Streifzüge* (1903), p. 103-105, 305-329. Sur l'ethnographie des Slaves occidentaux et des Baltes voir Franz Tetzner, *Die Slawen in Deutschland...* (Braunschweig, 1902).
2. Cependant il faut remarquer que les dialectes wendes encore parlés en Lusace représentent un intermédiaire entre le tchèque et le polonais et ne se rattachent nullement au serbo-croate.
3. R. Lane-Poole dans *Cambridge medieval history*, t. III, p. 202.
4. E. O. Schulze, *Die Koloniesirung und Germanisirung der Gebiete zwischen Saale und Elbe*, 1896 ; —A. Hauck, *Kirchengesch. Deutschlands*, t. III ; — E. Lavisse, *La Marche de Brandebourg sous la dynastie ascanienne*, 1875.
5. Niederlé, p. 133 et 148.
6. Sur les princes des Obotrites au X-XI[e] siècle voir l'étude de J. Marqua *op. cit.*, p. 305-329.
7. Voir Egorow, *Germains et Slaves au Moyen Age : la colonisation du Mecklembourg* (en russe, analysé par L. Léger dans le *Journal des Savants* (année 1916, p. 3-24 et 33).
8. Niederlé, *Manuel*, p. 150 ; — E. Denis dans Lavisse et Rambaud, *Histoire générale*, t. II, p. 747-750.
9. Niederlé, *Manuel*, p. 133 ; *Race Slave*, 1093.
10. Niederlé, *Race Slave*, p. 94-98. Les Sorabes seraient encore au nombre de 130.000 en 1926. Voir Meillet, *Les langues dans l'Europe nouvelle*, p. 463.
11. Ils se sont vaillamment comportés comme soldats allemands pendant la dernière guerre. Sur ces Wendes, voir le savant et charmant petit livre d'un Allemand sympathique aux Wendes, désireux de 1ever ses compatriotes d'accusations injustes : *Les Wendes* (Paris, Delpeuch, 1929) par Otto Eduard Schmidt.
12. *Id., Manuel*, p. 140-153. Voir Meillet, *Les Langues dans l'Europe nouvelle* (p. 459).
13. Voir plus loin, Sixième partie, 2e section, § A.

# 4
# LES TCHÈQUES ET MORAVES. LES SLOVAQUES.

### A. — Les Tchèques et Moraves jusqu'au XVII<sup>e</sup> siècle

#### *1. Leur installation.*

Les trois branches de ce grand peuple slave étaient établies vers la fin du V<sup>e</sup> siècle aux sources de l'Oder et de la Vistule et sous les Monts Sudètes et le massif des Tatras.

Les Tchèques, vers l'an 500, envahissent le quadrilatère bohémien et pressent les Marcomans, rameau des Souabes, qui sous le nom de *Baiovari* (gens de Bohême) ou Bavarois, s'établissent en Vindélicie et en Norique [1].

Les Moraves poussent droit au Sud, jusqu'au Danube et même au delà, jusqu'au lac Balaton dans la Hongrie actuelle [2].

Les Slovaques s'installent dans le massif des Tatras qu'ils n'ont plus quitté depuis lors — sur 550 kilomètres de l'Est à l'Ouest et 200 à 250 du Nord au Sud [3].

L'ensemble de ces peuples fut soumis, aux Avars, aux VI<sup>e</sup> et VII<sup>e</sup> siècles. Ce fut Samo, sans doute un Tchèque [4], qui les délivra du joug de cette tribu appartenant au rameau des Turcs Ouïgours. Ce personnage fonda vers l'an 623 un grand État slave allant des Carpathes aux

Alpes de Styrie et Carinthie, du Danube au cours moyen de l'Elbe et de l'Oder. Mais son empire ne lui survécut pas.

Après la destruction du royaume des Avars par Charlemagne (796) les Tchèques et peut-être aussi les Moraves reconnurent la suprématie des Francs. Louis le Germanique (mort en 876) hérita des prétentions de son grand-père et les fit valoir énergiquement, malgré la résistance des Tchèques et des Moraves. En 895, les Tchèques se soumirent définitivement à l'empereur allemand Arnulf [5].

La soumission de la Bohême s'explique facilement. Les tribus slaves occupant cette région, dont les Tchèques étaient la principale, ne formaient pas un État. Un annaliste allemand contemporain [6] nous montre les ducs bohémiens se présentant à Ratisbonne, le 13 janvier 845, devant Louis le Germanique pour demander le baptême : ils sont au nombre de quatorze !

Au contraire de leurs frères de Bohême, les Moraves, furent unis, dès le premier tiers du IXe siècle, sous l'autorité d'un seul chef, Moïmir. Il est vrai que, à la mort de celui-ci, Louis le Germanique désigna son successeur, Rastislav. Mais Rastislav se rebella, battit, en 855, le roi allemand et se rendit indépendant. Il étendit en même temps son autorité jusqu'à la Theiss et au-delà du Danube, sur les Slaves de Pannonie habitant autour du lac Balaton [7].

### 2. *Leur conversion au christianisme.*

C'est à Rastislav que les Moraves durent leur véritable conversion au christianisme [8]. La lettre à l'empereur Michel III que lui attribue l'auteur de la *Vie de Constantin* (Cyrille) porte ce qui suit : « Notre peuple a déjà rejeté le paganisme et il observe la loi chrétienne. Mais nous n'avons pas de maître qui puisse nous enseigner la vraie foi en notre langue... Envoie-nous donc, seigneur, un tel évêque et un tel maître, car c'est de chez vous que part la bonne loi » (Ch. 14).

Reçue au printemps de 863 [9], la demande du prince morave fut bien accueillie. Il n'en pouvait être autrement : l'empereur vit tout de suite l'intérêt qu'il y avait d'étendre son influence par le canal religieux sur le centre de l'Europe. En outre, l'œuvre de conversion des païens était chère à l'Église de Constantinople qui n'avait cessé d'envoyer des missions jusqu'en Arabie et en Ethiopie, jusque chez le Tatars de l'Europe Sud-Orientale [10]. Le nouveau patriarche, Photius, désigna à l'empereur deux frères, Constantin et Méthode qu'il avait déjà députés auprès d'une puissante nation turque habitant la Russie du Sud, les Khazars [11].

Constantin et Méthode étant de Salonique savaient très bien le dialecte slave parlé dans les campagnes environnantes : le clergé byzantin devait célébrer la messe, non en grec, mais en slave dans les « Sclavinies » si nombreuses dans l'Empire [12].

L'Église d'Orient ne répugnait pas à la traduction des livres saints dans les langues nationales [13] : syriaque, perse, égyptien ou copte, arabe, abyssin, dans les langues du Caucase (arménien, géorgien, etc...). Constantin et Méthode se mirent en devoir de traduire, au moins une partie, les livres saints, les Évangiles. Cependant une difficulté se présentait : aucun peuple slave ne possédait l'écriture. Constantin en inventa une : il prit pour base l'onciale grecque et, pour noter ceux des sons slaves que le grec ne connaissait pas, il fit des emprunts aux alphabets orientaux, peut-être au copte. Cette écriture, qui est appelée glagolitique ou cyrillique (Cyrille est le nom que prit Constantin à la fin de sa vie), excita un tel enthousiasme qu'on y vit l'effet d'un miracle [14].

Chose curieuse, les deux missionnaires grecs ne suivirent pas le rite grec exclusivement. Si le bréviaire est grec, le texte de la messe est surtout de rite latin. Évidemment, en hommes prudents, ils ne voulaient pas dérouter les populations déjà habituées aux pratiques occidentales [15].

Le slave de Salonique n'était pas à cette époque très différent du slave parlé par les Moraves et pouvait être compris par ces derniers [16]. Les deux frères reçurent le meilleur accueil en Pannonie slave et en Moravie. Mais ils virent se dresser contre eux l'opposition du clergé allemand, soutenu par les rois germains. Rome demeura un instant indécise : l'emploi d'une langue barbare pour la célébration des saints mystères a toujours répugné à l'Église latine. Cependant la sainteté de vie des deux apôtres, la pureté de leur foi, vinrent à bout des préventions, bien qu'ils eussent été désignés par Photius. L'office en slave fut autorisé par Hadrien II.

Constantin mourut à Rome (4 février 869) [17], ayant changé son nom pour celui de Cyrille. Méthode obtint une confirmation éclatante de son œuvre en 870 : le pape Hadrien II l'institua archevêque de

Pannonie et établit le siège de la métropole à Sirmium, l'antique capitale de l'Illyricum, aujourd'hui Mitrovitza, à l'Ouest de Belgrade.

Malheureusement, le choix du siège métropolitain était tout à fait inconsidéré. Sirmium n'était plus qu'une ruine et surtout la Pannonie slave, où cette ville était située, relevait du royaume de Germanie : son souverain, Kocel, se fera même tuer au service de l'Allemagne en combattant les Croates de Dalmatie en 879 [18]. Seule la Moravie au Nord du Danube était à peu près autonome. Mais le principal soutien de Méthode, Rastislav, fait prisonnier, livré au roi Carloman, eut les yeux crevés. Son remplaçant, Sviatopolk, protégé de l'Allemagne, laissa tomber l'œuvre de conversion de son prédécesseur. Livré aux évêques bavarois de Passau, de Salzbourg, de Fresising, l'apôtre des Slaves fut en butte deux ans et demi à leurs mauvais traitements : l'évêque de Passau s'emporta jusqu'à le fouetter. Ces évêques feignaient de voir en Méthode un aventurier et un faux évêque. Outragée en sa personne, la cour de Rome intervint. Jean VIII fit délivrer Méthode, en mai 873, et réprimanda ses bourreaux [19], mais il exigea de l'apôtre l'abandon de la liturgie slave. Si, plus tard (881), il autorisa l'emploi des *litterae sclavinae* et le prêche en slave, il ne permit plus l'usage de la messe en slave [20].

Chose non moins grave, Méthode rencontra l'hostilité du nouveau prince des Moraves, Sviatopolk, qui subissait l'influence des clercs allemands accusant l'apôtre d'hérésie [21].

L'œuvre de Méthode ne lui survécut pas en Moravie (886). Ses disciples expulsés [22] allèrent poursuivre l'œuvre de conversion chez les Bulgares et achevèrent d'implanter chez eux la liturgie grecque grâce à l'emploi du slavon. Le vieux slavon est même appelé, quoique à tort, « vieux bulgare ».

Ainsi, par un chassé-croisé, la Bulgarie, qui avait fait appel aux Latins pour sa conversion, adopta la forme orientale du christianisme, et, sous son influence, la Serbie, alors que la Moravie, qui avait sollicité l'appui de Constantinople, se laissa gagner au rite romain par l'intermédiaire du clergé allemand usant du latin comme langue sacrée.

C'est grâce à cet ensemble de circonstances qu'une partie notable des Slaves, les Slovènes et les Croates, parmi les Yougo-Slaves, les Tchèques et Moraves, les Polonais, ont échappé à l'emprise de Constantinople. Quand les Grecs se sépareront de l'obédience de Rome, au milieu du XIe siècle, ils seront naturellement suivis par ceux des peuples slaves que leurs missionnaires avaient convertis, les Bulgares, les Serbes, les Russes. Cependant le monde slave ne fera pas bloc contre Rome.

Religieusement ce monde slave sera coupé en deux et cela aura d'immenses conséquences : Bohémiens, Slovènes, Croates, Polonais, par l'entremise de l'Église romaine ou germanique, ne perdront jamais le contact avec la culture occidentale.

Après le règne de Sviatopolk (870-894), qui avait réuni Moravie, Bohême, une partie de la Slovaquie, de l'Autriche, enfin le pays des Sorabes de l'Elbe, l'état morave fut brisé par une nouvelle tourmente ethnique à la fin du IX$^e$ siècle.

Les Hongrois, de race et de langue finno-ougrienne, venus d'Oural et de la Volga, pressés eux-mêmes par les hordes turques des Petchenègues, franchissent les Alpes bastarniques (Carpathes) sous la direction d'Arpad. Entre 900 et 905 l'empire morave est balayé. Une partie des Slaves occupant la vallée de la Theiss et du Danube, s'enfuit en Transylvanie (où ils se fondront avec les Valaques ou Roumains) ; çà et là quelques débris subsistèrent, ainsi à l'Ouest de Budapest, mais isolés, sans importance politique [23]. Quant aux Slovaques, tout en conservant leur idiome slave, ils firent partie de l'État magyar [24].

### 3. La Bohême du X$^e$ au XIV$^e$ siècle.

Après la tourmente la Moravie cède le pas à l'État tchèque qui, d'abord, n'embrasse qu'une partie de la Bohême. Cette région se civilise, se christianise, mais sous l'influence de Rome ou plutôt de l'Allemagne chrétienne. La dynastie des princes tchèques est illustrée par Vatska (saint Venceslas) qui subit le martyre pour la foi chrétienne (929) [25]. Ses successeurs, Boleslas I$^{er}$ (929-967) et Boleslas II (967-997), unissent les principautés tchèques et étendent leur autorité sur la Moravie et même sur une partie de la Slovaquie. En 973 ou 974 est fondé l'évêché de Prague. Cependant la Bohême n'est pas religieusement autocéphale, car cet évêché relève de la métropole allemande de Mayence, ce qui aura des conséquences graves religieusement et politiquement [26]. C'est de Bohême que part un mouvement de conversion au christianisme des peuples voisins. C'est par le mariage de la fille du prince tchèque Boleslas avec le prince polonais Mieszko que la foi chrétienne s'introduit en Pologne. C'est un Tchèque, le deuxième évêque de

Prague, Voïtietch, qui sous le nom allemand d'Adalbert, tenta de convertir les Baltes païens de Prusse, les Borusses, et paya cette tentative de sa vie (997). À l'occasion de ce meurtre l'ami et admirateur du martyr, le jeune empereur Otton III, fonda le premier archevêché polonais celui de Gnesen (Gniezno) dont le premier titulaire fut un parent de la victime. Enfin l'archevêché d'Ostrigom en Hongrie eut pour premier titulaire un disciple de saint Adalbert, Astrik, dit aussi Anastase [27].

Cependant l'État tchèque demeurait sous l'autorité de l'empereur germanique, autorité longtemps théorique, mais que les empereurs Henri III et Henri IV ntentèrent de rendre effective. Elle le fut sous le règne de Frédéric Barberousse. Et si ce dernier reconnut au prince Vladislav II (1140-1173) la couronne royale, c'est qu'il le considérait comme son vassal et exigeait de lui, à ce titre, le service de guerre. Confirmée en 1198 et 1212, cette couronne royale fit du Tchèque le premier prince de l'Allemagne ou plutôt du Saint-Empire romain de nation germanique, comme on dira plus tard.

Au XIIIe siècle les rois de la dynastie des Przmysl, Ottokar Ier (1197-1230), surtout Ottokar II (1253-1278) eurent de vastes desseins. Celui-ci s'attribua Styrie, Carinthie, Carniole. Il tenta aussi de conquérir la Prusse, la Lithuanie, la Slovaquie. Mais il fut vaincu et tué par le roi d'Allemagne Rodolphe de Habsbourg (1278). Son fils Venceslas II (1278-1305) se fit couronner roi de Pologne, roi de Hongrie, mais il périt assassiné et avec lui disparut cette dynastie des Przmysl, qui à force d'étendre son ambition, finissait par n'avoir plus rien de tchèque et de national [28].

La Bohême perdait, en effet, son caractère slave. Elle subissait profondément l'influence germanique [29].

Influence religieuse. Le clergé allemand se chargea de christianiser le pays ; il y fonda des évêchés, ainsi Prague en Bohême (v. 973), Olmutz en Moravie (v. 1063). Les princes indigènes, même devenus rois de Bohême, laissèrent les sièges épiscopaux relever de l'archevêché de Mayence. Ils ne tentèrent pas d'établir une métropole nationale, comme firent leurs voisins les rois de Pologne et de Hongrie.

Bohême et Moravie étaient peu peuplées. Les régions montagneuses et sylvestres du « quadrilatère » étaient désertes, fait d'autant plus regrettable qu'on les savait receler des gîtes miniers (fer, plomb, cuivre, argent). Les princes de la dynastie des Przmysl furent les premiers à appeler, pour mettre en valeur ces régions, des défricheurs et mineurs allemands. La plaine même de la partie occidentale de la Bohême fut occupée et repeuplée par des Franconiens et des Bavarois.

Le Slave étant essentiellement un paysan, l'industrie et le commerce furent l'apanage des Allemands qui firent des villes des foyers de germanisme. Le prestige des usages, du droit, de la langue des Allemands, fut immense et les unions mixtes furent recherchées. La cour même ne pouvait pas se soustraire à l'attrait de la culture germanique, le roi de Bohême étant, à la Diète électorale, le premier des princes de l'Empire dit « romain », devenu de fait « allemand ». Au XIV$^e$ siècle c'est même à la chancellerie de ces rois, devenus empereurs avec la maison de Luxembourg, que s'ébauchent, à la chancellerie, les règles du « hoch-deutsch » destiné à devenir, au XVI$^e$ siècle, grâce à Luther, l'allemand littéraire de nos jours [30].

### 4. Réaction de la Bohême contre le Germanisme.

Cependant c'est sous cette même dynastie que se dessine une réaction indigène contre une culture qui semblait devoir détruire la langue et la nationalité tchèques.

Le roi de Bohême Charles IV (1346-1378), d'éducation toute française, n'avait, quoique porté à l'Empire, aucun préjugé contre l'idiome parlé par ses sujets slaves. Il autorisa l'emploi en justice du tchèque partout où les Slaves étaient en majorité.

Néanmoins la prépondérance restait acquise à l'élément germanique et de sourdes rancunes grondaient chez la population indigène. Elles se firent jour lorsque la période dite des Hussites (1400-1471) dressa la Bohême contre l'Allemagne dans un conflit inexpiable, à propos de la communion eucharistique sous les deux espèces. Il amena une confusion, non voulue au début, mais fatale entre « l'utraquisme » (communion sous les deux espèces) et la nationalité tchèque. Le réformateur en vint à poursuivre dans l'adversaire et l'« hérésie » et l'Allemand. Jean Huss commença par donner la majorité à l'élément bohémien à l'Université de Prague, fondée par Charles IV, et, de fait, allemande. Il fit du tchèque la langue officielle et exclusive du pays. Il donna, au surplus, des modèles dans ses écrits et son influence sur la langue ne peut être comparée qu'à celle de Luther pour l'allemand, au siècle suivant. Les emplois furent réservés aux Slaves [31]. Après le supplice de Jean Huss, ordonné par le concile de Constance (6 juillet 1415), la terrible guerre qui s'ensuivit, guerre où les Tchèques, sous la conduite de Jean Zizka (Jijka) écrasèrent toutes les armées allemandes levées contre eux, la Bohême obtint, non seulement une satisfaction religieuse partielle avec le compromis de Bâle (1436), mais une véritable indépendance politique, sous le règne de Georges de Podiebrad (1458-1471) et même sous la dynastie polonaise des Jagellons (1471-1526).

Celle-ci s'éteignit en 1526 et la couronne de Bohême passa à la maison des Habsbourg d'Autriche. Ferdinand I$^{er}$ (1526-1564), Maximilien II (1564-1576), Rodolphe II (1576-1611) observèrent fort mal leur serment de respecter le compromis de 1436 et aussi celui de Kútna Hora, conclu en 1485 entre utraquistes et catholiques. Mais il est à remarquer que, pendant cette période, la dynastie des Habsbourg a le centre de sa puissance en Bohême. Sous Rodolphe II la cour ne quitte pas Prague (de 1583 à 1611) [32].

Le conflit n'arriva à l'état aigu que sous Mathias (1611-1619) et sous Ferdinand II (1620-1637). La réforme avait fait de grands progrès et quand Mathias voulut démolir les églises protestantes de Prague, l'émeute éclata et ses envoyés catholiques furent jetés par les fenêtres du château royal (Défenestration de Prague, 23 mai 1618). Les protestants de Bohême n'étaient pas en forces. L'armée de Ferdinand II les écrasa sur le plateau de la « Montagne blanche » près de Prague, le 8 novembre 1620.

### 5. *Germanisation de la Bohême.*

Cette défaite porta à la nationalité tchèque un coup terrible et dont il sembla pendant trois siècles qu'elle ne se relèverait jamais. La classe aristocratique indigène fut dépouillée, chassée, remplacée par une noblesse terrienne allemande. Le reste se rallia en partie et se germanisa à fond. La population urbaine était déjà allemande en majorité ou en totalité. Administrativement les pays de la couronne de Bohême furent unis à l'Autriche en 1749. L'action catholique dont la direction fut confiée aux Jésuites, ainsi que l'Université de Prague, naturellement hostile aux tendances dissidentes, protestantes, des Tchèques, se porta contre l'idiome véhicule d'hérésies. La langue tchèque, connue des seuls paysans, tomba au rang de patois méprisé de tout ce qui comptait dans la société. À la fin du XVIIIᵉ siècle, en imposant l'allemand comme langue officielle unique, l'empereur Joseph II ne crut rien faire que de raisonnable. La Bohême, même la Moravie, semblaient germanisées [33].

Si elles l'avaient été, la langue et la culture germaniques eussent marché à pas de géant et l'hégémonie allemande se fût imposée à toute l'Europe continentale. La Bohême constitue, au Centre de l'Allemagne, un corps étranger. Assimilée, elle lève l'obstacle politique et économique qui sépare l'Allemagne du Nord, l'Allemagne baltique, de l'Adriatique où l'on peut s'installer, à Trieste, à Fiume, à Salonique, soit en personne, soit par l'intermédiaire d'alliés complaisants ou terrorisés. Une grande Allemagne, barrant le continent d'une mer à l'autre, coupe l'Europe en trois tronçons et s'oppose à toute communication entre le tronçon slave à l'Est et le tronçon occidental [34].

### 6. *Réveil national de la Bohême.*

En réalité la nationalité tchèque n'était pas morte. Elle vivait dans le cœur des paysans et aussi chez quelques archéologues, historiens, linguistes, grammairiens [35], gens en apparence fort inoffensifs, redoutables en réalité, car ils font revivre le passé, semblables à de prestigieux médecins qui sauraient raviver la mémoire et, par suite, restituer leur individualité à des malades que la plus cruelle des infortunes a privés de la faculté la plus précieuse, le souvenir [36].

La Révolution de 1848 n'apporta pas à la cause de l'autonomie tchèque les heureux résultats qu'on espérait. Elle eut, en effet, au centre de l'Europe, un caractère des plus troubles. Il y eut bien des revendications en faveur d'une Bohême libre de ses destinées, mais elles émanèrent des Allemands de ce pays, désireux, tantôt de ressusciter le vieux royaume de Saint Venceslas, tantôt de s'aggréger à l'Allemagne nouvelle que rêvait le Parlement de Francfort.

Les Tchèques se brouillèrent tout de suite avec leurs compatriotes, les Allemands de Bohême. Au reste, la réaction qui suivit la fin de la Révolution supprima les concessions faites aux « peuples » par la Monarchie autrichienne [37]. Une politique de centralisation et de germanisation fut pratiquée de 1850 à 1860. Après ses défaites en Italie, en 1859, l'Autriche crut prudent de faire des concessions : on adjoignit au « Conseil d'Empire » des représentants des diètes provinciales (au nombre de 38) ; et surtout, le 20 octobre 1860, un diplôme impérial autorisa dans les « royaumes et pays » l'emploi de la langue locale (*Landessprache*).

Mais la Bohême-Moravie était bilingue : on y parlait tchèque et allemand. Deux systèmes s'affrontèrent. L'un confinait l'enseignement (secondaire) de chaque langue dans les localités où elle était parlée par la majorité de la population. L'autre exigeait l'apprentissage des deux langues. Ce dernier procédé, usité un instant depuis 1863, après l'échec du premier, exaspéra les Allemands qu'il obligeait d'apprendre un idiome difficile et de nulle utilité en dehors du pays.

Le compromis Austro-Hongrois de 1867 éveilla chez les Tchèques l'espoir d'obtenir des conditions aussi favorables que les Magyars. De fait un rescrit impérial du 14 novembre 1871 leur donna satisfaction et ressuscita un royaume de Bohême uni à l'Autriche par un lien personnel. Mais devant les réclamations des Allemands d'Autriche, des Hongrois, même de l'Empire allemand, François-Joseph s'effraya et se désavoua. L'opposition acharnée, des Magyars surtout, par la suite devait empêcher la reprise de cette tentative.

Sans doute touchons-nous là à la cause profonde de la ruine de la Maison d'Autriche. Sa raison d'être, sa justification, c'était, en unissant politiquement et économiquement les peuples de l'Europe centrale de leur assurer les bienfaits de la paix et du bien-être. Mais cette union ne pouvait être acceptée par ces peuples que tout séparait, que sous forme d'une union symbolisée en la personne de l'Empereur. Ce titre ne valait que par l'assemblage d'un certain nombre de couronnes sur sa tête. La dynastie des Habsbourg ne crut pas possible de joindre au titre impérial plus que la couronne de Saint Etienne. L'opposition de la Hongrie l'empêcha d'y joindre la couronne de Saint Venceslas, qui, avec une couronne de Galicie et une de Croatie, lui eût assuré l'attachement inébranlable des populations. Mais jusqu'au bout François-Joseph eut la crainte de la Hongrie.

Les modifications apportées au système électoral et les dissentiments entre Vieux-Tchèques (conservateurs) et Jeunes-Tchèques (démocrates) paralysèrent la diète de Bohême. Cependant le premier ministre, comte Taafe, ayant besoin de l'appui des Tchèques au parlement central de l'Empire (*Reichsrat*) favorisa l'emploi de la langue tchèque devant les tribunaux et l'administration (1880). À Prague, une

Université où l'on professait en langue tchèque fut instituée, le 28 février 1882, en face de la vieille Université allemande.

La querelle avec les Allemands touchant l'emploi de la langue usuelle de chaque district reprit de plus belle. Les Tchèques se refusèrent à admettre la scission du pays en zones linguistiques tchèque, allemande, mixte : c'eût été, en effet, le prélude à la dislocation de la Bohême et de la Moravie. Les Allemands continuèrent à se refuser à apprendre le tchèque. L'animosité devint telle que, en juillet 1913,la diète deBohême fut dissoute et le pays confié à une Commission administrative, véritable « conseil judiciaire ».

À cette date un professeur français bien informé se demandait ce qui adviendrait de ce malheureux pays : « Et si jamais se réalise l'idéal des patriotes tchèques sera-ce une solution ? Cet État mi-parti, au sein duquel s'affronteront deux peuples de forces égales, n'est-il pas condamné à la guerre civile ? Et les Tchèques sont-ils si assurés de la victoire ? Les Allemands sont appuyés à la Grande Allemagne, réservoir où ils puisent énergie et concours. Les Tchèques sont livrés à eux seuls, jalousés par les Polonais, indifférents aux Slaves du Sud. La Russie serait pour eux une protectrice aussi éloignée que redoutable. Que serait donc dans une Europe où s'épanouiraient de grandes communautés ethniques le sort de ce petit monde isolé ? Mais tous ces doutes n'ébranlent pas la foi des Tchèques en leur avenir » [38].

## B. — Les Slovaques [39].

### 1. L'Union à la Hongrie.

Les tribus slovaques, longtemps mal distinguées des tribus moraves, se trouvèrent agglomérées, dans la seconde moitié du IXe siècle, par l'ambition d'un prince morave Sviatopolk. Il assura son indépendance vis-à-vis de son oncle Rastislav en le livrant à Louis le Germanique qui le fit aveugler (870). À sa mort (894) [40] son État se décomposa rapidement et la Slovaquie tomba en 906 au pouvoir de nouveaux Barbares, les Hongrois. Elle partagea dès lors leurs destinées.

Le premier roi chrétien de Hongrie, Etienne, la rattacha à la forme latine du christianisme. Les liens des sujets avec la couronne dite de saint Etienne (1001) étaient, au reste, encore assez lâches. On prétend qu'Etienne prêchait à son fils la bienveillance envers les étrangers et disait « le royaume où dominent une seule langue et une seule coutume est fragile ». Ses successeurs suivirent longtemps ce précepte. Les étrangers qu'ils apprécièrent surtout furent des colons allemands qui, depuis 1141, aidèrent à repeupler la Slovaquie et surtout fondèrent des villes « royales » au nombre de vingt-cinq. La colonisation allemande reprit après l'effroyable invasion mongole de 1241 qui fit de la Slovaquie un désert [41] et la prépondérance allemande dans les villes ne s'effaça qu'au cours du XVIIe siècle.

Après le désastre de Mohacz (29 août 1526), qui livra la majeure partie de la Hongrie à la Turquie [42], le Nord de la Slovaquie fut le refuge — si précaire— de la noblesse et du clergé magyars jusqu'au traité de Passarowitz (1718) qui mit fin à la domination ottomane au Nord du Danube. La population paysanne n'eut pas à se louer de la présence de l'aristocratie hongroise : elle fut réduite à une condition épouvantable.

Les contacts moraux et religieux des Slovaques, aux XVe et XVIe siècles s'établirent, non avec les Magyars, mais avec les Tchèques de l'Ouest, d'abord lors du mouvement des Hussites, puis à l'époque de la Réforme. Si les Slovaques, comme les Magyars, passèrent en masse au protestantisme, ils n'en furent pas moins séparés de ceux-ci par la confession, ayant embrassé le luthéranisme, alors que les Hongrois adoptaient le calvinisme. Aussi les premiers livres répandus en Slovaquie furent-ils en dialecte tchèque et le tchèque fut la langue littéraire de la Slovaquie jusqu'à la Contre-Réforme du XVIIe siècle.

Néanmoins on ne saisit aucune manifestation de séparatisme politique chez les Slovaques. Au contraire, linguistiquement et littérairement la Slovaquie se détache de ses frères de l'Ouest au XVIIIe siècle, À partir de 1845 un patriote slovaque, Štúr (Chtour), par la presse et par les écrits inaugure une littérature en dialecte slovaque.

*2. Le Conflit.*

Le conflit entre la Slovaquie et la Hongrie fut provoqué par la question linguistique. Elle ne s'était pas posée pendant neuf siècles. La couronne de Saint-Étienne, comme les autres États européens, était indifférente à la langue de ses sujets. Les gens bien nés ou ceux qui voulaient faire une belle carrière apprenaient la langue parlée par le roi et la cour, les autres gardaient leur dialecte et nul n'y trouvait à redire. Une oppression linguistique de Buda-Pest était d'autant plus inconcevable jusqu'au siècle dernier que bien des souverains hongrois, et parmi les plus illustres, n'étaient pas de race hongroise. Sans parler de la dynastie « angevine », d'origine française, qui régna de 1308 à 1386, les souverains de la maison des Jagellons polonais ou ceux qui appartinrent aux diverses branches de la maison de Habsbourg-Autriche peuvent difficilement être revendiqués comme « Magyars ». L'un d'eux, Joseph II (1780-1790), tentera même follement d'imposer l'allemand aux Hongrois tout comme aux autres populations de l'Empire. Parmi les héros hongrois illustrés par leurs exploits contre les Turcs, Jean Hunyade (mort en 1456) et son fils le roi Mathias Corvin (mort en 1490), nés sujets de la couronne de Saint-Étienne, ne sont pas hongrois de race, mais valaques. Ce dernier rédigeait des diplômes en slave (tchèque) non en magyar. De même son successeur Ladislas II, au reste en même temps roi de Bohême [43].

Enfin les difficultés que présente pour des Européens la langue magyare, d'origine finno-ougrienne, avait conduit à adopter pour l'administration des États de la couronne de Saint-Étienne le latin, un latin factice, mais qui avait le grand avantage de créer un lien culturel commun entre les divers membres de l'État hongrois.

Seulement, vers 1825, les « nobles », qui seuls comptaient dans cette société, commencèrent à se lasser de cet artifice. Alors naquit le problème redoutable qui, finalement devait de nos jours, faire voler en pièces la couronne de Saint-Etienne, le problème de la langue officielle.

Après vingt années de campagnes de presse la cour de Vienne céda et accepta, en 1844, que les rescrits du pouvoir seraient rédigés en magyar, que cette langue serait substituée au latin dans les assemblées parlementaires, les « diètes », et qu'elle deviendrait la langue exclusive de l'enseignement.

La Révolution de 1848 empira la situation des populations slovaques. Les patriotes avaient formulé (Liptov, 10 mai) un programme de fédéralisme qui eut assuré à la Slovaquie une diète particulière et l'usage de sa langue. La Hongrie, à laquelle Vienne avait reconnu son autonomie, répondit en faisant de la connaissance du magyar la condition du droit électoral, puis en procédant à l'égard des Slovaques à des exécutions féroces (emprisonnements et pendaisons).

Mais, après l'écrasement de l'armée hongroise par les troupes russes, appelées au secours de la maison de Habsbourg (à Temesvar, 10 août 1849), l'indépendance de la Hongrie fut supprimée et ce pays demeura soumis à l'absolutisme de la bureaucratie viennoise [44]. La nationalité slovaque y gagna peu : la langue allemande fut déclarée obligatoire.

Cependant la conscience nationale se développait de plus en plus sous l'influence des hommes de lettres et des journalistes. Dès 1849, Štúr (Chtour) avait fondé le *Journal national slovaque* avec supplément littéraire [45]. En 1863 est constituée, malgré les Hongrois, une société nationaliste *(Matice)* dont le but est de propager par les livres et les bibliothèques la connaissance de l'art et de la littérature du pays. Mais, en même temps (1866) s'élaborèrent des projets de réconciliation avec la Hongrie. Les Slovaques renonceraient à toute idée d'un état fédéral et reconnaîtraient la prééminence magyare, moyennant des garanties pour l'emploi de leur langue dans l'administration locale. Le Compromis *(Ausgleich)* austro-hongrois de 1867 dissipe ces chimères. La Hongrie est rétablie par Vienne dans sa pleine indépendance [46]. Elle reprend alors avec une rigueur implacable le plan de magyarisation.

À partir de 1908, date de l'écrasement des libéraux, tout ménagement est mis de côté. Les ministres hongrois en arrivent à se vanter de leurs abus de pouvoir. Banfy déclare, le 11 juillet, que « les intérêts de la Hongrie exigent que l'État national soit fondé sur les bases du chauvinisme le plus étroit ». Quatre ans après, Etienne Tisza, se fait acclamer au parlement de Buda-Pest, le 12 juillet 1910, en déclarant : « Si nous nous étions montrés scrupuleux dans les moyens nous aurions été des sots et nous n'aurions pas rempli nos devoirs envers la patrie [47]. » Après ces déclarations il ne faut pas s'étonner que la magyarisation linguistique des Slovaques ait gagné du terrain [48].

La tactique des Hongrois, depuis 1844, avait été de n'accorder les droits électoraux qu'aux membres du royaume possédant bien la langue magyare.

Tout à coup, en 1913, quand le système électoral est réformé, on s'avise que cette garantie ne suffit pas. Le ministre craint que l'électeur « qui n'a appris le magyar que par contrainte soit encore moins sûr que les autres, du fait de l'antipathie qu'il en a contracté durant ses études. » Et il trouve des moyens ingénieux qui écarteront de la salle de vote 90 % des électeurs. Le résultat est magnifique : Slaves et Roumains de Transylvanie ne peuvent faire entrer au Parlement de

Buda-Pest qu'une vingtaine de représentants sur un total de 413 députés, alors qu'ils constituent la moitié de la population du royaume [49]. Ce sont de ces succès qu'on paye très cher. La Hongrie allait en faire l'expérience dès l'année suivante.

---

1. Voir notre premier vol., p. 219.
2. Niederlé, *Manuel*, p. 156-161.
3. Ernest Denis, *Les Slovaques* (1917), p. 107-116 ; — B. Auerbach, *Les Races et les nations en Autriche-Hongrie*, 2ᵉ *éd.* (1917), p. 373-398 ; — J. Ancel, *Manuel géographique de politique européenne*, t. I (1935), p. 158-194.
4. La légende qui fait de lui un marchand franc se trouve déjà chez un contemporain, Frédégaire, qui a rédigé sa chronique vers 660. Sur Samo, voir l'étude de G. Vanderlinden dans la *Revue belge de philologie et d'histoire*, t. XII (1933), p. 1090.
5. B.Bretholz, *Geschichte Boehmens und Maehrens bis zum Aussterben der Premysliden* (1306), p. 46-72. Une nouvelle édition de cet ouvrage, paru en 1912, a été publiée en 1921, avec le sous-titre *Das Vorwalten des Deutschtums bis 1419*. En langue tchèque voir V. Novotry, *Tcheské dejiny*, I (Prague 1912). Bon résumé dans *Peuples et Civilisations* de L. Halphen et Ph. Sagnoc, t. VI, p. 377 et t. VII, p. 385.
6. *Annales de Fulda (Monumenla Germaniae in usum scholarun)*, p. 35.
7. Bretholz, p. 70-72.
8. Sur la conversion des Moraves au christianisme voir F. Dvornik, *Les Slaves, Byzance, et Rome* (Paris, 1926, cf. le P. Lapôtre, *L'Europe et le Saint-Siège à l'époque carolingienne, le pape Jean VIII (872-882)*, 1895, p. 390 (pour les Bulgares), p. 91-170 (pour les Moraves.).
9. Dvornik, p. 165.
10. L. Duchesne, *Autonomies ecclésiastiques*, 2ᵉ éd. (1905), p. 281.
11. Dvornik, p. 133-146. Cf. plus bas Cinquième partie, chap. II, § C.
12. V. Jagič, *Zur Entstehung der Kirchenslavischen Sprache* (dans les *Denkschrifien* de l'Académie de Vienne, t. XLVII, 1902).
13. Liste des douze peuples autorisés à célébrer la messe en leur langue dans Dvornik, p. 172-173 ; — Jireček, *Gesch. der Serben*, p. 174.
14. Dvornik p. 163 ; — Ph. Berger, *Histoire de l'Écriture*, p. 159.
15. Dvornik, p. 168-169.
16. Meillet, *Le Slave commun* (1924), p. 3 et 4.
17. Dvornik, p. 200.
18. Dvornik, p. 226-227.
19. Dvornik, p. 210-212 ; — Lapôtre, *Jean VIII*, p. 117 à 170.
20. Dvornik, p. 269, note 1.
21. Dvornik, p. 262, 294.
22. Dvornik, p. 297-300-312 ; — Lapôtre, p. 170.
23. Niederlé, *Manuel*, p. 160.
24. E. Denis, *Les Slovaques* (1917), p. 111 ; — B. Auerbach, *op. cit.*, p. 373 ; — Ancel, *Manuel*, p. 194. Cf. plus bas, p. 323.
25. Il semble qu'il soit connu du géographe arabe Maçoudi, qui composa ses *Prairies d'or* en 943-944. Voir l'édition de J. Marquart, *Osteuropaische und Ostasiatische Streifzüge* (p. 96-101) suivie d'une traduction et d'un commentaire abondant sur ce que Maçoudi connaît de la Bohême et Moravie (p. 101-144).
26. A. Hauck, *Kirchengeschichte Deutschlands*, t. III, p. 184.
27. Id., p. 166, 202. Cf. Z. Wojciechowski, *Mieszko I* (1936).

28. Cartes des pays de la couronne de Bohême dans l'excellent petit livre de Kamil Krofta, *Histoire de la Tchécoslovaquie* (Maestricht, 1934) traduit par Aucouturier, p. 23 et 33. Cf. notre carte de p. 312-313.
29. Ernest Denis dans Lavisse et Rambaud, t. I, p. 728 ; — Bretholz *op. cit.* p. 305. Voir la bibliographie dans L. Halphen, *L'essor de l'Europe*, p. 377 ; — B. Auerbach, *Les races et les nationalités en Autriche-Hongrie*, 2$^e$ éd., (1917), p. 134-216 ; — J. Ancel, *Manuel géographique de politique européenne*, t. I (1936), p. 103-158.
30. Auerbach, p. 144.
31. Auerbach, p. 145 ; — Ernest Denis, *La Fin de l'indépendance bohême* (1890), 2 vol ; — *La Bohême depuis la Montagne blanche* (1903), 2 vol.
32. Krofta, *op. cit.*, p. 63.
33. En 1810 Dobrovsky, écrivant à son ami Kopitar, disait : « causa gentis nostrae, nisi Deus adjuvet, plane desperata est ».
34. Naturellement on ne vit pas si loin tant que deux puissances allemandes hostiles s'affrontèrent, Prusse et Autriche.
35. Joseph Dobrovsky publie en allemand, puis en latin, ses études sur la structure de la langue tchèque : *Ausfürliches Lehrgebäude der boehmischen Sprache* (1809) ; *Institutiones linguae slavicae dialecti veteris* (1822). — Jungmann, en publiant en 5 vol. (1834-39) un dictionnaire tchèque-allemand démontre la richesse de la langue et son aptitude à devenir une langue de culture. Le poète, Kollar, l'érudit Safarik (Chafarik), deux Slovaques, se montrent panslavistes dans la *Fille de Slava* (1824) et les *Antiquités slaves* (1837). A la même époque (1836) le Slovène Palacky (Palatsky) publie son *Histoire du peuple tchèque*. Déjà un Musée bohémien avait été fondé en 1821.
36. Louis Léger, *La Renaissance tchèque au XIX$^e$ siècle* (1911).
37. Sur ce qui suit, outre les travaux de Denis et d'Auerbach, voir H. Rauchberg, *Der National Besitzstand in Böhmen* (1905), 2 vol. ; — Wickham-Steed, *The Habsburg Monarchy* (Londres, 1914) ; — Krofta, *op. cit.*, p. 107-115.
38. Bernard Auerbach, *Les Races et les nationalités en Autriche-Hongrie*, 2$^e$ éd. (1917), p. 216.
39. *Slovakia then and now, a polilical survey* by many Slovak authors, arranged by Seton-Watson (Londres-Prague, 1931).— L'essentiel est dans le petit volume de polémique d'Ernest Denis, *Les Slovaques*, Paris, 1917 ; — Krofta, *Tchèques et Slovaques jusqu'à leur union politique* (dans le *Monde slave*, année 1933). Sur l'ethnie slovaque voir Auerbach, *op. cit.*, p. 373-378.
40. *Annales Fuldenses*, éd. Kurze, p. 70, 72, 125.
41. Voir Quatrième partie, chap. IV, § D.
42. Lire le mémoire du colonel Jenö Gyalókay, *La catastrophe de Mohács au point de vue de l'histoire militaire* dans la *Revue des études hongroises*, t. V (1927), p. 326-342.
43. E. Denis, *Les Slovaques*, p. 121.
44. Seignobos, *Histoire politique de l'Europe contemporaine*, t. II, p. 557-562.
45. E. Denis, *Les Slovaques*, p. 164. Mais Štúr employa le dialecte populaire slovaque et non le tchèque, usité comme idiome littéraire par les premiers écrivains slovaques. En coupant les liens avec la Bohême, Štúr contribua à affaiblir pour longtemps son pays dans sa lutte contre la magyarisation et la germanisation.
46. Seignobos, p. 679.
47. Ernest Denis, *Les Slovaques*, p. 210-212.
48. On renonce à décrire les procédés dont le gouvernement hongrois a usé pour son unification linguistique.
49. Denis, p. 224-225.

# 5
# LES POLONAIS ET LES BALTES.

### A. — Les Polonais.

De tous les peuples slaves, les Polonais sont ceux qui sont connus le plus tardivement. Les textes historiques n'en parlent pour la première fois que vers le milieu du X^e siècle [1].

Ils habitaient la plaine immense qui s'étend des Carpathes à la Baltique, plaine parcourue par la Vistule et ses affluents et aussi les affluents de droite de l'Oder. Ils étaient divisés en tribus [2].

1°Sur le cours supérieur de la Vistule *(Vislave* en slave), les *Vislanes*, dans la région où s'élèveront plus tard Cracovie et Sandomir, la Petite Pologne ;

2°Sur la moyenne Vistule les *Mazoures* ;

3°Entre la Vistule, au coude de Thorn, et la Netze *(Notec)* les *Koujaviens* ;

4°Les *Polanes* dans la vallée de la Warta, affluent de l'Oder ;

5°Les *Slesanes* dans la vallée supérieure de l'Oder, à laquelle ils ont laissé leur nom, *Silésie*.

Les chroniqueurs byzantins et russes, à partir du XI^e siècle, désignent ces tribus sous l'appellation collective de *Lech* ou *Liakh* et ce nom leur est resté en lithuanien, en hongrois, en turc. Mais la dénomination qui a prévalu pour l'ensemble est celle de la tribu des *Polanes (Pulani, Polani)*, formée sur *polé* « la plaine ».

Au milieu du X^e siècle l'ensemble de ces peuplades apparaît uni sous l'autorité d'un seul chef, Mieszislav ou Miechko. Ce prince accepte de payer tribut au roi d'Allemagne, Otton I^er (959) et se fait chrétien. Néanmoins le christianisme n'ouvre pas ici les voies au germanisme, car Miechko est converti par sa femme Dobrovka, sœur du duc de Bohême Boleslav [3]. Cependant l'évêché de Poznan (Posen), fondé en 966, relève vite de l'archevêché allemand de Magdebourg qui date de 968.

On a fait remarquer l'importance considérable et l'échec de l'apostolat de Méthode en Moravie. Convertie sous une influence tchéquo-germanique, la Pologne se rattachera à l'église romaine et non à Constantinople. Le latin sera la langue d'Église et la langue savante, jusqu'au XVII^e siècle. Par suite la culture de la Pologne sera de type occidental et non oriental.

Boleslas Chrobry, « le Vaillant », qui régna de 992 à 1025, est le vrai fondateur de l'État polonais. Il étendit un instant son pouvoir sur les Tchèques, sur quelques princes russes et protégea les Slaves et l'Elbe, les Polabes. Cependant la sujétion à Magdebourg de l'unique évêché polonais pouvait entraîner des conséquences sérieuses au point de vue politique. Boleslas mit à profit la piété mystique du jeune empereur Otton III. Un évêque tchèque, Wojciech, plus connu sous le nom d'Adalbert, étant allé évangéliser les Prussiens (Baltes), demeurés barbares et païens, fut martyrisé par eux (997). Le corps du saint fut enseveli en territoire polonais à Gniesno (Gnesen). Trois ans après, en l'an mil, Otton III vint à Gnesen prier sur le tombeau du martyr. Il accepta que cette localité devînt le siège d'un archevêché [4] auquel on donna pour suffragants Cracovie, Colberg, Breslau, Posen restant encore quelque temps sous l'autorité de Magdebourg. Au XII^e siècle Gnesen aura pour suffragants, outre Cracovie, Breslau, Posen (Colberg a disparu) Plock en Mazourie, Lebus sur l'Oder, Wlochaxek en Koujavie, même, un instant, Stettin.

Dans leur lutte contre le germanisme envahissant les ducs et évêques polonais s'appuyèrent sur l'autorité du Saint-Siège, faisant valoir que le royaume relevait directement de Dieu, par l'intermédiaire de son vicaire sur la Terre, attendu que Miechko s'était reconnu vassal de Saint-Pierre et, que à ce titre les princes de Pologne versaient le « denier » à la Cour de Rome [5].

En fait les souverains de Pologne ne furent pas pleinement indépendants, en théorie, du moins, avant la fin du XIII^e siècle. Si Boleslas Chobry osa se couronner roi lui-même à Gnesen, en 1024 (après la mort de l'empereur Henri II), si Boleslas II reçut, en 1076, la couronne du pape Grégoire VII, leurs successeurs n'osèrent les imiter et reconnurent plus ou moins nominalement l'autorité de l'empereur « romain ».

Ce fut l'interrègne, consécutif à la mort de Frédéric II (1250), qui permit à la Pologne de se détacher de l'Empire romain-germanique. En 1295, Przemysl II reprit la couronne royale.

La poussée des Allemands vers l'Est *(Drang nach Osten)* ne parvint pas à détruire l'autonomie des Slaves de Pologne, comme elle avait fait de l'indépendance des Polabes. Néanmoins elle fit sentir avec force son action. L'appel aux Chevaliers Teutoniques (1209) eut pour conséquence d'installer ceux-ci en Poméranie orientale et de couper la Pologne de la Baltique. Il est bien vrai que, en 1410, les Polonais écrasèrent les Teutoniques à Tannenberg et que, en 1454, les villes de la Prusse germanisée, exaspérées par la tyrannie des Chevaliers de l'Ordre Teutonique, s'offrirent à la Pologne. Même en 1466, au traité de Thorn, l'Ordre se reconnut vassal de la Pologne. En 1525 le grand-maître Albert I^er passa au luthéranisme, sécularisa l'Ordre et fit de son territoire un duché, sous la suzeraineté de la Pologne il est vrai [6]. Mais l'union, en 1618, du duché de Prusse, vassal de la Pologne, et du margraviat de Brandebourg, membre de l'Empire romain-germanique, impliquait fatalement une rupture avec la Pologne. Aux traités de Wehlau (1657) et d'Oliva (1660), la Pologne dut reconnaître l'indépendance de la Prusse, ce qui permit à ce duché de se transformer en royaume, en 1701, en faveur de l'électeur de Brandebourg Frédéric III, lequel, comme roi de Prusse, fut Frédéric I^er.

Dès le XII^e siècle le cours supérieur de l'Oder fut perdu par la Pologne. La Silésie forma, à partir de 1168, une province autonome, qui, en 1335, fut reconnue par Jean Casimir III à la couronne de Bohême et partagea ses destinées. La Prusse l'enleva à la Maison d'Autriche en 1748.

Par contre, Casimir le Grand se fit céder par la Hongrie, en 1340, la partie orientale de la Galicie ou Ruthénie rouge et, en 1366, il arracha de haute lutte la Volynie à la Lithuanie.

Mais c'est l'union imprévue des couronnes de Pologne et de Lithuanie qui donna à la Pologne une extension démesurée. En mars

1386 le prince de Lithuanie, Jagellon, vint épouser l'héritière de la Pologne, Hedwige, de la maison d'Anjou. Personnelle tout d'abord, l'union des deux États fut déclarée indissoluble à la diète de Lublin (1569). Alors la Lithuanie céda à la nation sœur ses conquêtes sur les Russes : Podolie orientale, Volynie, Podlachie, région de Kiev.

## B. — Les Baltes
(Lithuaniens, Lettons, Borusses).

### 1. Origine.

On a dit que les Baltes avaient formé une unité linguistique avec les Slaves jusqu'aux abords de l'ère chrétienne. Cette unité linguistique n'impliquait pas une complète similitude de race. Les Baltes se rapprochent plus du type germanique que les Slaves : taille assez élevée, cheveux blonds, yeux bleus. Le type balte est donc plus nordique que le type slave [7].

Au moment de l'expansion des Slaves l'unité avait disparu depuis fort longtemps. La langue des Baltes est demeurée encore plus archaïque que le slave. Bien qu'elle ne nous soit connue pour la première fois que par des textes récents (XVIe et XVIIe siècles), elle offre une déclinaison et une conjugaison aussi archaïques que le grec homérique ou le sanskrit védique [8].

Isolés du monde par des marais et des forêts impénétrables, les Baltes ont vécu repliés sur eux-mêmes jusqu'au XIVe siècle et leur langue pendant longtemps n'a pas plus évolué que leurs coutumes et leurs croyances religieuses. Divisés en une multitude de clans, les Baltes peuvent être répartis entre trois grandes tribus : 1° les *Lithuaniens* proprement dits, sur le cours moyen et supérieur du Niémen et de son affluent, la Vilia ; 2° les *Zemailey, Jmoudes* ou *Samogitins*, au nord de Kovno, sur la Doubissa et la Nevieja, affluents de droite du Niémen ; 3° les *Borusses* ou *Prussiens*, dont la Prusse actuelle garde le nom [9].

Les Baltes avaient vécu d'abord plus à l'Est, dans la Russie Blanche [10]. Les Slaves ont dû les refouler dans les territoires où nous les trouvons actuellement. Toutefois pendant longtemps ils ont été séparés de la mer Baltique dont ils étaient coupés par les Tchoudes ou Finnois, de race et de langue différentes. C'est à la suite de luttes obscures que les Baltes ont atteint l'embouchure de la Dvina et la mer intérieure du Kurisches Haff [11].

Quoi qu'il en soit, ils y étaient dès le Ier siècle de notre ère, car c'est eux que Tacite désigne sous le nom d'*Aestii* dans la *Germania* [12]. Il les dépeint comme semblables aux Germains par les mœurs, aux Bretons *(sic)* par la langue [13]. Ils sont meilleurs agriculteurs que les premiers et recueillent l'ambre sur leurs rivages : les *Aestii* sont donc sur la Baltique à cette date.

Au IVe siècle, Hermanaric, roi des Goths établis dans la Russie méridionale, les soumit à son autorité [14] Au début du VIe siècle, la renommée du roi des Ostrogoths, Théodoric, étant parvenue jusqu'au pays des *Aestii*, ceux-ci lui envoyèrent une légation en 523 et 526. Elle repartit d'Italie avec une lettre rédigée par Cassiodore *(Hestis Theodericus rex)*, lettre de politesse. Sa teneur montre que le roi et son entourage ne savent de ce peuple que ce qu'en dit Cornelius, c'est-à-dire Tacite, et leur situation *in Oceani litoribus* [15].

Peu après, Jordanès dans ses *Getica* (§46) parle des *Aestii* comme d'un peuple pacifique *(pacatum hominum genus omnino)* : cette population, qu'il place sur la mer Baltique, non loin de la peuplade qui tient l'embouchure de la Vistule, représente peut-être plus particulièrement ces *Pruzzi* (Borusses) dont Adam de Brème, à la fin du XIe siècle, vante l'extrême douceur.

Les Baltes ne purent se maintenir indépendants sur la Baltique. Les chevaliers de l'Ordre teutonique et les Porte-Glaives de Livonie firent la conquête de la Prusse, de la Courlande, de la Livonie au cours du XIIIe siècle. Les Baltes demeurant des païens obstinés, la conquête allemande fut considérée comme une croisade menée contre l'infidèle.

Les destinées de la Prusse, d'une part, de la Courlande et de la Livonie, de l'autre, ont été très différentes :

### 2. Les Borusses ou Prussiens.

En Prusse, les indigènes furent évincés par des colons venus d'Allemagne, dans la partie comprise entre les lacs de Mazourie et la Baltique. Dans la région des lacs était installée déjà une tribu polonaise, celle des Mazoviens ou Mazoures : elle accepta le luthéranisme au XVIe siècle, quand le grand-maître de l'Ordre teutonique se convertit au protestantisme, et, pour cette raison, elle fut ménagée. Au contraire, les Baltes, les Borusses, pourchassés, ont disparu et le dernier homme qui ait parlé leur idiome est mort au XVIIe siècle [16].

Chose curieuse, anormale, le peuple vainqueur a pris le nom du peuple vaincu, puis exterminé : *Preussen,* Prussiens. C'est que le pays des Borusses a fourni une titulature précieuse au Grand-Maître. Uni par héritage au margraviat de Brandebourg en 1618, le duché de Prusse, plus pauvre, n'en fut qu'une annexe. Mais il offrait le gros avantage, contrairement au margraviat, d'être en dehors des limites de l'Empire romain de nation germanique : il était vassal de la Pologne. Les traités de Wehlau (1657) et d'Oliva (1660) firent disparaître la suzeraineté de la Pologne [17]. Cette indépendance de fait de la Prusse, à partir de ce moment, facilita son érection en royaume en 1701 et le titre royal prussien éclipsa celui, plus modeste, d'Électeur de Brandebourg. Au cours du XVIIIe siècle l'usage se répandit de qualifier de « Prussiens » tous les sujets du roi de Prusse, même ceux qui n'habitaient pas la Prusse. Qui plus est, les traités de 1814-1815 ayant accordé au roi de Prusse les provinces rhénanes, les populations de race franque des anciens archevêchés de Trèves, Mayence, Cologne, et les populations de la Westphalie, de race saxonne, furent affublées du nom de Prussiens, nom qui pendant un demi-siècle leur parut étrange. Les annexions successives au royaume de Prusse du Schleswig-Holstein, du Hanovre, de Francfort étendirent ce vocable sur plus des deux tiers de l'Allemagne. Et ainsi le nom d'une misérable peuplade balte exterminée depuis longtemps est devenu celui d'une grande puissance militaire et politique qui, il y a vingt ans, a failli se rendre maîtresse de l'Europe et du Monde.

### 3. *Livonie et Courlande* [18].

La Livonie s'étend sur les côtes du golfe de Riga. Après une vaine tentative des Danois, au XIIe siècle, pour christianiser les Baltes païens de cette région, leur conversion fut entreprise par un évêque allemand, Albert, qui fonda Riga (1201) et organisa les « Frères de la Chevalerie du Christ », dits plus tard « Porte-glaives » de Livonie. Dès 1237, les « frères » fusionnèrent avec les « Teutoniques » de Prusse. Au XVIe siècle, la Livonie, tiraillée de toutes parts, s'en alla en morceaux. La majeure partie tomba aux mains de la Pologne. La Livonie polonaise (avec Riga), cédée à la Suède au traité d'Oliva (1660), fut acquise par la Russie au traité de Nystadt (1721).

Le reste, la Courlande (capitale Mittau), fut constitué en duché héréditaire par le dernier Grand-maître des Porte-Glaives, Ketteler, en 1561, mais sous la suzeraineté de la Pologne. La dynastie s'étant éteinte (1727), la Russie imposa ses créatures au duché et finit par l'annexer, en 1795.

Cependant ces régions avaient été profondément germanisées depuis le XIIIe siècle : l'aristocratie, la classe marchande des villes, étaient formées de colons allemands. Les indigènes, uniquement paysans, furent réduits à un servage des plus rigoureux. La Réforme, qui s'implanta de bonne heure (1523), renforça la germanisation, car elle s'établit sous la forme luthérienne et les pasteurs furent naturellement allemands. Aussi, au XIXe siècle, les Provinces baltiques apparaissaient-elles comme un prolongement de la culture allemande s'enfonçant dans l'Empire russe. La noblesse [19], bien vue d'ailleurs à la cour de Saint-Pétersbourg, était tout allemande de langue et de culture. Riga et Mittau étaient de belles villes allemandes. L'allemand s'imposait, et, jusqu'au début de ce siècle, dans la pratique de la vie, même aux Russes qui habitaient la contrée.

Le gouvernement russe n'avait pas été sans comprendre qu'il y avait là un danger. En 1835, il avait introduit le code russe et aussi la langue russe, mais à côté de l'allemand. Le luthéranisme fit l'objet de vexations, voire de persécutions. Mais c'est seulement à partir du règne d'Alexandre III (1881-94) que la russification des provinces baltiques fut entreprise avec méthode. Le russe fut imposé dès l'école primaire. La population apprit la langue de l'Empire, mais elle conserva en même temps l'emploi de l'allemand dans les villes, du letton dans les campagnes, car les paysans n'avaient été, linguistiquement, ni germanisés, ni russifiés.

### 4. La Lithuanie [20].

Les tribus lithuaniennes, proprement dites, sur le Niémen, ont été agglomérées au XIIIe siècle seulement, par Mindvog (Mindaugas). Au XIVe siècle Ghedymine ou Gediminas (1315-1340) donna au nouvel État une extension prodigieuse en s'emparant de la Russie Blanche et de la Volynie. Son fils, Olgerd, alla jusqu'à Kiev et même près de

Moscou. Enfin son petit-fils Jagellon (Jogaïla), en embrassant le christianisme, ce qui lui valut le trône de Pologne (1386), fit entrer la Lithuanie dans le cercle des pays civilisés.

Les Lithuaniens et les Lettes de Livonie étaient demeurés des païens obstinés [21]. Il faut avouer que la manière dont l'Ordre Teutonique et l'Ordre des Portes-Glaives entendaient l'apostolat ne pouvait que donner horreur du christianisme aux populations baltes. Aussi voit-on les Lettes de Dunabourg, après l'écrasement des Chevaliers Teutoniques à Tannenberg (1410), retourner au paganisme. Il faudra toute la souplesse et l'habileté des Jésuites pour les ramener au christianisme et très tardivement, au XVIIe siècle [22].

À partir de 1386 [23] la Lithuanie, unie à la Pologne, d'abord sous forme d'union personnelle, et ensuite intimement (diète de Lublin 1569), a profondément subi l'influence de ce pays plus évolué, plus civilisé. Non seulement la dynastie, mais toute l'aristocratie lithuanienne se polonisa. Quantité de chefs de guerre, de lettrés, de savants, d'hommes politiques, qui se sont illustrés dans l'histoire de la Pologne et ont défendu ses droits avec un patriotisme à toute épreuve, sont d'origine lithuanienne [24].

### C. — Destinées communes des Polonais et des Baltes.

Uni au grand duché de Lithuanic, le royaume de Pologne prit une extension démesurée : il s'étendit sur la Russie du Sud, l'Ukraine actuelle. Intimidés, les princes roumains se reconnurent vassaux du grand-duc de Lithuanie, roi de Pologne : le voïvode de Moldavie en 1387, l'hospodar de Valachie en 1389, celui de Bessarabie en 1396. Au commencement du XVe siècle, la Pologne, ou plutôt l'État polonais s'étend donc, en travers de l'Europe, de la Baltique à la mer Noire.

À la fin de ce siècle, il est vrai, les Turcs imposent leur joug aux Moldo-Valaques et coupent les Polonais de la mer Noire. Au Sud de Kiev et des cataractes du Dniepr s'étendent les « Champs sauvages », habités par des émigrés, des aventuriers au nom tatare, les Cosaques (de *Kazak* « errant ») menant une lutte sans merci contre les Turcs. La région prend le nom d'Ukraine, c'est-à-dire de « Frontière », de « Marche ».

Au XVIe siècle la Pologne, obtint encore des succès vers le Nord. En 1558, les Chevaliers Porte-Glaives de Livonie attaqués par Ivan le

Terrible, tsar de Moscou, se donnèrent a la Pologne, puis s'unirent à elle par le pacte de Vilna. En 1581, Etienne Bathory vainquit Ivan le Terrible et garda la Courlande (paix de Kiverova-Horka). Après l'extinction de la dynastie des Rurikovitch, les Polonais faillirent mettre la main sur la Russie naissante. Une armée polonaise entra à Moscou (1611) et les boïars russes offrirent la couronne au roi de Pologne Sigismond Wasa, qui refusa.

En dépit de succès parfois éclatants, mais toujours sans lendemains, la Pologne, profondément minée, socialement et politiquement, s'abîme au XVII$^e$ siècle dans une anarchie sans espoir de redressement. Dès 1655, envahie par les Suédois, les Prussiens, les Russes, elle faillit être démembrée. Elle s'en tira en abandonnant à la Suède la partie de la Livonie au nord de la Dvina et en reconnaissant l'indépendance de la Prusse (1660). En 1667, à la paix d'Androussovo, elle cède à la Moscovie tous les pays au-delà du Dniepr et les principautés de Tchernigov et de Smolensk, concessions que Sobieski lui-même devra ratifier en 1686.

Même après ces larges amputations, la Pologne demeurait, en 1772, lorsque la Russie, la Prusse et l'Autriche procédèrent au premier partage, un des États les plus étendus de l'Europe. Il est vrai qu'elle était un État plutôt qu'une nation : les Polonais ne constituaient sans doute pas plus du tiers de la population totale. La Prusse occupa une partie de la Grande-Pologne jusqu'à la Nôtec (Netze) et toute la Prusse polonaise, à l'exception de Thorn et de Dantzig. Non seulement elle gagnait là 800 lieues carrées, mais elle réalisait enfin son rêve de raccorder ses domaines de Prusse ducale à ceux du Brandebourg. L'Autriche prenait possession de toute la Galicie et d'une partie de la Podolie, soit 2.500 lieues carrées. La Russie se contentait de 3.200 lieues carrées en annexant la totalité de la Lithuanie à droite du Dniepr et de la Duna [25].

Ce qui subsistait était du moins polonais et pouvait être le noyau d'une future Pologne. Mais, au second partage, en janvier 1793, la Prusse s'empara de Thorn et de Dantzig, de la Grande-Pologne, la Russie des provinces méridionales. Le troisième consomma la destruction. Il ne subsista plus rien de la Pologne. La Prusse se porta jusqu'à la Vistule avec Varsovie, l'Autriche prit Cracovie, la Russie s'appropria le reste.

Les 2$^e$ et 3$^e$ partages avaient absorbé l'attention des grandes puissances à un moment critique pour la Révolution française. Si les armées prussiennes, autrichiennes et russes n'avaient été employées à cette besogne, elles auraient certainement écrasé dans l'œuf la Révolution française.

Le Grand-Duché de Varsovie, établi en 1809 par Napoléon Ier en faveur du roi de Saxe Frédéric-Auguste, ne comprit que 100.000, puis 150.000 kilomètres carrés. Il ne vécut pas longtemps. Après la chute de Napoléon, les puissances procédèrent à une nouvelle répartition des territoires polonais. L'Autriche reprit la Galicie occidentale sous le nom de royaume de Galicie et Lodomérie, la Prusse, indemnisée sur le Rhin, renonça à Varsovie et à la rive gauche de la Vistule et se contenta du « Grand Duché » de Posen. La Russie prit le reste sous le nom de « royaume de Pologne ». Cracovie fut déclarée république libre, neutralisée par la garantie des puissances. La Pologne devait garder l'unité au point de vue économique, la circulation sur terre et sur eau n'étant soumise à aucune entrave douanière.

Aucun des engagements ne fut tenu [26].

La Russie réduisit le « royaume » à 125.000 kilomètres carrés sur les 763.940 qu'il comprenait encore en 1772 et dont elle gardait 624.000 kilomètres carrés [27]. L'autonomie du « royaume » ne fut jamais qu'une fiction. Elle fut supprimée après la révolte de 1863. Les fonctionnaires russes remplacèrent alors les polonais. La langue polonaise cessa d'être reconnue administrativement, surtout dans l'enseignement.

En Prusse, la fiction du « Grand duché de Posen » administré par le roi de Prusse, mais à part de la Prusse, disparut en 1866 : la Posnanie fut incorporée à la Confédération de l'Allemagne du Nord, puis (1871) à l'Empire allemand. Des ordonnances (1872-1874) prescrivirent la germanisation totale de l'enseignement. On en vint à faire fouetter les enfants à l'école primaire. Enfin une série de mesures très habiles organisèrent l'achat de la terre en Posnanie, de manière que nul Polonais n'eut la possibilité de posséder une grande, ou même une petite exploitation. L'organisation fut appelée Hakatisme du nom des trois théoriciens allemands de l'expropriation : Hansemann, Kennemann, Tielemann [28].

En Autriche, la situation des Polonais ne fut pas moins dure qu'en Prusse ou en Russie tant que subsista le régime Metternich. En 1846 Cracovie fut annexée. La Révolution de 1848 n'améliora pas sensiblement leur situation. Mais, après sa défaite par la Prusse, en 1866, l'Autriche entra dans la voie des concessions : autorisation du polonais à l'école primaire, puis dans l'administration, ministère spécial à la Galicie dans le cabinet de Vienne, enfin (1907) concession d'un régime autonome pour la vie intérieure de la province, régime dont l'organe était une Diète. Si l'on ajoute que l'aristocratie polonaise était bien vue à la cour, on peut croire que les Polonais, tout au moins ceux des classes supérieures, s'étaient réconciliés avec la maison d'Autriche. Mais, en même temps, une politique perfide excitait en sous-main contre eux les Ruthènes de la Galicie orientale presque aussi nombreux : 3.200.000 contre 4.672.000 Polonais en 1910. Les Ruthènes avaient obtenu, du reste, les mêmes avantages linguistiques que les Polonais [29].

---

1. Alex Brückner, *Histoire de la civilisation polonaise, Dzieji Kultury polskiej*, Cracovie, 1931, 3 vol. ; — Cf. l'analyse dans le *Monde slave*, 1931, II, 439 ; 1932, II, 264 ; 1933, I, 374 ; — *Geographical and Statistical Atlas of Poland*, Varsovie-Cracovie, 1916. Bibliographie et direction d'ensemble par Louis Halphen, *L'Essor de l'Europe* (1936), p. 381 ; — et *Fin du Moyen Age*, 409 (par Handelsman). L'accès à l'histoire de Pologne est bien facilité par l'ouvrage remarquable de Pierre David, *Les Sources de l'histoire de Pologne à l'époque des Piasts* (963-1386), Paris, 1934.
2. Niederlé, *Manuel*, p. 162 ; — El. Reclus, p. 395-406 ; — E. H. Lewinski-Corwin, *Political history of Poland*, New-York, 1917 ; — O. Halecki, *La Pologne de 963 à 1914* (Paris, 1933) ; — Bruce Boswell dans la *Cambridge medieval history*, t. VI (1929), p. 447-463 et 925-929, pour la période de 1050 à 1303.
3. H. Grappin, *Histoire de Pologne des origines jusqu'en 1921* (avec cartes) ; Z. Wojciechowski, *Mieszko I and the rise of the Polish state* (publ. du *Baltic Institute* de Londres, 1936).
4. Sur cet épisode capital de l'histoire religieuse de la Pologne voir, entre autres, P. David, *Les Sources de l'histoire de Pologne* (1934), p. 91-103 et p. 176-190 (les anciens évêchés).
5. Paul Fabre, *La Pologne et le Saint-Siège du $X^e$ au $XIII^e$ siècle* dans *Etudes d'histoire du Moyen Age* dédiées à Gabriel Monod (1896), p. 163-176.
6. Grappin, p. 75 ; — Milioukov dans Seignobos et Eisenmann, *Histoire de Russie*, t. I, p. 202-204 ; — Zigmunt Wojciechowski, *The territorial developmenl of Prussia in relation to the Polish homeland* (Torun, 1935) avec petites cartes commodes.
7. Elisée Reclus, *L'Europe Scandinave et russe*, p. 370, 430 ; — Ripley, *Races of Europe* p. 365.
8. Meillet et Cohen, *Les langues du monde*, p. 73.
9. Ptolémée (III, 5) cite les *Galindai*, sans doute Goliad au pays des Mazoures en Prusse orientale, les *Borouskoi* identiques aux Borusses (Prussiens), les *Soundinoi* à rapprocher de Soudavia (Souwalki).
10. Niederlé, *Manuel de l'antiquilé slave*, t. I, p. 186-211 ; — Stender Pedersen, *Slawischgerman. Lehnwortkunde* (Gœteborg, 1927). p. 115. — Bon exposé de la période protohistorique dans J. Meuvret, *Histoire des pays baltiques* (1934) p. 8-46.
11. Voir plus loin, quatrième partie, chap. I, § A.
12. *Germania* (c. 45) : ...dextro Suebici maris litore Aestiorum gentes adluuntur, quibus ritus habitusque Sueborum, lingua Britannicae propior etc.

13. Le balte étant une langue indo-européenne, certains mots pouvaient ressembler au celtique de Grande-Bretagne, idiome dont Tacite avait une vague connaissance grâce à son beau-père Agricola.
14. Jordanès, *Getica*, c. 119.
15. Cassiodore, *Variae*, V, 2, éd. Mommsen *(Mon. Germ., Auctores antiquissini)*, p. 146.
16. Erich Berneker, *Die preussische Sprache* (1896).
17. Emile Haumant, *La guerre du Nord : 1653-1660* (Paris, 1893), p. 185-209 et p. 257-292.
18. E. Seraphim, *Geschichte von Livland* (Gotha, 1906), t. I (jusqu'à 1586 ;, — L. Arbusow, *Grundriss der Geschichte von Liv. Esth und Kievland* (Riga) 1908) I ; — Th. Schiemann, *Russland, Polen und Livland* (Berlin, 1886) dans *Coll. Oncken*, t. 24 ; — J. Meuvret, *Histoire des pays baltiques* (Paris, 1934.)
19. Heinz Pirang, *Das baltische Herrenhaus* (Riga, 1926-30, 3 vol. in-4).
20. Elisée Reclus, *L'Europe Scandinave et russe*, p. 420-442 (encore utile) ; Platonov, *Histoire de Russie*, p. 135 ; — Milioukov dans Seignobos et Eisenmann, *Histoire de Russie*, t. I, p. 202-204 (carte p. 138-139).
21. Le culte des forces de la nature était si profondément enraciné chez ces peuples que l'introduction d'un dieu nouveau leur semblait devoir entraîner les pires catastrophes : stérilité de la terre et des troupeaux, dessèchement des sources, arrêt de la végétation. D'où leur résistance farouche au christianisme, même chez les « Prussiens », tribu d'une extrême douceur.
22. Elisée Reclus, p. 492.
23. Et surtout de 1430, année de la mort de Vitovt, cousin de Jagellon, qui fut maître véritable du pays jusqu'à cette date.
24. L'ouvrage fondamental sur l'histoire de la Lithuanie, celui d'Antonovitch, est écrit en russe (Kiev, 1878). Aperçu d'Ernest Denis dans l'*Histoire générale* de Lavisse et Rambaud, t. III, p. 758 ; — Handelsman dans Halphen et Sagnac, *Peuples et civilisations*, t. VII, p. 211, 409-415, 417-420, 433, avec la bibliographie des travaux en polonais (p. 204 et 409). Voir encore Milioukov dans Seignobos et Eisenmann, *Histoire de Russie*, t. I, p. 202-204.
25. Grappin, p. 148.
26. Seignobos, *Histoire politique de l'Europe contemporaine*, 7e éd., t. I ï, p. 779, 790.
27. *Id.*, p. 218.
28. Seignobos, p, 648. Sur la Pologne prussienne consulter la publication pangermaniste *Die Deutsche Ostmark* (1913) avec des cartes utiles. On y rencontre des perles, celle-ci entre autres : « Die Polen selbst können Gott danken dass die Entscheidung gefallen ist wie es geschehen » ; —Bernhard, *Die Polenfrage* (1910) ; — Liber (pseudonyme de G. Andrzewski), *Das Deutschtum im Westpolen* (1919).
29. Seignobos. *op. cit.*, t. II, p. 549, 686.

Copyright © 2022 par Alicia Editions
Couverture et mise en page : Canva.com, Alicia Ed.
Image de la couverture : *Les Huns au combat contre les Alains*, Geiger, 1873
ISBN Ebook 9782384550647
ISBN Livre broché 9782384550654
Tous droits réservés